한국적 이마고
부부치료

개정증보판

| 심수명 지음 |

DSU
Daseum Publishing
도서출판다세움

헌사

당신의 기대와 다르게
늘 실망을 주어온 나를,
가부장적이고 자기중심적인 나를
오늘까지 사랑으로 인내해 준
내 인생의 동반자요, 벗이며,
나의 생명이자, 한몸인 당신,
인생의 고난과 외로움을,
기쁨과 행복을 함께 항해해 온
사랑하는 나의 아내 이영옥님께
삼가 이 책을 바칩니다.

목   차

추천의 글

고(故) 옥한흠 목사

평신도를 일깨워 교회의 주체가 되도록 하는 것은 나의 평생의 비전이며, 하나님 나라를 향한 나의 소망이었습니다. 그래서 나는 이 일에 내 생애를 바쳤습니다.

심수명 교수도 나와 같은 생각인 것 같습니다. 그는 평신도가 예수의 제자로서 쓰임받기 위해서 자신의 인격이 치료되어져야 하며 가정이 온전해져야 함을 알고 있는 부부 치료 전문가요, 교수요, 목회자로서 부부의 회복을 위한 실제적인 대안을 제시하였습니다.

이 책의 특징은 부부치료에 대해 이론과 아울러 임상을 중심으로 접근하고 있으며 독자들의 자기치료와 부부관계 통찰을 돕기 위해 수많은 사례들을 중심으로 깊이 있는 접근을 하고 있습니다.

심교수는 자신의 비전을 이 책에 쏟아 부었습니다. 이 책을 열어 발걸음을 조금만 내딛어 보아도 아름다운 가정을 회복시키고자 하는 그의 마음을 쉽게 느낄 수 있을 것입니다.

나는 이 책이 우리 기독교 가정의 등대가 될 줄 믿습니다.

따라서 한국의 목회자와 평신도에게 적극적으로 이 책을 추천하고 싶습니다.

한성열 교수 (고려대학교 심리학과 교수)

우리나라 사람들이 제일 좋아하는 가훈이 "가화만사성(家和萬事成)"입니다. 그만큼 우리 문화에서는 가족을 매우 중요시하며, 가족의 화목이 모든 일의 근본이라고 생각하고 살아왔습니다. 하지만 최근에는 이렇게 중요한 가족이 붕괴되는 현상을 너무나 쉽게 목격할 수 있게 되었습니다. 현재 세계 2위의 이혼율을 기록하고 있다든지, 많은 청소년 자녀들이 가출하여 거리를 방황하며 쉽게 범죄와 부도덕한 생활로 빠져드는 현실은 매우 염려스럽습니다.

또한 이혼과 가출처럼 겉으로 드러나지는 않았지만, 어렸을 때 부모와 다른 중요한 사람들로부터 받은 마음의 상처를 치료하지 못하고 자신뿐만 아니라 배우자와 자녀를 괴롭히며 사는 사람들이 의외로 많이 있습니다. 이들은 행복한 가정생활을 하지 못하며 자녀들에게 결혼생활의 모범을 보여주지 못하기 때문에 그 자녀가 또다시 불행한 가정생활을 할 수밖에 없는 악순환을 되풀이하고 있습니다. 이는 그 자신이나 가족은 물론이거니와 사회를 위해서도 심히 걱정스러운 일입니다.

이러한 현실에 부응하여, 교회나 일반 사회교육단체에서 결혼을 앞둔 젊은이들이나 현재 갈등을 겪고 있는 기혼자들을 대상으로 원활한 결혼생활을 준비하고 영위하도록 도와주는 프로그램들이 마련되고, 이들을 도와줄 수 있는 교재나 지침서들이 여러 권 나와 있습니다. 이

9

런 책들이 얼마간의 도움을 줄 수 있는 것은 사실입니다.

하지만 대부분의 책들은 마치 거리의 약장수처럼 그 책을 읽기만 하면 저절로 결혼생활이 행복해 질 수 있는 묘법을 가지고 있는 것처럼 허황된 환상을 심어주어 결과적으로 더욱 좌절하고 불행하게 만듭니다. 또는 너무 어려운 국내외 학술적인 이론들을 단지 나열하듯이 소개하는 데 그치고 있어 현실적인 도움이 절실히 필요한 사람들에게 실질적인 도움을 주지 못하고 오히려 실망시키고 있습니다.

심수명 박사의 이 책은 다음과 같은 특징이 있어 이러한 기존의 책들과 다릅니다.

첫째, 신학과 심리학을 전문적으로 공부하고 연구한 학자요 목회자이면서 상담자로서 자신의 폭넓은 지식과 경험을 바탕으로 했기 때문에 일상생활 속에서 성숙한 신앙인으로 살아가려는 사람에게는 꼭 필요한 신학적 지식과 심리학적 지식이 잘 조화되어 있습니다. 이를 통해 원함직한 결혼생활의 목표와 거기에 이르도록 하는 방법이 현실적으로 제시되어 있습니다.

둘째, 행복한 결혼생활은 자기 자신과 상대방을 잘 이해할 때만 가능하다는 점을 이론과 실제의 사례를 소개하면서 명료하게 밝히고 있습니다. 불행한 결혼생활을 하는 많은 사람들이 단지 자신들에게 필요한 것은 기술이라고 생각하고 있습니다. 하지만 상처가 많고 미성숙한 사람은 기술을 습득하기 위해 아무리 많은 노력을 하여도, 상처를 지각하고 원인을 깨달아 치료받지 않으면 불행할 수밖에 없습니다.

셋째, 단지 이론과 사례에 그치는 것이 아니라 실제적인 도움을 줄 수 있는 방법과 다양한 검사들이 자세히 소개되어 있습니다. 이들의 도움을 통해 자신의 참모습과 문제점을 분명히 깨닫고 실질적인 도움을 얻을 수 있습니다.

마지막으로, 우리 문화에 맞는 이론과 방법을 소개하고 있습니다. 가족관계는 문화의 초석입니다. 따라서 문화마다 가족관계의 특징과 지향하는 가치가 다르기 마련입니다. 서구의 문화를 기초로 발달한 이론이 아무리 훌륭하다고 해도 우리 문화에는 적합하지 않을 수 있습니다. 그러므로 우리나라에서 행복한 결혼생활을 꾸려나가기 위해서는 우리의 가족 문화를 이해하는 것은 필수입니다.

이와 같은 특징을 가지고 있는 이 책을 읽으면서 저는 많은 감동과 도움을 받았습니다. 특히 심수명 박사 자신이 부끄럽고 감추고 싶은 자신의 과거와 현재의 모습을 솔직히 드러내면서 다른 사람의 행복을 위한 자료로 제시하는 모습은 더욱더 그러했습니다. 신앙적으로나 현실적인 생활 면에서 항상 다른 사람의 모범이 되어야 한다는 무거운 압력을 느끼며 생활하는 목사와 교수라는 특수한 직분을 생각할 때, 다른 사람들이 행복한 결혼생활을 할 수만 있다면 자신은 희생되어도 좋다는 절절한 사랑이 없다면 하기 어려운 결단이었을 것입니다. 제가 느낀 이 감동을 여러분들도 공유하고 큰 도움을 받기를 바랍니다.

나의 이마고를 치료하면서

이영옥 사모 (심수명의 아내)

결혼과 동시에 부모로부터의 굴레에서 벗어나 완벽한 사랑으로 행복의 신기루를 실현시켜줄 것 같은 한 남자를 선택해서 결혼을 했다.

"너는 나의 운명이야"라는 한 마디에 나를 다 주어도 아깝지 않고 언제나 나만을 위해 살아 줄 것 같은 환상을 믿으며 살아왔다. 그러나 그 환상이 깨졌을 때의 고통과 좌절은 너무나 깊은 혼돈 가운데로 나를 몰아넣었다. 남편과의 갈등을 풀어 가는 과정에서 나의 오해들이 보이기 시작했다. 나의 출생가정에서 경험된 모든 것을 남편에게 투사하였던 것이다. 그러나 이러한 모든 것이 처음에는 가슴이 저릴 정도로 이해가 되지 않았다.

하지만 결혼 40년을 바라보면서 살아온 지난 날들을 되돌아보면 처음에는 '이 남자하고 평생을 어떻게 사나?'하는 물음 속에서 시작했지만, 지금은 매일 매일 새롭게 만나는 축복이 가득하다. 때론 힘들게, 때론 감싸 안으며, 때론 싸우며, 그리고 갈등을 풀며, 화해하며, 사랑하며 살아왔다.

예전에는 부모님에게서 물려받은 장점과 단점을 자각하지 못하고 사랑하는 방법을 몰랐기에 내 몸에 밴 습성대로 사랑했었다. 그러나 오랜 세월을 그와 함께 살아오면서 무조건적인 사랑이 무엇인지, 또한 갈등과 아픔은 어떻게 넘어서는지를 배워왔다.

결혼서약처럼 검은 머리가 파뿌리가 되도록 이 땅에서 행복하게 살기 원했고 그 행복을 남편에게 받으려고만 생각했을 땐 그가 나에게 헌신하지 못한 것만 기억나면서 억울하고 미워지는 마음이 마구 일어나곤 한다. 지금도 문득문득 사랑받고 싶은 마음이 나를 사로잡을 때가 있고, 받고 싶음에 외로움마저 느낀다. 이전에는 부정적인 방법과 말투로 남편의 마음을 긁었지만, 이제는 부드럽고 편안한 마음과 사랑의 태도로 사랑을 받으려 하고 사랑을 주려 한다.

남편은 자기 존재를 무시하는 것을 힘들어한다. 그래서 내가 자신을 인정해주지 않는다고 느낄 때 매우 힘들어했다. 남편에 대한 이해가 부족했을 때 나의 무시하는 말 때문에 남편이 자기 존재를 내던진다는 사실을 받아들이기 힘들었다. 그래서 그 감정을 만나주지 못하고 얼렁뚱땅 미안하다는 말로 상황을 더 이상 힘들게 만들지 않으려고만 했다. 그러나 지금은 진실함과 성숙한 마음을 가지고 사랑하는 남편이 무엇을 힘들어하는지, 그의 편에 서서 생각해 본다. 이 땅에서 자기 아버지의 한계를 넘어 열심히 사는 것도 버거워 보이는 남편이기에, 사랑과 긍휼로 대하기로 마음을 바꾸니 내가 도와 줄 것이 무엇인가 찾게 되며 돕는 배필로 나의 자리에 있게 된다. 그럴 때 사랑을 구하는 자가 아니라 주는 자로서의 행복을 느낀다. 이것이 하늘나라 갈 때까지의 여정이리라.

남편을 만나게 해주신 하나님께 감사한 마음이 가슴 가득 밀려온다. 하나님 감사합니다.

개정증보판 서문

한 아랍 공주가 자기 노예 한 사람과 결혼하기로 마음을 굳혔다. 왕이 아무리 말려도 공주의 결심을 바꿀 수가 없었다. 이때 한 지혜로운 신하가 왕의 난처한 사정을 알고는 다음과 같이 조언을 하였다.

"폐하께서 공주님에게 결혼을 못하게 하시면 공주님은 폐하를 원망할 것이고, 그 노예에게 더 마음이 끌릴 것입니다."

신하는 한 가지 방법을 제안하였다. 왕은 조금 미심쩍었으나 그대로 실험해 보기로 하고 그 노예와 함께 공주를 불러 다음과 같이 말했다.

"내가 이 남자에 대한 너의 사랑을 확인하고자 한다. 너는 애인과 함께 조그만 방에 30일 동안 갇히게 될 것이다. 만일 그 기간이 끝난 다음에도 네가 여전히 그와 결혼하기를 원한다면 결혼을 승낙하겠다."

공주는 미친 듯이 기뻐하며 아버지를 끌어안고서 그 시험에 기꺼이 동의했다. 첫 일주일은 너무 행복했다. 하지만 공주는 곧 싫증이 났다. 함께 있은 지 일주일이 넘어가면서 자기 애인의 모든 말과 행동에 화를 내게 되었고 두 주일 후에는 그 남자가 너무 지겨워 소리를 지르고 방문을 두드리기 시작했다. 마침내 그 방에서 풀려나게 되자 공주는 아버지에게 달려가 두 팔로 끌어안으면서 이제는 몸서리치도록 싫어진 그 남자에게서 자기를 구해준 것을 고마워했다.

그토록 사랑하는 사이였는데 왜 이런 결말이 나오는 것일까? 한 마디로 정의한다면, 연애할 때는 모든 것이 Yes가 되지만 결혼하고 나면 모든 것이 No가 되는 부부의 심리가 작용하기 때문이다. 결혼하기 전 사람들은 파트너의 문제에 대해 그리 심각하게 생각하지 않는다. 왜냐하면 내가 사랑으로 감싸주면 된다는 잘못된 환상이 있기 때문이다. 그러다가 결혼 후에 문제가 발생하면 문제의 원인을 배우자에게 돌려 변화를 요구한다. 그럼에도 불구하고 그 기대가 이루어지지 않으면 지금의 배우자와는 다른 새롭고 괜찮은 상대를 만나 다시 시작하면 된다고 믿는다. 이러한 심리적 덫에 걸려 넘어진 수많은 부부들이 배우자를 향해 등을 돌리고 미련 없이 이혼을 선택하고 있다.

그래서 그 어떤 경우에도 인격의 성숙 없이 행복한 결혼이란 있을 수 없다. 그런데 인격의 성숙에 이르는 지름길이란 어디에도 없다. 스스로 자기 치료와 성숙을 도모하지 않으면, 운이 좋아 좋은 상대를 만나 사랑을 받고 자아를 완성하는 행복의 길에 이른 것 같아도 한순간의 착각일 뿐이다. 그것도 바람처럼 쉽게 사라져버리는 착각인 것이다 (Les & Leslie Parrott, 37).

우리나라의 경우 '이혼 경보'로 깨어지는 가정이 심각해지면서 사회 및 국가 문제로까지 대두되었다. 한국의 이혼율은 경제협력 개발 기구(OECD) 국가 중 미국에 이어 두 번째지만 이혼증가율은 매우 심각한 수준이었다. 한국은 1993년 조이혼율이 1.3건, 2002년 3.0건, 2003년 3.5건으로 계속 증가하다가 2004년에 2.9건으로 잠시 주춤해졌으며, 2017년에는 2.1건으로 나타났다(통계청, 2018).[1] 2003년에 절정을 이루던 이혼율은 점차 감소하고 있는 추세다. 배우자가 있는 유배우 인구 1천 명 당 이혼 건수를 뜻하는 유배우 이혼율은 2003년 7.2건을 기

1) 조이혼율(粗離婚率, Crude Divorce Rate: CDR):이혼빈도를 나타내는 대표적인 율로 1년 동안에 발생된 이혼건수를 해당연도 총인구로 나누어 1000을 곱하여 산출한 이혼발생건수를 말하며 보통 이혼율이라고도 한다.

록하여 최고점을 찍었다가 2017년에는 4.4건으로 감소하고 있다(이러한 이혼율 감소의 최근 추세는 혼인 건수 자체가 줄어든 것을 감안할 필요가 있다). 또한 이혼에 있어서 결혼 20년 이상 부부의 황혼 이혼은 매년 지속적으로 늘면서 2007년 2만 5천 건에서 2017년 3만 3천 건으로 큰 폭 증가한 것으로 나타났다.

그렇다면 심각한 위기에 처한 부부관계에 대해 어떤 해결책을 기대할 수 있는가? 미국과 유럽에서는 부부치료 뿐만 아니라 부부간의 적응증진과 이혼방지를 위한 조기교육 및 관계향상 프로그램이 활성화되고 있다. 즉 많은 임상가들 사이에서 심리학적 이론과 지식뿐만 아니라 심리치료에서 발견된 원리들을, 부부관계 혹은 원가족 부모와 자녀 관계의 관점에서 바라보는 통합적인 시도가 활발해지고 있다. 특히 부부 교육적 측면에서 미국은 부부를 대상으로 하는 다양한 접근의 치료 및 예방 프로그램들이 개발, 실시되고 있으며, 각 접근방법들 간의 다양한 치료적 요소들을 절충한 통합적 프로그램들이 시도되고 있다(박남숙, 2000, 3).

이에 비해 우리나라에 소개된 부부관계증진을 위한 교육 프로그램을 보면 부부관계를 주로 부부의 결혼적응이나 결혼만족도를 높이는 관점에서 접근하고 있다. 이러한 접근은 단기적으로는 도움이 되지만 근본적인 해결책은 아니다. 따라서 부부상담이나 치료에서 각각 다양한 연구와 심층적인 접근, 그리고 여러 치료 기법들을 통합하고 소화한 '통합모형'의 프로그램 개발이 절실하다.

본 저서의 초판인 '진정한 한 몸을 세우기 위한 부부치료'에서는 결혼의 예방적, 교육적 접근 외에 부부관계 향상을 위하여 부부 각자의 개인 내적인 요소, 그리고 이마고의 원리와 치료 요인을 통합하여 임상과정으로 검증된 프로그램을 소개하였다. 그리고 초판을 가지고 교육과 상담, 세미나에서 강의하고 임상 모임을 이끌면서 부부의 무의식적인 관계 원리인 Imago원리가 중요함을 실감할 수 있었다. 그것은 이 과정을 통해 많은 부부가 회복되는 놀라운 축복이 있었기 때문이다.

그래서 이마고 원리를 보다 더 많은 사람들이 잘 이해하고 자신과 배우자의 이마고를 발견하도록 교육하여 내면을 치료한다면 부부관계가 놀랍도록 회복되고 성장할 것이라는 기대를 가지게 되었다. 뿐만 아니라 이마고 원리를 좀 더 쉽게 적용할 수 있도록 임상에서의 깨달음과 경험을 좀 더 추가해야겠다는 생각을 가지고 개정판을 서두르게 되었다. 그리고 치료과정에서 한국인의 다혈질적 성격과 감정 중심적 대화로 인해 '치료로서의 결혼'이 잘 이루어지지 못하는 것을 보고 이마고 부부 원리가 한국적 상황에 맞게 새롭게 개발되고 적용되어야 함을 깨닫게 되었다.

그래서 개정판에는 한국인의 성격과 문화를 중심으로 이마고 부부원리를 토착화하는 것에 주안점을 두었다. 따라서 개정판의 제목을 '한국적 이마고 부부치료'로 정하여 출판하게 되었다. 이 책은 하나님의 뜻이 하늘에서 이루어진 것처럼 땅에서도 이루어지기를 바라는 마음으로, 심리학적인 원리를 신학적 관점으로 재해석하고 통합하기 위해 노력했다. 그래서 여기에 나오는 모든 원리들을 기독교적 관점으로 재조명하여 학교와 교회 현장에서 적용할 수 있도록 하였다.

이 책이 출판되어 수많은 독자들에게 사랑을 받아온 것은 하나님의 은혜다. 하지만 최근 한국의 부부와 가족 문화가 너무 많이 변하여 왔기에 이를 반영하고자 이번에 새롭게 개정증보판을 내게 되었다. 또한 무의식적이면서도 의식적이고 복잡한 이마고를 찾기가 어려운 점도 고려하여 이마고 원리를 좀 더 쉽고 분명하게 적용할 수 있도록 시도하였다.

이 책에는 오랫동안 부부치료를 해온 나의 임상적 연구 속에서 얻은 깨달음, 다른 전문가들의 연구와 보고서, 그리고 실제 나의 부부관계를 통해 얻은 통찰 등이 녹아 있다. 결혼 초에 아내를 사랑하면서도 계속되는 갈등과 미움으로 고뇌하고 힘들어했던 내가 이제는 아내를 돕는 배필로 사랑하는 것이 무엇인지 알게 되었다. 즉 아내의 외모, 태도, 나를 대하는 분위기에 따라서 아내를 대하는 것이 아니라 그 모든 것을 초월하여 하나님이 나를 사랑하신 그 사랑을 가지고 내가 이 세상에서 제일 먼저 책임져야 할 사람인 아내에게 조금씩 적용함으로써 '너' 중심의 부부생활을 시작하고 있는 것이다. 이런 나를 보고 내 인생의 주인되신 하나님께서 얼마나 기뻐하실까 생각하면 참 기쁘다. 내가 이런 마음으로 아내를 대하자 아내 역시 더 행복한 마음으로 나를 만나 주었다. 그래서 자연히 우리의 부부 관계는 더 성숙하고 깊어져 왔다. 이제는 나 자신을 위해서라도 아내를 온전히 사랑하고 그에게 헌신하려 한다. 이것이 하나님을 사랑하는 일이요, 더 나아가 인류를 온전히 사랑하는 길이며, 또한 내 하나님 앞에서 은총을 입는 길이라고 생각하기에 머리 숙여 감사를 드리며 기쁨으로 이 길을 걸어가고 있고 또한 걸어갈 것이다.

이 책이 나오기까지 도움 주신 많은 분들에게 고마운 마음을 전하고 싶다. 무엇 보다 모든 면에서 부족한 나와 함께 살아준 사랑하는 아내 이영옥님과 너무나도 귀한 하나님의 선물인 아들 자연이와 딸 수연이, 그리고 기적적으로 병상에서 회복되어 지금도 부족한 아들이 하나님을 위해 쓰임 받도록 끊임없이 기도하시는 어머니 곽만순님께 감사드린다. 또한 추천의 글을 써 주신 옥한흠 목사님과 한성열 교수님께 감사드린다. 뿐만 아니라 믿음의 동역자인 유근준 교수님과 사단법인 한국인격심리치료협회의 직원들과 제자들, 그리고 한밀교회 사역자 및 성도님들께 감사드린다. 아울러 사례를 제공해 준 내담자들과 디자인과 편집을 위해 수고해 준 최정민 집사님과 한국교회의 모든 선후배 및 동료목사님들과 성도님들께 감사와 사랑의 마음을 전한다. 이 책은 이 모든 분들께 사랑의 빚을 진 모두의 작품이다.

* 이 책을 사용하는 방법

이 책은 목회자나 교회 지도자들 뿐 아니라 교회 인구의 대다수를 차지하는 평신도의 자기 회복과 부부치료를 위해서 구성된 것이다. 교회가 사랑이 넘치려면 목회자의 노력만으로는 부족하다. 평신도들이 살아서 움직여야 한다. 결국 이 책은 평신도들을 치료하여 행복한 가정을 만들어 교회 뿐 아니라 그들이 사는 삶의 현장을 변화시키도록 하기 위해 만들어진 것이다. 이 책은 각 지역교회에서 가정사역교재, 특별히 부부모임교재로 사용할 수 있을 것이다.

교재를 가지고 사용하기를 원하는 지도자들은 다음과 같이 실행하기를 제안한다. 먼저 책 전체를 꼼꼼히 정독한 다음, 이 책의 특징을 파악하고 필자의 안내에 따라 먼저 자신의 부부를 분석하면서 서로 깊은 나눔을 가진다. 그리고 다른 부부를 훈련할 때에는 훈련 기간을 최소 6개월 정도로 잡는 것이 좋다. 왜냐하면 부부관계의 회복 및 치료가 지식 전달만으로 되는 것이 아니라 이해하고 깨달은 것을 실제 삶에서 적용해야만 변화가 이루어지기 때문이다. 6개월 과정으로 이 프로그램을 진행시키기 위해서는 각 장의 내용을 1주에 1장(2-3시간 소요) 또는 2주에 1장씩 훈련시켜 나가는 것이 좋을 것이다.

이 책을 교재로 사용하는 부부 모임은 가능하면 소그룹이 좋다. 왜냐하면 '삶의 나눔'이 많아야 하기 때문이다. 만약 많은 수를 대상으로 하기 위해서는 주제 강의는 전체로 하되 나눔은 소그룹 방식이 좋다. 소그룹의 인원은 리더를 제외하고 2~3쌍의 부부 정도면 적당하다. 부부가 아닌 경우엔 4~5명이 한 조가 되어 나눔을 갖도록 한다.

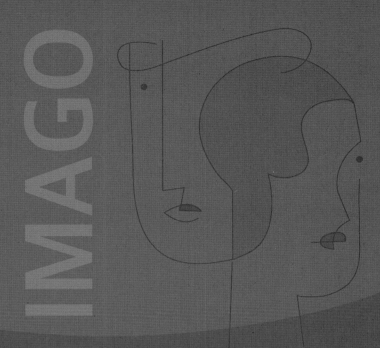

1부
한국적 이마고 치료의 배경

1장 한국적 이마고 부부치료의 이론

1. 한국적 이마고 부부치료가 나오게 된 배경

나의 지난 날, 결혼 생활을 뒤돌아보면 나는 늘 아내에게 사랑을 받으려고만 했고 아내가 오직 나만을 위해 살아줄 것을 목마르게 기대하는 남편이었다. 내가 심리적으로 이렇게 약한 상태였기에 아내는 나의 심리적 기대치를 채워주지 못했다. 나는 미친 듯이 괴로워했으며 결혼한 것 자체를 후회하기도 하였다. 내가 사람을 잘못 선택했다는 자책감과 속았다는 분한 마음이 가득한 세월이었다. 내 결혼생활은 점점 불행해졌고 내 인생은 아무런 소망이 없다고 생각했다. 끊임없이 아내를 변화시키거나 굴복시킬 수 있는 비결을 찾기 위해 고민했고 그것이 어려워지자 별거나 이혼이라는 출구(비상구)를 찾아 도망하려고 애썼다.

아내 편에서 볼 때, 나는 참으로 어처구니없이 나쁜 놈이었다. 늘 자기중심적이고 제 기분대로 행동하며, 합리적인 어른일 때도 있지만 대부분 비합리적으로 퇴행된 아이의 모습으로 사랑을 요구하고 있었던 것이다. 이런 나를 보며 아내는 혼란과 미움, 분노가 일어날 수밖에 없었을 것이다.

연애할 때와 결혼 초, 두 사람 사이가 낭만적일 때 그들은 서로에게 아버지와 어머니, 의사와 상담자, 그 외 모든 좋은 사람들을 합친 사람으로 비춰진다. 그러나 시간이 지나면서 상대방 중심으로 바라보던 눈이 자기중심으로 변하기 시작하면 사랑과 연모의 정은 사라지고 실망, 분노, 배신감이 마음 깊은 곳에 자리 잡게 된다. 그 결과 많은 부부들이 부부관계 밖에서 만족을 추구하게 되고 '이러한 결혼을 더 지속할 필요가 있을까'라고 고민하게 된다. 그러나 이혼, 그 자체가 주는 무거움이 두려워 체념하기도 하고, 또 한편으로는 신앙과 믿음으로 견뎌나가기도 한다.

대부분의 부부가 겪는 이런 과정이 도대체 왜 일어나는 것일까? 나는 부부관계에 대해 깊이 고민하며 연구하고 부부치료를 공부하면서 하나씩 그 답을 알아갈 수 있었다. 이 과정에서 내 문제를 보기 시작하였고, 부부관계에 대해 눈이 뜨이며 해결책을 찾아가게 되었다. 그러자 내 내면이 성숙해지는 것을 느끼게 되었고, 부부관계를 극복할 수 있는 사람은 다른 모든 관계도 잘 풀어내는 지혜를 가지게 됨을 알게 되었다. 부부관계는 가장 원초적이고 무의식적인 본능의 관계이므로 이 관계를 해결할 수 있는 능력을 가진 사람은 다른 인간관계에서도 문제를 잘 해결해 나갈 수 있기 때문이다.

부부관계의 원리에서 얻은 귀한 깨달음과 상담 및 심리치료를 받으면서 얻은 통찰들, 그리고 전문상담자로서 많은 부부들의 문제를 상담하며 새롭게 경험했던 것들이 어렵게만 느껴지던 부부관계의 문제들에 대한 길을 찾게 해주었다. 부부의 문제는 부부관계의 미숙함에서 오기도 하지만 근원적으로는 자기 내면의 상처를 배우자에게 투사하면서 자신의 원초적인 욕망을 해결하고자 하는 과정 때문에 일어난다. 그리고 인간의 죄성으로 인한 욕심이 그 안에서 더불어 작용하고 있는 것이다.

이러한 깨달음을 얻는데 가장 큰 도움을 받은 것은 하빌 핸드릭스

(Harville Hendrix)박사의 이마고 관계치료였다.[2] 이마고 치료는 무의식 속에 형성되어 있는 어린 시절의 정서적 경험들과 심리적 역동을 파악하여 어린 시절의 상처를 치료적 도구로 활용, 어린 시절 초기 양육자와의 관계에서 형성된 부정적 이미지를 건강한 이미지로 재창조하도록 도와줌으로써 성숙한 부부로 살도록 돕는 치료법이다.

핸드릭스는 모든 심리치료이론들을 절충하는 방식으로 심층 심리학, 행동 과학, 기독교의 종교적 전통 양식을 통합하였고, 여기에 교류분석, 게슈탈트 심리학, 시스템 이론 및 인지 이론의 요소들을 보충하였다. 그는 이러한 심리학 사상들이 개인의 심리를 이해하는 데 각기 독특하고 중요한 공헌을 한 것은 사실이지만, 이러한 사상들이 모두 통합되어 새로운 종합 이론으로 거듭나야만 비로소 관계 안에서 싹트는 사랑의 신비를 밝혀낼 수 있다고 믿었다(Hendrix, 1988, 27-28).

이마고 치료는 부부관계 향상 및 건강한 부부관계 유지를 바라는 부부들을 위해 부부상담 또는 부부 집단상담으로 접근한다. 그리고 배우자 선택과 부부 갈등관계에 원인을 제공하는 무의식적인 힘들을 이해

---

2) Harville Hendrix 박사는 시카고 대학에서 종교심리학 박사학위를 받았으며, 1965년 이곳에서 상담 치료사로서의 첫발을 내딛었다. 또한 유니온 신학교에서 신학학위를 받았으며, 머서 대학에서 예술사학위를 받았다. 미국 목회 상담자 협회에서 상담자격을 취득했으며, 국제교류분석협회의 회원이자 미국 그룹 정신분석 협회의 정회원이다. 달라스에 위치한 남부 감리교 대학의 퍼킨스 신학교에서 9년간 교편을 잡은 후, 자신의 이혼 문제를 이해하기 위해 사립 상담치료 연구소에서 부부 문제를 연구하기 시작했다. 이 일을 계기로 부부들을 '의식적인 결혼'으로 발전하도록 도와주는 치료 과정인 이마고 관계 치료를 발전시키게 되었다. 그는 자신의 연구소에 오지 않는 일반인들도 이 과정을 도움을 받을 수 있도록 하기 위해, 전국적으로 널리 분포된 전문가들의 도움을 받아 부부들과 미혼 남녀를 대상으로 하는 워크샵을 개최했다. 이마고 관계 치료 협회는 전 세계적으로 천여 명 이상의 상담 치료사를 양성했으며 지속적으로 교육을 실시하고 있다. Hendrix 박사는 아내 헬렌 헌트와 각자 첫 번째 결혼에서 얻은 여섯 아이들과 함께 뉴멕시코 북부의 농장에 거주하고 있다. 전 세계적으로 활발한 강연 스케줄이 예정되어 있으며, 현재 이마고 과정에 관한 책을 저술 중이다. 또한 의식적인 사회발전에 기여하기 위한 목적으로 대화에서의 이마고 개념을 공동체 내부로 확장시키는 데 전념하고 있다.

하게 한다. 더 나아가 부부의 상호친밀감을 가로막는 방어기제들을 확인하는 데에 도움을 준다. 또 부부가 의식적으로 상대방의 욕구들을 직면하여 잃어버리고 거부되었던 자아를 회복하는 데에 목표를 두며, 치료과정을 통하여 상처 입은 행동을 바꾸고 새로운 대화기술과 분노해결 기술을 습득함으로써 부부관계가 향상되도록 고안되었다.

　나는 이마고 부부치료이론이 부부관계의 발전에 대한 통찰을 제공해주고 있으며, 인간의 원초적인 상처를 치료하고 회복하여 아름다운 관계를 만들어 준다는 점에서 가장 적절한 부부치료 이론이라고 생각한다. 그래서 부부문제를 해결하고 치료하기 위한 토대의 핵심으로 이마고 부부치료 이론의 원리와 기법을 사용하였다. 그리고 이 이론을 한국적인 상황과 부부관계에 적용하기 위해서는 한국인과 한국인 부부에 대한 문화적 이해가 필요하다고 생각하여 한국의 종교와 사상을 연구하고 조사하였다. 그 외에 이마고 치료의 기본 관점이라고 할 수 있는 대상관계 이론과 애착이론, 그리고 체계이론을 포함한 통합적 관점에서 연구를 계속해왔다. 대상관계이론과 애착이론은 '양육자의 정서적 반응방식, 특히 생의 초기 정서적 반응방식은 성인기의 건강한 성격 발달을 위해 결정적인 영향을 미친다.'는 점에서 동일한 입장을 취한다.

　이러한 이론적 배경을 기초로, 치료 기법으로는 개인치료와 부부 및 가족치료를 동시에 고려하면서 통합적 입장에서 접근하였다. 또한 폴 투르니어(Paul Tournier)의 인격치료적 관점,[3] 그리고 심상기법들을 조화

3) 인격치료적 관점은 다른 무엇보다 인격을 치료해야만 삶이 바뀐다는 것이며, 이 접근은 하나님의 사랑 안에서 자신의 상처를 싸매고, 자기분석과 영적인 통찰을 통해 삶을 세우며, 자기존엄을 회복시켜 나가도록 하면서 부부를 돕는 치료기법이다. 이를 위해 먼저 치료자가 하나님의 사랑과 인격적인 삶으로 자신의 삶을 세워가며 수평적인 관계로 내담자 부부를 대하고 사랑과 전문적인 기술로 인격적 만남을 만들어가면서 그들의 삶을 따뜻하게 세워 주어야 한다. 이러한 관점 때문에 나는 치료받기 원하는 수많은 사람들과 평등한 관계에서 만났고 또 앞으로도 그러할 것이다.

시켜 부부치료에 대한 임상기법을 구조화하였다. 이 책에서 필자는 한 인간으로서 또한 남편으로서의 삶, 고통과 실수를 있는 그대로 개방하였다. 그것은 바로 인격치료적 관점으로 이 책을 썼기 때문이다. 때로는 자기노출이 두렵고 부끄러우며 아플 때도 있다. 그러나 한 영혼에게라도 삶의 치료와 통찰, 그리고 자유로움을 선물할 수 있다면 그것 자체가 행복이 아니겠는가? 그리고 내가 경험한 문제들은 누구에게나 있을 수 있는 문제들이기에 함께 대안을 만들어 가고자 하였다.

또한 부부치료에 대한 신학적 관점은 복음주의적 입장에서 해석하고 정리하였다. 즉 성경에서 말하고 있는 부부관계의 원리를 기본 틀로 받아들여 이론을 전개하였다. 어떤 독자들은 나의 이론이 일반 심리학을 너무 많이 수용하여 비성경적이라고 비판할 수 있을 것이다. 또 다른 사람은 그것이 너무 성경적이어서 일반인들이 사용하기에 거부감이 있다고 할 것이다. 그러나 부부치료에 대한 나의 접근 방식은 부부상담과 치료에 대한 일반적 이론들을 참고하면서도 그것들이 성경의 권위 아래 머리 숙이도록 노력하였음을 밝혀둔다.

2. 이마고 부부치료 이론

이마고(imago)란 라틴어로 이미지이며, 우리 마음 한 가운데 자리잡고 있는 어떤 형상에 대한 생각을 의미한다(M. Chartier, 1978, 54-61). 아주 어린 시절 우리를 길러주고 돌봐주었던 사람들에 대하여 우리는 긍정적인 이미지와 부정적인 이미지 모두를 가지고 있다. 이 이미지는 우리의 '무의식' 속에 저장되어, 우리 뇌의 일부가 그 기억들에 사로잡혀 있어서 때로는 그들처럼 생각하고 행동하기를 좋아한다. 따라서 이마고란 어린 시절 초기 양육자들과의 관계에서 영향을 받은 행위들과 사회화 과정에서 받은 영향들이 개인의 주요 성격적 특징을 이루게 되는 것이다. 그리고 이러한 것들이 무의식 속에 자리잡고 있어 복합적인 이미지로 타인과의 관계양상에서 표출된다.

이마고 부부치료 이론은 정신분석, 대상관계 이론, 발달이론과 사이코드라마나 게슈탈트 기법 등 많은 이론들을 접목하여 적용하고 있다. 그 중에서도 어린 시절 성장발달 단계에서 입은 상처에 많은 초점을 두고 있기 때문에 대상관계 이론과 발달이론이 주된 바탕이 된다. 따라서 인간의 상처를 치료하려면 논리적인 해결책을 찾으려 하지 말고 자신의 배우자가 심리적으로 원하는 것을 주는 방법을 배움으로써 자기 자신과 배우자를 함께 치료해 나가야 한다. 부부는 배우자와 함께 치료에 참여함으로써 자신들의 잃어버린 자아를 회복할 수 있고 마침내는 함께 성장할 수 있다. 이것이 바로 이마고 치료의 핵심이다.

이마고 부부치료의 목적은 부부대화법을 통하여 무의식적 결혼을 의식적 결혼으로 변화시키는데 있다. 무의식적 결혼은 배우자 선택과정과 결정 그리고 결혼 후의 부부간 힘겨루기와 갈등관계로 나타나는 무의식적 관계를 의미하고 의식적 결혼은 어린 시절의 상처에 대한 심상치료, 어린 시절의 부모-자녀 대화, 좌절감 재구조화, 행동변화 요구, 그리고 부부대화법 도구 활용을 의도적이고 의식적으로 적용하면서 함께 치료하는 부부관계를 의미한다(Hendrix, 1988, 62-63, 85-86). 이마고 부부치료는 부부들이 서로 상처가 있음을 깨닫고, 자신들이 적이 아니라 동지임을 확인해 나가는 과정이다.

대부분의 결혼은 배우자가 자신의 욕구를 무조건 충족시켜 줄 것이라는 무의식적 기대가 무너지면 비판, 화냄, 후퇴, 수치 등 부정적인 수

단으로 힘을 행사하려는 힘겨루기(power struggle)단계로 진행한다. 그리고 서로의 부정을 해결하지 못한 채 살아가곤 하는데 상당수의 결혼이 이 단계에서 멈추고 만다.

이마고 치료에서는 부부가 서로에게 아직도 상처를 주고 있는 그 부분이 바로 부부가 성장해야 할 부분이라고 본다. 그래서 서로의 불평이 무엇인지 말하게 하고 배우자에게 행동 변화를 요구하도록 기회를 열어주고 남편과 아내가 회복되어야 할 부분이 무엇인지 알게 해준다. 또 부부가 힘겨루기를 중단하고 서로의 상처를 이해하고 공감하며 협력할 수 있는 관계를 형성하기 위해 '부부대화법(couples dialogue)'을 비롯한 다양한 워크샵을 시행하도록 요구한다. 대화법을 잘 익히고 그것을 실천할 수 있게 되면 배우자의 상처와 아픔을 함께 공감할 수 있게 되고, 그 결과 서로의 치료와 성장을 진심으로 후원하고 보살피며 지지하는 자로 살아갈 수 있게 된다.

결혼에 대한 무의식적 원함이 무엇이었는지 파악하고 상대방의 무의식적 원함과 자신의 원함을 충분히 이해하고 공감함으로 부부가 의식적 결혼(conscious marriage)을 할 수 있는 단계에 이르면 부부는 상처를 들어줄 수 있고 서로를 있는 그대로 인정하고 수용하는 헌신 (commitment)의 단계로 들어가게 된다. 그리고 서로를 아는 앎의 단계에서 배우자의 이미지를 재조정하고 새롭게 관계를 구성하는 단계까지 발전할 수 있게 된다. 그러면 지금까지 서로에 대한 비난과 원망, 갈등과 싸움 등으로 상대방을 변화시키기 위해 써왔던 에너지를 서로의 치료와 성장을 돕는 쪽으로 전환시킬 수 있는 것이다. 이 과정을 함께 하려면 무엇보다도 먼저 상호비방과 부정적인 감정 표현, 그리고 과거사에 대한 거듭된 원망과 시비를 중지하여 쓸데없는 에너지 낭비를 하지 않을 것을 상호협약 해야만 한다.

또한 앞으로의 공동여정에서 서로의 치료와 성장을 돕는 최고의 후원자이며 조력자가 되기로 확고히 결심해야 한다. 이렇게 부부 두 사람 모두가 앞으로 자신들의 부부관계를 사랑중심의 관계, 즉 친구, 동반자, 후원자의 관계로 새롭게 전환하겠다는 분명한 결심을 하게 될 때, 이 부부의 관계는 완전히 새로운 상호협력적인(collaborative) 관계, 즉 치료적 관계(therapeutic relationship)가 형성되는 것이다. 치료적 관계가 형성되었다는 것은 부부 두 사람이 공동으로 치료하고 성장할 수 있는 관계적 토대가 마련되었음을 의미한다.

이마고 치료는 이러한 과정을 부부가 통과할 수 있도록 프로그램을 구성하여 부부가 어린 시절의 상처를 만나고 서로 치료자가 되어 협력하도록 이끈다. 그리고 이러한 과정을 위해 강의와 실습시간을 병행하여 진행한다. 결국 이마고 부부치료는 무의식적인 부부관계를 의식적인 부부관계로 변화시키기 위한 부부치료법이라고 할 수 있다.

이마고 치료가 부부치료로서 우리에게 제공해 준 놀랍고도 뛰어난 통찰에도 불구하고 한국적 상황에서 적용하려 할 때 아쉬운 점이 있다. 그것은 한국의 부부가 서로의 상처를 치료하는 자로 살 수 있는 힘이 없다는 점이다. 상대방의 상처를 치료하는 자가 되려면 서로 의식적이며 상담적인 시각으로 만나고 대화할 수 있어야 하는데 본능적이고 무의식적인 관계로 얽혀 있는 한국의 부부에게 이것은 결코 쉬운 일이 아니다. 특히나 감정을 억압하다가 폭발시키는 한국적 상황에서는 더더욱 그러하다.

뿐만 아니라 이마고 워크샵 참가 후에 실제 부부생활에서 구체적인 행동변화를 서로에게 요구하게 될 때는 충돌을 빚을 가능성이 오히려 더 크며, 실제 임상장면에서 부부들이 자신의 생각대로 되지 않으면 분노를 폭발하는 것을 자주 경험하곤 하였다. 즉 어린 시절의 미해결된 욕구를 해결하기 위해 배우자에게 행동변화를 요구할 때, 배우자 역시 나와 비슷한 수준의 상처를 지니고 있는 사람이므로 나의 마음을 받아들일 심리적 여유가 없는 것이다. 게다가 배우자 또한 나를 통해서 자신의 상처가 치료받기를 기대하고 있으며, 자신의 치료를 위해서 끊임없이 고군분투 하는 사람이기 때문에, 부부가 서로의 상처를 이해하고 돕기로 작정했다고 해도 두 사람이 치료자로서의 역할을 제대로 감당하는 데에는 어려움이 있다. 핸드릭스의 이마고 치료는 이런 점에서 자신의 치료를 배우자에게 더 의존하게 하는 결과를 초래하고, 그런 만큼 더욱 더 실망하고 좌절할 수도 있다는 점을 간과하고 있다.

부부가 서로의 상처를 이해하고 상대방의 치료와 성장을 위해서 함께 공감하고 노력하도록 돕는 시도는 좋지만, 이런 시도를 할 수 있는 부부는 많지 않을 것이며 이런 시도를 할 수 있는 부부라면 이미 성숙한 수준에 이른 부부일 것이다. 이런 점에서 필자는 부부가 서로 치료자로서 돕는 것도 필요한 일이지만 각자가 자신의 상처를 치료하고 감당하려는 역할과 노력, 책임이 더욱 강조되어야 할 것이라고 생각한다.

뿐만 아니라 이마고 치료에서 사용하고 있는 부부대화법은 한국 부부들이 사용하기에는 너무 인지 중심으로 이루어져 있다. 한국인들은 성격이 급하고 감정 중심 대화를 많이 하므로 감정처리가 잘 되지 않은 상황에서는 합리적이고 이성적으로 대화할 여유를 갖기가 어렵다. 실제 임상 현장에서 처음에는 자신의 원함을 이야기하고 서로를 치료할 목적으로 대화를 시작해도 대화 중간에 싸움과 갈등, 감정이 증폭되면서 대화가 합리적으로 이루어지지 않는 많은 사례들을 접하면서 한국적 상황에 맞는 부부대화법이 필요함을 강하게 인식하였다. 그래서 필자는 이러한 점을 고려하여 한국인이 원하는 대화를 개발하게 되었다. 그것은 대화 당사자의 마음(심정)을 알아주고 이해하는 대화로 필자는 이런 대화를 '심정대화'라 이름하여 사용해 왔다.[4]

심정대화는 의사소통에 있어 다음과 같은 긍정적인 영향을 준다. 첫째, 상대방이 말하는 메시지가 무엇인지 정확히 듣게 하며 둘째, 상대방이 말하는 중심을 헤아림으로 마음 깊이 그를 만나 그 마음을 충분히 이해할 수 있으며 그에 대해 풍부한 이해력을 갖게 되고 셋째, 그에게 내 마음을 전달함으로 그가 나의 사랑을 느끼게 하고 사랑의 관계가 시작되게 한다. 이러한 심정대화에 대해서는 뒷부분 대화의 기술에서 좀 더 설명할 것이다.

또한 이마고 부부치료에서 제안하는 워크샵이 부부의 원초적 관계와 대상관계에 대한 통찰을 주긴 하지만 일반인들이 이것을 제대로 이해하지 못하는 경우가 많아, 한국 부부들이 자신의 이마고를 잘 이해하고 분석할 수 있도록 각 워크샵마다 분석 방법과 사례를 첨가하였다. 그래서 자신도 잘 몰랐던 부모(일차적 양육자)와의 관계 양식이 현 부부관계에 어떤 영향을 미치고 있으며, 어린 시절의 긍정적인 경험과 부정적인 경험이 지금 이 순간에도 재연되고 있음을 좀 더 쉽게 발견할 수 있도록 하였다. 그리고 부부치료적 관점 외에도 부부관계에 대한 교육 및 성장적 관점이 필요하다고 생각되어 부부치료적 관점과 부부 교육적 관점을 병행하여 '한국적 이마고 부부치료'를 구성하였다.

---

4) 말하는 사람의 심정을 이해하고 감정을 들어주고 듣는 사람의 감정도 표현하는 대화방법으로 필자가 최상진의 '심정심리이해'와 대화기술을 통합하여 만든 대화 기술이다. 대화의 원리는 먼저 말한 사람의 이야기 내용을 요약한 후에, 그 사람의 감정을 표현해주고, 듣는 사람의 심정을 덧붙여 이야기함으로 말한 사람과 듣는 사람의 심정이 통하도록 하는 한국적 대화방식이라고 할 수 있고 필자가 개발하였다(심수명, 2003, 293-306 참조).

3. 대상관계 이론

대상관계 이론은 이론가에 따라 주장하는 바가 서로 다르다. 멜라니 클라인(Melanie Klein, 1946)은 유아들이 분리(splitting)라는 방어기제를 통하여 자신들을 돌보아주는 어머니에 대해서 좋은 대상 혹은 나쁜 대상으로 지각하는 상호작용을 한다고 하였다. 로날드 페어베언(Ronald D. Fairbairn, 1954)은 인간은 처음부터 대상을 추구하는 존재라고 하면서 인간의 자아는 어머니와의 관계 속에서 만들어지고 발달한다고 보았다.

오토 컨버그(Otto Kernberg, 1976)는 개인의 성격이 통합되고 조직화되는 과정을 내사단계, 동일시단계, 정체성단계로 설명하였다. 이때 자기표상, 대상표상, 그리고 정서적 색채로 이루어진 대상관계 단위(unit)가 형성되는 과정에서 자기가 견고해지며 발달된다고 보았다. 그리고 이 구조화와 통합 과정에서 자기의 정체성이 견고해지지 않을 때 병리를 초래한다고 설명하였다. 마가렛 말러(Margaret Mahler)는 한 개인으로서의 아이의 심리적 탄생이 어머니와의 공생과 분리 및 개별화 과정(symbiosis, separation-individuation)을 거쳐서 자율을 향해 나간다고 보았다(M. Mahler, 1952, 48).

이처럼 대상관계 이론은 특정한 한 사람의 이론에 의해서가 아니라 여러 사람들의 이론을 통해서 발전되어 왔는데, 이 이론의 기본적인 토대는 인간에게 있어서 초기 양육자와의 관계형성이 그 사람의 일생의 개인내적 관계와 대인간관계에 결정적 영향을 미치는 요소라는 점이다(문성호, 심혜숙, 8). 부부관계는 두 사람의 문화적, 개인적, 성(性)적 이상이 얼마나 잘 조화를 이루는가와 같은 의식적인 문제만이 아니라, 각 인격의 억압된 부분이 어떤 보완관계를 형성하느냐와 같은 무의식적인 문제에 의해 크게 좌우된다. 그것은 무의식적인 의사소통이 부부

사이의 정서적, 성적 친밀감을 유지시키는 능력을 결정하기 때문이다 (David & Jill Scharff, 2003, 15).

이마고 부부치료는 대상관계이론의 영향을 받았는데, 핸리 딕스 (Henry Dicks)는 1950년대와 60년대에 기혼부부를 대상으로 연구한 결과, 만족스런 결혼생활을 하고 있는 것처럼 보이는 부부들이라 할지라도 그들의 결혼생활에서 원시적인 대상관계를 실현하고 있음을 발견하였다. 남편은 부인을 자신의 정신세계에서 내적 대상표상인 자신의 어머니로 인식하고 있었고, 부인도 남편이 단지 자신의 내적 세계로부터의 투사물인 것처럼 관계하고 있었다(Dicks, 1963, 125-129). 딕스는 자아강도가 상당히 높은 사람도 결혼 관계에서는 급속하게 부모-자식 관계로 퇴행하는 모습을 보인다고 하였다.

사람은 어린 시절 부모와의 관계양식을 통해서 형성된 자신에 대한 이미지와 타인에 대한 이미지를 내면화한다. 그리고 자신의 내면에 형성된 이미지를 바탕으로 자신과 다른 사람을 이해하며 관계를 맺어간다. 이때 내면의 이미지가 긍정적인 것이 우세하면 타인에 대해서도 긍정적으로 인식하고, 부정이 우세하면 타인에 대해서 부정적으로 인식하며 관계해 나가는데, 부부관계에서는 이것이 좀 더 강하게 영향을 미친다.

어렸을 때 내적 대상인 어머니를 좋은 면과 나쁜 면으로 분리하다가 점차 전체 대상으로서 한 사람(부모) 안에 긍정과 부정 모두가 다 있음을 통합하게 되면 대인관계에 큰 어려움이 없지만, 통합이 되지 못하는 경우, 사람을 좋은 사람과 나쁜 사람으로 분리하여 평가하므로 대인관계에 어려움이 생기게 된다.

사람은 새로운 친밀한 관계를 형성하게 되면 초기의 연결(기억)으로

부터 감정을 불러오고 방어를 조성한다. 이러한 투사를 받는 상대방은 자신의 고유한 배경과 양육방식의 영향을 받아 내적 일치감을 느끼며 서로를 기뻐하게 된다. 이러한 상호 투사로 인한 작용 때문에 부부들이 문제를 일으켜도 그 원인과 해결 방향을 찾을 수 없어서 방황하게 된다. 결국 부부간의 문제는 지금 여기에서 일어난 실제 문제가 아니라 그들 자신의 투사된 이미지와 이전 관계의 이미지로 인하여 나타난 문제를 다루는 것이 된다. 이것을 그림으로 나타내면 다음과 같다.[5]

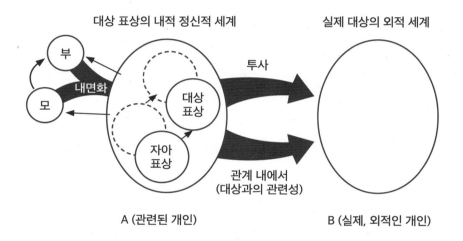

[그림 1] 대상의 내적 세계와 외적 세계

* 그림설명 : 부모의 모습 중 부정과 긍정 모두를 자신의 자아에 내면화 하는 것이 C, D이다. 이 C, D를 어떤 것은 자아표상으로, 어떤 것은 대상표상으로 만들어낸다. 이것을 가지고 다른 사람에게 투사하기 때문에 실제 대상을 있는 그대로 보지 못한다.

---

5) 그림의 출처: Object Relations and Self-Psychology : An Introduction, by M. st. Clair. Copyright 1986 by Brooks/Cole Publishing Company, a division of International Thomson Publishing Inc.

결혼한 부부는 내면화된 자기표상과 대상표상이 분리와 투사적 동일시에 의하여 어떻게 가족 전체에 분배되었는가를 신중하게 진단하는 작업이 필요하다. 상담자는 무의식적 충돌체계가 가족구성원들 사이에 어떻게 생겨나게 되었고 이것이 부부관계에 어떻게 무의식적이며 병적인 행동을 계속하고 있는지 이해시켜주어야 한다. 이것을 이해하게 되면 내담자는 자신의 행동이 부부관계에 어떤 영향을 주고 있는지 이해하고 부부관계를 개선하기 위해 노력할 수 있다. 자신의 현재 부부 관계가 과거의 대상관계의 연속임을 깨닫게 되는 것이 대상관계 부부치료의 목적이며 방법이다. 그리고 과거의 대인관계 방식을 그치고 현재에 의식적이고 합리적인 부부관계를 할 수 있도록 여러 다양한 방법을 배우도록 돕는다.

4. 애착이론

애착이론은 일차 양육자에 대한 유아의 유대를 설명하고, 분리, 상실에 의한 유대의 붕괴가 초래하는 영향을 이해하려는 존 보울비(John Bowlby)에 의해 시작되었다. 보울비는 부모 행동이 유아에게 일정하고도 예측 가능한 반응 양식들을 발달시켜 애착패턴들을 형성한다고 생각했다. 일정한 행동 패턴들이 나타난다는 것은 '내적작동모델(internal working model)' 또는 '애착 표상(attachment representations)'이 형성되고 있음을 보여주며, 이렇게 형성된 애착표상들은 일생동안 인간관계에 대한 개인의 감정, 생각, 기대치를 지배한다(정성훈, 2002, 18).

보울비가 애착이론에 대해 연구하게 된 계기는 1944년, 고아원에서 자란 아이들과 어린 시절에 병으로 인해 부모와 분리되어 입원해야만 했던 아이들이, 성장한 후 감정이 결여되고, 피상적인 관계를 형성하고, 타인에 대해 적대적인 것을 보게 되면서부터였다. 그 후 보울비는 서구사회가 의존성을 병리적으로 보는 관점에 대해 의심을 하게 되었다. 그는 모든 애착관계에 필요한 중요한 요인은 정서적인 접근과 적절한 반응, 아픔에 대한 위로라고 주장하였다. 아이는 태어날 때 생존을 돕기 위한 기능으로 애착체계를 가지고 태어난다. 이 체계는 매우 근본적이고, 유전적인 것으로 동기를 유발하고 행동하게 하는 체계이다. 아이는 불안해지면 어머니 곁에서 보호받고 안전감을 느끼려 한다. 어머니를 눈으로 확인하고, 특히 어머니와의 신체적 접촉을 통해 이런 상태에 있고자 한다. 이 상호작용에서 아이는 적극적으로 가깝게 있고자 하는 욕구를 보이는데 이때 부모가 적절하게 보호를 해주어야 이 욕구를 충족시킬 수 있다.

애착이론은 정신분석학의 대상관계이론에서 발달되었지만 동시에 동물행동학, 통제이론 및 인지심리학의 개념들도 차용하였다(Bowlby, 1988, 119). 보울비는 아동의 정서장애가 고전적 정신분석학자들의 주장처럼 심리내적 갈등에 의한 것이라기보다는 가족경험과 같은 대인관계에서 원인을 찾을 수 있다고 가정하였다. 고전적인 정신분석 모델에서는 아이가 어머니와 유대를 발달시키는 것은 어머니가 먹여주기 때문이므로 1차적 추동은 음식이고 '의존(dependency)'은 2차적 요구로 간주되었다. 그러나 보울비는 영아와 어린이는 어머니와 따뜻하고 친밀하며 지속적인 관계를 경험해야만 정신적으로 건강하게 성장할 수 있다고 가정하였다.

에인스 월스(Ainsworth)는 보울비 이론에 근거하여 양육자와 반복해서 분리(separation)와 재결합(reunion)을 하는 낯선 상황이란 실험기법을 이용하여 세 가지 애착패턴을 발견하였다. 이 패턴들은 어머니가 유아의 욕구에 성공적으로 반응 혹은 실패했는가에 따라 결정되며, "안정성(secure)", "회피성(avoidant)", "저항성(resistant)"으로 명명되었다. 유아가 첫 1년간 어머니의 따뜻하고도 일관된 반응을 경험했다면 유아가 분리 후 재결합 때 안락감을 느낀다. 이런 유아는 안전성 애착패턴으로 분류된다. 첫 1년 간 배척 혹은 일관성 없는 반응을 경험한 유아는 어머니와 분리 후 재결합 때 어머니를 회피하거나 또는 어머니가 있음에도 불구하고 진정되지 않거나 감정을 조절하지 못한다. 이런 유아들은 각각 회피성 혹은 저항성 애착패턴으로 분류되며, 불안전성(insecure) 애착패턴으로 불려진다. 다른 말로 하면, 안전형 유아는 울음, 손짓과 같은 도움이 필요하다는 신호를 보내면 어머니가 고통을 경감시키는 반응을 한다는 것을 알고 있으며, 회피성 유아는 자신의 신호에도 불구하고 아무런 반응이 없을 것이기 때문에 위축되어 스스로 안락감을 찾으려는 전략을 택한 것이고, 저항성 유아는 예측할 수 없는 반응을 경험하였기 때문에 끊임없는 신호를 보낼 때만 최소한의 관심이라도 유지된다는 패턴이 형성되어 어머니의 관심을 계속 유지하려는 목적에만 집착한다는 것이다.

이후 정상군이 아닌 아동학대와 같은 양육문제를 가진 유아는 회피성과 저항성을 복합적으로 보여 '혼란형(disorganized /disoriented)'으로 명명하였는데, 이런 아이는 엄마에게 달려가다가 말고 되돌아온다. 애착체계가 발동은 되었는데 작동이 안되는 것이다. 이 유형의 유아는 재결합 때 일정한 행동패턴이 없이 혼란되고 해리되는 행동을 보이며, 학대 받은 유아와 우울증 어머니의 유아에서 흔히 발견되었다(정성훈, 2002, 18-19).

안정 애착된 영아들은 문제가 제시되면 그 문제를 성공적으로 풀어 갈 능력과 긍정적인 자기상이나 자신감을 가지고 있으며 그것을 적절하게 발달시킨다. 또한 융통성 있고 지력이 풍부하며 호기심 많은 아동으로 자라나 자신의 일이나 또래들과의 일에 열정적으로 참여한다. 저항 애착된 아동들은 충동성을 보이고 또래들과 어울리지 못하며, 수동성이나 의존성을 보인다. 회피 애착된 아동들은 적개심이나 반사회적 행동, 또 사회적 고립과 관련된 경향이 있다.

애착이 중요한 이유는 성공적인 사회화의 전제조건이 되기 때문이다. 부모가 좋다고 보는 행동은 사랑으로 보상되고, 나쁘다고 보는 행동은 사랑의 철회로 처벌된다. 그래서 이 시기에 부모의 사랑이 남용될 가능성도 있다. 건강한 애착 유지 방법으로 제일 중요한 것은 민감성(sensitivity)으로, 이는 아이의 신호를 잘 해석하고 아이의 욕구를 적절하고 빠르게 만족시켜주는 것이다. 이렇게 해줄 때 아이는 안전하고 단단한 유대관계를 형성할 수 있다. 이 욕구가 제대로 채워지지 않거나, 비일관적으로 채워지거나, 지나치게 반응하여 놀라거나, 너무 과하게 채워지거나, 반대로 아이의 이런 욕구를 부인하거나, 거부하거나, 무시하게 되면 아이가 좌절감을 느끼게 되고 이로 인해 불안정한 애착관계를 형성하게 된다. 또한 자라면서 아이는 자기 주변을 탐색하고자 하는데 이때 어머니가 이를 허용해 주어야 한다. 즉 아이가 환경을 탐색하고자 할 때 어머니가 심리적 안정감을 가지고 도와주면 아이는 새로운 모험을 시도하여 스스로가 만족스러운 존재임을 느낄 수 있게 된다.

애착이론은 전 발달과정에서 충분히 연구되지는 않았다. 그러나 메인(Main) 등이 성인을 대상으로 상실, 배척, 분리뿐만 아니라 소아기 애착관계를 질문하는 반구조화된 면담인 성인애착면담을 개발하여, 낮선 상황에서 나타나는 유아 행동패턴에 일치하는 성인기 표상패턴을 발견하였다. 메인은 매우 힘든 어린 시절을 보낸 성인이 반드시 불안 정성 표상을 가지는 것이 아님을 확인하였다. 고통스런 시절을 보냈지 만 안전성 표상을 가진 성인은, 애착표상의 질적인 면에서 불안정성 표상을 가진 성인과 다르다는 것을 발견하였다. 성인애착에서 중요한 점은 무슨 일이 있었느냐가 아니라, 자신의 이야기를 하는 동안 사건 들에 대해 일관적으로 느끼는 생각과 감정이다. 이런 의미에서 성인애 착면담은 애착 그 자체라기보다는 애착에 대한 '마음상태(state of mind)' 를 평가한다고 볼 수 있다.

성인도 유아와 같이 세 가지 애착 유형을 보이는데, 안정적 애착 관 계는 다른 사람을 신뢰하고, 감정적으로 개방적이며, 장기간의 친밀한 관계에 들어갈 수 있다. 불안한 애착 관계는 사랑을 받고 있는지를 확 신하지 못하고, 사랑받을 만한 가치가 있는지 또는 보호를 받을 수 있 는지 불안해하여 결국 과다한 경계심, 확신에 대한 요구, 분노와 항의, 질투가 많이 나타난다. 애착불안이 높으면 위협적인 상황이 아닌 일반 적 상황에서도 사랑해주지 않았던 부모의 모습이 떠올라, 미워하며 분 노하고, 두려워하고 그리워하면서 사랑받거나 관계 맺는 것에 대해 불 안해하고 우울해한다. 이들은 상대방이 자기의 필요에 반응하여 자기 옆에 있어줄 것인지에 대한 경계심과 의심이 많으므로 배우자는 힘들 어지고 갈등이 불가피하게 된다.

회피 애착 관계는 안정감을 느끼기 위해, 생존과 성장에 반드시 필 요한 경우에도 공개적으로 배우자의 지지를 요구하지 않고 자기 자신 에게만 의지하려 한다. 회피하는 사람은 애착관계가 위협에 놓인 상황 에서도 애착체계가 발동하지 않는다. 그래서 위협을 무시하고 위협상황에 대해 회피하며 배우자의 지지를 믿지 않고 혼자 위협을 해결하려 한다. 상대방이 자기를 도울 만큼 강하지 못하다고 여기며 상대방을 인정하지 않게 된다. 불안하고 회피하는 형(두려운 회피자)은 대개 심리적, 신체적, 성적 학대를 경험한 사람들인데 이들은 친밀함과 지지를 받고 싶으면서도 행동은 그와 반대로 하게 되어 배우자를 힘들게 한다.

부부는 두 애착체계가 만나는 것이라고 할 수 있다. 한 사람의 애착체계는 다른 한 사람의 애착체계가 작동할 수 있는 환경을 제공하고, 적극적으로 서로의 관계를 형성시키는 역할을 한다. 사랑이란 두 사람의 욕구들, 애착의 능력, 돌봄, 그리고 섹스가 참여하여 만드는 역동적 상태라고 할 수 있다. 신체적, 심리적 위협이 있을 때 사람들은 자동적으로 애착체계가 활성화되어 지지적인 사람(사랑하는 사람)들과 가까이 함으로써 위협으로부터 자신을 보호하고자 한다.

결국 안정된 애착유형의 사람들은 자기와 타인에 대한 긍정적인 내적 작동모델을 지니고 있으며, 대인관계에서 신뢰를 갖고 친밀한 정서적 관계를 맺을 수 있는 반면, 자기나 타인에 대해서 부정적인 표상을 갖고 있는 불안정 애착유형의 사람들은 대인관계에서 버림받을 것이라는 두려움 또는 사랑을 받지 못할 것이라는 불안으로 관계를 유지하는 데 어려움이 있다.

아동기에 경험한 부모와의 애착유형이 자신도 모르게 영향을 주고, 개인이 가지고 있는 속성을 유지하려는 경향성 때문에 자신과 유사한 성격적 특성(애착유형)을 가진 상대를 선택하게 하는 것이다. 따라서 유아기에 형성된 애착유형은 감정적, 인지적, 그리고 행동적으로 상호 연관되어서 전 생애에 걸쳐 지속될 것이다. 이렇듯 애착에 따라 결혼적응 및 관계의 질, 낭만적 사랑에 관한 신념과 태도, 관계의 만족과 관련성,

파트너 선택, 그리고 안정성과 같은 관계의 특징들을 예견할 수 있다.[6]

5. 체계이론

1) 체계와 하위체계

1940년대에 생물학자인 베르탈란피(Ludwig Von Bertalanffy)가 처음 제안한 일반체계이론(general system theory)이 사회과학에 점차적으로 도입되면서 인간행동을 체계이론으로 이해하려는 운동이 활발해졌다. 체계이론은 에너지와 물질, 정보 개념으로 시작하였는데 에너지는 물질과 정보의 움직임을 일으키는 능력이다. 베르탈란피는 이러한 에너지와 물질, 정보들이 상호 관련되는 방식을 조직화라 하고, 이것이 어느 정도의 응집성을 보일 때 체계가 나타난다고 하였다. 여러 하위체계들과 상위체계의 관계를 밝혀내고 조직화의 유형을 파악하는 것이 체계이론이다(한국가족학연구회 편, 1993,45-46).[7]

가족치료에 체계이론을 적용하는 데 기여한 것은 팔로 알토(Palo Alto) 그룹이다. 이 그룹의 학자들(Bateson, Haley, Wealtland, Jackson 등)은 가족의 안정성이 가족과 구성원의 행동을 조정하는 피드백에 의해서 달

---

6) 돌보는 이의 양육태도에 영향 있는 요인들로는 사회문화적 상황에 따른 부모의 양육행동의 신념과 사회경제적 지위, 직업과 가정 내적 요인으로 부모의 특성, 아동의 특성과 부모의 결혼관계 등을 들 수 있다. 특히 사회경제적 지위는 단순한 교육수준이나 직업지위라기 보다는 자원으로 적용되어 개인의 경험과 기회를 다르게 제공하므로 인간발달의 거시적 수준에서 자녀에게 주요한 영향을 미친다고 한다(박성연 외 공역, 1996). 따라서 부모와의 애착행동은 부모의 교육수준에 따라 달라질 수 있다.

7) 한 체계가 환경 속에서 스스로 조정하고 규제하는 과정을 "사이버네틱스(cybernetics)", 즉 인공 두뇌라 하는데 이것은 온도 조절 장치와 같이 피드백기제이다. 이것이 확대되면 체계 변형이 가능하게 된다.

성된다고 가정하였다. 가족체계가 위협받고 어려움을 겪을 때마다 그 것은 균형이나 항상성(homeostasis)을 향해 움직인다. 따라서 분명히 독립적인 별개의 행동이 항상성 기제로 인식되면 이해 가능한 것이 된다.

예를 들면 부모가 싸울 때마다 한 자녀가 증상행동을 보인다면 그 증상은 부모가 한 마음이 되어 자녀에게 관심을 가짐으로써 싸움을 중단시키는 수단이 될 수 있다. 이런 방식에서 자녀의 증상행동은 부모의 싸움으로부터 가족의 평형과 안정을 지켜 주는 인공 두뇌적인 기능을 하는 것이다. 불행하게도 그 과정에서 가족원 중의 하나는 '지적된 환자(identified patient: ip)' 역할을 담당해야 한다.

체계이론을 기초로 하는 가족치료자들은 가족치료를 관계치료라고 부르는 것이 더 적절하다고 주장하기도 한다(Becvar & Becvar, 1993, 13). 체계론적 관점의 가족치료자들은 배경 분야가 다양하지만 기본 원리와 전제는 동일하다. 즉 가족은 인간문제의 근원과 배경이 되며, 체계로서 구조와 과정을 가지고 있다는 것이다. 체계이론에 입각한 치료는 다음의 가정에 기초하고 있다. 첫째, 문제의 이유에 대해 질문하기보다는 관계 유형을 설명할 수 있는 사실과 상황의 진행에 관해 질문한다. 둘째, 직선적인 인과론 대신에 상호의존적이고 공동 책임을 지는 순환적인 인과론을 지니며, 통합적인 것(holistic), 관계적인 것, 주관적인 의미를 강조하고 '지금 여기'에 초점을 둔다.

체계이론에 의하면 체계는 하나의 통일된 전체를 구성하는 상호 관련된 부분들의 집합체(complex)이다. 체계의 한 부분이 변하면 다른 부분들도 그에 의해 변화하며 그 변화가 다시 처음의 변화 부분에 영향을 준다. 체계이론을 가족에 적용시키면 가족체계는 가족원 개개인과 가족원 사이의 관계, 속성, 환경 등으로 구성된다. 모든 가족체계는 부부, 부모 자녀, 형제자매 등 여러 하위체계로 구성되고 동시에 사회나 문화와 같은 더 큰 체계의 부분이 된다.

그러므로 체계이론에서는 부분들끼리 또는 부분들과 전체와의 상호성과 관계성을 중시하며 맥락에 기초하여 현상을 파악한다. 따라서 체계론적 관점은 정신분석학과 대조적으로 개인을 '병든' 사람이나 '건강한' 사람으로 구분하지 않으며, 한 개인에게 나타나는 증상은 그 사람의 자체적 문제라기보다는 체계의 역기능적 표현이라고 간주한다. 즉 개인의 증상이나 문제는 내면의 정신적 역동에서 비롯된 것이 아니고 체계 속에서 체계 유지에 필요한 것이며 관계 맥락 문제라고 본다. 체계이론에서는 가족이란 특정한 방식으로 서로 영향을 주고받는 개인들로 구성된 살아있는 개방 체계라고 본다. 가족은 하나의 단위(초점체계)이며 밖으로는 보다 큰 사회의 다른 체계들(상부체계)과 연관되어 있고 안으로는 또다시 여러 소체계(하위체계)로 구성되어 있다.

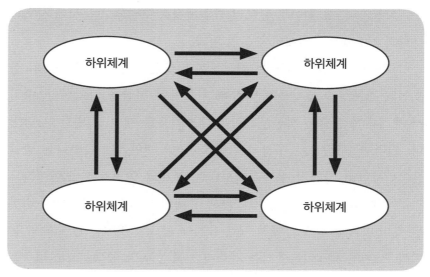

[그림 2] 체계, 하위체계, 환경과의 관계

　　그리하여 개인과 가족과 사회의 관계는 상호의존적이고 보완적이다. 이들은 서로 영향을 미치는 유기적 관계에 있기 때문에 개인 또는 가족 문제를 보기 위해서는 항상 그들을 둘러싼 환경적, 상황적 맥락을 동시에 보아야 한다. 그때 문제의 성격과 원인을 보다 사실에 가깝게 파악할 수 있고, 해결책도 현실적으로 모색할 수 있는 것이다.

2) 항상성(homeostasis)

　　하나의 체계로서 가족은 그것이 속한 환경과 끊임없이 에너지를 유입하고 산출하는 상호작용을 나누면서 체계 내에서 '하나의 안정 상태를 추구하는 경향'을 나타낸다. 즉, 외부환경에 적응하기 위해 끊임없이 움직이면서 시간의 경과와 함께 어떤 안정 상태에 이르게 되는데 이를 가족의 항상성이라 부른다. 가족의 항상성은 가족체계의 모든 성분들이 서로 잘 '어울려서' 하나의 조직된 응집체계를 함께 발전시키는 상호보완성으로 인해 생겨난다. 그리하여 변화에 어느 정도의 스트레스가 수반된다 하더라도 가족 내의 보완적 기능이 작용하여 체계는 항상성을 잃지 않고 균형을 유지하게 된다.

그러나 가족체계가 새로운 욕구를 충족시키기 위해서 구조적으로 변화하지 않으면 안 될 때는 종전의 균형상태는 일시적으로 깨어지고 불균형상태가 도래한다. 집단의 과도기적 사건들이 바로 불균형상태를 초래하는 요인들이다. 그러나 불균형상태를 잘 해결만 하면 가족원들에게 보다 건전한 적응과 발전을 가져다 줄 수 있다. 불균형상태 이후 그에 따른 바람직한 변화가 이루어진 다음 가족이 해야 할 일은 새로운 변화를 안정시키는 것이다. 이때 가족의 항상성이 새로운 변화를 안정시키는데 작용하면 가족은 다시 새로운 안정상태를 획득하고 커다란 발전을 이루게 된다.

3) 경계

체계의 기본적인 속성은 경계를 가지는 것이다. 경계 개념은 체계 내에 포함하는 하위체계들 간의 상호작용 및 다른 체계와의 관계에서 상호작용 과정과 피드백의 질을 설명할 수 있다. 가족원들은 가족원들 사이의 정보, 의사소통을 기초로 하여 다른 가족과 구별하는 경계를 만든다(Becvar, 1982, 10). 대체로 개방적인 가족체계는 자유롭게 정보를 주고받을 뿐만 아니라 자기를 보호하며 상대방에게 적응하거나, 협상적인 행동을 전체적으로 균형 있게 하려고 노력한다. 지역사회복지 서비스 기관, 교회, 사회단체들은 가족체계가 좀 더 개방적이 되도록 서비스를 제공하며 영향을 주기도 한다. 폐쇄적인 가족은 정보가 들어오는 것을 제한하고, 정보가 밖으로 나가는 것을 제지한다. 폐쇄적인 체계는 환경과 상호작용을 하지 않으며, 체계 구성요소들은 환경에 의해 영향을 받지 않는다.

살바도르 미누친(Salvador Minuchin, 1974)은 가족체계 내의 병리적 경계 형성에 관심을 두고 문제의 원인을 찾고 치료적인 개입을 하였다. 경계형성에 장애가 되는 두 가지 형태, 즉 경계가 너무 약한 것과 지나치게 강한 것은 가족치료에 있어 매우 중요하다. 지나치게 강한 경계는 체계 간에 거리감이 많은 유리된 관계를 의미하며, 다른 사람과의 관계에 예속되어 있다는 사실을 경시하거나 무시하는 것이다. 지나치게 강한 경계를 설정하는 것은 자폐성이나 고립상태를 만들기도 한다. 지나치게 약한 경계는 체계 간에 분리가 되지 않고 밀착되어 있는 상태와 비 분리된 가족 자아집단의 개념으로 설명한다. 비분리된 밀착된 경계는 정신분열 증상을 일으키는 데 많은 영향을 준다. 경계가 비 분리된 가족은 신체적, 정신적 독립성과 개별성을 허용하지 않으며 모든 가족성원들은 하나의 단위로서 다함께 똑같이 생각하고 느껴야 된다고 생각하는 경향이 있다.

니콜스(Nichols)와 슈바르츠(Schwartz, 1998)는 건강한 경계는 개방되어 있는 상태도 아니며 너무 폐쇄되거나 경직된 상태도 아니며, 지나치게 혼돈스럽지도 않은 것으로 보았다. 건강한 경계는 하위체계들이 필요한 자원을 얻을 수 있을 만큼 충분히 개방되어 있으면서 그 하위체계가 하나의 전체성을 유지할 수 있을 정도로 폐쇄적인 것을 의미한다. 서로 간에 적당한 거리를 두고 있다는 것은 서로를 독립적으로 인정하면서 대등하게 관계한다는 것이다.

보웬은 인간의 자아 속에는 감정과 지성이 서로 분리되어 있다고 보고, 감정과 사고가 뚜렷하게 구분된 사람을 자아의 분화정도가 높다고 하였다. 자아분화란 어린이가 어머니와의 융합에서 벗어나 자기 자신의 정서적 자주성을 향해 나아가는 장기적 과정으로, 개인이 사고와 정서를 분리시킬 수 있는 능력과 정서적 성숙 및 자기가 태어난 가정으로부터 개성화된 정도를 말한다. 자아분화가 어느 정도 성취된 개인은 타인과의 관계에서 융합이 아닌 친밀함을 형성할 능력을 가지며 개체의 독립을 유지하면서도 타인과 적절히 깊은 관계를 주고받을 수 있고 타인의 인정이나 영향 때문에 자신의 일관된 생활원리나 신념, 가치들을 버리지 않는다. 자아분화의 수준이 높은 부부일수록 원만한 부부관계를 유지하며 결혼생활에 대한 만족도가 높은 반면, 자아분화 수준이 낮은 부부일수록 상호 얽힘이 많아 부부간의 갈등, 의심, 우울, 불안 등 여러 가지 역기능적 행동과 정신적 장애가 많이 나타난다.

잭 볼스윅(Jack O. Balswick)과 주디스 볼스윅(Judith K. Balswick)은 이 개념을 토대로 하여 이탈, 분화, 그물화로 가족 관계를 설명하고 있다(Jack O. Balswick & Judith K. Balswick, 1995, 54). [그림 3]에서 굵은 선은 가정 주위의 경계선들을 상징하고, 가는 선들은 가족 구성원 각자의 삶을 나타낸다. 이탈된 가정의 경우 각 개인은 다른 구성원들에게 거의 영향을 미치지 않으며 응집력이 너무 약해서 다른 구성원들로부터 심리적 고립 상태에서 살아간다. 그물화된 가정에서는 모든 사람들의 생활이 아무런 희망도 없이 뒤얽혀 있다. 이러한 이탈 또는 그물화된 가정이 문제 가정이다. 반면에 분화된 가정에서는 일상생활이 서로 겹쳐지는 면이 있지만 각 개인은 여전히 가정 밖의 활동에도 참여한다. 각 구성원들은 서로 적극적이고 의미심장하게 맞물려 있다. 각 구성원들의 독자성과 지원의 주요 부분은 가정 내에서 발견되기도 하고 가정의 경계 밖에서도 발견된다. 이런 가정이 건강한 가정이다.

위의 이론을 근거로 하여 한국인의 가정을 살펴볼 때 한국인은 집단주의적 경향이 강하므로 서구에서처럼 점진적인 분리(separation) 또는 개별화(individuation)의 과정보다는 가족, 친지, 지역사회라는 관계 속에서 태어나고 살아가는 것을 당연하게 생각한다. 따라서 모든 관계에서 융합된 경향, 즉 그물화된 가정의 모습이 많이 보인다. 한편 정서적으로 유기되거나 방치된 가족의 경우 이탈현상을 보여 가족관계에 있어 소외감과 외로움으로 고통 받는 경우가 많다.

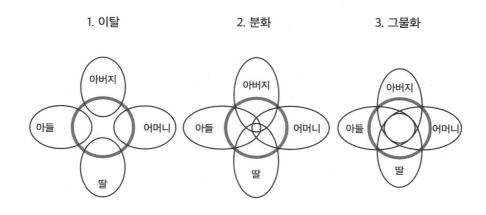

[그림 3] 이탈, 분화, 그물화

4) 의사소통

모든 행동은 상호간에 메시지를 전달하는 의사소통이며, 인간은 생존하는 한 어떠한 형태로든 의사소통을 한다. 의사소통은 언어적 의사소통과 비언어적 의사소통을 다 포함하며, 의사소통은 관계를 규정하며 가족성원들의 행동을 형성한다. 의사소통은 두 개의 기능을 가지고 있는데, 하나는 내용측면으로 정보, 의견, 감정을 전달하는 것이다. 다른 하나는 관계측면으로 어떻게 정보를 수집하는가에 관심을 두는 것으로 관계의 성격을 다룬다(Watzlawick, Bavelas & Jackson, 1967, 48~71). 정보와 피드백은 의사소통의 내용을 말하는데, 정보는 의사소통이 되고 있는 신호와 상징들을 포함하며, 넓은 의미에서는 에너지의 교환과 에너지 자체를 의미한다.

의사소통의 내용면에서는 정보, 의견, 감정, 피드백, 신호 상징, 에너지 등의 어떠한 내용을 어느 정도 전달하고 있는가에 관심을 두며, 제한된 일상적인 것으로부터 모든 생활전반에 관한 것, 표현 능력과 표현방법 등도 포함한다. 내용전달 방법은 내면의 욕구와 감정을 언어적 그리고 비언어적으로 표현하는 것이다. 그리고 내용과 전달방법에 있어 충분성과 만족성도 중요한 변수이다. 그리고 관계측면에서는 모든 의사소통은 관계를 규정하기 위해 시도하는 것이라는 개념을 전제로 하며 의사소통 유형에 관심을 둔다. 구체적으로 보면 관계유형은 지배적, 일방적, 권위적, 대응적, 순종적, 순응적, 희생적, 보충적 등의 개념으로 설명이 가능하다.

의사소통 유형은 가족성원 사이의 영향과 외적인 환경의 영향을 받는데, 이것은 가족체계 경계의 개방성을 나타내는 것이다. 예를 들어 가족치료 상황에서 앉는 배열과 자세는 경계, 위계, 연합, 삼각관계 등을 나타낸다. 그리고 자녀를 바라보는 눈길, 남편을 의식하는 부인의 목소리, 부모의 눈치를 보는 자녀의 반응 등은 역할, 규칙, 분위기, 위계 등을 표현한다.

6. 심상치료

심상현상을 심리치료의 주요 매개변인으로 다루는 심상치료 기법(imago psychotherapy)은 1960년대부터 정신의학 및 심리치료 분야에서 혁신적 심리치료 기법의 하나로 소개되었다(Corsini, 1981). 심상(心象; phanomen der imagination)은 마음의 내용과 모습의 외형적인 형상물이기 때문에 우리가 의식하든 의식하지 않든 간에 이 형상은 모든 심리치료 및 상담기법이 다루는 치료의 중추적 매개요인이라 할 수 있다. 심상에 관한 학문적 연구는 임상 및 이상심리학, 정신 병리학, 심리치료 분야 뿐 아니라 오래 전부터 일반 심리학, 지각 심리학, 실험 심리학, 인지 심리학, 생리 심리학, 고전 철학, 고전 문학 등의 분야에서 행해져 왔다.

역사적으로 심상 현상에 대해서는 두 가지 입장이 지배적이었다. 첫째, 심상은 내면의 상상에서 나오는 것이 아니라, 외부의 힘, 즉 자연 및 종교적 힘에 의하여 발생되고 체험되는 현상이라는 입장이다. 둘째, 심상은 마음 내용물이 우리 뇌신경 계통의 기능 및 시각 신경 운동 기능과 상호 작용한 결과, 의식 안에 어떤 형상으로 나타난 현상이라는 입장이다. 즉, 심상은 우리의 깊은 마음의 내용물이 의식으로 노출되고 외현화된 모습이라는 것이다(Czycholl, 1985). 이 이론에 의하면, 심상은 우리 마음의 기능, 법칙, 상태, 역동 에너지 등이 형상적으로 의식에 표출되어 나타난 현상이며 최근에는 이 입장이 지배적인 입장이다. 즉 심상 현상은 자연 및 외부의 힘에 의해 체험된 형상물이 아니라, 심층적 마음의 내용물(마음의 기능, 구조, 특징 등)이 어떤 형상적 모습을 갖추어 의식 세계 안에 나타난 현상이라는 것이다.

따라서 심상치료는 심리적·정신적 문제, 마음 문제, 신경증 및 정신 장애 등의 원인들이 본질적으로 마음속 또는 무의식까지 그 뿌리가 뻗어나가 감춰져 있다고 보기 때문에 개인의 문제들을 만족하게 해결하고 치료하기 위해서는 각 개인의 깊은 마음 세계까지도 규명하여 밝히고 이를 토대로 옛 마음을 자아성장 및 자아실현 수준까지의 새 마음으로 재구성해야 한다는 것이다. 즉 심상치료의 치료목표는 우리의 무의식 세계의 내용까지도 건강하게 만드는 것이다. 심상치료는 이를 위하여 우리의 무의식 세계, 즉 깊은 속마음 내용을 정확히 해석하고 의식화시켜 주어 결국 우리 자신의 문제점을 스스로 극복하고 제거하도록 도와주는 치료 작업이라 할 수 있다.

이 치료기법이 정신분석과 다른 것은 정신분석이 우리의 성격·사고·정서·행동 패턴 등에 결정적으로 영향을 끼치는 무의식 세계의 내용의 법칙을 규명하고 의식화시키기 위하여 분석하는 치료기법이라면 반면에 심상치료는 우리 마음의 문제점을 극복하고 해결하기 위하여 무의식 세계의 법칙·내용을 언어를 통하여 이해하고 규명하는 분석에서 그치지 않고 더 나아가 직접적인 심상체험을 통하여 우리 마음 속 문제점들을 깊은 수준까지 하나씩 재구성하는 데까지 이른다.

다시 말해서 심상치료는 우리 문제점의 심층적인 원인을 알기 위하여 무의식 세계의 내용과 법칙을 분석하는 작업이 최종 목적이 아니라, 우리의 성격 구성요인(사고·정서·행동 패턴)에 결정적으로 영향을 끼치는 내면세계(무의식 세계)의 내용을 구체적으로 변화시키거나 직접 재구성하는 작업이 최종 목적이다(최범식, 2004, 54. 63-64).

결국 심상치료는 유년기의 긍정적인 기억들과 부정적인 기억들을 마음속 깊은 곳으로부터 끌어내어, 자신의 아픔과 문제의 기억들을 직면하고 용서하며 화해하는 치료이다. 자신의 유년기를 돌보아 주었던 중요한 대상과의 관계가 훗날 자신의 인생의 여정에 깊이 관여되어 있는 모습들을 재조명하여 이들의 의미를 분석하고, 재구성하는 것이다 (Wade Luquet, 2004, 73-75).

2장 부부치료에 대한 임상 경험

1. 결혼 만족에 영향을 주는 요인들

김희진(2004, 839-852)은 부부의 결혼만족에 영향을 미치는 요인을 규명하고자 국내에서 이루어진 결혼만족에 대한 연구들 가운데 지난 30여 년 동안 발표된 논문들을 조사하여 결혼만족에 관한 요인들을 빈도분석, 70개의 변인을 확인하였다. 또한 빈도 분석된 변인들을 재구성한 설문지를 통하여 가족 상담전문가들의 견해를 조사·분석한 5인의 전문학자들의 평가 과정을 통해 우리나라 부부의 결혼만족에 중요하게 영향을 미치는 요인 6가지를 추출하였다. 그 요인은 의사소통, 갈등해결방법, 분노 및 스트레스 조절, 부부의 성, 원가족과의 관계, 역할분담 및 자녀양육 등이었다.[8] 이 연구 결과는 부부의 결혼만족도에는 원가족의 영향, 성격, 가치관, 자아존중감과 같은 개인 내적인 요인, 부부간의 의사소통, 문제해결 방식 등의 대인간 요인들이 복합적으로 작용하고 있음을 시사하는 것이다.

---

8) 콜린스(Gary R. Collins)는 부부 간에 일어나는 문제의 원인을 잘못된 의사소통, 방어적이고 자기중심적인 태도, 대인간의 긴장(성, 역할, 종교, 가치관, 돈 등), 외부의 압력(친척, 자녀, 친구, 직업 등), 권태 등의 다섯 가지로 정의하고 있다. 이 외에도 부부의 문제가 영적인 문제에서 오는 경우도 있다. 인간의 삶을 유지하는 에너지에는 신체적, 감정적, 영적 에너지가 있는데 그 중에서 영적인 에너지가 고갈될 때에도 부부 간에 문제가 일어나게 된다(서은성, 2001, 8-10).

나는 김희진의 연구에 동의하면서도 행복한 부부관계를 위해서 한국적인 문화를 고려한 일반적인 원리와 성경에 근거한 영적인 원리를 아울러 제시하고 싶다. 먼저 일반적인 원리로는 다음의 여섯 가지를 제안하고자 한다. ① 한국의 전통 가정 및 부부역할에 대한 이해 ② 자기 상처 치료하기 ③ 자기중심성 깨닫기 ④ 부부의 이마고 이해 및 의식화 연습 ⑤ 남녀 차이 이해 ⑥ 대화기술 등이 그것이다.

다음으로 영적인 원리가 있는데 이것은 일반적인 요소보다 더 중요하며 근본적인 것이다. 왜냐하면 결혼은 원래 인간의 필요에 의해 만들어진 제도가 아니라 하나님께서 고안해내신 것이기 때문이다. 바울은 에베소서 5장 25절부터 32절에서 남편들에게 아내 사랑을 권고하고 난 뒤 이 관계를 그리스도와 교회의 관계로 비유하면서 "이 비밀이 크도다"라고 하였다. 이것은 한 몸 됨의 비밀을 의미하는 것으로서 우리가 진정으로 한 몸 되어야 하는 분은 예수 그리스도임을 강조한다.

성경에서 강조하는 부부만남의 원리는 '떠나고, 연합하고, 한 몸이 되며 친밀감을 느끼고, 성적으로 만나서 온전히 하나 되는 것'인데, 이러한 한 몸의 비밀은 영적인 원리에서 나온 육적인 관계이다. 즉 떠남의 원리는 그리스도께서 우리를 사랑하시기 때문에 아버지를 떠나 사람이 되셔서 자신을 낮추시고 십자가 위에서 죽기까지 순종하신 것을 뜻한다. 또한 연합의 원리는 그리스도께서 우리를 사랑하시어 교회와 그의 신부인 우리와 연합하신 의미를 가진다. 한 몸의 원리는 그리스도께서 우리를 사랑하시기 때문에 머리와 몸이 하나인 것처럼 우리와 하나 되신 것이며, 친밀함의 원리는 하나님의 삼위가 일체됨에서 나오는 깊은 친밀함에 근거하고 있다. 세 분 하나님의 하나됨은 능력과 신성과 영광이 동일하고 동등하며 분쟁과 분열이 없는 온전한 것으로 그 안에 질서가 있다. 이러한 풍성한 친밀함을 부부관계 속에서 베푸시는 것은 하나님의 은혜인 것이다. 그러나 실제로 우리들은 주는 자로서의 삶보다 받는 자로서의 권리를 먼저 주장하지 않는가? 이것이 바로 부부관계의 성경적 원리를 모르고 자신의 본능적 욕구에 따라 살아가는 것이다. 이로 인하여 퇴행적이고 부정적이며 어리석은 모습들과 상상할 수도 없는 내면적 악이 노출된다. 그러나 이러한 성경적 원리를 알고 있다 하더라도 그 상황에 부딪치면 자기도 모르게 본능대로 행동하게 된다. 그래서 배우자를 있는 그대로 수용하고 받아들이며 아가페 사랑으로 대하기가 힘이 드는 것이다.

성경적인 원리는 4장에서 자세히 소개할 것이며, 다음에는 필자가 임상적 경험에서 얻은 부부관계 회복과 치료를 위한 일반적 원리 6가지를 개괄하고자 한다.

2. 한국의 전통 가정 및 부부역할 이해

한국의 전통 가정은 부부의 역할이 고정되어 있었다. 그리고 유교 사상과 농업위주의 경제체제, 그리고 정치적 현실 때문에 가족주의의 특징을 가졌다. 그래서 개인의 권리나 이익은 가족보다 앞설 수 없었다. 한마디로 말하면 한국인의 가정은 가부장적 가정이므로 남존여비의 신분의식이 절대적이었다. 이러한 전통가정의 가치관이 부부관계에 어떤 모습으로 나타나고 있는지 알고 있어야 한다.

그런데 시대가 바뀜에 따라 현대의 결혼은 시대적, 사회적 환경 변화와 더불어 종전의 제도적 관계에서 우애적 관계로 바뀌어 가고 있고 결혼관계에서 부부간의 친밀감과 만족도를 추구하는 경향이 높아지고 있다(권정혜, 채규만, 2000, 207-218). 그리고 여성의 사회경제적 위치가 점점 달라지면서 여성의 자존 욕구와 평등의식이 남성의 가부장적 사고와 충돌하는데다 맞벌이 가정이 늘면서 부부의 역할을 놓고 갈등이 빚어지고 있다.[9] 따라서 한국 사회의 급격한 변화 속에서 남녀가 갖는 결혼관계에 대한 신념의 차이가 어떤 영향을 끼치는지 그 과정도 이해하고 적용할 수 있어야 한다. 이러한 현실이 통계적 수치에 나타나고 있다. 1990년대 이혼율을 보면 20대가 45%로 가장 많고 30대가 39.7%, 40대가 11% 순으로 이혼에 대한 세대 간의 차이를 엿볼 수 있다. 또한 여자 측의 소송 비율도 57%를 차지하고 있어 1980년대 이혼 소송이 48%였던 것에 비교하여 여성 의식의 변화를 찾아 볼 수 있다.

　한국 부부들이 바라는 바람직한 배우자상에 대한 연구에서, 부인은 남편이 인격적인 면을 가지고 있기를 기대하지만, 남편은 부인이 역할수행에 있어 자신이 원하는 대로 해주기를 기대한다는 사실은 결혼 갈등의 소지가 충분함을 시사해준다(권희안, 1992). 이렇게 서로의 기대가 상충될 때, 현대 가정에서는 전통사회에서와 같이 결혼의 안정성이 유지되지 않는다. 따라서 한국의 전통 가정의 가치관이 현재 우리 부부 관계 양식에 어떻게 나타나고 있는지에 대한 이해와 부부의 역할에 대한 이해, 그리고 시대에 따라 변하는 가치관을 유연하게 받아들이려는 자세가 필요하다.

---

9) 특히 1960년대 이후 태어난 여성들은 결혼에 대한 의미가 그 이전의 세대와는 다르다. 급격한 경제 성장을 기록한 1975년대에 중등과정을 거쳤으며, 여대생 비율이 현저하게 높아진 1975년대 이후에 대학을 다닌 여성들은 다음과 같은 특징이 있다. 첫째, 비교적 경제적으로 부유한 계층이 증가한 시기에, 둘째, 교육받은 부모가 이룬 도시의 핵가족 분위기에서 자랐으며, 셋째, 사회의 통념상 여성의 전문직 진출의 당위성이 상당히 인정받게 되었으며, 넷째, 남녀평등 운동이 실제로 의미 있게 뿌리를 내리기 시작한 사회적 분위기에 성장한 특징을 갖는다. 따라서 이 세대의 여성들은 서구적 부부들의 우애적 결혼 모델을 기대하며 결혼생활에 임하게 된다.

3. 자기 상처 치료하기

사람들이 결혼생활에서 갖고 있는 특별한 요구형태는 어릴 때 어른들과의 관계에서 겪었던 인격형성의 경험에 따라 좌우된다. 그러므로 결혼에는 한 개인이 어릴 때 가졌던 상처와 거부, 버림, 소홀, 과잉통제, 고립, 억눌림 등의 상처를 치료하는 작업이 선행되어야 한다. 특히 부정적인 자아상이 치료되지 않으면 부부간 갈등은 더 커지게 된다. 상대적 가치기준으로 인하여 사람들은 남과 자기를 비교하곤 하는데 그 비교의 결과로 부정적인 자아상을 갖게 된다.[10]

이러한 자아상을 가진 사람은 결코 행복한 결혼생활을 할 수 없다. 부정적인 자아상을 가진 사람은 자신과 타인에 대하여 왜곡된 관점을 가지고 있어서 관계를 긍정적으로 맺지 못한다. 부부관계에서는 한 사람의 상처가 파트너에게 지대한 영향을 미치므로 부정적인 자신의 상처를 치료하여 긍정적인 자아상을 갖도록 변화시키는 작업이 필요하다.

하지만 긍정적인 자아상으로의 변화는 하루아침에 이루어지지 않는다. 학습도 누적이 되어야 그 결과가 나타나듯이 우리의 인격 역시 점진적인 변화의 과정을 겪는 것이다. 그러므로 남편이나 아내가 '당신은 왜 그 따위야!'라고 불평을 하면 '여보, 속상하게 해서 미안해요. 지금은 공사 중이니 조금만 기다려 주세요'라고 얘기해보자. 그리고 '공사 중'이라는 푯말만 세워 놓고서 실제로 고치려는 노력을 하지 않는

---

10) 부정적인 자아상을 가질 때 다음과 같은 특징을 갖게 된다. 첫째, 만나는 모든 사람에게 항상 부정적이기 때문에 반항과 도피와 비판을 가지고 사람들을 대한다. 둘째, 자신의 잘못을 보이지 않으려고 노력하며, 다른 사람들로부터 비난받지 않기 위해 애쓴다. 다른 사람들을 의식하며 살기 때문에 자신의 내면을 바라보지 못하게 된다. 셋째, 자신에 대해 '나는 왜 이렇게 생겼을까' 부정적으로 생각하고 하나님이나 부모님에게 반항과 불신과 거부의식을 가지고 있다. 이로 인해 하나님과의 관계가 흔들리고 어려움을 갖게 된다.

다면 그것은 더 큰 실망을 주는 것이므로 변화를 위해 노력해야 한다.

변화란 창조의식을 가지고 사람과 사물을 보는 데서 시작된다. 창조의식이란 완전하지 못한 인간의 관점에서 자신을 보는 것이 아니라 인간을 사랑하시고 창조하신 하나님의 관점에서 자신을 바라보는 것을 말한다. 즉, 마음의 생각을 바꾸는 것이다. 마음의 생각과 구조를 바꾸면 인격과 삶이 달라지고 성장과 변화가 따라온다. 예수 안에 있으면 우리의 삶과 인격은 달라진다. 그것은 다시 태어나는 것이므로 새로운 사고를 시작할 수 있고 사람을 새롭게 보게 된다. '창세 전에 영원 전부터 하나님이 나를 사랑하시고, 나를 구원하셨다(엡 1:4)', '하나님은 나를 향하여 무궁한 사랑으로 사랑하고 그분의 인자함으로 나를 인도하였다(렘 31:3).' 라는 하나님의 관점으로 나를 바라보는 것, 바로 이것이 창조적인 의식이다.

창조의식을 가진 사람은 자신과 주위에 대해 항상 적극적인 자세를 가지며 긍정적인 생각을 한다. 예를 들어 '나는 얼굴은 예쁘지 않지만 귀엽게 생겼잖아. 내 피부는 검지만 건강하잖아. 우리 부모는 가난하시지만 착실하시잖아.'하는 식으로 모든 것을 긍정적으로 생각하고 적극적으로 도울 곳을 찾아 나선다. 하지만 부정적인 자아상은 쉽게 바뀌지 않으므로 창조의식으로의 전환을 위해서는 말씀 훈련과 실제적인 치료, 임상적인 훈련이 필요하다.

하나님이 나를 독특하고 유일무이하고 존엄한 인격으로 이 땅에 세우셨다. 세상에 나와 같은 존재는 한명도 없다. 그러므로 나와 남을 비교하지 말고 나만이 가지고 있는 능력, 나만이 성취해야 할 고유한 영역과 사명을 발견하도록 해야 한다. 내가 무엇을 하든 하지 않든, 내가 어떤 존재가 되든 되지 않든, 내가 하나님의 형상으로 지음 받았다는 그 이유 하나만으로도 나는 존엄한 존재인 것이다.

4. 자기중심성 깨닫기

사람은 본성적으로 자기중심적이다. 최근의 이혼사유를 보면 성격 차이, 가족 간 불화, 경제문제, 배우자 부정, 정신적, 육체적 학대 순으로 나타나고 있다. 그런데 과연 이러한 문제가 부부가 서로 이혼하는 근본적인 이유가 된다고 할 수는 없다. 보다 본질적인 이유는 끊임없이 받고 싶은 인간의 근원적인 욕망과 자기중심성 때문이다.

특히 부부관계에서는 배우자의 사랑을 믿고 신뢰하기 때문에 더욱더 어린아이 같은 자기중심성이 나타나 서로의 마음을 상하게 하며 관계를 힘들게 한다. 서로 살펴주고 도와주고 나눌 때에 부부의 행복이 커진다는 것을 알지만, 자신도 모르게 습관적으로 나만 피곤하고 나만 힘든 것처럼 내 중심적으로 생각하고 말하는 것이 모든 부부들의 문제라고 할 수 있다.

부부는 각자 유아기 때 만족되지 않은 욕망을 가지고 성인기에 접어든다. 배우자를 만나서, 사랑받고 인정받고 싶은 자신의 욕구를 해결하기 위해 관계를 하는 것이다. 배우자는 나를 위해 존재하고, 나의 행복을 위해 희생해야 한다는 생각, 이것이 바로 나르시시즘을 가진 인간들의 가슴 깊은 갈망이다. '네가 조금만 도와주면 나는 행복할 텐데…, 네가 조금만 달라진다면 우리 부부는 아무런 문제가 없을 텐데…'라며 배우자를 향해 끊임없이 변화하라고 절규하는 것이다. 이러한 욕구는 해결될 수 없는 것이지만, 자기의 욕망을 인정하고 다스려 성숙한 부부관계가 되도록 노력한다면 개선이 가능하다.

부부의 사랑은 대부분 그 시초가 사랑의 성숙에서 우러나온 것이 아니라 단지 감정적인 이끌림으로 서로에게 빠진 것이요, 정신집중으로 이루어진 것이다. 따라서 서로가 내 사람이라는 확인이 되면 긴장이 풀리고 본래의 자기로 돌아와 이때부터 자기중심적인 사랑이 시작되는 것이다. 참된 사랑이라면 배우자가 비록 나를 배신했어도 그가 자신의 실수와 악을 인정하고 진심으로 뉘우치며 돌이킨다면 용서하고 허물을 덮어준다. 그런데 실제로는 대체로 화를 내고 돌아서버리는 수많은 사례를 보게 된다. 이것은 참 사랑이 아니다. 참 사랑은 그렇게 쉽게 오는 것이 아니다. 참 사랑을 할 수 있으려면 사랑의 성숙함이 있어야 가능하다. 내가 아무리 사랑하고 싶어도 성숙함이 없으면 사랑할 힘이 없기 때문에 베풀 수가 없다. 따라서 부부가 평생 행복하게 살아가려면 영원한 로맨스의 신화를 버리고 자기 부인과 치료, 사랑의 능력을 키우는 일에 많은 시간을 투자해야 한다.

건강한 기독인 부부는 자기중심성에서 벗어나 전적으로 배우자를 위하여, 하나님의 사랑을 실천하려는 마음을 가지고, 자신의 내적 상처를 치료하면서 자신과 배우자를 세워나가야 한다. 그럴 때 새 창조의 여정을 살아갈 수 있다. 이런 면에서 배우자와의 결합은 하나님께서 원래 창조하신 모습으로 돌아가는 재창조를 경험하는 영적인 과정이다.

결국 삶을 치료하는 것은 순수한 아가페가 아니면 이루어질 수가 없다. 이러한 아가페 사랑으로 결혼생활을 고치려고 하는 의식적인 노력과 실제적인 결단이 매일의 삶 속에서 일어날 때 부부관계는 새로워지고 가정은 행복으로 가득 차게 될 것이다.

그러나 그것은 자동적으로 쉽게 얻어지지 않는다. 외부 세상이 당신을 돌볼 거라는 생각을 버리고 당신 자신의 치료에 대해 스스로 주도적이어야 한다. 그렇게 하면 자신의 치료가 먼저 일어나게 되고 이어서 배우자를 치료하는 데에 당신의 에너지를 모을 수가 있다. 당신이 에너지를 배우자에게로 돌릴 때에 높은 수준의 심리적, 영적 치료가 시작되는 것이다. 아가페는 관심을 자신에게서 돌려 배우자에게로 향하게 하는 초월적인 사랑이다.

5. 부부의 심리 이해 및 의식화 연습

사람이 사랑을 하게 되면 상대방의 모든 부족한 것들, 상처든 아픔 이든, 그것이 무엇이든 다 채워주고 싶고 그럴 수 있는 힘이 있다고 믿기 때문에, 사랑이 영원토록 지속될 것이라고 생각한다. 그래서 온 마음을 다해 사랑을 주려고 노력한다. 그러나 결혼에 대한 확신이 생기고 두 사람의 관계 속에 심리적 안전감이 뿌리를 내리게 되면 주고 싶은 마음이 자신도 모르게 받으려는 마음으로 바뀌게 된다. 다시 말해서 베풀고 싶은 마음이 바뀌어 받고 싶은 이기적인 마음으로 변하는 것이다. 그 때문에 그렇게도 행복할 것만 같던 결혼생활은 대부분 그저 그렇거나 불행으로 끝난다.

이러한 부부심리는 근원적으로는 어린 시절에 부모로부터 받고 싶었던 것에서부터 출발한다. 그래서 자신의 무의식적인 욕망이 무엇이며 부모님들로부터 무엇을 배웠으며 어떤 상처를 입었는지, 어디에서 왜곡된 사고가 고착되었으며 부정적 사고와 감정이 내면화 되었는지에 대해 알아야 한다. 왜냐하면 부부관계에서는 과거에 형성된 사고와 감정(구뇌)이 현재를 지배하기 때문이다. 이러한 부분에 대한 내용을 다루는 것이 바로 이마고 이론이다. 이마고 부부치료는 무의식적인 부부관계를 의식적인 부부관계로 변화시키도록 하는 부부치료법이다. 이처럼 무의식적이고 본능적인 부부관계를 의식적이며 합리적인 관계로 변화시키려는 지혜와 의지, 노력이 없이는 행복하고 아름다운 부부관계를 만들 수 없다. 의식적인 사고는 우리의 결혼이 성숙을 향해 가도록 만들고 자동적 사고에 의해 움직이는 부부관계를 좀 더 아름다운 관계로 발전할 수 있도록 도울 것이다. 의식적인 결혼생활은 행복한 관계를 위해 합리적인 무언가를 선택하고 의지를 발휘하게 해주는 동시에, 배우자는 부모가 아니고, 전능자가 아니므로 배우자에게 무조건적 사랑을 기대해서는 안 된다는 사실을 받아들이는 것이다. 결혼의 목적은 사랑을 주기 위한 것이며, 줌으로써 받을 수 있는 관계임을 늘 의식하는 것이다. 이때 부부관계의 개선뿐 아니라 개인의 치료와 성숙이 일어날 것이다.

6. 남녀 차이 이해

부부는 서로 다른 환경에서 자라온 두 남녀가 결혼이라는 제도에 의해 생리적, 심리적, 사회적 욕구를 충족시켜 줄 뿐 아니라 충족할 수 있는 관계이다. 그래서 결혼생활을 하는 과정에서 두 개인의 인격이 적나라하게 맞부딪치게 된다. 부부관계는 가장 가까운 관계이지만 가장 힘들고 어려운 관계이다. 부부가 힘든 것은 심리적인 문제도 있지만 실제로 생리적인 차이 때문에 따라오는 생각, 감정, 욕구, 느낌의 본성적인 차이도 매우 크다.

남자와 여자는 의사소통의 방법, 결혼의 동기와 성에 대한 생각, 갈등해결 방식, 그리고 스트레스에 대한 대처 방식 등 여러 면에서 다르다. 따라서 남자와 여자의 차이를 이해하지 않고 행복한 결혼생활을 유지한다는 것은 거의 불가능하다.

7. 대화 기술 훈련

행복하고 만족스런 부부관계를 위한 요소로 대화기술만큼 중요한 것은 없을 것이다. 특별히 부부는 결혼과 동시에 의식 및 무의식의 모든 욕구를 서로 나누게 된다. 이 과정에서 언어적인 접근과 비언어적인 접근으로 서로의 욕구를 채워가게 된다. 그런데 건강한 부부관계를 하려면 비언어적인 접근보다는 언어적인 접근이 보다 원활하게 이루어져야 한다. 따라서 비언어적인 의사소통의 모든 채널을 언어적인 의사소통으로 바꾸어 나갈 수 있도록 부부대화기술은 필수적으로 훈련되어야 한다. 그런데 지금의 부부대화법은 거의 대부분 서양에서 빌려온 것이기에 한국인에게 적합한 부부대화기술이 필요하다.

한국인은 '자신과 가까운 사람과 상의하거나 그 사람에게 자신의 문제를 토로'함으로써 삶의 고민을 해결해 나간다. 이때 자신의 속마음을 분명히 전달하기보다 상대가 미리 알아채어 자신의 속마음에 맞는 행동을 해 주기를 기대한다. 바로 이런 상대가 자신과 가까운 사람이다. 즉, 자신의 심정을 알아주는 사람이 좋은 상담가이다. 그러나 드러내놓지 않는 속마음을 읽는 일은 쉽지 않을 뿐 아니라 잘못 읽게 되면 추론의 오류를 범할 가능성이 높다. 그래서 한국인의 관계 속에서는 오해와 곡해가 빈번하게 발생한다.

한국인의 마음을 알아주는 것은 심정을 알아주는 것이다. 심정이란 단어는 마음을 뜻하는 심(心)과 정서를 뜻하는 정(情)의 합성어로서 정은 '마음속에 있으며, 마음으로 느껴진 정서'를 말한다. 그러나 정이란 말은 동시에 친밀한 인간관계에서 느껴지는 정적 관계성을 뜻하기도 한다. 한국인들은 가장 가까운 사람과의 관계를 표현할 때 '심정이 통하는 친구'라고 말한다(한국심리학회 편, 1997, 695-766). 다시 말해, 한국인에게 있어 가까운 사람이 된다는 것은 서로가 서로에게 가지고 있는 좋아하는 마음, 무거리감, 아껴주는 마음을 갖는 것을 말하며, 이러한 마음을 서로 공유하고 있다는 것이 의심할 수 없는 사실로 확인될 때 정(情)의 관계가 이루어지고 이것이 인간관계의 이상적 수준으로 생각되고 있다. 이런 관계에서는 상대에 대해 자신이 가진 정을 의식적으로 표출할 필요가 없다. 왜냐하면 의식적 정 표출 행동은 암묵적으로 심정이 통하는 친구 관계가 아직 이루어져 있지 않음을 암시하기 때문이다.

따라서 마음이 통하는 친구에게 심정을 토로하는 그 자체만으로도 문제는 상당히 완화될 수 있다. 오해가 있을 경우 우리는 자신의 속마음(심정)을 상대에게 토로하면서('내 심정을 알아 달라!') 상대를 이해시키려 든다. 이것이 성공하면 둘은 '마음이 통했다'고 한다.

필자는 한국인의 특성을 고려하여 일반적인 상담 대화기법을 약간 변형하여 심정을 알아주는 대화를 개발하였다. 심정대화는 무엇보다 상대방의 감정에 초점을 두고 그 사람의 심정 그대로를 읽어주고 공감해 주는 의사소통으로서 부부간이나 일반인들에게 아주 적합한 대화기술이라고 생각한다. 심정대화방법은 다음의 세 단계를 거친다. 첫째, 상대방이 말하는 메시지가 무엇인지 정확히 듣고 그대로 요약(명료화)을 한다. 둘째, 상대방이 말하는 심정, 즉 그가 말하고 있지 않으면서도 듣는 이가 알아서 자기 마음을 알아주기를 바라는 마음으로 이야기한, 속 깊은 중심을 말로 표현해 준다. 셋째, 말한 사람의 이야기를 다 들은 후에 느껴진 청자의 감정을 전달하되, 가능한 그가 상처받지 않도록 긍정적인 마음(위로와 지지, 격려 등)을 전달함으로써 그가 행복과 사랑을 느끼도록 한다.

3장 한국인의 특성 및 한국적 부부관계

개인의 자기 이해는 문화마다 다양하며, 문화는 행동양식에 영향을 미치는 중대한 요소가 된다. 따라서 서구의 상담이론을 한국에 적용하여 사용할 때는 한국적 상황에 맞게 재조정해야 한다. 여기서는 부부 이마고 치료를 한국적 상황에 접목하기 위한 일환으로 한국인의 특성과 한국 부부관계에 대해 살펴보고자 한다.

1. 한국인의 전통적 가치관을 형성한 종교와 사상

종교는 그 종교가 속한 사회의 문화를 형성하는 데 결정적 영향을 미친다. 특히 사회 구성원들의 인간관이나 세계관 등과 같은 기본적 가치관의 형성은 전적으로 종교의 몫이다. 그래서 어떤 사회를 이해하려 할 때 종교를 간과한다면 그것은 절반 이상을 놓친 셈이 된다(최준식, 1998b, 4). 그러므로 한국의 가치관을 이해하는 데 가장 기초적인 것은 그동안 한국에 영향을 미쳐온 종교가 무엇인가를 알아보는 것이다. 한국에 크게 영향을 미쳐온 종교는 다음 네 가지로 볼 수 있다.[11]

---

11) 유교, 불교가 삼국 이전에 들어왔고, 기독교가 조선조 후기에 들어왔다. 이들 외래종교는 세련된 형이상학적 교리체계를 갖추고 한국에 유입되었다. 외래전통들은 전통적으로 순수정통주의적 태도를 드러냈다(윤이흠 외, 2001, 141-142).

1) 무교(샤머니즘)

무교는 우리나라 고유의 것이 아니고 동북아시아 지역에 널리 퍼져 있던 것이다(윤태림, 1970, 56). 무교는 사람들이 일반적인 방법으로는 풀 수 없는 큰 문제에 직면했을 때 무당의 중재를 빌려 신령들의 도움을 청하는 종교라고 정의할 수 있다. 사람들은 살아가면서 가끔씩 자신의 힘만으로는 풀 수 없는, 또 예측할 수 없거나 이룰 수 없는 일을 만나게 된다. 이때 사람이 찾는 가장 간단한 해결방법은 초자연적인 존재나 힘의 위력에 의탁하는 일일 것이다. 특히 사람의 영혼은 불멸이며 죽은 후에도 이 세상에 있었던 것처럼 저승에 머물고, 죽은 후 바로 저승으로 가는 것이 아니라 잠시 이 세상에 머물러 있게 된다고 한다. 이때에 가족·친척들이 불안과 공포를 느끼므로 이들을 위로하기 위해 갖가지 굿을 해야만 한다고 생각하고 있다(윤태림, 1970, 57).

무교의 신화에 의하면 원래 인간은 누구나 초자연적인 존재와 통하는 능력을 갖고 있었는데 대부분이 '타락'하면서 그 능력을 잃어버리고 극소수의 신령한 인간만이 보존하고 있다고 한다. 이 극소수의 인간이 바로 무당인 것이다.

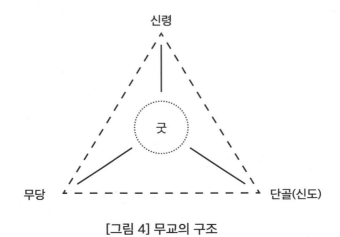

[그림 4] 무교의 구조

[그림 4]에서 보여주듯이 이 세 요소는 아무 때나 아무 곳에서나 만날 수 있는 것이 아니다. 이것은 일정한 판이 형성되어야 가능한데 이 판이 바로 '굿'이다. 굿이 제대로 한판 벌어져야 신령과 무당, 단골이 서로 어우러져 맺힌 것을 풀고 우주를 이루고 있는 중요한 두 요소인 천계(신령계)와 인간계가 다시금 조화를 찾게 되는 것이다(최준식, 1998b, 14-15).

무속은 다른 종교에 대해 평등적 관용주의이며, 통합적 포용주의의 성격을 갖고 있다. 뿐만 아니라 무속에서는 효를 강조하는데 이 효는 유교의 충효에 대한 개념과 상당한 차이를 보인다. 무속 신화에서는 어린아이가 부모의 보살핌이 있어야 생존하듯이 부모 역시 늙거나 사후세계에 갈 때 이승에서 자손들이 노제, 길제, 지노귀굿과 같은 제사를 해 주지 않으면 저승에 가서 매우 어려운 상태에 있게 된다. 다시 말해서 저승에 가서도 이승의 보살핌이 요청되기 때문에 자손들의 보살핌이 필요하다(윤이흠 외, 2001, 170, 172). 한국인들이 일반적으로 "무교는 미신이다, 저급한 신앙이다."라고 하는 등의 부정적인 시각을 갖고 있지만, 이 무교를 미신으로 배척하기에는 너무나 심각할 정도로 한국인의 마음과 삶 속에 깊이 스며들어 있다.

2) 불교

불교는 그 탄생지인 인도에서는 힌두교의 부흥과 이슬람교의 침입으로 11~12세기 이후에 거의 세력을 잃게 되었지만, 인도 종교답지 않게 선교에 역점을 두어 동남, 동북아시아 각지로 전파되었다. 불교에서 보는 인간실존의 문제는 '무명과 업보'에서 벗어나지 못하는 것이다. 무명은 인생이 본질을 보지 못하고 생로병사의 번뇌와 망상에서 살아가는 것이고, 그것을 가속화시키는 것이 업보이다. 따라서 무명에서 벗어나는 것이 유일한 자유이다. 즉 인간의 진정한 현존적 모습은 이 땅의 인연에 휘말리지 않고 거기에서 벗어나는 것이다. 이를 성불이라 하며, 인간의 1차적 제약 원인을 끊어 버리는 것이다. 살아서 벗어나지 못했다면 죽어서라도 인간실존의 제약을 벗어나기를 바라는 이 항목들에서 불교의 내세관이 현실 극복의 원리로 기능하고 있음을 보게 된다(윤이흠 외, 2001, 82).

불교가 가진 세계관이나 인간의 궁극적인 문제에 대한 심오한 분석, 위대한 자비사상, 엄청난 양의 경전, 윤회설이나 업보설 등 그 깊이를 알 수 없는 웅대한 철학사상은 한국인의 심혼을 그 뿌리에서부터 뒤흔들어 놓았다. 뿐만 아니라 불교가 갖고 있는 또 하나의 특징은 이성을 매우 중시하는 가르침이라는 것이다. 불교에서 강조하는 인간의 궁극적 문제에 대한 해결은, 잘못된 현실을 직시하고 깨달음을 가질 때 얻을 수 있는 것이지 어떤 대상이나 그 대상의 능력을 믿어서 되는 것은 아니라고 말한다.

그래서 불교는 개인의 이성적 판단을 신뢰하는 종교이다. 이것은 밖에서 권위를 찾는 것이 아니라 자신의 내부에서 진정한 권위를 찾는 것이다. 즉 자신이 스스로의 주인이 되는 것을 제일 중요시하는 것이다. 따라서 불교는 개인적으로는 성불이, 그리고 사회적으로는 중생구제가 이상이다. 이를 달성하기 위하여 다른 모든 것은 방편에 지나지 않는다. 그러므로 어느 종교를 믿는가에 상관없이 구제의 대상은 모두 불교적 구제의 대상이다. 그만큼 불교사상은 포괄적 절대주의의 특성을 갖고 있다. 이는 한국의 불교에 있어서도 예외가 아니다(윤이흠 외, 2001, 217-218).

불교가 준 긍정적인 영향은 생사를 초연하는 태도나 생의 집착으로부터 자유롭고자 하는 열망이라 할 수 있다. 자신의 삶과 일상을 돌아보게 하는 불교의 종교적 가르침들은 물질적 풍요와 편리가 최우선의 이상이 되어 버린 현대사회의 병폐를 치유할 수 있는 하나의 방법이라 여겨진다. 특히 사찰에서 고수되고 있는 전통적인 구도의 생활방식은 윤리적으로나 문화적으로 현대의 생활문화에 활용될 수 있는 종교적 이상임에 틀림없다. 불교의 구도적, 금욕적 삶의 태도는 자기의 욕망을 절제하여 삶을 정제하게 한다는 점에서 긍정적인 면도 있다. 금욕은 인간이 자기의 욕망을 다스리는 것이다. 식욕, 수면욕, 성욕을 다스리는 금욕행위는 자기와 싸우는 훈련이다. 인간은 자기를 다스린 만큼 정신적 자유를 획득할 수 있는 것이다(윤이흠 외, 2001, 257).

불교가 사회적 문제에 대해 등을 돌리게 한 주요 원인은 불교가 궁극적으로 추구하는 목표가 지극히 내면적인 문제라는 데에 있다. 불교가 추구하는 '참된 나 찾기', '죽음과 삶의 문제'와 같은 것은 지극히 개인적인 문제이므로 이 문제에 사로잡히면 가정이나 사회문제에는 눈을 돌릴 여유가 없는 것이다. 즉 일단 죽음의 문제 같은 것에 휩싸이면 고독한 곳에서 자신과 치열한 싸움을 하는 데에만 관심이 갈 뿐, 가정이나 사회에 대한 생각은 들지 않는 법이다. 그래서 쉽게 가정이나 부부의 갈등을 포기해 버릴 수 있는 것이다. 붓다의 6년 간의 고행도 바로 이런 것에 해당된다(최준식, 1998b, 420).

3) 유교

유교를 종교로 보기에는 어려움이 있지만 그럼에도 불구하고 종교적인 분위기를 가지고 사상적으로 지대한 영향을 미친 것이 유교이다. 우리 조상들은 유교를 통해 균형 잡힌 정치제도를 실현할 수 있었고, 무엇보다도 사람을 중시하는 인본주의 사상을 체득했으며, 교육의 중요성을 일찍이 터득해 높은 수준의 문화를 향유했다. 또 이성을 중시하고 백성을 아끼는 유교정신은 우리나라에 민주주의가 비교적 짧은 시간에 정착되는데 공헌을 했다(최준식, 1998b, 172-173).

유교에서 아버지와 아들 중심의 가부장제도, 밥은 걸러도 제사는 거르지 않는 조상 숭배 제도 등 가족 중심의 가부장제를 고집했던 이유는 무엇보다도 효과적인 통치를 위해서였다. 가족을 가장 기본적인 통치단위로 보고, 가족의 가부장적 질서가 바로잡히면 나라의 질서는 자동적으로 잡힌다고 생각한 조선조 정치인들은 재산상속에 있어서 장남 혹은 종손을 우대하는 방책을 썼고 제사권도 그들에게 독점시켰다. 장남의 권위를 높이기 위해 조선 초나 중엽까지만 해도 형제들이 돌아가면서, 심지어는 출가한 딸도 지낼 수 있었던 제사를 장남만 할 수 있게 한정시켜 버린 것이다. 조상의 초월적인 권위를 입은 장남의 막강한 권위는 그 집안에서 어느 누구도 거역할 수 없게 된다. 뿐만 아니라 제사를 자주 지내려면 돈이 많이 들기 때문에 조선 초까지만 해도 딸을 포함해서 모든 자식들에게 균등 분배하던 재산이 장남에게 반 이상의 몫이 가게 된다.

유교의 많은 가르침 가운데 현재 우리 국민의 생활에 영향을 가장 많이 미친 덕목은 아마 오륜일 것이다. 그 가운데에서도 부자유친으로 나타나는 효의 강조와 장유유서로 표현되는 상하 질서의식, 또 부부유별로 나타나는 남녀차별은 현대 한국인들의 대인관계의 전부라고 해도 과언이 아닐 정도로 엄청난 영향을 끼쳤다(최준식, 1998b, 186-188).

유교도덕은 사람을 하나의 독립된 인격자로 보지 않고 종적 관계에서 보는, 불평등한 수직적 인간관이다. 개성이 뚜렷한 자아의 존재를 인정하지 않고 양반과 상놈, 남자와 여자의 신분적 차이를 구별하고 연장자와 연소자간의 상하관계, 부모와 자녀 간의 엄한 복종관계 등 상하와 지배·피지배 관계만을 주장한다. 이러한 사회에서는 자아가 성장하기는커녕 경어 하나를 잘못 썼다가도 봉변과 치욕을 당하게 되고, 자기 의사를 발표하는 데에도 듣는 상대가 누구냐에 따라 말을 조심해야만 한다.[12] 인간의 가치가 그가 지니고 있는 능력에 의해 평가되지 못하고 의식적이고 의례적인 예의를 지키고 권위를 갖추는 점, 즉 외면형식을 갖추는 점에 더 치중했기에 외면적 존엄의 윤리가 강조되었다. 유교사회는 신분관계를 중시하는 만큼 신분이 낮은 사람에게는 무관심·가혹함이 예사이고 극심한 착취와 억압은 권위주의적인 전통과 더불어 개인의 창의를 억제하고 복종과 추종을 강요해왔다(윤태림, 1970, 52-53).

유교의 세계관에서는 내세 관념이 발달되지 않았으며, 사후 문제보다 현재 문제에 치중하는 전통을 지닌다. 그것은 "삶의 문제도 모르거늘 하물며 죽음 뒤의 문제이겠는가"하는 논어 구절에서 제시되어 있는 공자의 기본적 태도로 대표된다(윤이흠 외, 2001, 77). 유교사회의 기본구조는 가정이요, 세계관도 가족적 질서로 구축되어 있다. 그만큼 유교적 생활세계의 기본구조는 가족과 가문의 혈연공동체를 중심으로 삼는다. 이러한 가족의식은 가부장적 질서를 기준으로 하여 닫힌 사회를 구성하였다는 비판을 받을 수 있다. 더욱이 대가족제도가 무너지고 핵가족제도가 광범하게 확립된 현실에서 유교적 가족, 가문의 의식은 상당부분에서 적합성을 상실한 것으로 보인다(윤이흠 외, 2001, 256).

4) 기독교

종교학 전문 연구가들은 한국적 상황에서의 기독교를 다음과 같이 이해한다. 기독교에서는 인간의 문제를 원죄로 본다. 에덴동산에서 하

---

12) 유럽의 근대사상이 개별적인 인간해방에서부터 시작되고 개인의 자각과 자유로운 생활 속에서 인간의 존엄성을 찾으려는 것에서 출발했던 것과는 대조적이다 (윤태림, 1970, 53).

나님의 뜻을 거역하고 선악을 알게 하는 나무의 열매를 따먹은 이래 아담과 하와의 자손인 인류는 원죄를 지니게 되었다고 한다. 이 때문에 인간은 하나님의 심판을 받아 낙원에서 추방되고 인간끼리 시기하고 질투하고 싸우는 속성을 지니게 되어 이 세상의 모든 모순과 부조리를 낳게 되었다. 이러한 원죄를 해결하기 위하여 예수님이 이 땅에 오셔서 하나님의 사랑을 보여주셨다. 그것은 인간의 중보자인 예수님의 십자가 대속을 믿음으로 구원을 받는 것이다. 그런데 죄인된 인간은 무한히 부족한 존재임에도 자만심을 지니고 있다. 인간존재와 자만심은 같이 간다. 인간이 있는 곳에 원죄는 늘 있다. 이와 같이 인간 실존에 제약이 있게 된 것은 인간 자신의 자만심이나 탐욕 때문이므로 인간 자신의 죄를 회개하고 하나님의 자녀로 거듭남으로 극복할 수 있다고 믿는다(윤이흠 외, 2001, 79). 이렇게 기독교의 실천원리는 일차적으로 하나님을 중심으로 전개된다. 구원의 주체는 인간 자신이 아니라 하나님이며, 회개의 내용도 인간적인 반성이 아니라 하나님의 뜻을 그대로 실천하지 못한 것에 대한 반성이다. 거듭남도 하나님의 보호 속으로 들어감을 말하며, 부활도 예수가 십자가에 못박혀 죽은 지 사흘 만에 부활한 데서 보이는 하나님의 구원의지를 믿는 것이다(윤이흠 외, 2001, 83).

그러므로 인간관계나 부부관계도 신의 뜻에 따라 이루어지도록 가르치고 있다. 인간관계는 '네 이웃을 사랑하라'는 적극적인 요구와 아울러 부부관계 역시 서로 돕는 배필로 살도록 권고하고 있는 것이다. 그리고 더 나아가 인간관계나 부부관계에서 하나님의 뜻대로 살아갈 수 있도록 은혜를 구하는 자에게 성령의 도우심과 능력을 제공하고 있다.

무교, 유교, 불교 등과 같이 한국의 문화 속에서 오랫동안 호흡해 온 종교들은 사회적인 가치에 적극적인 참여와 해석체계를 구축하지 못했더라도 한국인의 일상윤리와 삶의 태도에 여전히 자양분을 공급하고 있다. 즉 사회적 가치에 대한 영향력은 위축되어 있지만 문화적으로는 여전히 중대한 기능을 담당하고 있는 것이다.

반면에 기독교는 사회의 변동기마다 첨예하게 대두되는 사회적 가치에 발 빠르게 대응을 보이고 있으나 문화적인 규범에 있어서는 보수적인 답보상태에서 헤어나지 못하고 있다. 즉 기독교는 사회적으로는 참여적이나 문화적으로는 배타적이다. 기독교는 한국인의 생활문화규범과는 다른 교회라는 생활 공동체를 구성하고 있다. 교회 내부에서는 기독교의 생활양식을 소통시키지만 한국의 일반문화, 한국인의 일상생활, 한국의 전통문화에까지 기독교가 영향을 주지는 못하고 있다. 그럼에도 불구하고 문화적인 수용의 폭을 키워가기 위해 신학적인 토론이 이루어지고 있는 것은 매우 바람직하다.[13] 제아무리 사회적인 영향력을 확대한다 하더라도 문화적으로 성숙되어 전통문화를 소화해 내지 못하면 현대사회에서의 종교적 기능과 역할은 기대할 수 없는 것이다(윤이흠 외, 2001, 259-260).

---

13) 이 부분에 대해서는 리차드 니버의 '그리스도와 문화'라는 책에서 보여준 대로 문화의 변혁자로서 그리스도의 모델을 더 깊이 숙고해 보아야 할 것이다.

2. 전통 가족과 부부관계

성경의 가족 개념이 인격적이며 사랑과 존중이 있는 가족의 개념이지만 이것이 다른 상황으로 옮겨질 때는 그 지역의 문화와 접목되어서 가족의 개념이 달라진다. 그러므로 어느 나라든 그 나라만의 독특한 가족문화가 존재하기 마련인데 여기서는 한국인의 가족 개념을 살펴보고자 한다.

1) 전통적인 가족 관계

한국의 가족을 이해하기 위해서는 먼저 전통적인 한국의 가족 개념부터 이해해야 한다. 한국어로 '가족'이란 말은 집을 의미하는 '가'(家)와 한 조상을 통해 같은 혈연관계를 갖게 된 집단을 의미하는 '족'(族)으로 이루어져 있다. 서구적인 가족 개념과 달리 한국의 가족 개념은 핵가족뿐만이 아니라 조부모, 이모, 삼촌, 사촌, 심지어 과거에서부터 미래까지 전체의 친척들까지 포함하는 대가족을 의미한다.

가족은 어느 사회에서나 볼 수 있는 보편적인 제도이면서 끊임없이 성장, 변화하는 속성이 있다. 즉 가족은 형식적이며 제도적인 집단이지만 가족관계는 비형식적이며 비제도적인 측면이 있다. 특별히 가족관계의 심리적 특성은 애정과 이해로 결합되고 감정적인 일체감을 느끼는 일차적인 관계이다. 따라서 가족관계의 발달은 가족 전체의 정서적 분위기에 의해 끊임없이 영향을 받는다. 그러므로 가정은 물리적, 경제적 조건 등의 외부적 문제보다는 사회적, 심리적 조건 등의 내부적 문제가 보다 심각한 원인이 된다(송성자, 1989, 322).

한국의 전통적 가족 제도의 특징은 무엇보다도 부자 관계가 핵심이며 이를 유지시켜 주는 대들보는 효(孝)이다. 효는 모든 종류의 인간관계의 기본을 이루어 왔고 부자 관계는 다른 모든 인간관계에 우선하는 관계였다. 효에 의하여 규정되는 부자 관계 속에서는 부모의 의사를 자신의 의사보다 더 존중하며 부모의 행복을 자신의 행복보다 항상 앞세우지 않으면 안 된다. 이것은 개인에 대한 존중보다 가족의 명예를 더 우선시하는 유교적 전통 때문이다.[14] 따라서 개인의 잘잘못은 집안 전체의 명예와 직결되는 것이다. 그러므로 개인은 집안의 명예를 기준으로 삼아 자신의 행동을 조심해야 한다.

부부관계

한국의 전통 가족에서 부부관계는 가족 구성의 필수조건이 아닌 충분조건밖에 되지 않았다. 직계 가부장제 가족에서는 부자관계에 모든 가족관계가 종속되었고 부자 관계가 필수 조건이었다. 결혼은 중매혼이었고 결혼의 목적은 자녀의 출산에 있었으며 여자는 그 도구에 지나지 않았다. 그리고 여자는 결혼과 동시에 생가에서 완전히 배제되고 시가에 흡수되어 최하의 위치에 있게 된다. 여자의 성취 지위를 상승시키는 것은 아들의 출산과 시부모의 봉양이며, 경제적 공헌이다. 이러한 수직 구조는 부부관계를 보은 관계, 상하관계로 만든다. 남편은 처를 통제하고, 처는 남편의 통제에 공손히 복종하는 것이 이상적인 부부생활인 것이다. 이렇게 여성의 예속행위가 잘 이루어지도록 하기 위해 어려서부터 정조를 잘 지키고, 여자의 예속된 신분 이상의 것을 바라지 말아야 하며, 몸가짐이 한결같이 얌전하고 언제나 복종하게끔 만

---

14) 부자 중심 가족의 구조적 속성은 다음과 같다(이광규, 1984, 92-95). 첫째, 부부 관계가 평등하지 않고 부부의 사랑을 은폐하며 자녀에 대한 사랑을 표현하지 않는다. 둘째, 되도록 많은 자녀를 출산하고 출산한 자녀를 포괄 관리한다. 셋째, 아버지를 중심으로 한 가부장의 권위주의적 경향을 가지고 있다. 넷째, 자녀를 통해 가계를 계승한다는 연속성을 들 수 있다.

들어진 예법을 준수하도록 교육되었다. 이것이 여자에게 요청되는 가치의식이었다.

부모·자녀 관계

한국의 전통적인 부모-자녀관계를 파악하기 위해서는 '효'사상을 이해하는 것이 첩경이다. 효는 유교의 가장 기본적인 가르침으로 아버지와 아들 사이의 윤리로부터 시작한다.[15] 이래서 생긴 것이 한국인의 뼛속, 아니 무의식까지 영향을 미치는 가족주의의 탄생이다. 효란 남의 아버지보다는 내 아버지가 우선시 되는, 다시 말해 우리 가문이나 조상을 다른 가문이나 조상보다 더 중요하게 생각하는 차등적 형태의 사랑이다. 이것은 곧장 우리 가족 혹은 가문을 중심으로 뭉치는 가족주의를 만들어낸다. 가족주의란 우리 가족은 영원한 내(內)집단이 되고 다른 가문과 집단은 모두 남인 외(外)집단이 되는 것이다(최준식, 1998a, 38).

조선 시대에 '효'를 강조한 것은 순수한 인간의 정을 강조한 것이라기보다는 하나의 통치 이데올로기로써 보다 효과적인 국가의 통치를 위해서였다.[16] 가정에서 효로 기강을 바로잡아야 나라가 바로 잡힌다고 생각한 때문이었다(최준식, 1998a, 40). 조선조 정치인들이 썼던 방법은 크게 두 가지로 나누어 볼 수 있는데, '제사권'과 '재산 상속권의 종손 혹

---

15) 오륜은 오상(五常) 또는 오전(五典)이라고도 한다. 이는 '맹자'에 나오는 부자유친(父子有親) ·군신유의(君臣有義) ·부부유별(夫婦有別) ·장유유서(長幼有序) ·붕우유신(朋友有信)의 5가지로, 아버지와 아들 사이의 도(道)는 친애(親愛)에 있으며, 임금과 신하의 도리는 의리에 있고, 부부 사이에는 서로 침범치 못할 인륜(人倫)의 구별이 있으며, 어른과 어린이 사이에는 차례와 질서가 있어야 하며, 벗의 도리는 믿음에 있음을 뜻한다.

16) 공자는 국가 통치의 가장 기본적인 단위를 가정으로 본 것이다. 집에서 아버지에게 바치는 효도가 그대로 왕에게 확장된다는 것이 공자의 정치관이다. 그러니까 가족의 중심인 아버지에게 절대 복종하는 것은, 나라의 중심인 왕에게 절대 복종하는 것과 똑같은 것으로 본 것이다. 이렇게 본다면 유교 국가를 '가족 국가'라고까지 부르는 것은 결코 과장된 것이 아니다.

은 장남에게의 집중'이 그것이다(최준식, 1998a, 48). '효'라는 통치 이데올로기를 주입시킨 이러한 방법은 굉장히 용의주도한 것이었다.

한국적 가족 의식의 장점은 가족끼리, 친구끼리, 혹은 동료끼리 나의 모든 것을 희생하고 경우에 따라서는 목숨까지도 아끼지 않는 강한 유대감, 봉사와 섬김을 통한 공동체 의식, 가족 간의 깊은 정이다. 그러므로 이 '가족', '식구' 안에서는 개인의 장점이라도 우월감이 될 수 없고 개인의 단점도 열등감으로 드러나지 않는다. 이 '가족'이란 개념에 의해 윗사람을 공경하고 동료와 화친하며, 아랫사람을 사랑하는 것이다.

단점으로는 서열 의식, 이기적 편당성, 집단적 이기주의가 있다. 그래서 처음 만나는 사람이라도 성과 고향과 인연 관계를 묻는다. 즉 혈연과 지연에 의한 소속감이 정서의 중요한 부분을 차지하고 있기 때문이다. 내(內)사람인지 외(外)사람인지 구분하여 그 사람을 수용할 것인지 배척할 것인지를 결정하는 것이다. 그 하나의 예로 다음 그림은 가뭄이 들어 물이 제대로 공급되지 않을 때 나를 중심으로 공중 수도 앞에 일렬로 줄 서는 모습을 나타낸다(최재석, 1994, 170).

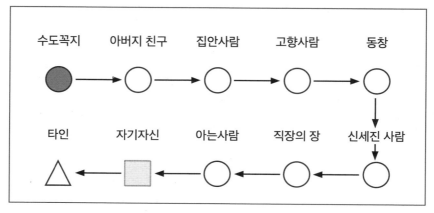

[그림 5] 가뭄 때 물 공급 순서

내가 아무리 수돗가에 먼저 와 있어도 아버지 친구나 집안사람부터 그냥 아는 사람까지 물 뜨러 오면 무조건 내 앞에 서게 해 주어야 한다. 그러나 모르는 타인에 대해서는 어떤 고려도 없다. 극단적인 경우라고 할지 모르지만, 가령 타인의 집안에 응급 환자가 생겨 물이 급하게 필요한 상황이 생길지라도 그 타인은 무조건 내 뒤에 서야 한다. 타인은 그 사정을 생각할 필요가 없는 외집단에 속한 사람이기 때문이다. 고영복은 자기 가족만 인정하고 다른 가족은 인정하지 않는 한국적 가족주의의 폐쇄적인 면을 비판했다.[17] 이로 인하여 자신의 가족에게는 법의 적용을 제외시킴으로 각종 부정부패가 일어나는 것이다. 그것은 우리나라 공무원들이 각종 교육은 많이 받았지만 가족에 대한 애착심 때문에 국가에 대한 충성심이 약해지는 현상으로 일어나는 것이다. 부정부패는 자신과 자신의 가족만 잘 사는 것을 도모함으로써 진정한 공동체 의식을 약화시킨다(고영복, 2001, 62, 64).[18] 이렇듯 가족주의로 인해 부자·부부 등 특정한 관계에 있는 개인 사이에서만 도덕이 발달되고, 사회나 공공에 대한 도덕은 별로 발달되지 못해 사회연대의 관념도 없고 사회의식도 성장하지 못하고 있는 것이다. 즉 집단생활에서 지켜야 할 공공의식이 박약하기 때문에 자기와 자기 가족 이외는 무관심한 것이 사실이다(윤태림, 1970, 54).

....

17) 이러한 가족 문화 속에서 자란 어린이는 집안에서는 그토록 배려와 사랑을 받지만 집밖에 나가면 무능한 어린이가 된다. 집안에서는 배타적 결속감으로 인해 무조건적 수용을 경험하다가 집밖에 나가서는 모두가 남이요, 낯선 세계로 받아들이는 것이다. 그래서 어떻게 행동해야 하는지 그 기능을 잃어버리게 된다.
18) 로마 사람들은 자신을 법의 국민이라는 점에 자랑을 느끼고 법을 지키고 법에 의하여 다스려지는 국민이라고 자부하고 있었다. 이와는 달리 우리나라에서는 법을 어긴 결과로 제재를 받을 때 제재가 가혹하다느니 인정이 없다느니 하는 등, 법의 엄격한 적용을 안하는 것을 명재판이라 하고 가혹하게 처리하는 사람일수록 몰인정한 재판관이라고 생각하고 있다(윤태림, 1970, 55).

2) 전통적인 남성과 여성의 특징

우리나라에서는 자기만 아는 사람을 개인주의적이며 이기적이라고 매도한다. 하지만 미국의 경우는 우리나라와 달리 자아탐닉이 행복의 기준이다. 그러나 한국인은 자아(ego)의 본능적인 탐닉보다는 사람들과의 관계에서 내가 어떤 사람인가에 따라 나의 행복이 이뤄진다고 본다. 이러한 맥락을 고려하여 전통적으로 한국 부부들이 갖고 있는 특징은 다음과 같다.

전통적인 한국 남성(남편)의 특징

첫째, 조강지처에 대한 의무감을 갖고 있다. 이것은 다른 민족에게 찾아볼 수 없는 가치관이다. 물론 연령층에 따라 다르지만 최소한 40대 이상은 조강지처에 대해서 의무감을 느끼고 비록 이혼을 했다 하더라도 조강지처를 돌볼 심리적 책임감을 갖고 있으며 그렇지 못할 경우, 죄책감을 갖는다. 한국 남성들은 이혼을 하거나 서로 별거할 때도 전부인이 재혼을 하지 않으면 계속해서 자신이 남편으로 영향력을 행사하려 하며 부부생활에 대한 욕구와 부담감을 가지기도 한다. 전처가 결혼하지 않으면 심리적 끈을 놓지 못하다가 다른 남자와 결혼을 하면 그때서야 비로소 마음으로 포기하는 것이다.

둘째, 정에 약하다. 한국 남성들은 아버지보다 어머니와 더 정서적으로 밀착되어 있다. 따라서 인격적으로 관계 맺는 친밀감의 능력 보다는 정을 중심으로 관계를 맺는다. 그래서 정을 주면 고맙게 생각하며 마음을 준다. 정의 형태는 아주 단순하다. 보살펴주고, 돌봐주고, 뒤치다꺼리 해주면 그것이 고마운 것이다. 한국의 어머니들은 아들을 키울 때 자기 스스로 자신을 세워나가는 자기관리법을 훈련시키지 않는 경향이 많다. 즉 가사노동에 대한 개념, 자녀 양육에 대한 아버지의 태도,

심리적 위기를 스스로 극복하는 법, 비전과 꿈을 위해 사는 법 등 자기 스스로를 돌보는 것을 가르치지 않았다. 그래서 많은 경우 한국 남자는 아내를 엄마처럼 의지하며 아내가 모든 것을 챙겨주는 것을 좋아한다.

셋째, 자존심이 강하다. 한국 남자들은 체면을 유지하고 자기 존재의 가치를 확인하는 것을 중요하게 생각한다. 그래서 여자가 자기를 이기려고 할 때 남자는 자존심이 꺾인다고 생각하여 여자에게 지는 것을 무조건 싫어한다. 남성들은 작은 일이라도 자존심을 내세워 여성을 지배함으로써 안전을 느끼려 한다. 그래서 한국 남자들은 자존심만 세워주면 생명까지 바칠 수 있을 정도로 자존심에 목숨을 거는 모습이 많다. 남편의 자존심을 세우기 위해서는 그의 마음을 알아주며, 그 감정을 잘 헤아려야 한다.

넷째, 효심이 강하다. 한국남자의 특징 중 하나가 유교사상의 뿌리에서 온 부모에 대한 의무감과 효심이다. 이 효심은 긍정적으로 부모를 위하는 마음이라기보다 부모에 대한 자신의 부담스러움을 아내에게 전가하는 태도로 나타난다. 자신은 자기부모와 친밀감이 부족하여 회피하거나 적대적이기 때문에 늘 죄책감이 있다. 이 죄책감을 덮기 위해 아내에게 시집살이를 강요하는 것이다. 즉 아내가 시댁에 효도하지 않으면 자신의 무의식에 숨어있는 죄책감이 머리를 들어 민감하게 반응한다. 여자의 입장에서는 잘 할 때도 있고, 못 할 때도 있는데 남자들은 아내가 시댁과 갈등이 있으면 심각한 문제가 생긴 것처럼 고민하는 것이다. 이 지점 역시 이마고의 작용으로 자신은 못해도 자신의 아내는 자신의 부족한 모든 것을 채워주길 기대하는 것이다. 그런데 아내가 자신의 원함을 채우지 못하면, 부모공경이라는 윤리와 도덕으로 아내를 질책한다. 뿐만 아니라 그 자신이 부모로부터 받은 상처로 인한 부정적인 심리는 억압함으로써 효심이 더 강해지는 것이다. 특별히 이 효심은 어머니와 같이 연결되어 있는 경우가 많다.

다섯째, 자녀와 관계를 못한다. 한국 남자들은 아내에게 자녀들을 빼앗긴 채 살아간다. 의도적인 것은 아니라 할지라도 엄마들은 자녀들에게 아버지를 무서운 사람, 결함이 많은 사람으로 만들어서 자녀가 엄마 편을 들게끔 한다. 아이들을 잃어버린 아버지들은 이 사실을 알고 있지만 말로 표현하지 못한다. 아버지들도 자식의 사랑을 바란다. 그런데 자녀에게 사랑을 주지도 못하고 받지도 못하니 아버지들은 집에서는 불쌍한 존재가 되는 것이다.

전통적인 한국 여성(아내)의 특징

첫째, 정조개념이 강하다. 한국 여성들은 남편에 대한 정조개념이 강하다. 유교사상의 영향으로 인해 아내의 입장에서 제일 저주스럽고 참지 못하는 모욕은 정조를 의심할 때이다. 그러나 현대의 일부 기혼 여성들은 남편 외에 교제할 수 있는 남자친구를 만드는 분위기여서 전통적 윤리관과 정조의식이 많이 흔들리고 있다. 그러나 이러한 일부의 그릇된 분위기에도 불구하고 한국 여성들은 정조개념을 강하게 지키고 싶어 하는데 이것은 유교적인 전통에서 기인한 것이다. 이제는 혼인에 대한 성경적 가르침에 따라 정조개념 중심으로 여성을 보기보다 인격 개념 중심으로 바라보는 시각의 전환이 필요하다.

둘째, 모성애가 강하다. 한국 여성은 자신의 행복보다도 자녀의 행복을 더 중요하게 생각한다. 그래서 열이면 아홉은 자녀 때문에 이혼을 하지 않는다고 말하며 자녀 때문에 참는 사람이 많다. 모성애로 인해서 우리 한국 가정이 맥을 잇고 있고, 가정이 유지되고 있다. 모성애란 엄마 자신의 권익과 복지와 평안을 위해서가 아니라 자식의 앞날을 위해서 희생하는 정신이다. 그러나 현대에 와서 이 개념도 많이 무너져 자신의 욕구 때문에 어린 자녀를 버리는 여성들이 점점 많아지는 경향이 있다.

셋째, 낮은 자존감을 가지고 있다. 가부장적 사회 문화는 여성의 인권을 존중하지 않았으므로 여성들은 여성으로 태어난 것 자체가 상처였으며, 낮은 자존감을 갖게 된다. 성장과정에서 한을 품게 되는 경우가 많았는데 헤아릴 수 없는 고통을 안고 있으면서도 좌절하지 않고 살아가는 그 힘은 여성들이 독립해서 살아갈 수 있는 원동력이 되었다. 그리고 이 힘이 긍정적으로 발휘되면 가정과 교회, 사회와 국가를 세우는 강력한 힘이 될 수 있는 것이다.

넷째, 출가외인의 개념을 갖고 있다. 요즘은 좀 덜하지만 한국여성들의 의식에는 출가외인이라는 사상이 있다. 옛날 여성들은 12살이나 13살 때 조혼을 했다. 태어나서 얼마 되지 않아 철이 들려고 할 때 자기 부모와 생이별을 했다. 엄마가 그립고 아버지가 그립고 형제가 그리울 텐데 마음대로 그립다고 표현을 할 수가 없었고 가부장적 결혼제도로 인해서 출가외인이라는 딱지를 찍어놓고 남이 되어버렸다. 그러나 현대에 와서 이 개념이 많이 없어져 오히려 딸이 친정과 더 가깝게 지내고 있다.

다섯째, 인내심과 한이 있다. 한국 여성의 특징 중 하나가 잘 참는 것으로서 이것은 한(恨)으로 연결이 된다. 한국 여성들은 웬만한 고통은 고통으로 보지 않는다. 이러한 인내심이 현대에 자기실현의 욕구로 변하여 고통 속에서도 자기를 계발하고 실현하려고 한다. 결국 이것이 자녀들에게 학구열로 표출되고 있는데 학구열은 전통적으로 딸들을 교육시키지 않았기 때문에 생긴 것이며 배움으로써 자신의 한을 푸는 것이다. 물론 그 속에서는 입신출세라는 유교의 부정적 영향도 있으며 내 자녀만 잘 되면 된다는 강한 내집단의 우리의식이 문제가 되기도 한다.

3. 한국인의 정서 및 행동양식

한국인의 정서에 대한 핵심적인 개념들을 묶어 도식으로 표현하면
다음 그림과 같다.[19]

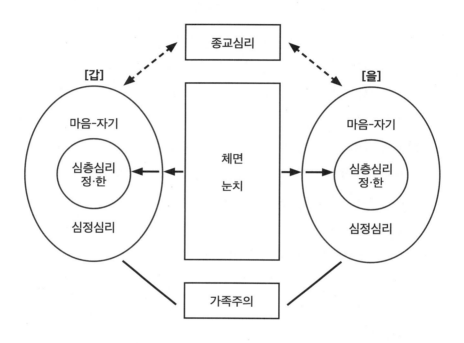

[그림 6] 한국인의 특성적 심리-사회 구조 및 역동

1) 정

정이란 한국인의 대인 관계에서 가까움과 밀착의 정도를 나타내는
가장 대표적인 심리 내적 경험 속성으로 애정이나 사랑과 같이 격렬한
감정 상태라기보다는 장기간의 접촉과정에서 이슬비에 옷이 젖듯 잔

---

19) 최상진의 개념을 수정하였음(최상진, 2003, 40).

잔하게 쌓여서 느껴지는 누적된 감정이다.[20] 뿐만 아니라 관계 속에 일어나는 정신적인 유대감이며 대상과 자신이 보이지 않는 끈에 의해 묶여져 있다는 강한 느낌이다(임태섭, 1995. 18). 따라서 정이 드는 과정이나 마음 상태에 대해 당사자는 이를 잘 의식하지 못하고 살아가는 경우가 많다. "살다보니 정이 들었다"라는 말처럼, 정은 어느 시점에서 문득 확인되는 감정인 것이다(최상진, 2003, 46). 이렇게 정은 의식적으로 만들어지는 것이 아니라 접촉과 공동 경험을 통해 무의식적으로 형성된다.[21] 오랫동안 상대방과 같이 좋은 일과 궂은 일을 겪어 나가다 보면 자신들도 모르게 서로가 서로에게 길들여진 상태가 되는데, 이것이 곧 정든 상태인 것이다(임태섭, 1995, 21).

정의 깊이는 상대방과 얼마나 한 가족 같은 행동을 했느냐에 달려 있다. 즉 한 이불을 덮고 자고, 한 그릇에 수저를 같이 담그고, 뚜렷한 목적 없이도 같이 빈둥거리는 시간을 많이 보내고, 목욕을 같이하고, 네 것 내 것 가리지 않고, 흉허물 없이 터놓고 지내는 사람과 정이 든다. 그리고 정은 상대의 마음속에 나를 가족처럼 아껴주는 마음이 있다고 느낄 때 우러나는 것이다. 이렇게 생긴 정은 다시 상대를 아껴주는 마음으로 전해지면서 정든 관계로 발전한다. 당사자들은 정의 깊이를 직접 파악하기 어렵고, 일상생활의 구체적 사건들에서 고마움, 미안

20) 정이란 용어만 봐도 다정(多情), 온정(溫情), 냉정(冷情), 애정(愛情), 연정(戀情), 속정, 인정(人情, 仁情), 열정(熱情), 우정(友情), 모정(母情), 부정(父情), 순정(純情), 사정(事情), 무정(無情), 유정(有情), 박정(薄情), 진정(眞情), 동정(同情), 통정(通情), 여정(餘情), 후정(厚情), 낮은 정, 기른 정 등 수없이 많다.
21) 대학생들에게 '정든다'라는 말을 들었을 때 머릿속에 연상되는 것이 무엇이냐고 물어 정과 관련된 연상의 내용을 범주화해 본 결과 다음과 같다(최상진, 2003, 49).

역사성	시간	오랜 세월, 추억, 어린 시절... 등
동거성	장소	동고동락, 같이, 가깝게... 등
다정성	관계	포근함, 푸근함, 은근함, 애틋함... 등
허물없음	성격	이해, 수용, 믿음직, 든든함... 등

함, 따뜻함, 가까움 등과 같은 정서를 경험하면서 반추적으로 파악하는 것이다(국제한국학회, 2003, 168-169).

정에는 세 가지 특징이 있다. 하나는 정은 상대의 행위에 의해 생기거나 없어지는 것이 아니라는 것이다. 즉 정은 오랫동안 함께 살았다는 것만으로도 생길 수 있다. 두 번째로 정은 합리적이라기보다는 비합리적 감정이다. 이성적 판단으로는 이혼이 완결된 상태에서 눈물을 흘려서는 안 되며, 이혼하고 집을 나서는 마당에 남편의 양말을 걱정하는 것은 비논리적 행동인 것이다. 세 번째로 정은 연약한 마음과 관계있다는 점이다. 정은 독립적이며 이성적인 사람보다는 의존적인 사람, 자아가 약한 사람, 이해타산에 밝지 않은 사람, 맺고 끊는 것을 잘 못하는 사람에게 더 많다고 볼 수 있다.[22]

---

22) 이러한 정의 특성은 우리가 일상생활에서 말하는 '인간적이다'라는 말과 상통하며, 이를 확대시켜 보면 유교에서 말하는 측은지심과 유사한 감정이다. 인정 많은 사람의 조건은 이타성, 인간적 연약성, 어리석은 선함, 타인 관심성이라 할 수 있다. 그에 반해 무정한 사람의 조건은 타인 고통 무감정성, 이기성, 이지성, 비감정성이다. 정 안 드는 사람의 조건은 위선(자기현시성), 이기성, 무관심(냉정성), 자기중심성, 독립(완벽성) 등이다(최상진, 2003, 58, 59, 62).

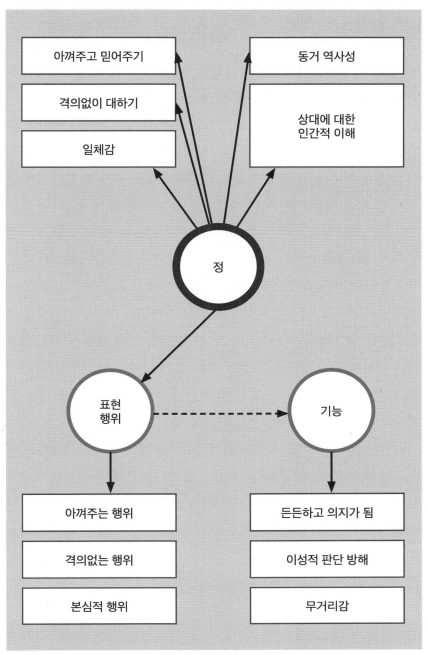

[그림 7] 정의 구조와 표현 행위 및 기능과의 관계(최상진, 2003, 72)

뿐만 아니라 한국인들은 '미운 정'이란 말을 흔히 쓰는데 이는 상대를 미워하는 감정이라는 뜻이 아니다. 서로가 미워하는 가운데 계속되는 대결 또는 경쟁 속에서 무의식중에 서로가 서로의 존재에 길들여졌다는 것, 즉 서로를 아끼는 마음이 생긴다는 것을 의미한다(임태섭, 1995, 22-23). 그래서 정은 앙숙 관계나 라이벌 관계 그리고 언제나 만나면 다투는 사람들 사이에서도 생겨난다. 형제간이나 친척간 또는 친구들끼리 싸울 때 어른들은 흔히 '싸울수록 정이 든다'는 이유로 지나치게 말리지 말 것을 당부한다. 이는 결코 싸움을 사소하게 생각하거나 또는 해학적인 의도를 가졌기 때문에 하는 말이 아니라, 정의 조건 반사적 성격을 정확하게 파악한 말이다. 이렇듯 한국인에게 있어 정이란 친밀하고 친근한, 시공이 밀착된 우리 편 사이에서 서로 잘해주고, 신경 써주고, 아껴주기도 하지만 너무나 편하고 가까워서 때론 막 대하고, 싸우고, 서운해 함으로써 나타나는 미운 정 고운 정의 결합체이다. 한국인의 정관계에서 고운 정과 함께 미운 정이 있어야 상대가 보다 편해지며, 상황과 여건에 의해 쉽게 '떨어질 수 없는 정'이 만들어지는 것이다(최상진, 2003, 75).

이러한 맥락에서 볼 때 정으로 만들어지는 한국인의 인간관계는 이별도 아주 어려워진다. 정으로 만들어진 심리내적 하나됨은 그 시작과 진행 과정이 어떠했는지 확인하기가 어렵다. 따라서 헤어질 때에도 무엇을 풀고 무엇을 정리해야 하는지 어려운 것이다. 그냥 막연히 가슴만 아프고 눈물만 나는 것이다. 이러한 한국인의 이별 감정은 김소월의 '진달래꽃'에서 대표적으로 나타난다.

나 보기가 역겨워
가실 때에는
말없이 고이 보내드리오리다.

영변에 약산
진달래꽃
아름따다 가실 길에 뿌리오리다.

가시는 걸음 걸음
놓인 그 꽃을
사뿐히 즈려 밟고 가시옵소서.

나 보기가 역겨워
가실 때에는
죽어도 아니 눈물 흘리오리다.

내가 보기 싫어 떠나는 님이라면 그 사람을 원망하고 잊어버리고자
하는 것이 사람의 마음일 것이다. 그러나 그렇게 되지 않는 것이 깊은
정으로 맺어진 사랑이다. 한국인의 이별에 대한 정서는 떠나는 님의
행복을 위해 자신의 행복을 포기하겠다는 순수함과, 어차피 돌려놓을
수 없는 상황에서 울며불며 매달리지 않겠다는 절제와, 깨끗하게 보냄
으로써 정의 역사와 그에 대한 추억을 아름답게 만들어 님의 마음을
돌이켜보겠다는 희망이다. 이처럼 한국인은 이별을 그 관계의 종말로
생각하지 않는 경향이 있다. 이별 후에도 자신의 님을 향한 정은 지속
될 것이며 그렇기 때문에 그 관계는 계속되는 것이나 다름없다. 단지

달라진 것이 있다면 지금은 그 정을 받아 줄 님이 가까이 있지 않다는 사실뿐인 것이다. 그러므로 서운한 마음을 가지고 있지만 님의 앞길에 꽃을 뿌려 주면서까지 고이 보내 드릴 수 있는 것이다(임태섭, 1995, 52-53). 이 얼마나 진하고 끈끈한 감정이며, 부정적인 사랑인가?

1926년 나운규가 감독과 주연을 맡은 영화 '아리랑'은 우리 민족의 영원한 민요로 자리 잡았는데 그 내용 중 "나를 버리고 가시는 님은, 십리도 못 가서 발병이 난다"는 구절이 있다.[23] 이 구절은 무엇을 말하고 있는가? 이 노래는 사랑하는 님이 나를 떠나는 대목에서, 떠나지 말기를 바라는 나의 마음을 강한 부정적 감정에 담아 시적으로 표현한 것이다. 그러므로 이 시적 정서에는 과거나 현재의 사랑 경험이 배어 있다. 사랑이 언제 마음을 편하게 해 준 적 있었단 말인가? 그래 나를 버리고 다른 사람에게로 가면 더 나을 것 같은가? 그러니 내 마음을 이렇게까지 찢어 놓으면서 그곳에 가서도 만족하지 못하고 방황하다가 추한 모습일랑 되지 말고, 어서 속 차리고 돌아오라는 말이다. 이처럼 한국인의 사랑은 끊을 수 없는 끈끈한 정으로 이어진 사랑이기에 부부간이나 부모자녀 간에도 결코 사랑을 긍정적으로 표현할 수가 없는 것이다.

이처럼 아리랑은 사랑과 이별을 노래하되 풋풋한 사랑이 아니라 삶의 애환을 깊이 경험한 노래이다. 우리 민족은 예로부터 험한 역사의 시련을 견디어 왔다. 역사를 통하여 수많은 영욕을 경험하면서 우리 민족은 꿋꿋하게 스스로를 추슬러 지켜 왔다. 그 숱한 역사적 애환의 경험이 사랑을 '아리랑'의 정서로 노래하게 했다. 그래서 우리 국민은 그가 지구의 어느 곳에 있든지 '아리랑'을 부르면서 한국 국민의 정서를 공감하게 되는 것이다(윤이흠 외, 2001, 184).

---

23) "아리랑 아리랑 아라리요, 아리랑 고개로 넘어간다. 나를 버리고 가시는 님은 십리도 못 가서 발병난다."

이토록 한국 사람들의 인간관계는 정으로 모든 것이 결정된다. 정이 통하는 사람은 내(內)사람이며 이런 관계는 옳고 그름을 논하지 않고 무조건 베풀고 덮어주게 되어 있다. 사람을 평가할 때 그 사람의 객관적인 업적보다 기존의 관계에 얼마나 충직했느냐를 중요한 준거로 보는 문화가 형성된 것도 이같은 정의 관계를 중시한 것에 기인한다고 볼 수 있다. 역사상 우리 민족의 추앙을 받는 정몽주, 최영, 계백, 사육신 등의 충신들은 이성계, 정도전, 이방원, 한명회 등처럼 업적은 크나 변절한 인물들과 대비된다.[24] 마찬가지로 전두환에게 충직했던 장세동은 국민의 여망을 저버리고 전두환 정권의 비자금에 대하여 굳게 함구하여 공분을 샀지만 인간적으로는 세인들의 비난을 모면한 것도 이 같은 국민들의 정의 교류 심리 때문이다(국제한국학회, 2003, 170-171).

이렇게 정으로 맺어진 인간관계에서 위험한 점은 남을 위해 내가 원치 않는 희생을 하게 되는 것이다. 따라서 집단이나 조직, 특히 가정의 의사결정에서는 합리성과 공정성을 잃게 되며 문제해결중심적인 냉정한 판단이 흐려질 가능성이 많은 것이다.

2) 한

한이란 가슴속에 억압되어 있는 아픔의 응어리이자 마음 한가운데 오랫동안 쌓이고 쌓여온 분노의 앙금이라고 할 수 있다. 이처럼 풀리지 않고 가슴속에 축적된 한을 마음의 상처, 고통, 마음의 쓴 뿌리 등 여러 가지로 표현하고 있다(정태기, 2000, 32). 이러한 한은 아래에서 설명한 것처럼 두 가지 조건, 즉 욕구와 의지의 좌절이라는 상황적 조건과 이 좌절을 파국으로 받아들이고 마음의 상처를 받는 심리적 조건에서

24) 이토록 중요한 관계의 정을 저버린 사람은 관계의 정도를 포기한 사람이기에 금수로 여겨지며, 의리를 버린 사람이다. 그래서 배신자가 되는 것이다.

생성된다.[25]

첫째, 한은 욕구나 이 욕구를 실천하고자 하는 의지가 좌절되었을 때 생긴다. 인간은 여러 가지 욕구를 가지고 있다. 특히, 먹고 마시고 배설하고 잠자는 것을 포함한 생리적 욕구, 생명과 재산 그리고 가족과 혈통을 보존하고자 하는 안전 욕구, 다른 사람과 정을 나누고자 하는 사랑에의 욕구, 그리고 다른 사람들로부터 인간적인 대접을 받고자 하는 존경에의 욕구 등은 빼놓을 수 없는 인간의 기본 욕구이다. 이런 기본 욕구가 충족되지 않은 상태에서는 정상적으로 살아갈 수 없으므로 사람들은 이 욕구들을 충족 또는 실현하고자 하는 의지를 가지고 부단히 노력한다. 노력에도 불구하고 실현되지 않거나, 실천하고자 하는 의지마저도 가져 볼 수 없을 때 사람들은 좌절을 맛보게 된다.

그러나 원함이 실현되지 않고 좌절을 겪는다고 해서 모든 사람이 한을 갖게 되는 것은 아니다. 좌절된 욕구는 받아들이는 사람의 자세에 따라 한이 될 수도 있고, 그렇지 않을 수도 있다. 적절한 조처를 통해 좌절감을 치료하거나 훌훌 털어 버리는 경우에는 한이 생기지 않는다. 그러나 상처를 극복하지 못하고 슬픔, 후회, 분함, 억울함 등에 빠지게 되면 결국 그 상처는 그 사람의 마음속에 한으로 맺힌다. 즉 요구가 좌절되었다는 사실에 집착할 때 한이 생기는 것이다(임태섭, 1995, 75-76).

한의 심리는 '억울함'의 심리를 그 기저에 깔고 있으며, 억울함의 심리 속에는 '부당함'을 내포하고 있다. 우리는 남으로부터 부당한 차별

25) 이로 인하여 우리 한국인만이 가지고 있는 정신병인 화병이 발생되었다. 화병은 1977년 세계정신의학계에 처음 보고된 후 지속적인 연구를 거쳐 1994년에 한국 고유의 정신질환으로 공식 인정을 받은 질병이다. 공식 질환 명칭도 한국발음 그대로 '화병'(Hwabyoung)이라고 표기하는데, 그야말로 분을 안으로만 삭이는 벙어리 냉가슴 때문에 생기는 병이라고 한다. 한국 특유의 억압적 문화에서 발생하는 것으로, 서양의학에서는 볼 수 없었던 독특한 증상이다.

대우나 피해를 받았을 때 억울함을 느끼며, 동시에 그 가해자에 대한 증오가 생겨나게 된다.

[표 1] 한이 맺히는 상황

개념화 범주	응답 내용 범주	응답 내용 예
불행성 결핍 상황	자기 통제 밖에 있는 원하지 않는 상황에 처할 때	·가족의 유고 ·어려운 외적 상황 ·운명적인 상황 ·회복하거나 극복하기 어려울 때
부당한 차별 및 업신여김	부당한 피해를 당할 때	·부당하게 억압받음 ·권력이나 권세에 의한 피해 ·억울한 일을 당했을 때

한국적 한의 특성은 한을 외부로 폭발시키기보다는 혼자서 삭이거나 아니면 예술과 같은 간접적인 창구를 통해 발산하는 것이다. 바꾸어 말하면, 자신의 욕구가 좌절되어 생의 파멸을 맛보았다고 해서 상대를 찾아 공개적으로 보복을 한다거나 그 원통함을 동네방네 하소연하기보다는 그 슬픔을 억누르며 노래나 춤을 통해 발산하는 것이 한국적 한의 특성인 셈이다.[26]

---

26) 중국이나 일본에도 우리의 한과 유사한 원(怨) 또는 원한이라는 개념이 있다. 그러나 중국인이나 일본인은 원한을 홀로 삭이면서 이를 승화된 감정으로 만들어가기보다는 스스로 그 원한을 푸는 것을 더 바람직한 것으로 생각하는 경향이 있다. 바꾸어 말하면 이들은 자신의 힘을 키워 원한을 풂으로써 스스로의 명예를 회복하는 것이 당연한 도리라고 생각했던 것이다. 직접적인 원한 풀이가 대외적 명분까지 얻는 전통 속에서 개개인이 자신의 원한을 억누르며 살아갈 필요는 없는 것이다. 따라서 중국과 일본의 역사와 고전 속에는 '원수와 한 하늘 아래에서 살 수는 없다'라는 명분을 내세운 복수극이 끊임없이 등장하고 있다.

그런데 한국인은 왜 좌절과 파탄을 원한으로 발전시켜 공개적인 원풀이를 추구하지 않았을까? 한국인은 왜 욕구의 좌절을 숙명처럼 받아들이며 살았을까? 이것에는 여러 가지 역사적 조건이 작용했던 것으로 보인다. 첫째, 한국인은 반복적인 외침과 심심찮게 일어나는 내란, 그리고 여러가지 천재지변을 겪으면서 당하고 사는 데 익숙해졌다고 볼 수 있다. 둘째, 우리 민족은 개개인의 의지로는 어찌할 도리가 없는 강력한 사회 제도에 의해 눌려 살았다. 일찍이 유교를 받아들인 우리나라는 경국대전 등을 통해 사농공상의 엄격한 구분과 남녀유별 그리고 적서차별을 명문화함으로써 중국보다 더 엄격한 신분 제도를 시행해왔다. 셋째, 우리의 전통 사회는 제도에 대한 도전을 엄하게 처벌했다. 즉 개인적인 원한을 내세운 원풀이는 사회의 질서를 해치는 것이기 때문에 법적 절차를 거치지 않은 개인적인 보복은 용납되지 않았다. 마지막으로 우리 민족은 체면을 매우 중시해 자신이나 자신이 속한 집단의 체면을 손상시킬 가능성이 있는 일은 공개하기를 꺼렸다. 자신이 한스러운 일을 당했다는 것, 즉 자신의 욕구가 좌절되었다는 것은 어떤 의미에서는 자신에게 문제가 있다는 것을 나타내는 것이다. 사회 제도로 인해 욕구가 좌절되었다면 자신이 사회 제도에 적응하지 못했다는 것을 의미하는 것이고, 제도와 무관하게 욕구가 좌절되었다면 스스로가 못났기 때문이라고 할 수 있다. 자신의 약점이 노출되어 체면이 손상당하는 것을 두려워한 우리 민족은 억울한 일이 있더라도 그것을 공개하여 원만하게 해결하지 못할 바에야 차라리 덮어 두는 편이 더 현명한 것이라고 생각했다(임태섭, 1995, 81-83).

이러한 한은 우리 한국인의 마음속에 자리잡고 있는 하나의 복합적인 정신적 실재로서 우리의 문화, 역사, 종교 전반에 걸쳐 커다란 영향을 끼쳐왔다. 한은 개인적으론 정신적 육체적 고통의 근원이 되기도

하고 반대로 문화 창조의 에너지, 인간을 영적으로 성숙시키는 놀라운 힘이 되기도 할 뿐 아니라 집단적으론 사회 정치적 갈등과 또 이에 대한 창조적 극복의 동인이 되기도 한다.[27]

3) 체면

체면은 몸을 뜻하는 체(體)와 얼굴을 뜻하는 면(面)의 합성어다. 체면은 '남을 대하기에 떳떳한 도리나 얼굴'로 정의된다.[28] 체면의 본질을 제대로 규명하기 위해서는 우선 체면이 무엇인지를 밝힐 필요가 있다. 지금까지의 체면에 대한 연구를 종합해 볼 때 체면은 세 가지 특성을 가지고 있다. 첫째, 체면은 이미지 또는 상(象)이다. 이미지란 겉으로 드러나는 모습을 의미하는 것으로 반드시 실체, 즉 객관적 본질과 부합되는 것은 아니다. 이를테면 실제로 좋은 사람이기 때문에 그 이미지가 좋을 수도 있지만, 그렇지 못할지라도 이미지 관리에 성공한 경우에는 좋은 사람으로 비칠 수가 있다는 것이다. 둘째, 체면은 사회적으로 바람직하다고 생각하는 가치로 구성된 이미지이다. 체면을 지키게 되면 사회적으로 바람직하다는 이미지를 유지할 수 있어서 남을 대하

---

27) 이 한이 긍정적으로 승화될 때 흥으로 표현된다. 한국인들이 흥을 좋아하는 이유는 역설적으로 고통이 너무 많기 때문이다. 우리 조상들은 고통 속에서 각양각색의 전통문화와 예술을 발달시켰는데 그 예가 탈춤, 판소리, 농악 등이다. 모든 문제가 해결이 되어서 재미를 느끼는 것이 아니라 고통 속에서 흥을 찾는 것이다. 스트레스를 풀기 위해 놀러가거나 노래방이 많은 것이 바로 그 증거이다. 그런데 우리는 흥을 원하면서도 흥을 함부로 표현하면 안 되는 가부장제도와 유교 문화 속에서 살아왔다. 특히 남편이 자기 아내인 조강지처하고 흥을 만드는 것을 주책없는 사람으로 여기는 이중 구조가 있다. 그 결과 남자들은 흥을 기생집에 가서 찾았고 여자들은 집에서 자녀를 키우며 만족했다. 그러므로 "우리 부부는 별 재미가 없어요"라고 말하고 있다면 심각하다는 것을 알고 재미있게 살 수 있는 방법을 찾도록 해야 한다.

28) 유교문화권인 한국에서 좋은 사람은 도덕적인 인격을 갖춘 사람을 뜻하며, 유교에서 도덕적인 인격을 갖춘 사람은 예의염치를 아는 사람이다(최상진, 2003, 165).

기가 떳떳하고, 체면을 잃게 되면 사회적으로 바람직하다는 이미지를 잃게 되어 남을 대하기가 떳떳하지 못하게 되는 것이다. 마지막으로 체면은 공적인 자기 이미지이다. 이것은 남들에 의해 주지되고 수용되어야 할 자기 이미지라는 것이다. 이를 종합할 때 우리는 체면을 다양한 사회적 부문에서 다른 사람들로부터 바람직하다고 인정을 받고자 내세우는 스스로의 모습이라고 정의할 수 있을 것이다. 따라서 체면을 잃는다는 것은 현재 문제가 된 사회적 부문에서 자신의 모습이 바람직하지 않다는 것을 의미하며, 체면을 세운다는 것은 그 사회적 부문에서 자신의 모습이 바람직하게 보이도록 행동한다는 것을 의미한다(임태섭, 1995, 104-105).

한국인의 체면은 크게 처신, 인품, 품위, 역량, 그리고 성숙이라는 다섯 가지 요소로 구성되어 있다. 처신은 겉으로 드러나는 몸가짐이나 행동거지가 얼마나 바람직한가를 일컫는 말이다. 무엇보다도 몸가짐이 깔끔하고 행동거지가 사회의 규범에 일치해야 한다. 인품은 그 사람의 인간 됨됨이가 얼마나 바람직한가를 일컫는 말이다. 인품이 탁월하다는 이미지를 유지하기 위해서는 여러 가지를 갖추어야겠지만 무엇보다 중요한 것은 신뢰감이 있어야 하고 언행이 진실해야 하며 경우가 발라야 한다. 품위는 그 사람의 사회적 또는 경제적 지위를 반영한다. 품위를 유지하기 위해서는 금전적인 여유를 보여야 하고, 외양을 우아하게 꾸며야 하며, 가세가 번창함을 보여 주어야 한다.

역량이란 개인적으로 갖추어야 할 지식이나 자질보다는 사회적으로 입증된 능력, 다시 말하면 사회적인 인정이나 성공을 통해 입증된 능력을 의미한다. 한 사람의 역량은 그 사람을 중심으로 개별적으로 평가되는 것이 아니라 다른 사람들과 비교되어 상대적으로 평가되는 것이다. 바꾸어 말하면, 어떤 사람의 역량은 그가 어떠한 일을 해낼 수 있느냐 또는 없느냐에 의해 결정되는 것이 아니라 그 사람이 비슷한 조건에 처한 다른 사람들과 비교할 때 얼마나 잘 되었는가를 따져서 결정되는 것이다. 따라서 "다른 사람에 뒤지지 않는다" 또는 "남부럽지 않게 성공했다"는 등의 상대적인 조건들이 그 사람의 역량을 평가하는 주요 기준이 된다.

성숙이란 성인으로서 갖추어야 할 기본적인 조건을 의미한다. 우리 말에 '자기 앞가림은 한다' 또는 '제 앞가림도 못 한다'라는 표현이 있다. 이것은 한 사람의 성인으로서 기본적으로 해내야 할 일들을 해낼 수 있느냐 없느냐를 따지는 것으로 그 사람의 성숙도를 평가하는 것이라 볼 수 있다. 어떤 사람이 성숙하다는 이미지를 갖추기 위해서는 기본적인 자질과 자율성을 가져야 하며, 남의 존중과 관심을 확보할 수 있어야 한다. 성숙이라는 체면 요소는 다른 체면 요소들과 여러 가지 측면에서 다른 성격을 가진다. 처신과 인품 그리고 품위와 역량은 사회적으로 결정되는 경향이 강한데 반하여 성숙은 상호 작용 중에 있는 상대방과의 개인적인 관계에서 결정되는 경향이 강하다. 처신과 인품 그리고 품위와 역량을 갖추기 위해서는 사회적으로 자신의 격에 맞도록 행동하고 사회가 자신에게 기대하는 만큼의 성공을 거둠으로써 사회적인 인정을 받아야 한다. 그러나 성숙하다는 이미지를 확보하기 위해서는 사회적인 인정보다는 자신과 상호 작용 중에 있는 상대방의 인정을 받아야 하는 것이다(임태섭, 1995, 106-115).

이렇듯 한국 사람은 모든 언행을 체면-나이와 신분-에 따라서 한다.[29] 과거에는 체면상 아버지가 자녀들과 놀 수 없었고 거리를 두고 마

---

29) 우리 사회에서 체면을 지켜야 할 사람에 대한 평가는 그 순서대로 다음과 같다. 장관, 사장, 대학교수, 국회의원, 판검사, 의사, 파출소장, 동네의 동장, 고등학교 선생님, 대학생, 노동자, 거지, 대학의 총장, 농민, 목사·신부·스님, 교회의 집사, 신문 기자, 사회여성단체 지도자, 군청의 군수, 시골의 면장, 범죄 집단의 두목, 연예인, 시인 및 화가, 군인 장교 등이다(최상진, 2003, 186).

음으로만 생각하는 관계였다. 부부간에도 부부유별이라 하여 서로 친밀한 대화를 나누는 관계가 아니었다. 남편의 도리, 아내의 도리를 하면 된다고 생각하고 그 사람이 처해 있는 위치에 어울리지 않는 행동을 할 때 체면이 손상된다고 생각하였다. 체면에 맞지 않는 행동을 할 때 자기가 비하되는 평가절하의 느낌을 갖게 되는 것이다. 그러므로 한국 부부들은 어른으로서만 살고 자신 속에 있는 어린 아이의 감정을 외면하는 것이다. 부부간에도 체면을 따지기에 할 말이 있고, 하지 않을 말이 있다. 따라서 부부간의 문제는 옳고 그름으로 해결하는 것이 아니고, 서로의 체면을 세워주는 쪽으로 해결해온 것이다.

4) 눈치

눈치라는 말은 사람의 눈을 가리키는 순수한 우리말 '눈(目)'과 측량 또는 값을 나타내는 '치(値)'라는 한자어가 결합하여 생성된 것으로 문자 그대로의 의미는 눈에 의한 측량을 뜻한다. 눈치는 상대의 마음, 즉 상대가 전하고자 하는 의미를 재는 것이다. 상대의 마음 또는 의미를 엄밀하게 '측량'하려면 상대에게 모든 것을 물어서 그가 스스로의 마음을 명백하게 밝히도록 하면 될 것이다. 그러나 사람이 자신의 마음을 명백하게 밝히는 것은 결코 쉬운 일이 아니다. 우선 우리 사회에는 자신의 마음을 적나라하게 표현하지 못하도록 하는 여러 제약들이 존재한다. 이를테면, 상대에게 돈을 빌리고 싶어도 '염치가 없어서' 돈을 빌려 달라고 할 수가 없고, 상대가 미워도 그렇게 말하면 그가 충격을 받을까봐 말을 조심하게 된다. 게다가 언어란 본래 모호한 것이라서 설사 우리가 자신의 마음을 말로 표현한다 하더라도 그 의미가 명확하게 전달되리라는 보장이 없다. 따라서 한 사람의 마음이 말로써 명백히 표현되는 경우는 별로 흔치 않다. 이처럼 정확한 마음의 측량이 어려운 상황에서 상대의 마음을 헤아리기 위해 사용하는 것이 눈치이다.

한국인에게 눈치는 대인적 자질의 중요한 한 요소이다. 눈치가 없는 사람들은 결국 상대방으로 하여금 품위에 손상이 갈 가능성이 있는 언어 표현을 명백하게 함으로써 서로를 난처하게 만든다. 반대로 눈치를 잘 이용할 줄 아는 사람들은 당혹스런 순간들도 매끄럽게 처리하는 능력을 갖게 된다. 이러한 사람들은 호평을 듣게 되며 다른 사람들과의 인간관계도 원만해진다(임태섭, 1995, 152-153).

눈치는 한국인의 일상생활에서 매우 중요한 위치를 차지하고 있다. 눈치가 없으면 사태 파악이 더디고 남의 진심을 잘 이해하지 못해 다른 사람들로부터 기피당하기 일쑤고, 반대로 눈치 빠르게 행동하는 사람들은 남의 호감을 사게 된다.[30] '눈치가 빠르다'는 것은 특히 아랫사람이 가져야 할 중요한 미덕 중의 하나이다. 윗사람은 서로를 난처하게 만들지 않고도 아랫사람으로 하여금 원하는 것이 무엇인지 명확히 말하도록 만들 수도 있다. 바꾸어 말하면 윗사람이 아랫사람에게 무엇을 원하는지를 묻는 것은 큰 실례가 되지 않는다. 그러나 아랫사람이 윗사람으로 하여금 의중을 명확히 표현하도록 만든다는 것은 윗사람의 체면을 크게 손상시키는 일이다. 이를테면 아버지가 아들에게 "도대체 네가 원하는 것이 무엇이냐? 원하는 것이 있으면 말을 해야지!"라고 다그치는 것은 큰 문제가 되지 않지만 아들이 아버지에게 "도대체 아버님께서 원하시는 것이 무엇입니까? 원하시는 것이 있으면 말씀을 하셔야죠"라고 채근하는 것은 아버지의 체면을 위협하는 일이다. 따라서 아랫사람이 윗사람의 의도나 욕구 또는 감정 상태 등을 묻는 것은

---

30) 상사의 눈치를 봐야 출세를 할 수 있고 시부모의 눈치를 잘 봐야 귀염받는 며느리가 될 수 있다. 심지어는 대학입시에서도 눈치작전을 펴야 좋은 대학에 들어갈 수 있는 것이 우리의 현실이다. 한 마디로 '눈치 없는' 사람이 살아가기 힘든 곳이 바로 우리 사회인 것이다.

일반적으로 금기시되어 있고 이러한 것은 아랫사람 스스로 알아서 헤아려 내야 할 일로 인식되고 있다. 그래서 아랫사람은 윗사람보다 눈치가 더 빨라야 하는 것이다.

윗사람을 편안하게 모시기 위해서 아랫사람은 항상 윗사람의 눈치를 살펴야 하며 윗사람이 원하는 것이 무엇이며 어떤 기분인가를 계속 파악해야 한다. 어떤 아랫사람들은 이러한 면을 너무 심각하게 받아들여서 윗사람들이 보내는 간접적 메시지들에 지나치게 민감하거나 정서 불안적인 반응을 보이게 된다. 우리는 이러한 사람들의 행동을 '눈치를 본다'라고 묘사한다(임태섭, 1995, 162).

한국인이 대체적으로 눈치에 대해서 부정적인 시각을 갖고 있는 것은 이런 경우이다. 즉 '얌체 같은 족속들이' 자신의 사사로운 이익을 달성하기 위해 눈치를 사용하는 것이다. 이렇게 눈치가 현대 사회에서 여러모로 악용되고 있는 것은 사실이다. 그러나 결코 눈치가 본질적으로 불건전한 것은 아니다. 눈치란 왜곡의 소지가 있는 언어의 매개 없이도 서로의 의미를 공유할 수 있게 해 주는 '이심전심' 커뮤니케이션의 핵심을 이루는 것이다. 따라서 눈치는 우리가 가지고 있는 매우 가치있는 커뮤니케이션 기법 가운데 하나로 없어서는 안 될 것이라는 점을 인식할 필요가 있다(임태섭, 1995, 151).

아래 그림에서 보면 눈치를 안 보는 사람의 특성을 성격 및 행동 면에서 종합적으로 보면 크게 네 가지로 묶인다. '주관이 강한', '독단적인', '둔한 성격', '대범한 성격'의 이 네 가지는 눈치 잘 보는 사람의 행동특징과 상반되는 극에 위치하고 있다. 이를 도식화 해보면 다음의 그림과 같다.

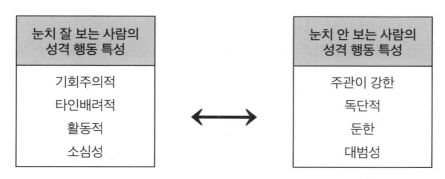

눈치 잘 보는 사람의 성격 행동 특성		눈치 안 보는 사람의 성격 행동 특성
기회주의적 타인배려적 활동적 소심성	⟷	주관이 강한 독단적 둔한 대범성

[그림 8] 눈치 잘 보는 사람과 안 보는 사람의 대조(최상진, 2003, 212)

이처럼 눈치는 체면 손상을 미연에 방지할 수 있을 뿐만 아니라 스스로의 체면을 향상시키는 역할까지 수행한다. 따라서 눈치가 빠른 사람은 사회생활을 하는데 여러 가지 이점을 가지고 있다.

지금까지 살펴본 전통적인 한국 문화를 기독교적으로 수용하기 위해서는 무엇보다 기독교 신앙의 진수가 무엇인지 알아야 할 것이다. 기독교 신앙의 진수는 하나님을 최고의 가치로 삼는 것이다. 기독교 신앙은 이 땅의 문화인 자율성(autonomy) 내지 타율성(heteronomy)의 이데올로기에 맞서서 오직 신율적 문화인 신율성에 근거를 두는 것이다. 신율성(theonomy)이란 철저히 하나님의 섭리와 뜻에 의해서 지배되는 활동을 말한다. 이러한 신율적 문화는 이 지상에서는 교회나 가정, 혹은 사회 속에 부분적으로 적용되지만, 온전한 모습으로 실현되지는 않고 있다. 신율적 문화의 본질은 하나님과 인간과 우주의 완전한 조화이다. 그것은 하나님이 창조 시에 의도하셨던 창조 본연의 질서에 있어서 인간의 자기 회복과 자기실현, 자연과 우주의 자기실현이다. 신율적 문화에 대한 이념은 "만물이 다 너희 것임이라… 너희는 그리스도의 것이요, 그리스도는 하나님의 것이니라(고전 3:21-23)."는 말씀에 나타나 있다. 창조 본연의 질서 회복은 인간이 개인과 그 공동체에 있어서 그 부패성으로부터 치유되고 구속받아야만 가능하게 되는 것이다. 이러한 신율적 문화 창조의 전제는 인간의 변화, 중생, 구원 및 성화인 것이다 (한국기독교문화연구소, 1987, 39-40).

　신율적 문화는 역사와 사회의 부조리한 구조 속에서 기독교 신앙이 인간 문화를 변혁시켜 나가는 동력이요 목표이다. 따라서 기독교 문화는 역사 속에 진정한 문화의 기준이 없다고 주장하는 회의주의나, 역사 속에서 사회혁명을 통해서 모든 사람들에게 균등하고 적합한 문화가 실현될 수 있다고 주장하는 무차별주의에 빠지지 않는다. 기독교 문화 신학은 이 양자의 극단성을 하나님 왕국에서 실현될 신율적 문화이념 속에서 조화시킨다(한국기독교문화연구소, 1987, 39-40). 따라서 필자는 역사 속에서 신율적 문화를 그 기반으로 삼을 때만이 올바른 기독교 문화 형성의 기초를 놓을 수 있다고 믿는다. 그리고 그것은 단지 하나의 기초요, 시작일 뿐이지 완성은 하나님의 뜻에 전적으로 속하는 것이다. 이러한 기독교적 가치관에 근거한 문화 수용, 학문 수용, 경험 수용이 바로 필자의 입장이며 이러한 접근과정이 이 책 전반에 걸쳐 적용되고 있다.

4장 부부관계에 대한 신학적 관점

1. 결혼에 대한 성경적 근거

창세기 2장 18절과 22~24절에서 결혼에 대한 성경적 근거를 찾을 수 있다.

"여호와 하나님이 이르시되 사람이 혼자 사는 것이 좋지 아니하니 내가 그를 위하여 돕는 배필을 지으리라 하시니라 여호와 하나님이 아담에게서 취하신 그 갈빗대로 여자를 만드시고 그를 아담에게로 이끌어 오시니 아담이 이르되 이는 내 뼈 중의 뼈요 살 중의 살이라 이것을 남자에게서 취하였은 즉 여자라 부르리라 하니라 이러므로 남자가 부모를 떠나 그의 아내와 합하여 둘이 한 몸을 이룰지로다(창 2:18, 22~24)."

결혼 제도는 창조 역사에 속한 것이다.[31] 하나님이 아담을 창조하실

---

31) 하나님은 인류 역사상 첫 결혼식의 주례에서 '남자가 부모를 떠나 그의 아내와 합하여 둘이 한 몸을 이루라'는 말씀을 하신다. 참으로 하나님의 심오한 뜻이 담긴 창조 사역의 과정이다. 하나님은 아담에게 짝에 대한 조건을 물어 본 적이 없다. 그러기에 우리가 부부로 만날 때 서로에 대한 선택의 권한은 우리에게 있으나 결과적으로 볼 때 모두가 다 하나님의 섭리임을 부인할 수 없다. 하나님은 일방적으로 하와를 인도하셨다. 그것은 결혼만큼은 하나님의 권한, 하나님의 책임, 하나님만의 영역이라는 것을 의미한다. 완전하신 하나님을 신뢰하는 아담은 하와를 거절하지 않고 수용한다. 하나님께서는 나에게도 가장 최선의 배우자를 주셨다. 따라서 내가 배우자에 대해서 불평하고 불만을 갖는 것은 그런 짝을 인도해 주신 하나님께 대한 도전 행위가 되는 것이다.

때 아담 그 자체로서는 완성이었으나 관계를 이루어 나가는 측면에서는 분명히 미완성이었다. 하나님은 아담을 창조하신 후 '혼자 사는 것이 좋지 아니하니' 돕는 배필을 지어 주실 것을 예고하신다(창 2:18).[32] 하나님은 아담을 세상의 생물들에게 이름을 붙이는 창조 사역에 동참시키신다. 그 후 하나님은 아담을 창조하실 때와는 달리, 바로 아담의 신체 일부를 사용하셔서 '돕는 배필'로서의 하와를 만드신다. 아담은 하나님이 데려오신 자기와 같은 심성의 이 창조물을 '이제야 나타났구나, 이 사람(새번역)!'하며 반갑게 맞으면서 '내 뼈 중의 뼈요 살 중의 살이라'는 사랑의 고백과 함께 '여자'라 이름을 붙인다. 이처럼 아름다운 고백으로 시작한 결혼이 행복하게 유지되지 않는 것은 인간의 죄성 때문이기도 하지만 거듭난 그리스도인의 경우 부부가 서로 노력하지 않는 탓도 크다. 부부는 서로가 돕는 배필이 되도록 끊임없이 노력해야 하는데 이런 노력을 하지 않는 것은 본능적으로만 살겠다고 하는 비인격적인 삶의 선택인 것이다.

이렇게 남자와 여자는 상하 종속적인 관계가 아닌 '인격적인 만남이 전제된 돕는 자'로서 창조되었다. 이는 서로가 홀로 설 수 없는 존재라는 사실을 알고 자기의 약점을 스스로 내어놓고 도움을 청하고 또 받으며 살아가야 한다는 것이다. 그래서 약함은 우리가 살아가는 데 있

---

32) 이 본문을 어떤 해석자들은 하나님이 여자를 아담을 위해 '돕는 배필'로 만드신 것이 바로 여자의 부수적인 위치를 결정하는 것이라고 주장한다. 그러나 창세기 2장에 사용된 '돕는'이라는 히브리어는 구약에서 주로 하나님에 대해서만 사용되었다. 이 단어는 "하나님은 우리의 도움이시오 구원자(시 70:5)"라고 말할 때, 혹은 "우리의 도움이 여호와께로부터 온다(시 121:2)."고 말할 때 사용하는 단어다. 하나님을 '우리의 도움'이라고 말할 때 우리는 하나님이 우리보다 낮다는 생각을 하지 않는다. 오히려 정반대가 아닌가! 물론 이것은 여성의 우위성을 말하는 것도 아니다. 필리스 트리블의 해석에 의하면 여자는 모든 본질적인 면, 즉 하나님의 형상을 갖고 있다는 점에서 '남자와 대등한 돕는 자', 그의 곁에서 함께 지내며 함께 일하는 사람이다(Trible, 1978, 92).

어서 장애물이긴 하지만 서로 함께하도록 하는 좋은 도구이다. 하나님께서는 배우자의 약점이나 단점을 통해서 내가 훈련되기를 원하신다. 즉 나를 훈련시키기 위해 배우자의 연약함이 주어진 것이다. 그러므로 오히려 배우자에게 부족한 점이 있음을 감사해야 한다.

하나님께서 그 자신의 형상대로 인간을 창조하셨으되 독특하지만 보완적인 두 성(性)인 남성과 여성으로 창조하셨다. 이것은 서로 보완하여 완전에 이르도록 하기 위한 것이었다(M. Capper & H. Williams, 1984, 38). 그것은 결코 어떤 성도 상대방 없이는 완전하게 되지 못함을 의미하는 것이다. 하나님은 여자 없이는 남자가 불완전한 존재임을, 여자 역시 남자 없이는 불완전한 존재임을 깨우쳐 주신다. 이러한 상호보완성은 상호인격의 존중과 평등성을 내포하고 있다. 여기에는 여자가 남자보다 못하다는 뜻은 전혀 내포되어 있지 않다. 남자와 여자는 그 인격과 지위에 있어서는 서로 동등하다. 그러나 질서와 권위의 순서에 있어서는 남성이 여성 이전에 있었음을 암시한다(M. Capper & H. Williams, 1984, 39).

성경에 나타난 가정의 모습은 남자가 부모를 떠나 그 아내와 연합하여 한 몸을 이룸으로써 형성되는 것이며 그 사명은 하나님의 축복에 따라 생육하고 번성하여 땅에 충만할 뿐 아니라 하나님의 청지기로서 하나님의 피조물인 세계를 잘 다스리는 일이다. 이것이 창세기에 나타난 가정의 본질임과 동시에 책임인 것이다.

남녀가 부모로부터 정신적으로나 경제적으로 독립하여 둘이 한 몸을 이루는 신비의 실체가 결혼이다. 이 신비의 실체는 남녀쌍방의 상호 호혜적인 계약관계에 의존한다. 결혼이 이런 계약관계에서 성립된다는 것은 하나님과 이스라엘의 관계가 부부간의 계약관계와 같다는 말이다. 여호와 하나님은 이스라엘의 남편이 되고 이스라엘은 하나님의 아내가 된다는 계약이다.[33] 부부의 관계가 하나님과 이스라엘의 계약 관계와 같은 관계에서 출발하고 있음은 바울의 교훈에서도 나타난다.

"내가 너희를 정결한 처녀로 한 남편인 그리스도께 드리려고 중매함이로다(고후 11:2)."

하나님이 남편인 것처럼 그리스도가 남편으로서 등장함을 볼 수 있다. 이스라엘 백성과 그리스도인들이 하나님과 그리스도를 남편으로 사랑하고 섬기듯이 결혼은 남자와 여자와의 상호계약관계로서 서로 사랑하고 섬기며 보호한다는 맹약 속에서 출발하는 것이다.

예수님은 창세기 말씀을 인용하여 결혼관계에 의한 남편과 아내의 하나됨을 말씀하셨다.

"사람을 지으신 이가 본래 그들을 남자와 여자로 지으시고 말씀하시기를 그러므로 사람이 그 부모를 떠나서 아내에게 합하여 그 둘이 한 몸이 될지니라 하신 것을 읽지 못하였느냐 그런즉 이제 둘이 아니요 한 몸이니 그러므로 하나님이 짝지어 주신 것을 사람이 나누지 못할지니라 하시니(마 19:4~6)."

여기에서 연합의 의미는 헬라어 '콜라오(kollao)'에서 파생된 단어로, 문자적으로 '아교로 붙이다' 또는 '접합시키다' 등의 의미이다. 그것은 마치 물체의 두 조각처럼 일단 함께 결합되면 둘에게 손상을 입히지 않고는 분리될 수 없다는 것을 암시하고 있다. 그래서 예수님은 부부 '연합'의 밀접성을 강조하시고, 만약 '분리'가 일어난다면 그것이 얼마나 큰 비극과 상처가 되는 것인지 우리에게 다음과 같이 일깨워 준다.

'하나님이 짝지워 주신 것을 사람이 나누지 못할지니라' 이 말씀은

---

33) 여호와께서 이르시되 그 날에 네가 나를 남편이라 일컫고... 내가 네게 장가들어 영원히 살되 공의와 정의와 은총과 긍휼히 여김으로 네게 장가 들며 진실함으로 네게 장가들리니 네가 여호와를 알리라(호 2:16, 19~20).

결혼이 하나님에 의해 조정되고 있음을 시사하고 있다. 따라서 결혼은 제도로써 신성한 것이며, 어길 수 없는 계약이다. 이런 의미에서 모든 결혼은 어떤 특별한 신성함이 실재하고 있다. 이것은 기독교인이든 비기독교인이든 똑같이 적용되며 참된 완성과 행복을 추구하는 모든 남편과 아내들이 기억해야 할 것이다.

창조의 질서에서 예수님은 '한 사람'과 '그의 아내'에 관하여 말씀하셨으며 '둘'이 아니라 '한 몸'이라고 말씀하셨다. 이것은 결혼에 있어서 일부일처제와 정절에 관한 것으로, 결혼에 의한 남편과 아내의 완전한 연합에는 다른 어떤 것도 들어올 수 없음을 의미한다. 사도 바울은 "결혼한 자들에게 내가 명하노니(명하는 자는 내가 아니요 주시라) 여자는 남편에게서 갈라서지 말고, 남편도 아내를 버리지 말라(고전 7:10~11)"라고 결혼의 영원한 관계성에 대하여 진술하고 있다. 뿐만 아니라 예수님이 '부부의 연합'을 말씀하면서 한 남자와 한 여자와의 결혼관계는 그리스도와 교회와의 계약처럼 영원한 것이어야 함을 강조하고 있다. 이렇게 결혼은 사랑을 하는 두 인간이 향유할 수 있는 가장 아름다운 관계의 시작이며 그리스도와 교회의 결합과 같이 가장 이상적인 결합이다.

2. 결혼에 대한 성경적 원리

집을 지을 때 우리는 건축에 대해서 모르기 때문에 건축가에게 의뢰한다. 결혼에 있어서도 결혼이라는 집을 완성해야겠다는 의도만 가지고는 행복한 결혼을 할 수가 없다. 결혼을 결혼의 설계자요, 건축가이신 하나님께 맡길 때 우리의 결혼생활은 성숙하고도 아름답게 될 뿐만 아니라 우리의 삶도 성령 충만할 수 있을 것이다.

1) 하나님을 주인으로 모심

프란시스 쉐퍼와 그 부인 에디스 쉐퍼는 기독교를 파괴하는 어떤 모임에서 기독교를 옹호하는 사람으로 참석하여 처음 만났다. 두 사람은 그리스도에 대한 비전을 서로 확인하면서 매력을 느꼈고, 결혼하여 40년 이상을 행복하게 함께 살았다. 두 사람은 결혼한 후 가정을 개방하여 스위스 로잔에 라브리를 시작하게 되었는데, 많은 사람들이 이곳을 찾으면서 쉼을 얻고 기독교 진리에 대해 토론하며 공부하게 되었다. 이 얼마나 벅찬 일인가? 이들 부부는 가정을 열어 사역하기 때문에 쉽게 지치거나 피곤하여 서로에게 소홀할 수 있었다. 그러나 이들은 아무리 지치거나 피곤해도 서로에게 소홀하거나 다투지 않고 늘 사랑으로 감당해왔다. 사람들이 그 비결을 물을 때 그들은 웃으며 "우리는 서로를 보고 사는 것이 아니라 함께 손에 손을 맞잡고 그리스도를 바라보고 살아간답니다."라고 대답한다(Scheffer, 2000). 그렇다. 예수 그리스도를 바라보고 살며, 그리스도가 우리의 비전이고 주인되심이 분명하면 그 인생은 얼마나 강력할 것인가? 그들은 서로를 바라보고 의존하지 않고 함께 하나님을 바라보며 서로 돕는 멋진 부부였다. 그러나 실제로 이들 부부와 같은 경우는 적고 대다수의 부부들은 상대방이 자신의 욕구를 채워주길 기대한다. 그래서 서로에게 집중하며 서로를 묵상한다.

그러나 아무리 훌륭한 사람이라도 사람이 다른 사람의 마음속의 갈망을 다 채워줄 수 없다는 것은 영적인 진리이다. 오직 하나님만이 그것을 채울 수 있기 때문이다. '모든 인간의 마음속에는 하나님만이 채워 줄 수 있는 빈 공간이 있다.' 이 진리는 부부 간에도 적용되는 것이다. 배우자가 아무리 내 마음에 기쁨을 주고 다른 모든 축복을 준다 할지라도 하나님이 없다면 우리 중심에는 공허감과 허무감이 여전히 남아있을 수밖에 없을 것이다. 하나님 앞에서 남편과 아내 두 사람은 별

개의 독립된 개개인들이다. 독립된 두 사람이 각각 하나님께로부터 필요한 것들을 공급받아 신앙과 삶이 건강하다면, 하나님의 계획에 따라 만나 결혼하여 함께 살아감으로 그들은 두 사람 이상의 힘을 갖게 된다. 그들은 넷, 여덟, 혹은 백으로 그 힘이 폭발한다. 자손을 말하는 것이 아니라 그들의 삶과 사역의 영향력이 그렇게 된다는 것이다. 그러나 우리가 서로 반쪽이라는 개념으로 만나 결혼하고 배우자에게 자신의 생존을 의존하게 된다면 우리는 배우자에게 기생하는 기생충과 같이 되어 결국은 결혼생활에서 기쁨과 만족을 얻지 못하게 될 것이다.

하나님만이 나의 필요들을 채워주신다. 이 말은 하나님께서 남편을 통해 나의 필요를 채우기로 하셨다면 남편을 통해 채워주실 것이고 또 다른 필요들은 친척들이나 친구 또는 자녀들을 통해 채워주기도 하신다는 것이다. 하나님께서 배우자를 통해 동반자 의식, 위안, 애정, 기쁨이라는 필요를 채워주기로 계획하셨다면 다른 방법으로는 그 일을 하지 않으실 것이다. 그러나 혹 남편이 내 필요를 채워주지 못하거나 간혹 채워주지 않으려고 할 때에라도 좌절감이나 불행하다는 생각에 빠질 이유가 없다. 왜냐하면 하나님께서 그 필요들을 채워주실 수 있고 또 채워주실 것이기 때문이다. 결국 부부생활이 온전해지고 매일 아름다워질 수 있는 비결은 하나님께 달려있음을 알아야 한다. 이것은 결혼생활뿐 아니라 우리의 모든 인생에도 적용되는 원리이다. 하나님의 은혜는 영원히 고갈되지 않는 마르지 않는 샘과 같기 때문이다.

2) 결혼의 목표 - 돕는 배필

"여호와 하나님이 이르시되 사람이 혼자 사는 것이 좋지 아니하니 내가 그를 위하여 돕는 배필을 지으리라 하시니라(창 2:18)"

돕는 배필은 일방적으로 여자가 남자를 돕는 것을 말하는 것이 아니라 서로가 서로를 돕는 배필이라는 뜻이다. 남자가 여자를 돕고 여자가 남자를 도와서 서로 완성된 인격체를 만든다는 의미이다. 그러므로 결혼생활의 목적은 돕는 배필이 되는 것이다. 돕는다는 것은 상대방을 있는 그대로 받아들이는 것을 전제로 한다. 단점 투성이인 그대로를 수용해야 한다. 돕는다는 것은 부족한 것을 채워주는 것이지 상대방을 고치는 것이 아니다. 그래서 돕는 배필은 배우자에 대해 결코 실망하지 않는다. 부족한 점을 볼 때마다 '바로 저것을 내가 채워줘야 되는구나. 내가 할 일이 참으로 많구나'라고 기뻐하는 것이다.

에베소서 5장 28절과 29절에 보면 이렇게 말씀하고 있다.

"이와 같이 남편들도 자기 아내 사랑하기를 자기 자신과 같이 할지니 자기 아내를 사랑하는 자는 자기를 사랑하는 것이라. 누구든지 언제나 자기 육체를 미워하지 않고 오직 양육하여 보호하기를 그리스도께서 교회에게 함과 같이 하나니"

남자의 가장 큰 사명은 세상에서의 소명이 아니라 가정에서의 소명이다. 그것은 자기 아내를 양육하고 보호하는 것이다. 아내를 잘 양육하고 보호해서 참 풍성한 삶을 살게 하는 사람에게는 그 어떤 성공이나 명성보다 훨씬 더 큰 상급이 있다. 그 사람은 위대한 남자이다.[34] 하나님께서는 남자와 여자가 각각 훌륭하나 그 홀로는 완전하지 못하여 서로 돕도록 만드셨다. 그래서 서로가 돕고 보완함으로써 완전한 인격

---

34) 성공적인 결혼생활을 영위하기 위해 남자들이 가정에서 어떻게 행동해야 하는가에 대한 8가지 계명을 미국 일간 워싱턴 포스트가 소개했다. 오랜 시간 임상 연구와 웹사이트 상담을 통해 행복한 결혼 생활 조건을 연구해 온 정신의학자이자 브라운대학 교수인 스콧 홀츠먼은 최근 저서 '행복한 기혼남의 비밀'에서 이같은 지침을 제시했다. ① 능숙하게 직장생활을 하듯이 가정생활을 하라. ② 아내가 어떤 사람인지를 잘 이해하라. ③ 가능하면 집에서 시간을 많이 보내라. ④ 부부간 갈등을 예상하고 이를 다룰 줄 알아라. ⑤ 아내 말을 귀담아 듣는 법을 익혀라. ⑥ 남녀의 성적 차이에 대한 진실을 알아라. ⑦ 아내에게 자신이 누구이며 뭘 원하는지를 충분히 이해시켜라(국민일보 2006. 1. 25.)

체가 되게 하셨다. 그러나 돕는 배필로 결혼하라는 하나님의 원칙에도 불구하고 자기중심적인 인간의 본성 때문에 부부들은 이 명령을 그대로 받아들이지 못하고 요구하며 바라는 배우자로서의 삶을 살게 되는데 거의 모든 결혼생활의 불행은 상대방은 돕는 배필로서 존재하기를 바라면서 자신은 바라는 배필에 머무르는 것에서 기인한다.

돕는 배필은 남녀가 성격적, 성적, 사회적, 영적 영역에서 서로 돕고 조화를 이루어가는 것을 말하는데 그것을 하나씩 살펴보자.

첫째, 성격적으로 서로 맞추어간다. 완전한 인격과 성격을 가진 사람은 세상에 없다. 사람은 죄인이며 본성적인 악함으로 부패되어 있고 자기중심적이다. 그러므로 남자나 여자나 성격적 약점은 있기 마련이다. 따라서 성격적, 기질적, 습관적으로 사고나 감정, 행동이 다른 것은 틀린 것이 아니고 단지 다른 것이라는 것을 인정하고 있는 그대로 상대를 수용하고 받아들이면서 서로 맞춰가려는 노력이 필요하다.

둘째, 성적 연합을 위해 힘쓴다. 하나님이 계획하신 성적 연합은 각기 하나의 성만을 가진 남녀가 만나 서로 결합하는 것이다. 그렇기 때문에 부부관계에 있어서의 자기의 몸은 자기만의 것이 아니다. 남편의 몸은 아내도 주장할 수 있도록 허락된 것이고 아내의 몸은 남편이 주장할 수 있도록 허락된 것이다. 그래서 각자는 자신의 뜻대로만 자신의 몸을 주장할 수 없다. 서로의 성적 갈망과 욕구를 오직 사랑 안에서 채워주며 만족시키되 주장하는 자세가 아니라 섬기는 자세가 되어야 한다.

셋째, 사회적으로 보완해간다. 이는 경제적인 면을 포함한다. 사회적으로 보완한다는 것은 부부가 다른 주위 사람들의 의견을 참고하되 독자적으로 의사를 결정할 수 있어야 함을 말한다. 다른 사람들의 조언과 의견은 매우 중요하며 때론 받아들이기도 해야 한다. 그러나 그럼에도 불구하고 최종적인 의사결정은 부부가 합의하되 그 중에서도 남편의 우선권을 허락하는 것이다.[35] 그러나 이는 질서의 차원이지 능력의 차원이 아님을 분명히 해야 한다. 특히 부부는 의사결정에 있어서 시댁이나 친정의 의견에 지나치게 휘둘리지 않도록 가정을 보호해야 한다. 그렇지 못하면 그 가정은 사회적 단위로서의 역할을 잃게 된다.

넷째, 영적으로 서로 돌본다. 이는 목회적 돌봄으로, 우리가 자녀를 돌보는 것이 당연하듯이 배우자를 돌봐야 한다. 한 쪽이 시험에 들면 다른 한 쪽이 돕고, 한 쪽이 약해지면 다른 한 쪽이 기도로 지켜줌으로써 영적으로 보완하여 사탄의 역사를 이기도록 하셨다. 부부는 나중에 하나님의 심판대에 같이 서게 된다. 이 때 하나님께서는 세상적 성공과 업적을 묻지 않으신다. 서로가 배우자에게 영적으로 얼마나 채워 주었는가를 물으심을 기억해야 한다.

행복한 결혼생활을 위한 가장 중요한 원리는 '돕는 배필'의 마음으로 사는 것이다. 그러나 결혼한 사람의 99%는 '바라는 배필'로 결혼하는 것 같다. '바라는 배필'로 살기 때문에 부부싸움이 심각해지는 것이다. "당신은 왜 그래? 왜 이렇게 못 해줘?"라는 식이다. 그러나 성경 어디를 보아도 '바라는 배필'로 결혼하라는 얘기는 없다. '돕는 배필'을 영어로 표현하면 '필요에 꼭 맞춰져 있는 사람(suitable helper)'이라고 말할 수 있다. 이것은 나의 삶 속에서 또 다른 사람이 필요하다는 사실을 일깨워주는 하나님의 메시지이다. 남자 또는 여자 어느 한 쪽으로는 완전하지 못하기 때문에 서로 부족한 부분을 채워 주고 도와주는 상대로서 만드신 것이다. 모든 결혼생활의 불행은 배우자를 '바라는 배필'로

---

35) 만약 남편이 병리성이 있거나 그 부분에서 치명적인 약함이 있다면 부부는 합의하여 아내가 결정권을 가질 수 있다.

보는 데서 기인한다. 하나님의 원칙은 '돕는 배필'인데 그 기본 원칙부터 잘못됐기 때문에 우리의 결혼은 불행해지는 것이다.

여기서 '돕는 배필'은 일방적으로 한 쪽이 다른 한 쪽을 돕는 것이 아니다. 서로가 서로를 돕는 배필이라는 뜻이다. 남자가 여자를 돕고 여자가 남자를 도와서 서로 완성된 인격체를 만든다는 의미에서 '돕는 배필'이다. 남자의 가장 큰 사명은 세상에서의 성공보다 자기 아내를 잘 양육하고 보호함으로 풍성한 삶을 살도록 돕는 것이며 그 사명을 잘 감당할 때에는 그 어떤 성공이나 명성보다 훨씬 더 큰 상급이 있는 것이다. 그런 사람은 위대한 남자이다. 참으로 감사하게도 하나님께서는 남자와 여자가 각각 훌륭하나 그 홀로는 완전하지 못하여 서로 돕도록 만드셨다. 그래서 서로가 돕고 보완함으로써 완전한 인격체가 되게 하셨다.[36]

다음은 바라는 배필과 돕는 배필에 대하여 비교, 요약한 것이다.

---

36) 재미있는 것은 '하나님께서 여자를 만드실 때 왜 남자의 머리뼈나 다리뼈, 혹은 발뼈로 하시지 않으셨을까?'이다. 아마도 머리뼈라면 여자가 남자를 지배하라는 상징이거나 다리나 발뼈로 만드셨다면 남자가 여자를 무시하고 짓밟아도 좋다는 상징으로 해석할 수도 있기에 옆구리의 갈비뼈로 만드신 것이 아닌가 생각된다. 이는 서로 동등하게 존중하라고 하신 의미일 것이다.

[표 2] 바라는 배필과 돕는 배필의 차이

	바라는 배필의 마음	돕는 배필의 마음
배우자의 문제	불만의 요인이다.	내 존재의 이유이다.
관계의중심	나중심 : 어떻게 배우자를 이용할까? 받을 것만 생각한다.	너중심 : 어떻게 너를 도울까를 생각 하고 행동한다.
배우자의 부족	나의 원함, 필요, 욕구를 채울 수 없기 때문에 분노의 원인 이 된다.	마음 아파하고 위로, 축복 한다.
배우자의실수	실수나 연약함을 용납하기 어렵다. 그가 문제를 일으 키면 일으킬수록 내가 피해 를 보기 때문에 분노와 피해 의식이 점점 커진다.	실수나 실패는 오히려 나에 게도 책임이 있음을 느끼고 인내하며 함께 극복한다. 그 것이 바로 '돕는 배필'의 존 재 이유이기 때문이다.

3. 결혼의 네 가지 원리

여기서는 성경적 결혼의 원리를 네 가지로 다시 요약하여 살펴봄으로써 하나님이 원하시는 가정 조력자로서의 준비를 철저히 다져보도록 하자. 성경에서는 행복한 부부가 되기 위해서는 먼저 남자가 부모를 떠나(독립), 아내와 합하여(연합), 둘이 한 몸을 이루고(하나됨), 두 사람의 관계에서는 벌거벗고 살도록(친밀함) 허락하셨다(창 2:24-25).

1) 떠남의 원리

"이러므로 남자가 부모를 떠나 그의 아내와 합하여 둘이 한 몸을 이룰지로다(창 2:24)."

결혼은 신랑과 신부가 부모의 슬하를 떠남으로 이루어지는 사건이다. 성공적인 결혼은 결혼 후에 부모의 의사를 존중하되 부모의 영향에서 벗어나 독립된 한 가정을 만들 수 있는가 없는가에 크게 좌우되는 것이다. 이 독립이 잘 이루어지지 아니하면 그만큼 미숙한 부부생활을 하게 된다. 우리의 자아가 우리의 부모로부터 얼마나 독립적이 되었나 하는 것은 우리의 인격형성과 부부관계에 매우 중대한 문제이다.

떠남의 의미

"너도 시집가야지" 엄마가 딸에게 애원한다. 그러면 딸이 툭 쏘아붙인다. "엄마는 행복해? 엄마 혼자로 끝내, 제발 이제 그만해." 너무 어린 나이에 아빠의 외도로 새카맣게 멍들었던 어머니의 슬픈 가슴을 알아차린 딸에게 있어 결혼은 인생의 무덤과 같다. 그래서 결혼에 대한 이상도 꿈도 없다. 이런 자녀에게 떠남이란 있을 수 없는 일이다. 부모의 상처로부터 떠나지 못한 삶은 여전히 부모와의 관계에서 영향을 받은 악습의 포로가 될 수밖에 없다. 그러므로 떠나야 한다. 부모의 기준에서 떠나지 못하면 부모와 배우자를 비교하게 되며 비교하다 보면 결혼은 비참해지게 되는 것이다.

떠난다는 것은 부모에게 정서적으로나 경제적으로 의존하지 않고 살 수 있음을 포함한다. 그래야 독립적인 인격으로 거듭나게 된다. 이제는 모든 관심사가 배우자여야 한다. 이런 것을 '떠난다'라고 하는 것이다. 떠난다는 말은 '내버리다, 짐을 덜어준다, 풀어준다, 계획을 중단하다, 권리 · 재산을 포기하다, 친구 · 습관 따위를 버리다'라는 뜻을 품고 있다. 시편 22편 1절에서 '버리다'는 단어가 '떠나다'와 같은 의미로 쓰인다. 그러므로 떠난다는 말이 단순히 분가를 의미하고 있지 않음을 금방 알 수 있다. 떠남이란 종종 부모를 버리라는 것으로 오해될 수 있지만 성경은 전혀 그렇게 말하고 있지 않다. 오히려 둘을 똑같이 살린다. 즉 생명의 탄생은 탯줄을 끊음으로부터 시작되듯 영향의 탯줄, 과거의 탯줄, 정서적, 경제적 탯줄을 끊음으로써 새생명으로 탄생하게 됨을 의미하는 것이다. 부부관계에 있어 성경적 결혼 원리의 첫 번째 원칙이 '부모를 떠나'라는 점에 유의할 필요가 있다. 이 첫 번째 과정 없이는 결혼의 다음 단계로 결코 온전하게 넘어갈 수 없으며, 아무리 거창한 결혼식을 행하고 백 번 천 번의 결혼 맹세를 한다 하여도 곧 파탄에 이르게 되고, 설사 결혼이라는 형태는 유지하고 있더라도 진정한 기쁨이 없는 무의미한 결혼생활이 되는 것이다.

자녀 입장에서의 떠남

새로운 가정을 이루기 위해 필연적으로 일어나는 부모로부터의 떠남은 때때로 단순히 시간적· 공간적인 일차원적 개념으로 이해하기 쉽다. 자녀 스스로가 떠남에 대한 정확한 이해가 부족하면 부모로부터의 지리적· 심리적 탈출을 떠남과 구별하지 못하기도 하고, 부모에게 효도하는 것과 집착하는 것을 혼동하기도 한다. 그렇기 때문에 바로 옆집에 살더라도 부모로부터의 온전한 떠남이 이루어 질 수 있는 반면에 수 천리 밖으로 이사를 가도 부모로부터 제대로 떠나지 못하는 경우가 있다. 심지어는 부모의 사망 후에도 부모로부터 떠나지 못하기도 한다. 그렇다면 자녀입장에서 부모를 떠나야 한다는 것은 무엇인가? 그것은 부모의 생각, 견해, 행동보다는 배우자의 의견을 더 중요시하며, 무조건적으로 부모에게 의존하는 것을 버려야 함을 말한다. 이는 부모와의 관계에 대해 새로운 시각을 가져야 한다는 것을 의미하는 것으로 부모의 사랑과 충고, 도움과 동의를 무시하거나 거부하라는 것이 아니다. 오히려 '부모의 입장에서 자신의 배우자를 보는 시각'을 버리고 '배우자의 입장에서 자신의 부모를 보는 시각'으로 바뀌어야함을 말한다. 이를 위해서는 부모의 가슴에 배신과 거절이라는 상처를 주는 것이 아니라 배우자와 함께 부모를 사랑하고 받들며 정성으로 효도하기 위해 인격적으로 분리하는 성숙이란 지혜로운 과정이 필요한 것이다. 자녀가 부모로부터 떠나기 위해서는 떠남에 대한 정확한 이해와 결심뿐 아니라 끊임없이 성경의 원리에 의해 성찰하며 연민을 부인하는 노력이 필요하다.

부모 입장에서의 떠남

부모 입장에서 자녀를 떠나보내는 것은 자녀에게 부모에 대한 짐을 덜게 하는 것이며 나아가 자녀에 대한 인격적 존중이 된다. 자녀의 세계를 인정하는 마음으로 간섭하지 말고 통제하지 말아야 한다. 그리고 떠나보내기 위해 용서해야 한다. 그때 우리는 결혼의 모든 역기능으로부터 자유로울 수 있다. 이 분리의 원칙이야말로 치료와 회복, 그리고 새로운 출발을 가져오는 것이다.

자녀의 결혼이 파경으로 이르는 것을 원하는 부모는 아무도 없을 것이다. 그러나 이혼을 하는 부부들 중에 부모의 지나친 간섭이 그 원인인 경우가 적지 않음을 볼 수 있다. 이는 기존 한국의 정신적 기둥 역할을 했던 유교 전통의 가족주의와 자녀를 소유의 개념으로 보는 부모의 병리적인 과잉보호 내지 방치가 결합하여 만들어낸 결과이다. 자녀를 위한다는 명목 아래 자녀의 결혼생활에 무분별하게 간섭하는 것은, 자녀 스스로 결혼생활을 영위해 나가는 법을 배워야하는 기회를 자녀들로부터 박탈하는 것이다. 이것은 자녀가 결혼생활에서 위기관리능력과 문제해결능력을 갖지 못하도록 만드는 것이며 결국 파경에 이르게 하는 한 원인이 될 수 있다. 이러한 비극으로부터 자녀를 보호하기 위해서는 부모로서의 진정한 떠나보냄이 있어야 한다. 자녀가 아무리 부모로부터 독립하고 싶어 해도 부모가 심리적인 끈을 놓아주지 않으면 자녀는 떠날 수가 없다. 부모의 입장에서 자녀를 보낼 때 분리의 고통, 즉 빈 둥지의 허무를 느껴 가슴 깊은 곳에 상실의 아픔이 있다. 그럼에도 불구하고 부모가 사랑으로 견디어 내는 것이 자녀를 믿어주는 것이며 사랑하는 것이다. 이때 자녀는 부모로부터 떠나 새로운 가정을 시작할 수 있을 것이다. 이렇게 떠남이란 어느 한 쪽만의 결심과 행위로 이루어지는 것이 아니라 부모와 자녀의 상호작용으로 이루어져야 한다.

떠남의 세 영역

진정한 부모로부터의 떠남은 다음의 세 영역에서 모두 이루어져야 한다.[37] 첫째, 정서적 떠남이다. 정서적 떠남이란 부모와의 감정 동화로부터 벗어나는 것을 말한다. 부모와의 감정 동화로부터 헤어 나오지 못하는 것은 아직 젖떼기가 이루어지지 않은 것과 같다. 특별히 부모로부터의 상처나 아픔이 있을 때 이것이 치료되고 회복되어야 부모와 인격적인 관계가 형성되고 비로소 새로운 눈으로 자신과 타인을 보게 되는 것이다.

둘째, 관계적 떠남이다. 이것은 부모의 시각으로 배우자를 바라보지

---

37) 나는 지금까지 결혼 주례 때 당사자에게만 서약을 하도록 해 왔다. 그런데 이제는 결혼예비학교 때 결혼 당사자인 신랑, 신부만 교육시키는 것이 아니라 양가 부모를 초청해서 이 교육을 시킬 뿐 아니라 결혼식을 할 때 신랑, 신부의 서약 전에 양가 부모님을 일어서게 해서 이렇게 물어야 한다고 생각한다. "신랑의 부모님께서는 앞으로 사랑하는 아들이 결혼한 후에 아들과 며느리 사이에 서지 않기로 약속하시겠습니까?" "신부의 부모님께서는 사랑하는 딸이 이제 한 남자에게 시집을 가서 한 가정을 이루게 될 텐데 그 딸을 진정으로 부모의 슬하에서 떠나보내시며 당신의 딸과 사위 사이에 서지 않기로 약속하시겠습니까?"

않는 것을 말한다. 이것은 부모의 관점에서 배우자를 보고 판단하는 것으로 부모가 배우자의 특정 행동을 싫어하는 경우 부모의 시각이 자신의 시각이 되어 배우자의 행동을 수정하도록 요구하게 된다. 이러한 요구를 받은 상대방은 당연히 받아들이기 어려울 것이고 그로 인해 해결되지 않을 문제와 갈등이 일어날 수 있다.

셋째, 경제적 떠남이다. 경제적 떠남 없이는 완전한 독립이 결코 일어날 수 없다. 경제적 도움에는 일종의 힘이 내재하고 있다. 아무리 감정적, 관계적으로 독립되어 있다 할지라도 부모로부터 경제적 도움을 받는 상황에서 부모의 의견을 거부하는 일이란 쉽지 않다. 그렇기 때문에 일시적 도움은 받을 수 있지만 한 가정을 온전히 이루기 위해서는 경제적 능력을 꼭 갖추어야 한다.

부모를 떠난다는 것이 과연 가능한 일일까? 우리나라의 경우 부모와 자녀의 밀착관계가 절대 떨어지지 않는다. 자녀에 대한 부모의 기대는 엄청나다. 그래서 부모들은 자녀교육에 엄청난 돈과 시간과 에너지를 쏟아 붓는다. 자녀가 남보다 뒤처지지 않도록 필사적인 노력을 하는 것이다. 이것은 한국인에게 가장 중요한 것이 무엇인지 알게 해준다. 그러나 이런 집착을 버려야만 우리 자녀가 인격적으로 살아갈 수 있게 되는데, 이것이 우리나라의 문화에서는 불가능한 현실처럼 느껴진다. 그래도 낙숫물이 바위를 뚫으리라는 믿음을 가지고 끊임없이 노력해야 할 것이다.

2) 연합의 원리

"이러므로 남자가 부모를 떠나 그의 아내와 합하여 둘이 한 몸을 이룰지로다(창 2:24)"

결혼에 대한 하나님의 두 번째 명령이 '그의 아내와 합하여'이다. 이것은 부모로부터의 떠남이 있은 뒤 부부간의 직접적인 관계를 성립시키기 위해 일어나는 첫 번째 과정이다.

여기서의 '합하여'란 '아교로 붙이다(cleave)'라는 뜻으로 감정이나 동물적 본능 이상의 의지적 서약을 말한다. 이에 대한 예를 보완하기 위해 '시너지(synergy)'라는 말을 살펴보자. 이 단어는 인간관계보다는 화학적 반응의 상황에서 더 많이 쓰인다. 시너지는 요소들이 결합되어 부분의 합보다 더 큰 총체적 효과를 생산해 낼 때 그 요소들의 상호 작용을 정의하는 단어이다. 하나님이 당신의 자녀들을 위해 고안하신 진정한 사랑은 두 사람의 마음과 영혼을 묶어 시너지적 에너지로 그 둘을 융합시켜 두 부분의 합보다 더 큰 연합체를 만들어 내도록 하는 사랑이다. 사람의 영혼을 하나로 융합시켜 주는 것이 바로 이 연합이다(Beverly & Tom Rogers, 2004, 32). 이러한 연합은 약속으로 나타난다.

하지만 우리의 약속은 단순한 너와 나의 계약이 아닌 언약을 의미한다. 계약이란 너와 나의 관계에서 그 조건이 더 이상 충족되지 않을 때 자동적으로 파기될 수 있다. 그러나 결혼은 조건에 따라 파기될 수 있는 그런 계약이 아닌 어떤 경우에도 취소할 수 없는 하나님의 언약이다. 즉, 결혼은 나와 너의 수평적인 언약이 아니라 하나님과의 절대적 언약이다. 이 언약은 하나님과 아브라함과의 관계에서 분명하게 표현되었다(창 15:9~11, 17~18).[38] 예수님이 오시기 전에는 두 사람이 계약을 맺을 때 살아 있는 동물을 머리에서 꼬리까지 반으로 갈라 피를 흘리게 했고, 이로써 계약 체결자들의 개인적 권리가 죽었음을 상징했다. 그

---

38) 연합의 원리는 '죽음이 우리를 갈라놓을 때까지', '끝까지'라는 뜻을 담고 있기에 영속성이 있는 것이다. 결혼이라는 것은 하나님에 의해 언약(맹약)으로 창조된 제도(말 2:14, 잠 2:16~17)이다. 여기서 언약이라는 것은 '자르다, 가르다'라는 의미를 지닌 히브리어 베리트(ברית Beriyth)에서 유래된 것으로 짐승을 반으로 갈라 마주 놓은 고기 사이를 계약 당사자가 지나감으로써 맺어지는 것으로 이 계약을 파기하면 갈라놓은 짐승과 같이 죽는다는 것을 각오하고 이 계약에 임해야 한다.

다음에 계약 체결자들은 동물의 갈라진 틈 사이로 지나가면서 그들의 연합을 상징화 한다(렘 34:18~20). 하나님이 아브라함과 계약을 맺을 때에 하나님과 아브라함은 동등하지 않기 때문에 하나님만이 갈라진 동물 사이로 걸어가셨고 아브라함은 지켜보았다.

전통적인 결혼예식에서는 일반적으로 남편의 가족과 아내의 가족이 교회에서 맞은편에 앉는다. 남편과 아내는 서약을 한 후에 양쪽 가족 사이로 걷는다. 이것은 하나님이 영원히 우리를 사랑하시고 구원하신다는 하나님의 계약행위로서 제사예식을 상징하는 것이다. 즉 동물의 각을 떠서 희생제물로 드리는 것이다. 이것은 계약 당사자들이 계약을 파기할 시에 서로에게 이런 죽음을 선고하는 행위이다. 이제 신랑, 신부는 서로에게 충성하고 헌신하는 희생제물로서 드려진 것이다. 그래서 부부는 개인적인 권리를 포기하고 배우자의 행복을 자신의 요구보다 더 중요하게 여기는 것에 동의한다. 각자는 자신을 죽은 자로 선포하고, 그들이 영원히 공유하기로 서약한 사람을 위해서 산다. 그래서 결혼계약은 하나님 앞에서 하는 언약이며 어떤 일이 일어나든지 서로에게 충성하겠다는 공적인 약속인 것이다.

이런 점에서 결혼은 그리스도인이 되는 것과 비슷하다. 어떤 사람이 그리스도인이 될 때 그는 과거의 생활 방식, 즉 자기가 옳다는 독선과 자기 스스로를 구원하려는 노력으로부터 돌이켜서 죄인들을 대신해서 죽으신 그리스도께로 향하게 된다. 이것이 그리스도와의 연합이다. 이렇게 함으로써 그는 그리스도께 자신을 위탁한다. 구원을 얻는 믿음의 본질적인 요소는 그리스도께 자신을 인격적으로 위탁하는 것이다. 즉 자기가 어떻게 느끼거나 어떤 문제들이 일어나거나 상관하지 않고 그리스도를 충성스럽게, 전적으로 신뢰하며 섬기겠다고 약속하는 것이다. 이와 마찬가지로, 하나님이 의도하신 연합의 원칙은 서로 간의 전적인, 취소할 수 없는 위탁의 의미를 내포하고 있다. 하나님께서 의도하신 결혼은 기쁠 때나 슬플 때나, 건강할 때나 병들 때나, 부할 때나 가난할 때나, 의견이 같을 때나 다를 때나 서로 굳게 연합되어 있는 것을 의미한다. 결혼생활의 어려움에 봉착했을 때 부부가 문제를 직면하면서 서로 의논하며 하나님의 도우심을 구할 뿐 아니라 문제로부터 도망치지 않고 해결하는 것이 올바른 연합의 모습이다.[39] 이와 같이 결혼이란 남편과 아내가 서로에게 어떤 문제들이 생긴다 할지라도 완전히 서로에게 책임을 다할 것과 서로에게 헌신할 것을 요구하는 관계이다.[40]

3) 하나됨의 원리

"이러므로 남자가 부모를 떠나 그의 아내와 합하여 둘이 한 몸을 이룰지로다(창 2:24)"

하나됨의 의미

이 성경구절의 마지막 명령이 '둘이 한 몸을 이룰지로다'이다. 이 말씀은 부부의 하나됨이 한 순간에 이루어지는 것이 아니라 계속되는 과

---

39) 아내는 남편이 뚱뚱해지고 대머리가 되고 발가락에 무좀이 피고 도수 높은 안경을 쓴다 할지라도, 또한 남편이 건강을 잃고 재산을 잃고 직업을 잃고 매력을 잃게 된다 할지라도, 그리고 더 매력적인 남성이 나타난다 할지라도 남편에게만 충성할 것을 맹세해야 한다. 남편은 아내가 아름다움과 매력을 잃게 된다 할지라도, 또한 기대했던 것만큼 깔끔하거나 단정하거나 순종적이지 않을지라도, 또한 아내가 성적인 욕망을 충족시켜 주지 못하며 돈을 낭비하거나 음식을 잘하지 못한다 할지라도 아내에게만 충성할 것을 맹세해야 한다.

40) 말라기 2장 14절의 "너희는 이르기를 어찌 됨이니이까 하는도다 이는 너와 네가 어려서 맞이한 아내 사이에 여호와께서 증인이 되시기 때문이라 그는 네 짝이요 너와 서약한 아내로되 네가 그에게 거짓을 행하였도다"와 잠언 2장 17절의 "그는 젊은 시절의 짝을 버리며 그의 하나님의 언약을 잊어버린 자라"는 말씀에 의하면 결혼은 취소할 수 없는 언약이다. 그러므로 두 사람이 결혼할 때는 어떤 일이 일어나든지 서로에게 충성하겠다고 약속하는 것이다.

정임을 의미하는 것이다. 한 편이 무엇을 하건 간에 다른 한 편에게 희생을 강요해서는 안 되며, 각자는 상대방의 필요를 자신의 필요처럼 관심을 가지고 충족시켜 주어야 한다. 이는 남편과 아내가 더 이상 두 개의 개체가 아니라 한 몸이기 때문이다.

하나됨은 영적이며 정신적인 것이고 정서적이며 마침내 육체적으로 그 절정을 이루게 된다. 한 몸의 마지막 절정의 표현은 성적인 만남이다. 이 성적인 만남은 하나님께서 부부들에게만 주신 놀라운 축복이다. 그런데 많은 사람이 이 만남을 단순히 육체적인 관계로만 이해하는 경향이 있다. 그러나 두 사람 사이에 영적이고 정신적으로 마음이 하나 된 정도만큼만 육체적인 한 몸이 가능한 것이다. 부부의 하나됨은 전 존재와 전 인격의 하나됨이기 때문이다. 정신적이며 인격적인 연합이 없이 단순히 육체적 결합만 이루어졌다면 그 연합은 진정한 하나됨을 추구하기 어렵다. 커뮤니케이션의 가장 높은 수준이 영적인 대화인데 이 영적인 대화에 버금가는 것이 성적인 대화이다. 이 과정을 위해서 부부는 먼저 영적으로 만나야 한다. 그리고 정서적인 만남이 있어야 하며, 더 나아가서 인격적인 만남이 있어야 한다. 이 만남을 위해서 부부는 부단히 연습해야 하며 훈련해야 한다. 모든 좋은 것은 하루아침에 금방 주어지는 것이 아니기 때문에 창조적인 만남을 위해서 계속 함께 노력해야 한다.

한 몸을 이룬다는 것은 결혼 행위 이상의 것을 의미한다. 하나됨의 원칙은 완전히 하나가 되는 것과 상대방에게 자기를 전적으로 주는 것을 의미한다. 하나님의 의도는 두 사람이 결혼하면 그들의 육체, 소유물, 생각, 재능, 문제, 성공, 고통, 실패와 그 밖의 모든 것들을 서로 나누게 하는 것이다. 그리고 영적, 정신적, 정서적 및 육체적인 만남으로 진정한 하나됨을 경험하게 하는 것이다.

하나 되기 위한 아내의 자세 - 자발적 순종

"아내들이여 자기 남편에게 복종하기를 주께 하듯 하라 이는 남편이 아내
의 머리됨이 그리스도께서 교회의 머리됨과 같음이니 그가 바로 몸의 구주
시니라(엡 5:22~23)"

부부가 서로 하나 되기 위해서, 성경은 아내에게 먼저 남편에게 복
종하라고 말한다. 이 말씀을 현대적 감각으로 생각해 보면 반발심과 분
노가 일어날 수 있다. 특히 한국의 남성들은 오랫동안 가부장제의 권위
주의에 젖어 살아온 배경이 있어서 권위주의를 가지고 여자를 인간 이
하로 대하며 무시하는 것을 당연하게 여기는 태도가 있었다.[41] 이러한
악에 대해 이제는 달라져야 한다는 요구가 크다. 당연히 그래야 한다.
이제는 여성의 인권에 대해서도 남성과 동일한 존중이 강조되는 시대
에 살고 있다. 그런데도 아내들에게 일방적으로 순종하라는 명령은 현
대에 뒤떨어진 말씀으로 생각되어, 그 당시에는 적용할 수 있는 말씀이
지만 지금 시대에는 맞지 않는 말씀으로 생각이 들 수 있다.

그러나 여기서 우리는 다시 생각해보아야 한다. 아내들이 남편에게
복종할 때의 기준은 이 세상의 문화나 가치관에 따라 요구한 것이 아
니다. 이러한 기준은 '그리스도께서 자신의 몸을 온전히 희생하여 성
도들의 무리인 교회의 머리가 되신 것처럼'에 근거하고 있다. 즉 아내
가 남편에게 복종하라고 말씀하신 배경에는 교회의 머리가 예수님이
시며, 예수님께서 성도 한 사람 한 사람의 마음속에 계셔서 이끄시듯

---

41) 권위주의에 대해 사회심리학자들은 새디즘과 매조키즘의 메카니즘으로 설명
하고 있다. 새디즘이란 배우자를 학대함으로써 쾌감을 얻는 병적 증세를 말한다.
그리고 매조키즘이란 배우자로부터 학대받음으로써 안정을 얻고 또 만족감도 얻
는 증세를 말한다. 즉 배우자가 절절매는 것을 보고 기분이 좋아지며 그의 약점을
호되게 꾸짖음으로써 쾌감을 맛본다. 이때 잘못한 일이 있는 배우자는 상대방에게
매달리고 시키는 대로 해야 일신상의 안전이 보장되고 탈이 없다고 생각한다. 강
한 의존심이 강한 복종심을 낳는다(고영복, 2001, 71).

이, 남편이 가정의 머리가 되어 가정을 잘 이끌고 세울 수 있도록 아내는 남편에게 복종하라는 말씀이다.

예수님께서 자신의 모든 것을 다 희생하셔서 우리의 주님이 되시고 머리가 되신 것에 대해 이의를 제기할 성도는 없을 것이다. 마찬가지로 남편이 자신의 모든 것을 다 희생하여 아내를 사랑하고 가정을 지키는 사람이라면 아내는 믿고 복종하는데 불만이나 어려움이 없을 것이다. 남편이 가정의 머리로서 제 역할을 다 한다면, 복종하는 것이 무엇이 문제가 되겠는가? 가정이 온전히 세워지기 위해서는 누군가 한 사람이 리더십을 가져야 하는데, 그 사람이 남편이 되도록 하여 가정의 하나됨을 이루어나가라고 하면, 어렵지만 순종하려는 노력을 할 수 있을 것이다. 그런데 온전한 남성이 없으니 순종하는 것이 어려운 것이다. 하지만 온전한 여성도 없다. 그러므로 인간은 누구나 다 연약함이 있음을 인정하고, 성경의 명령대로 먼저 순종하는 아내에게 하나님이 크신 축복으로 함께 해 주실 것이라는 믿음으로 이 말씀을 받아들여야 할 것이다.

그러나 이때 조심해야 할 것이 있다. 그것은 남편이 아내에게 순종을 요구하는 권위주의적 태도를 가지면 안된다는 것이다. 어느 누구도, 부부지간이라 할지라도 자신이 원하는 대로 따르라고 명령할 권리는 없다. 이러한 권리는 창조주이자 절대자이신 하나님만이 요구할 수 있는 것이며, 남편은 아내에게 순종의 의무를 다하라고 강요할 수 없다. 아내가 순종하는 것은 남편의 요구 때문이 아니라 행복한 가정을 위한 하나님의 명령 때문이다.

남편이 시원찮아서 순종할 수 없다고 말하는 아내들이 있다. 그러나 하나님은 '이와 같이'의 순종을 요구하신다(벧전 3:1).[42] '이와 같이'는 무엇을 가리키는가? 베드로전서 2장 18절에 사환들이 주인들에게 순복하되, 선하고 관용하는 자들에게만 아니라 또 까다로운 자들에게도 그리하는 것처럼, 아내는 잘해 주는 남편에게 뿐만 아니라 악하게 대하는 남편에게도 순종하라는 맥락이다.[43] 따라서 순종하기 어려운 경우라도 주님의 말씀에 순종하는 마음으로 순종하라는 것이 하나님의 마음이다.

아내가 남편에게 순종해야 하는 첫 번째 이유는 하나님께서 아내에게 모성성의 능력을 주셔서 남편을 잘 섬기도록 하셨기 때문이다. 모성성은 말 그대로 자녀를 품어주는 능력인데, 이 능력을 남편에게도 적용하여 품어줄 수 있다. 또한 하나님은 여성에게 남성에 비해 정서적으로 품어줄 수 있는 관계 능력을 함께 주셨다. 그래서 여성들은 남성에 비해 속이 깊고 까다로운 사람도 품을 수 있는 능력이 내재되어 있다. 여성들은 이러한 능력이 자신에게 있음을 알고 이 능력을 적극적으로 활용해야 한다.

두 번째 이유는 남편과 아내는 한 몸이므로 남편이 행복하면 아내도 행복하게 되어 있으며, 남편을 미워하고 공격하면 자신에게 부정적인 결과로 되돌아오게 되어 있다. 결국 남편이 행복하면 그 행복은 아내에게로 돌아오게 마련이다. 그러므로 아내는 기쁘게 순종함으로 자신에게도 행복할 수 있음을 인식할 필요가 있다.

---

42) 아내들아 이와 같이 자기 남편에게 순종하라 이는 혹 말씀을 순종하지 않는 자라도 말로 말미암지 않고 그 아내의 행실로 말미암아 구원을 받게 하려 함이니
43) 사환들아 범사에 두려워함으로 주인들에게 순종하되 선하고 관용하는 자들에게만 아니라 또한 까다로운 자들에게도 그리하라

마지막으로 부부가 행복하게 살아가는 모습을 보여줄 때 자녀들이 정서적으로 안정감을 가지고 살아갈 수 있다. 자녀는 부모님이 관계가 좋을 때 행복감과 안정감을 느낀다. 그래서 부모가 자녀에게 줄 수 있는 가장 큰 선물은 부부관계가 좋은 모습을 보여주는 것이다. 이때 자녀는 정서적 안정감을 느끼기 때문에 심리적인 평안함 가운데 자신의 능력을 계발할 수 있게 된다. 자녀들은 그 속에서 따뜻함을 느끼며 정서적으로 잘 자라게 된다.

하나 되기 위한 남편의 자세 - 목숨 바쳐 사랑

"남편들아 아내 사랑하기를 그리스도께서 교회를 사랑하시고 그 교회를 위하여 자신을 주심 같이 하라(엡 5:25)."

성경은 아내들에게는 순종할 것을 요구하셨고 남편들에게는 아내 사랑하기를 목숨을 바칠 만큼 사랑하라고 명령하셨다. 아내를 사랑하는 것에 대한 성경의 기준은, 여성이 남편에게 복종하는 것 보다 더 높은 수준을 요구하고 있다. 그것은 "그리스도께서 교회를 사랑하시고 그 교회를 위하여 자신을 주심 같이 하라(엡 5:25)"에 근거한다. 즉 남편은 아내를 사랑할 때 자신을 죽여서라도, 자신의 목숨을 다 바쳐 사랑해야 한다. 이때 성경은 아내의 자질이나 아내의 기준은 제시하지 않는다. 예수님께서 자신을 배반한 원수라도 사랑하시고 목숨을 버리신 것처럼 남편은 아내가 자신의 기준에 못 미치고, 사랑스럽지 않다 하더라도 목숨 바쳐 사랑해야 한다.

여성들이 자칫 잘못 생각하면, 나만 왜 복종해야 하느냐고 항변할 수 있지만, 남성들에게는 자신의 목숨을 바치는 수준을 요구하고 있기 때문에 억울해하지 않아도 된다. 성경은 부부에게 서로 다른 것을 요구하고 있으며, 어느 한 편에게 불리한 요구를 하고 있지 않음을 마음 깊이 새길 필요가 있다.

사랑이 무엇인지에 대해서는 고린도전서 13장 4~7절의 말씀을 기준으로 삼아야 한다.

"사랑은 오래 참고 사랑은 온유하며 시기하지 아니하며 사랑은 자랑하지 아니하며 교만하지 아니하며 무례히 행하지 아니하며 자기의 유익을 구하지 아니하며 성내지 아니하며 악한 것을 생각하지 아니하며 불의를 기뻐하지 아니하며 진리와 함께 기뻐하고 모든 것을 참으며 모든 것을 믿으며 모든 것을 바라며 모든 것을 견디느니라(고전 13:4~7)."

남편들은 아내에게 다음과 같이 대해주어야 한다.

첫째, 오래 참는다. 대다수의 남성들은 아내에게 쉽게 화를 낼 때가 많다. 그러나 가장 잘 참아 주어야 할 대상이 바로 아내이다. 둘째, 온유하게 대한다. 이것은 아내에게 친절히 대하라는 것이다. 인격적인 남편을 둔 아내는 행복을 창조하고 아름다움과 부드러움으로 반응하지만, 반대로 남편이 독재적인 경우, 겉으로는 자신을 죽여 순종하는 척하지만 속으로는 남편과 자신을 죽이는 파괴의 길을 걷는 경우가 종종 있다. 셋째, 투기하지 않는다. 투기는 상대방이 잘 되는 것을 시기하는 것이다. 대개 남자들은 여자가 자기보다 조금 모자라기를 바라며, 자기보다 똑똑하면 열등의식을 느끼는 경향이 있다. 그러나 아내를 세워주고 발전할 수 있도록 도와주는 것이 올바른 남편의 모습이다. 마지막으로 무례히 행치 않는다. 이것을 다른 말로 표현하면 귀하게 여기는 것이다. 예를 들어, 남편이 아내에게 존댓말을 하는 것은 아내를 귀하게 여기겠다는 남편의 의지와 사랑의 표시라고 할 수 있다.

남편이나 아내가 자기 권리만을 주장하고 자기의 의무를 지키지 않으면 가정은 불화할 수밖에 없다. 그 속에서 자라난 자녀들은 건강하게 자라나기가 힘들다. 그러므로 모성성이 있는 여성은 남성을 품어주고 자발적으로 순종하고, 남성은 신체적, 정신적으로 연약한 여성을 위해 사랑으로 감싸주는 노력을 해야 한다. 특별히 정서적 불안을 몰고 오는 생리증후군, 때로는 심각한 우울증을 가져오는 출산, 정서적 혼란을 가지고 오는 폐경기 등 급격한 신체적 변화가 있을 때는 심리적으로 어려움을 느끼기 때문에 이러한 경우에 남편은 그 어려움을 충분히 이해하고 감싸주어야 한다.

4) 친밀함의 원리

"아담과 그의 아내 두 사람이 벌거벗었으나 부끄러워하지 아니하니라(창 2:25)."

사람과의 관계에 있어서는 상대방에 대한 배려와 사랑의 마음뿐만 아니라 원만히 지낼 수 있는 능력도 필요하다. 마찬가지로 진정한 하나됨의 완성을 위해서도 순종이나 사랑과 같은 의무 외에 상대방과 친밀하게 지낼 수 있는 능력이 필요하다. 그러나 이러한 친밀함의 능력은 태어날 때부터 주어지는 것이 아니다. 여기에서는 친밀함의 의미와 결핍 원인 및 그 치료책을 알아보고자 한다.

친밀함이란 상대와 더할 나위 없이 가까운 정도를 말한다. 즉 삶의 많은 영역에서 배우자와 정서적 밀접함을 의미한다. 그리고 더 나아가 단짝, 동반자, 제일 친한 친구, 연인이 되는 것이다. 즉 '2개의 심장이 하나로 뛰는'것이다. 부부의 친밀함이란 배우자와의 정서적, 사회적, 지적, 신체적 연합을 통해 자신의 본질을 발견하는 것이다(Nick Stinnett, Donnie Hilliard, and Nancy Stinnett, 2002, 18). 부부의 결합은 너무나 친근한 것이기 때문에, 성경은 이를 한 육체가 된다고 말한다(창 2;24). 이것은 한 사람의 필요는 배우자의 필요와 분리됨이 없이 연결되어 있다는 것을 의미한다. 한 쪽을 상처 주고 손상시키는 것은 다른 쪽에도 영향을 미친다. 한 쪽을 양육하는 것은 다른 쪽을 양육하는 것이다. 두 배우자는 마음과 머리가 하라는 대로 결혼의 범위 안에서 다른 기능을 수행할지 모르나, 모두 똑같은 몸, 똑같은 육체의 부분이다(Washington, 2001, 40-41). 이 영적 결속은 너무나 강해서 믿는 배우자로 인해 안 믿는 배우자가 주께 봉헌될 수 있다고 바울은 주장한다(고전 6:16~17).[44]

친밀함을 형성하는 요소들로는 다음과 같은 것들이 있다.

첫째, 신뢰이다. 배우자를 사랑하기 때문에 그 사람을 믿어주고 내 마음을 열고 삶을 맡기는 것이다.[45]

둘째, 인정 또는 무조건적인 긍정으로 대우하는 것이다. 사람은 누구나 자신의 행위와는 상관없이 타인에게 사랑받고 싶은 욕망이 있다. 그것은 인간의 가장 기본적인 욕구 중 하나이다. 신체적 매력을 잃어도, 나이가 들고 정치적, 경제적, 직업적 위세나 힘을 잃었어도, 그리고 나의 행위가 배우자의 기대에 잘 부합되기 때문이 아니라 있는 모습 그대로 자신이 사랑받고 존중받는다는 것을 느낄 때 우리는 부부관계에 더 안전감을 느낄 것이다.

셋째, 심리적 편안함이다. 부부가 행복하려면 관계에서 편안해야한다. 그러나 안타깝게도 심리적으로 불편한 상대방과 연애하고 결혼하는 사람들이 많이 있다. 그들은 관계에 위협을 느끼거나 불안함을 느

---

44) 창녀와 합하는 자는 그와 한 몸인 줄을 알지 못하느냐 일렀으되 둘이 한 육체가 된다 하셨나니 주와 합하는 자는 한 영이니라
45) 더 깊은 신뢰가 생기려면 상대방의 비밀을 존중해주고 나를 대하는 상대방의 태도와 행동이 내 편이며, 정서적으로 나를 지지하며, 착취나 조종하려는 행동이 없을 때, 상대방의 행동이 정직하고 거짓이 없으며 꾸준히 성실할 때, 상대방이 나를 거부하지 않고 수용의 자세를 보일 때 신뢰를 갖게 된다.

끈다. 자기 모습을 그대로 내보이면 상대방에게 버림받을까 두려워할 수도 있다. 그래서 그들은 진실함 대신 가식으로 연극을 계속하게 되고 그 과정에서 참된 친밀함은 자취를 감춘다.[46]

넷째, 헌신이다. 헌신이란 상대방을 사랑하겠다는 의식적 결단을 가지고 상대방 행동이 사랑스럽지 않을 때도 그 사람을 계속 사랑하는 것이다. 이는 상대방 곁에 있어 주는 것이고, 상대방에게 기쁨과 행복을 더해 주고자 최선을 다하는 것이며 조건 없이 서로를 아껴주는 것이다.

4. 성경적 결혼의 특징

대부분의 현대인들은 부부관계의 모델을 자신들의 문화적 관습과 전통적인 규범에서 찾고 있으며 또한 세속적이고 인본주의적인 모습을 무비판적으로 받아들이고 있다. 아래는 잭 볼스윅과 주디 볼스윅이 제시한 전통적 결혼과 현대적 결혼, 그리고 성경적 결혼의 특징들을 비교한 것이다(1995).

---

46) 심리적 편안함을 제공하는 몇 가지 특성은 다음과 같다. 매사를 배우자의 입자에서 본다(공감). 극도의 경계심을 버리고 자연스럽게 대한다. 도우려는 태도를 갖는다. 판단과 비판을 삼간다. 존중과 배려를 표현한다. 배우자에게 진심으로 관심을 갖는다. 솔직하고 진실하게 대한다(가면쓰지 않는 것). 신경전이나 상대방을 조종하려는 태도를 버린다. 믿을 수 있도록 신뢰감을 준다(N. Stinnett, J. Walters, and N. Stinnett, 2002).

[표 3] 결혼의 3가지 형태와 특징

	전통적 결혼	현대적 결혼	성경적 결혼
언약	제도에 의한 서약	자기중심적 계약	하나님 앞에서의 언약
적응성	율법	무질서(혼돈)	은혜
권위	남성중심적 권위주의	자기만족이 중심이 되는 이기주의	상호의존적 관계
대화유형	친밀감 표현 없음 (일방적)	거짓 친밀감 (자기중심적)	친밀감 (상호합의)

전통적, 현대적, 성경적 결혼의 3가지를 보면 부부관계의 모델에서 네 가지 주제가 잘 소개되고 있다. 그것은 언약(서약), 적응성(은혜), 권위 (힘의 부여), 그리고 친밀감 있는 대화이다. 이 네 가지 주제의 각각의 특징을 분석하면서 성경적 결혼의 특징을 살펴보자.

첫째, 언약의 측면을 살펴보면 전통적 조직사회에서는 제도로서의 부부관계에 대한 고유한 서약 때문에 이혼이란 거의 찾아볼 수 없었다. 부부관계 제도를 파괴한다는 것은 도덕적인 잘못이라는 기존의 강한 믿음 때문이었다. 이와는 반대로 현대의 개방적인 부부관계에서는 자기만족에 따라 서약의 계속성이 결정된다. 그리하여 사람들은 개인의 행복을 위해서 서약이란 개념 자체를 버리고 말았다. 그러나 결혼에 대한 서약은 제도에 대한 서약뿐만 아니라 관계에 대한 서약이므로 매우 중요하다.

둘째, 적응성의 측면이다. 전통적인 부부관계에서는 남녀의 역할이 분리되었다. 남편은 일반적으로 밖에서 일하는 역할로, 아내는 집안일과 아이들을 돌보는 역할로 고정되었다. 이와는 반대로 개방적인 부부

관계에 있어서는 부부관계의 역할 분리를 반대하고 또한 분화되어서도 안 된다고 주장한다. 다양한 과제들이 사회적 변화 체계에 따라 이루어진다. 적응성에 있어서 성경적 개념은 부부관계에서 아내와 남편의 역할이 분화되는 것이다. 이것은 남편과 아내가 가정 유지를 위해 서로에게 할당된 과제들을 합의하고 서로를 신뢰하며 서로를 섬기는데 동의하는 것을 의미한다.[47]

셋째, 권위의 측면이다. 전통적 부부관계에서 권위는 절대적으로 남성이 소유하고 있다. 그리스도인들이나 비그리스도인들이 한결같이 남편은 가정의 머리여야 하며, 아내는 남편에게 복종해야 한다고 생각해왔다. 그러나 이제는 상호 복종에 강조점이 주어지는 동시에 종으로서 아내를 섬기는 남편의 역할에도 초점이 맞추어지고 있다. 그리스도께서 교회를 위하여 자신의 생명을 주신 것처럼 이제 남편은 아내를 사랑하고 섬기며 아내에게 복종하라고 명령받는다. 기독교적 부부관계에 있어서 권위는 이중적 복종, 즉 예수 그리스도의 주인 되심과 남편과 아내 간의 복종을 포함한다.

넷째, 대화의 측면이다. 전통적인 부부관계에서 남편은 머리로서 아내와 상의도 하지 않고 일방적으로 법을 만든다. 반대로 현대의 개방적 부부관계에서는 각 배우자가 내담자에게 하는 일련의 선언이나 요구가 대화의 특징으로 나타난다. 균형 잡힌 부부관계에서는 두 사람이 조심성 있고 관심 있는 태도로 스스로를 표현함으로써 대화한다. 한 사람이 이야기를 할 때 다른 사람은 들어줌으로써 서로가 상대방에게 최

47) 남편과 아내의 역할을 구분하는데 있어서 여러 가지 복합적인 요인이 작용한다. 맞벌이 부부의 증가와 재택근무, 야간근무, 여성의 사회적 진출의 증가, 시대적 상황의 변화에 의하여 남편과 아내의 역할이 변화되어 가고 있고 때로는 완전히 반대인 경우도 있다. 서로의 역할에 대해서는 부부 상호 간의 합의를 통하여 역할 분담을 해나가는 것이 필요하다(서은성, 2001, 49-54).

선의 것을 주고 싶어 한다. 서로의 차이점은 상대방의 필요와 욕구를 존중하는 방향으로 다루어진다. 그들은 상대방의 시각을 이해하고 공감을 통해 이에 반응하려고 노력한다. 여기에는 복종의 태도와 상대방과의 관계를 위해서는 자신의 필요와 욕구까지도 자제하는 모습이 있다. 두 배우자는 상호 용납, 서약, 용서, 그리고 종으로서의 섬김을 통하여 문제를 해결하려고 함께 노력한다. 성경적 부부관계의 모델은 이러한 균형 잡힌 모습을 이루어가는 것이다.

하나님이 지으신 한 남자와 한 여자가 결혼하여 새로운 가정을 이루게 되면 결혼하기 전의 가정에서의 역할과 결혼한 후의 가정에서의 역할은 확연히 달라지는 것이다. 한 가정의 아들이나 딸의 위치에서 책임 있는 남편과 아내의 위치로 바뀌게 된다. 이러한 변화와 함께 서로의 역할도 새롭게 된다. 남편의 역할, 아내의 역할이 조화를 이룰 때 행복한 가정을 이룰 수 있다.

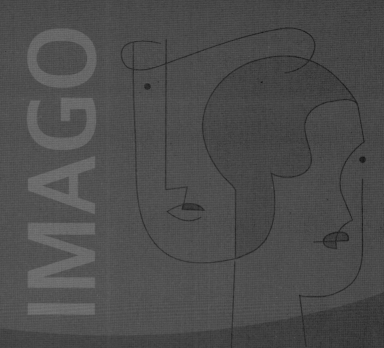

2부
이마고 치료의 한국적 적용

5장 결혼의 과정

1. 결혼의 현실

어느 부부는 모처럼 함께 텔레비전의 드라마를 보면서 깊은 감동을 받았다. 주인공 노부부가 따뜻하고 정감 있게 사랑을 나누며 사는 모습이 너무나 자연스럽고 아름답게 보였다. 자기네들이 20여 년 동안 살아온 모양과는 아주 다른 것이다. '우리도 저렇게 살 수는 없을까?' 그들은 누가 먼저랄 것도 없이 마음속에 같은 생각을 품게 되었다. 남편은 아내에게 속삭였다.

"여보, 우리 오늘 영화 보러 갈까? 외식도 하구 말이야."

말이 떨어지기가 무섭게 아내의 얼굴이 환해졌다. 이 한마디가 이토록 아내를 감격시키리라곤 예전에 미처 상상하지 못했던 그였다. 설거지를 하는 아내의 동작이 매우 가벼워 보였다. 소풍을 앞둔 초등학교 학생처럼 아내는 매우 흥분되어 있었고 설거지를 마친 아내는 행복한 미소를 지으며 남편을 바라보았다.

그런데 사건은 터지고 말았다. 아내는 영화 관람에 앞서 뭘 좀 살게 있으니 먼저 백화점에 가자고 주장한 것이다. '모처럼 기분을 내려고 맘먹고 나왔는데 그런 건 나중에 사면 안 되나?'라는 생각이 들었지만 아내의 기분을 상하게 하고 싶지 않아 그대로 동의했다. 아내는 백화점 상품에 도취되어 있었고 남편은 지루하고 심란한 마음으로 아내의 행동을 주시했다. 거의 두 시간 가까이 흘렀다. 쇼핑을 하는 두 시간이 아내에겐 30분 정도로 느껴졌지만 남편에게는 4시간 이상으로 지루하고도 힘들어 마치 감옥에 갇힌 느낌이었다. 쇼핑이 끝났을 때는 이미 저녁시간이 가까워 오고 있었다. 남편은 간신히 자신을 추스리면서 배고픈데 저녁이나 먼저 먹자며 식당에 들어갔다. 저녁식사를 마쳤을 때도 남편의 마음은 회복되지 못했다. 심리적으로 너무나 힘들게 느껴져 학대받은 기분이 들었다.

"영화는 다음 기회에 보고 그냥 집에 들어가 쉽시다."

아내는 남편의 제의에 따를 수 밖에 없었다. 아내도 남편의 분위기가 심상치 않다는 것을 직감한 것이다. 남편은 참으로 속상했다. 오늘은 무엇인가 다른 모습을 보여 주려고 단단히 마음 먹었건만, 아무것도 이루지 못한 것 같은 깊은 좌절감이 밀려오기 때문이다. 가슴이 답답한 남편은 자조 섞인 깊은 푸념을 내뱉는다.

"우리는 역시 안돼…."

우리 가운데 수많은 부부들이 위의 부부처럼 행복한 부부생활을 하고 싶은 마음으로 나름대로 노력은 해 보지만 현실은 그렇게 밝지 않다. 필자는 오랫동안 부부상담을 해오면서 이런 문제들로 인해 종종 난감함에 빠져들곤 하였다. 많은 남편과 아내들이 그들의 부부생활에서 만족스러우며 행복한 결혼관계를 갖고 싶은 큰 열망은 있다. 그러나 실제로는 그들이 원하는 것과는 달리 고통 속에 갇혀있는 것을 보기 때문이다. 그 이유는 많은 그리스도인 부부들이 성경의 원리에 따라 신실한 결혼생활을 만들어 가는 것이 아니라 모두 다 자기들 부모가 살아온 방식대로 살고 있거나 자신의 의존적인 욕망들을 채우려고 덤벼들기 때문인 것이다. 이러한 현실이 너무 안타깝다. 많은 부부들이 부부관계에 관해 책들을 읽어보거나 그리스도인 가정에 관하여 '최고의' 복음적인 강사들로부터 강의도 들어보았다. 하지만 여전히 먹구름은 남아있고 뭔가 빠져있음을 느낀다.

이 문제에 대해 Lawrence Crabb은 그리스도인의 결혼에 관한 기존 생각들 속에 숨어있는 몇 가지 위험한 오해에서 그 이유를 찾을 수 있다고 하였다(Crabb, 1990, 8-16). 그 오해들을 크게 네 가지로 구분하여 살펴보면 다음과 같다.

첫째, 간단한 처방으로 문제를 해결할 수 있다는 생각이다. 지금 우리는 즉석처방의 시대에 살고 있다. 알약 하나만 먹으면 괴로운 불면도 평화로운 단잠으로 바뀌는 시대 말이다. 따라서 사람들은 결혼문제에 있어서도 신속하고 간단한 해결책을 구하며, 이미 심각한 상태까지 얽혀있는 부부관계를 '1단계, 2단계, 3단계'라는 식으로 쉽게 풀어줄 공식을 찾는 사람들이 많이 있다. 그러나 인간의 본성은 전 영역이 죄로 물들어있고 잘못된 결혼에 대한 신념이 우리의 의식 영역뿐 아니라 무의식의 영역에까지 침투해 있다. 따라서 이런 그릇된 가치관과 철학은 쉽게 고쳐지는 것이 아니다. 죄는 우리의 행위 뿐 만 아니라 우리의 사고와 목표와 감정까지도 오염시켰다. 그러므로 우리 안에 스며들어있는 죄와 악의 영향력들이 단시간에 해결될 수 없는 것처럼 우리의 결혼 생활 역시 순간적인 작은 노력으로 변화될 수 없는 것임을 분명히 알아야 한다. 우리 행위의 많은 부분을 통제하고 있는 죄와 악은 나만을 생각하는 자기중심적인 이기심과 자신이 대인관계에서 거절되면 어떡하나 하는 두려움으로 가득 차 있기 때문에 간단한 처방에 의해서는 결코 달라질 수 없는 것이다(Crabb, 1990, 9-11).

둘째, 자기중심적인 마음으로 부부관계를 생각하고 있는 것이다. 자기의 외모에 도취한 나머지 물속에 빠져 죽은 청년 나르시스처럼 자기도취성이 강한 사람을 '자아도취적 증세'가 있다고 하며 이것을 '나르시시즘(narcissism)'이라고 한다. 스코트 팩은 결혼문제에 있어서 가장 먼저 해결해야 하는 숙제가 바로 나르시시즘이라고 지적하고 있다. 이러한 문제를 극복하지 못한다면 결코 행복한 결혼생활을 유지할 수 없다. 그러나 이런 이기심을 극복하기 어려운 것은 대부분의 경우 큰 사건에서 이기적인 마음이 나타나는 것이 아니라 작고 사소한 문제 가운데 나타나기 때문이다. 즉 집에 불이 났거나 자식이 병 들어 고통을 당하거나 자녀가 문제를 일으키는 것과 같은 큰 문제가 발생하면 부부는 한마음이 되어 문제를 해결해 나간다. 그런데 아주 작고 사소한 문제에서는 마음이 퇴행하고 좁아져 이기적이 된다. 그때, '이 정도의 이해심도 없는가?'라며 상대방에 대해 놀란다. 그러나 자신이 이해해주고 싶은 마음은 전혀 없는 것이다. 이로 인하여 서로 간에 갈등이 발생하고 자신의 문제에 대해서는 자각이 전혀 되지 않는 것이다. 행복은 사소한 정서에서 오는데 사람들은 큰 문제에서만 도우려하기에 부부의 갈등은 점점 심각해지는 것이다.

셋째, 배우자가 자신의 모든 욕구를 채워야 하고 또 채워줄 수 있다고 믿는 것이다. 즉 심리적인 필요들이 오늘 우리의 결혼문제의 초점이 되어버린 것이다. 부부관계에 있어 심리적 필요도 중요하지만, 결혼 자체가 인간의 모든 욕구를 충족시킬 수 있다고 생각하는 것은 큰 오해이다. 특히 실존적 고독이나 허무 등은 그 누구도 채울 수 없고 오직 하나님만이 채울 수 있는 영적인 것이다(Crabb, 1990, 13-14).[48]

본래 인간은 의미 있고 가치 있는 삶을 살 때 행복하게 되어 있다. 즉 내가 다른 사람을 위해 살 때 행복하게 되어 있는데 타락한 이후 죄의 영향으로 인해 사람들은 '사랑은 받아야 행복한 것'이라는 오해에

---

48) 오늘날 많은 사람들은 성경을 우리의 정서적인 필요들을 채우는 방법을 찾는 과정에서의 참고서나 안내서 정도로 생각하고 있다는 점이 너무 안타깝다.

붙잡혀 있다. 따라서 행복한 부부관계를 원한다면 나 중심적인 생각을 버리고 어떻게 하면 나의 배우자가 행복할까에 관심을 가져야 한다. 이것이 성숙한 결혼생활의 열쇠이다.

마지막으로, 가정문제에 대해 총체적인 이해를 가지고 접근하지 않고 단편적인 이해만을 가지고 문제를 다루려고 하는 것이다. 가정을 그림조각들을 맞춰나가는 퍼즐게임이나 되는 것처럼 생각하여 결혼을 조각조각 단편적으로 취급하는 책들이 많다. 이렇게 작은 조각들에만 치중하다 보면 자연히 하나님의 계획이라는 전체 그림은 희미해져 버리고 만다. 그러나 우리가 결혼에 대해 오해하고 있는 사실을 받아들이며 결혼에 대한 성경적인 원리와 심리적, 관계적 원리를 정확하게 알고 그것을 우리의 부부관계에 적용하도록 거룩한 싸움을 감당해 나간다면 가정 문제들을 바로 잡을 수 있을 뿐만 아니라 밝은 미래가 우리 앞에 다가올 것이다.

2. 결혼의 과정

결혼생활은 로맨스로 시작하여 다음의 과정을 거친다.

1) 로맨스 단계

태수는 현지를 교회 소그룹 모임에서 만났다. 태수는 그날 현지가 처음 교회에 온 것으로 기억하는데, 그 전에 온 적이 있다면 그토록 사랑스러운 그녀의 모습을 기억하지 못할 리가 없었기 때문이다. 그들의 눈길이 서로 부딪혔다. 아주 잠깐이었다. 서로의 호의를 받아들이겠다는 미묘한 미소가 교차되었다. 서로를 향하여 마음이 흔들리고 그 방의 다른 사람들이 전혀 보이지 않게 된 것은 순전히 운명이었다. 심장은 빠르게 뛰었고 손바닥에 땀이 난 채, 아무 말도 못하고 멍하니 바라보았다. 태수는 말할 때 목에 큰 덩어리가 낀 것 같았다.

"… 처음 오셨죠?"

"… 네, 그래요."

현지가 예의 바르지만 약간 어색하게 소개를 하고 난 후에는 모임 인도자가 하는 말이 하나도 귀에 들리지 않았다. 각자의 가슴에서 뛰는 소리를 듣느라 정신이 없었다. 이토록 놀랍도록 경쾌하고, 찬란하지만 불안을 일으키는 감정은 무엇일까? 연인이 되었으면 하는 사람 앞에서 가슴과 영혼에 강타를 맞은 것 같은 느낌, 이것이 과연 무엇일까? 어떤 이들은 이것을 매력이라고도 하고, 심취라고도 하고, 단순히 욕정이라고도 하고, 어떤 이들은 낭만적 사랑이라고도 한다(Beverly & Tom Rogers, 2004, 128-129).

결혼에서 사랑의 첫째 단계는 로맨스다. 이 단계는 마음에 맞는 남녀가 서로를 바라 볼 때 흔히 '첫눈에 반하는' 단계이다. 이 사람만 있으면 나의 자아는 완벽해질 것 같은 느낌이 일어난다. 그래서 이 사람과 함께 있기 위해 그 무엇이든 마다하지 않는다. 직장도 포기하고, 외모도 순식간에 바꾸고, 기꺼이 성관계도 맺고, 임신도 하고, 지구 반대편까지도 따라 나서려고 한다. '바로 이 사람이 내 모든 욕구를 충족시켜 줄 것이므로 나는 완벽해질 것이다'라고 믿는 사람들은 인간 카멜레온을 마다하지 않는다(Les & Leslie Parrott, 2004, 32). 이런 단계를 낭만적인 로맨스라 부른다. 처음 만날 때부터 마치 오래 전부터 사귀어 온 것 같은 친숙함이 느껴지면서 편안한 마음이 일어난다. 시간을 초월하여 영원 전부터 함께 알아 온 것 같은 감동이 마음속에 일어나면서 마치 운명적인 만남인 것처럼 느껴지는 것이다.

그들은 자기의 감정, 생각, 지난날에 겪었던 경험 등 모든 것을 서로 알리고, 또 알고 싶어하며, 자기가 좋아하는 것, 희망사항, 그리고 비밀까지도 서로 털어놓는다. 이 같은 모든 정보가 그들에게는 서로를 더욱 단단히 묶어놓는 사랑의 사슬이 되는 역할을 한다. 뿐만 아니라 낭만적 애인들은 이같은 정보에 기초하여 서로를 즐겁게 하는 말이나 선물을 주고받으며, 둘이 모두 똑같은 스웨터를 입는다거나, 선물에 자기 이름의 첫 글자를 새겨 넣는다거나 함으로써 서로를 동일시하려 한다. 상대방의 생일이나 기념일도 절대로 잊지 않고 축하해 준다. 그들은 상대방을 쉽게 그리고 놀라울 정도로 잘 이해한다고 느낀다. "그이(녀)는 모든 면에서 저와 취향이 같아요. 우리는 모든 것이 너무나 같아요. 우리는 매사에 의견이 일치하고 모든 것을 의논할 수 있어요. 심지어는 제가 무슨 말을 하려고 입을 열기도 전에 그이(녀)가 벌써 나와 같은 생각을 하고 있어요. 그이(녀)는 제 소원을 다 알고 있고 내 기분을 모두 이해한답니다."

이때에는 다음과 같은 현상이 일어난다(Hendrix, 1988, 78-79).

① 인지현상 : "만난 지 얼마 되지 않았는데, 꼭 전부터 알던 사람 같아요."

② 시간 초월 현상 : "만난 지는 얼마 되지 않았지만, 당신을 몰랐던 때가 있었던가 싶어요."

③ 재결합 현상 : "당신과 함께 있으면 더 이상 외롭지 않아요. 완벽하고 완전해진 것 같아요."

④ 필요 현상 : "당신을 아주 많이 사랑합니다. 당신 없이는 살 수 없어요."

이런 현상이 일어나면서 그 사람이 없으면 죽을 것 같아 서로의 안부를 더욱 걱정하게 되며, 헤어지면 완전함에서 깨진 것 같고 일부분이 찢긴 듯한 아픔을 겪게 되면서 언제나 서로를 간절히 사모하게 되는 것이다.

낭만적 사랑은 마치 건초더미에 당긴 불꽃과 같아서, 그들은 만나자마자 서로 껴안고 신체적 애무를 탐닉하게 되는데, 이와 같은 처음의 매력과 열정의 강도가 그대로 영원히 지속될 것이라고 착각하게 된다. 시간이 지나고 교제가 깊어질수록 이제는 더 이상 혼자가 아니고 함께 하고 있다는 강한 느낌이 서로를 지배하면서 마치 세상을 얻은 것처럼 든든한 마음을 가지게 되는 것이다. 이 매혹의 단계에서는 부부가 서로에게서 완전한 기쁨을 찾는다. 깊은 친밀감의 욕구를 충족시키기 위하여 서로에게 다가가는 가운데 이들은 일종의 신비스런 연합을 경험한다. 이것이 낭만적인 로맨스를 만드는 것이다. 그때 이들은 지복(至福)의 황홀경과 소속감을 누린다.

2) 심리적 일치감을 경험하는 단계

사랑을 처음 시작할 때에는 순수하고 진실한 마음으로 오직 너만을 위해 살며 너 없는 세상은 아무런 의미와 가치가 없다고 진실로 믿기 때문에 나의 모든 것을 다 바쳐 너를 위해 살고 싶어서 베풀고자 한다. 이에 따라 두 사람이 서로가 서로에게 충실해지면 사랑이 점점 깊어지고 서로의 관계가 심리적으로 견고하고 든든하게 느껴지면서 서로의 사랑이 확인된다. 연인이 심리적으로 일치감을 느끼면서 완전히 하나됨을 경험하는 순간 서로 안에서 평안과 안식을 얻기 시작하는 것이다. 이 때 그들은 이제 함께 살기 위하여 결혼을 생각한다.

"이제는 이 사람이 나를 떠나지 않고 나도 절대로 이 사람을 떠나지 않을 거야. 우리가 만일 헤어진다면 그건 죽음밖에 없어…"라는 심리적인 일치감 혹은 영원히 함께 할 것 같은 안전감이 마음 가운데 깊이 확인된다. 그 순간 온 세상을 얻은 것 같은 마음, 무엇이든 다 잘할 것 같은 충족감, 자신감 그리고 강한 마음이 생긴다. 두 사람은 서로가 서로에게 모든 것을 다 내어주면서 온전히 하나됨을 경험한다. 그래서 너를 얻기 위해, 너와 하나 되기 위해 내 인생을 버리거나 포기하는 것에 대해 아무런 미련이 없는 단계에 빠지는 것이다. 이 단계에 이르면 두 사람은 서로에 대한 관계 몰입과 서로에 대한 신뢰, 하나됨이 신앙적인 헌신의 수준보다 훨씬 더 깊어진다. 말 그대로 진정한 하나됨이 느껴지는 단계이기 때문이다.

3) 매력이 미움으로

이토록 강렬한 하나됨이 이루어지면 심리적 반전이 일어나기 시작한다. 그전까지 내 마음에 가득했던 주고 싶은 마음이 받고 싶은 마음으로 전환되기 시작하는 것이다. 즉 사랑의 중심이 베푸는 마음에서 받고 싶은 자기중심적인 마음으로 옮겨진다. 처음 사랑을 시작할 때는 너를 돕고 너를 행복하게 해주기 위해 기꺼이 나를 희생하고 싶은 마음이 가득했다. 그러나 결혼생활을 시작하고 세월이 흘러가면 흘러갈수록 내 중심적으로 상대방을 바라보기 시작한다. 문제는 자신이 변한 것은 모른 채 자신은 계속 순수한 사랑을 뜨겁게 하고 있다고 생각하는 것이다. 그렇기 때문에 관계가 더 심각해지는 것이다.

이때 서로 간에 갈등이 생기고 긴장감이 생기며 서로 다른 습관과 차이점들이 보이기 시작한다. 지금까지는 모든 게 아름다웠고 모든 게 매력이었다. 그러나 그 순간부터 마음속에 미움이 느껴지기 시작한다. '저 사람이 과거에도 저랬나?' 마음속에 의문과 분노가 일기 시작한다. 지금까지 눈에 띄지 않던 결점, 혹은 결혼하고 나면 그 행복함 때문에 곧 사라지리라 확신했던 결점들을 발견한다. 그리고 이제는 이 결점들이 끈질기고 도저히 참을 수 없는 것이 되는 것이다. 여기에는 못된 성깔, 이기심, 거짓말, 탐욕, 폭력, 욕설, 추태, 제멋대로의 행동이 포함된다. 얼마나 실망스러운지… 이런 마음이 일어나는 것은 반드시 서로 간에 안전감이 확인되고 난 다음이다.

이 과정의 특징은 매력이 미움으로 변한다는 것이다. 그동안 매력으로 보였던 점이 오히려 부족한 모습으로 보이기 시작하거나 예전에는 전혀 알거나 보지도 못했던 부정적인 모습이 보이기 시작하면서 상대방에게 실망스러운 마음이 계속 일어나는 것이다.

심수명의 사례

아내와 연애할 때 내가 무슨 말이나 이야기를 하면 아내는 아주 재미있게 들을 뿐 아니라 늘 감동하였다. 나는 자연히 아내에게 이야기를 해주기 위해 늘 학교에서 배운 것이나 독서를 통해 얻은 교훈들을 가지고 열심히 말해 주었다. 그러나 결혼하고 난 다음부터는 나 자신도 모르게 아내에게 전혀 이야기를 하지 않았는데, 어느 날 아내가 "여보, 요즘은 왜 이야기를 하질 않아?"라고 말하였다. 그 순간 말하고 있지 않은 내가 깨달아진 것이 아니라 아내를 비판적으로 보는 마음이 일어났다. 그것은 '아내가 정말 무식(?)하구나, 저 사람은 자신이 스스로 공부하지 않고 나에게서 지식을 착취하는구나.'라는 어처구니없는 느낌이 사실처럼 나를 지배하면서, 그 순간 그만 정이 다 떨어지는 것이다. 즉 결혼 전에는 아내가 얘기를 잘 들어주던 것이 매력이었는데 이제는 오히려 그것이 미움의 포인트로 바뀌어 너무나 어처구니없는 해석이 일어나게 된 것이다.

뿐만 아니라 결혼 직전 장모님이 아내의 어떤 실수를 책망한 일이 있었다. 그때 아내는 머리 숙인 채 무릎을 꿇고 말없이 앉아 있었다. 장모님이 화를 내면서 질문도 하고 책망도 하였는데 한 마디도 하지 않고 머리를 숙이고 있었다. 나는 그 모습을 보면서 놀라움을 감출 수 없었고 마음으로 깊은 감동을 하였다. 아내의 말없음이 착하고 겸손하며 순종적인 모습으로 해석되어 마음에 뜨거운 애정이 일어났다. 그러나 결혼 후에 부부싸움을 하면 아내는 울기만 하지, 아주 많이 화가 나도 얼굴에 화가 난 표정은 나타나지만 그래도 말은 하지 않았다. 이러한 모습은 은근히 내 속을 뒤집고 분노를 자극하여 감정을 말하지 않는 고집스러움과 미련함으로 느껴지면서 그만 애정이 식고 마음이 멀어졌다. 위의 경우 아내가 부정적으로 관심 받으려는 것으로 해석되어 아내의 말과 느낌을 수용하기가 점점 더 힘들어졌다.

핸드릭스의 사례

나는 결혼 초기- 신혼여행 둘째 날 -부터 이같은 경험을 하였다. 그날 우리는 함께 해변을 산책하고 있었다. 나는 물 위에 떠다니는 나무를 쿡쿡 찔렀고, 아내는 나보다 60-70미터 앞에 떨어져서 바닷가 쪽으로 내려가 고개를 푹 숙인 채 조개를 찾느라 열심이었다. 나는 문득 앞을 흘끗 쳐다보다가 태양에 비친 아내의 모습을 보았다. 지금도 그날 아내가 어떤 모습이었는지 생생하게 기억할 수 있다. 아내는 내게 등을 지고 있었다. 그녀는 검은색 반바지에 빨간색 티를 입었고, 어깨까지 내려오는 금발머리는 바람에 나부꼈다. 나는 아내를 가만히 응시하다가 아내의 어깨가 약간 처져있다는 것을 알았다. 바로 그 순간, 갑자기 나는 심한 불안에 휩싸였다. 그리고 바로 뒤이어 '내가 결혼을 잘못했구나' 하는 고약하고 맥빠지는 현실을 깨달았다. 그 느낌이 너무나 강렬해서, 어서 차를 타고 달아나고 싶은 충동을 간신히 억눌러야 했다. 내가 꼼짝도 못하고 그 자리에 서 있는데, 아내가 나를 돌아보고 손을 흔들면서 미소를 지었다. 마치 악몽에서 깨어난 것 같은 기분이었다. 간신히 정신이 돌아온 나는 아내에게 손을 흔들며 그녀를 향해 달려갔다.

왜 그런 느낌이 들었는지 정확하게 파악하기까지는 몇 년이라는 시간이

걸렸다. 어린 시절의 심상치료를 통해 부엌 바닥에서 놀고 있는 내 모습을 그릴 수 있었다. 아주 어릴 때, 스토브 앞에서 분주하게 일하는 엄마를 떠올릴 수 있었다. 엄마는 등을 지고 서 있었다. 나는 아홉째 아들인데다, 엄마는 요리와 청소를 하며 하루에 네다섯 시간을 부엌에서 보내야 했다. 내 눈에는 엄마의 등이 아주 선명하게 보였다. 스토브 앞에 서 있는 엄마는 얇은 천으로 만든 옷을 입고 앞치마 끈으로 허리를 둘렀다. 엄마는 피곤하고 우울해 보였으며, 어깨는 처져있었다.

어른의 시각으로 바라보니, 엄마에게는 나에게 베풀어줄 만한 육체적, 정서적인 에너지가 전혀 없었다는 사실이 충분히 이해되었다. 아빠가 머리를 다친 지 몇 달 만에 돌아가셔서, 엄마는 돌봐야 할 아이들이 우글우글한 집에 몇 푼 남지 않은 돈으로 살길을 걱정하며 비탄에 잠긴 채 혼자 남겨졌다. 엄마는 짊어지고 가야 할 걱정이 너무 컸기 때문에 나를 건성으로 돌볼 수밖에 없었던 것이다.

나는 내 마음에 있는 불안의 원인이 여섯 살 무렵 아버지가 돌아가셨기 때문이라고 생각했는데 실은 분주한 엄마로 인해 버림받았다는 느낌이 훨씬 오래 전부터 시작되었다는 사실을 깨달았다. 나는 과거로 돌아가서 엄마를 소리쳐 불렀지만 엄마는 아무런 대답도 하지 않았다. 너무나 괴로운 나머지 정신과 병원에 앉아 엉엉 소리내어 울었다. 그때 뜻밖에도 두 번째 사실을 깨달았다. 신혼여행 중이던 그날, 내게 왜 그런 일이 일어났는지 내 앞에 멀찍이 떨어져서 자기 일에 몰두하던 아내, 엄마와 똑같이 어깨가 구부정한 아내를 보았을 때, 나는 섬뜩하게도 내 결혼이 지친 엄마와 함께 했던 어린 시절의 반복이 되리라는 걸 예감했다. 나는 이 사실을 감당하기가 너무나 버거워서 상상의 막을 얼른 내려버렸다(Hendrix, 1988, 103-105).

이 단계는 상대방에 대한 환상이 무너짐으로 인한 고통 때문에 상대

방을 매사에 비판적 안목으로 보기 시작하고 자신의 행복을 채워주지 않는 배우자를 향하여 원망하는 마음, 원한, 반발심이 쌓여 가는 시기이다. '내 남편은 내가 믿었던 그 사람이 아니야.' '내 아내는 내가 생각했던 것과는 전혀 다른 사람이야.' '내가 실수를 해도 크게 했지.' 이 시점에서 배우자를 향하여 실망하면서 그들은 이혼이라는 단어가 머리 속에 떠오르기 시작한다. 행동과 감정을 비난하며 지적하고 배우자의 어린 시절부터 시작된 아픔과 상처를 건드린다. 이것은 미움에서 비롯된 것이 아니라 사실은 사랑의 갈망에서 시작된 것이다. 정말 안타까운 사실은 상대방은 예전과 똑같은 모습인데, 단지 내가 보는 시각이 달라졌기 때문인데, 내 안에서 일어나는 심리적인 현실을 모르는 나는 상대방 탓만 하는 것이다. 이처럼 자신을 모르는 것이 우리의 문제이다.

하지만 마음 깊은 곳에서는 여전히 사랑의 갈망을 가지고 '그래도 저 사람을 어떻게 고칠 수 있지 않을까? 어떻게 바꿀 수는 없을까?' 하는 강한 집착을 버리지 못한다. 그래서 상대방을 협박하거나 일이나 자녀에게 집착하거나 술이나 도박, 마약이나 심지어 광적인 종교행위 등으로 괴롭히는 것이다. 뿐만 아니라 이혼과 자살로 위협을 하거나 심한 잔소리로 바가지를 박박 긁는다. 또한 자기 자신을 던지면서 부정적으로 행동하기도 한다. 그래도 자기가 원하는 대로 되지 않으면 마음속에 점점 분노가 쌓이기 시작하다가 마침내 분노가 커져서 마음이 강팍해지고 더 이상 돌이킬 수 없는 지경에 이르게 되며 이혼을 구체적으로 생각해 보게 되는 것이다.

4) 힘겨루기 단계

인간은 자신의 욕구가 채워지지 않으면 삶이 무너지면서 죽을 것 같은 존재의 소멸감과 공포를 느끼기 때문에 더욱더 집요하게 요구하게 된다. 그러면서 점점 더 부정적으로 접근한다. 어릴 때는 자신의 욕구를 울음으로 해결하였지만 어른이 되면 울음 대신 끝없는 요구, 간청, 협박, 술, 도박, 마약, 종교, 자살 등으로 욕구가 채워질 때까지, 부정적으로 접근한다. 뿐만 아니라 상대방이 가장 싫어하는 것을 선택하여 그를 괴롭히기도 한다. 프로이드는 이러한 욕망을 '재연하고픈 욕망'이라고 하면서 "우리 인간은 그가 싫어하는 것을 알면서도 쓸모없는 행동을 계속 반복하고 싶어 하는 욕망이 있다."고 했다. 이 단계의 강도와 혼란은 부부마다 다를 수 있지만 거의 모든 부부가 이 갈등을 가지고 있다. 즉 많은 부부들이 양상은 다르지만 이 단계에 머무른 채 각자 생활하는 경우가 많다.

아무리 기대하고 싸워보아도 여전히 변하지 않거나 변할 수 없는 상대방을 보며 '저 사람은 절대로 바뀌지 않을 거야. 내가 그의 단점을 수용할 수밖에 없구나!'라는 단계에 이르게 되면 사랑받을 수 있는 모든 소망이 사라지면서 관계에서 절망과 죽음의 단계로 접어든다. 이 때는 마음속에 깊은 배신감과 절망감으로 가득 차고 더 깊은 상처와 허탈감을 가지게 된다. 필자는 이마고 부부치료를 강의하면서 배우자가 아무리 요구해도 줄 수 없고, 나 자신도 오히려 받으려 하기 때문에 자신의 욕구를 버리고 아가페 사랑으로 전환해야만 할 시점이 바로 이 시점이라고 역설한다. 그 때마다 대부분의 청중들이 가슴 아파하면서 낙심하는 그 처절함을 느낄 때 사랑받고 싶은 인간의 갈망이 얼마나 집요한지 더 깊이 느껴진다. 그래서 어떻게 해서라도 희망을 주고 싶지만 그것이 거짓된 환상임을 어찌하겠는가? 사랑의 갈망을 가진 인간의 목마름을 채울 수 있는 유일한 길은 인간에게로 가는 것이 아니라 하나님의 사랑을 바라보는 것임을 어떻게 해야 깊이 인식할 수 있는지….

이 지점까지 와도 부부는 마지막 희망을 버리고 싶지 않기 때문에 한편으로는 체념하지만 다른 한편으로는 또 다른 기대를 가지고 거래를 하고자 한다. 하지만 자신의 기대가 잘못되었음을 확인하게 될 때마다 상대방은 멀게 느끼며 그를 배척하게 된다. 그리고 더 이상의 소망이 보이지 않을 때 마음이 딱딱해지면서 절망한다. 이때는 서로에 대한 희망을 버리고 자기만의 성에 들어간다. 우리는 배우자가 부모를 대신해 줄 것이며, 어린 시절에 박탈당한 모든 요소를 채워줄 거라고 무의식적으로 기대하면서 관계를 시작한다(Hendrix, 1988, 120).[49]

5) 분노의 발생과 치료 단계

한 개인이 분노의 감정을 느끼기까지는 선행 사건이나 상황이 존재하며 그 사건이나 상황을 해석하는 사고 유형, 개인의 가치, 혹은 신념이 상황과 분노의 감정 사이에서 중재 변인적 역할을 한다. 즉 어떤 사건이나 상황을 어떻게 해석하느냐에 따라서 분노의 감정이 생길 수도 있고 생기지 않을 수도 있다. 분노의 발생 과정은 첫째, 서로 기대하는 단계, 둘째, 실망 단계, 셋째, 상처를 입고 분해하는 단계, 넷째, 배신감과 배척감을 느끼는 단계, 다섯째, 마음이 단단해지는 단계(원한이 맺히는 단계), 여섯째, 상대방을 완전히 소외시키는 단계로 발전한다.

부부관계에서 분노가 생기고 발생하면 남편이나 아내는 서로의 허물을 주변 사람들에게 공개하여 자신의 배우자가 얼마나 나쁜 사람인지 공개적으로 비난하면서 압박한다. 이때 상대방은 자신의 배우자가

---

49) 무엇보다 먼저 우리는 두 가지 기본적인 이유에서 배우자를 선택한다.
① 배우자는 우리를 키운 사람들의 긍정적 부정적인 특징을 모두 갖추고 있다.
② 배우자는 우리 존재의 긍정적인 부분 가운데 어린 시절에 차단되었던 부분을 보충해준다. 우리는 배우자가 부모를 대신해 줄 것이며, 어린 시절에 박탈당한 모든 요소를 채워줄 거라고 무의식적으로 기대하면서 관계를 시작한다(Hendrix, 2004, 120).

얼마나 힘들었으면 그런 식으로 말할까라고 그 마음을 생각하기보다 서로의 상처받은 감정으로 표현되어지는 말과 분위기만 바라보고 더 큰 모욕을 느끼고 치를 떨고 상대방이 정말 함께 할 수 없는 사람이라고 확신한다. 그래서 마음은 더욱더 굳어진다. 그럼에도 불구하고 부부관계에서 분노를 느끼는 것은 성숙을 향한 길목이기에 반드시 필요하다. 다만 그것을 어떻게 표현하는가는 매우 중요한 것이다. 분노가 올바르게 다루어지지 못할 경우, 그것은 자신과 사랑하는 사람의 관계를 파괴할 수 있는 잠재력을 가지고 있기 때문에 분노해결에 대한 적극적인 노력이 필요한 것이다. 부부간에 성공적인 공동창조의 길로 나아가는 갈림길이 바로 분노를 제대로 표현하여 다루어 나가야 하는 것이다. 즉 내재하는 아픔과 갈등이 있기에 근본적인 상처가 존재한다. 그 상처를 배우자로부터 보상받고 싶어 하기에 필연적으로 갈등과 분노가 발생한다. 그러므로 분노를 제대로 다루기만 하면 자기도 알지 못했던 어린 시절의 상처가 치료되면서 더욱 성숙한 길로 나아갈 수 있다. 모든 분노에는 어린아이의 감정이 숨어있다. 하지만 억압이나 무시, 자신의 문제를 상대방에게 뒤집어씌우는 등의 잘못된 분노처리는 오히려 부부관계를 악화시켜 파국으로 치닫게 하기도 한다.

심수명의 사례

결혼 초 어느 날 나는 긴급한 교회 일로 아내에게 아무 연락도 하지 못한 채 새벽 늦게 귀가하게 되었다. 나는 미안한 마음과 초조한 심정으로 아내를 보자마자 사과하고 마음을 풀어주리라 다짐하였다. 그런데 아내를 보자 그런 마음이 사라지고 늦게 오는 것을 당연하다는 듯 여기면서 눈치를 주는 아내를 무시하였다. 그러자 아내는 "집에는 왜 들어와?"라고 화를 내며 문을 '쾅' 닫고 방에 들어가 버렸다. 바로 그 순간 나는 화가 나서 견딜 수가 없었다. 순간 분노가 치밀어 쫓아가 욕하고 때려주고 싶었다. 그러나 차마 그렇게 할 수 없어서 건넌방에 가서 화를 삭이며 못된(?) 아내에 대해 씩씩거리고 있는데 시간이 지나면서 자신을 되돌아보게 되었다. 무엇이 문제인가? 분명히 들어올 때는 사과할 마음이 있었고 아내도 화를 낼 권리가 있는데, 왜 이토록 참기가 어렵고 수용하기가 힘들까? 고민하던 중 문득 어린 시절의 나의 모습이 떠올랐다.

　나는 아버지로부터 사랑을 받지 못했기에 버려진 자식이라는 생각을 하고 살았다. 그래서 아내에게 무조건적 수용을 기대한 것이다. 내가 어떻게 하든 아내는 내게 상냥하고 사랑스럽게 행동해 주기를 기대한 것이다. 더구나 나는 교회일로 늦게 왔으니 이해해야 한다는 더 큰 요구가 숨어있다. 뿐만 아니라 어린 시절 나는 미움과 무시를 많이 받아 조금이라도 무시하는 말과 느낌을 주면 견딜 수 없는 분노가 일어나곤 했다. 따라서 나는 어떤 실수나 허물, 잘못이 있어도 나를 있는 그대로 끝없이 이해해주고 받아주는 수용적 사랑을 아내에게 기대했다. 그러니 아내가 내게 화를 내는 것은 나를 무시하는 것이며 사랑하지 않는 것이라고 해석되었다. 그래서 나는 아내가 나를 사랑하지 않는다면 더 이상 함께 사는 것은 의미가 없다고 생각하게 되었고 아내의 사랑을 확인하기 위해 부정적으로 맞서며 오히려 군림하고 싶어졌다. 이런 깨달음이 일어나자 너무 가슴이 아팠고, 상처로 인하여 왜곡된 생각을 하게 된 것에 대해 회개하였고 새벽녘에 아내에게 가서 진심으로 용서를 구했다.

　사람들은 모두 자신의 상처를 숨기고 있다. 그 상처는 슬픔일 수도 있고, 분노, 공포, 수치일 수 있다. 왜냐하면 이러한 상처는 드러날 경우 인정받고 수용되기보다는 거부와 조롱, 비판을 받을 수 있기 때문이다. 더 나아가 자신이 고립되고 설 자리가 없어질 것이라는 두려움을 갖기도 한다. 그러나 이러한 상처는 숨겨질 수 없으며, 숨겨진 것 같이 보여도 우리의 삶과 긴밀히 묶여 있기 때문에 오히려 이것을 노출하는 용기가 필요하고 그것을 치료하여 자유를 얻도록 해야 한다. 이러한 문제의 해결은 억압된 감정을 삶의 새로운 에너지로 전환시켜 준다.

보편적으로 우리는 분노란 나쁜 것이고 절제해야만 한다고 배웠고 그것을 어떻게 다스리고 표현해야 하는지 배우지 못했기 때문에 그 분노가 폭력적으로 나타나든지 속으로 묻어버리든지 한다. 그러나 분노를 억압하면 사랑할 수 있는 능력까지 억압된다. 분노와 사랑은 동전의 양면과 같기 때문이다. 따라서 분노의 감정은 겉으로 표현하여 치료해야만 하는 것이다.

6) 성숙 단계

분노 단계의 위험한 과정을 성공적으로 통과한 부부는 축복받아 마땅하다. 그것은 히말라야 산을 넘어선 것과 같은 축복이다. 성숙 단계에 있는 부부는 서로를 있는 그대로 받아들인다. 비난하던 것을 멈추고, 손가락질하던 것이 점점 사라지면서, 나의 상처를 인정한다. 그리고 자신에게 질문을 던진다.

"나와 함께 사는 것은 어떤 것일까?"

이제는 초점을 상대방의 결점에 맞추는 것이 아니라 나 자신의 결점에 맞추게 된다. 이것은 자기 비난을 하려는 순교자 같은 시도도 아니고 거짓 겸손도 아니다. 오히려 주님의 도우심으로 결혼생활에서 내가 저지르고 있는 성격적 결함이나 부정적인 행동을 보려는 정직하고도 용감한 시도이다(Beverly & Tom Rogers, 2004, 162-163).

이때 사랑이 밖에서 오는 것이 아니라 자신의 문제에 스스로 책임을 지고 자신의 내면을 바라봄으로 시작되는 것임을 깨닫는다. 이 단계에서 부부들은 상대방이 자신을 행복하게 만들어 주어야 한다는 환상을 버리고 두려움과 방어, 투사와 상처에 직면하고 돕는 자로서 사랑을 재정의 한다.

내가 도왔던 어떤 부부는 모든 부부들처럼 결혼 초기에 서로를 지배하기 위해 문제점만을 지적하곤 했었다. 그런데 부부관계 치료 과정을 통해 부부는 서로 돕는 자로 부르셨음을 인정하며 살게 되었고 그 이후 실패의 과정도 있었지만 지금은 서로를 존중해 주는 부부로 함께 살고 있다. 다음은 그 아내가 한 말이다.

"결혼을 하고 처음 몇 년 동안 나는 남편에게 매우 수동적이었고 불만이 있어도 내 의견을 말하는 일이 거의 없었어요. 그러나 하나님과의 관계를 통해 나는 새로운 사실을 알게 되었고 내가 부정적으로 남편을 대하고 있음을 발견하게 되었어요. 이것이 나의 문제임을 안 이후 나는 좀 더 자유롭게 나의 부정과 긍정을 말로 표현하는 연습을 하였고 그 감정들을 다스릴 수 있는 힘을 가지게 되었어요. 이제는 예전과는 다르게 관계가 어려워지더라도 이혼하고 싶다거나 집을 나가고 싶은 마음을 버리게 되었어요. 저는 우리 부부가 어려움을 함께 극복할 수 있는 부부인 것이 자랑스럽고 기뻐요. 그래서 남편을 덜 지적하고 덜 판단하게 되었어요. 우리 관계는 솔직해졌고 서로의 차이를 조정할 수 있게 되었어요. 얼마나 신이 나고 기쁜지 모르겠어요."

성숙 단계에서 획기적인 변화가 시작되었지만 특별히 스트레스를 많이 받으면 예전의 문제와 두려움이 다시 나타나기도 한다. 그러나 더 이상 감정이나 정서에 따라 행동하지 않고 좀 더 효과적이고 부부 상호 작용에 도움이 되는 기술이나 도구를 사용하려고 한다. 과민 반응과 부정적인 감정을 다룰 줄 알게 되고, 배우자에 대해 더 깊은 인식을 갖게 된다. 더 이상 배우자에 관한 사실을 날조하려는 유혹을 받지 않게 된다. 만일 옛 행동으로 돌아갈 경우 빨리 빠져 나오는 길도 알고 있다. 부부들은 이전에 가지고 있던 이기적인 칼날을 버리고, 더 이상 정서적으로 혹은 신체적으로 도피하려고 하지 않는다(Beverly & Tom Rogers, 2004, 166-167). 성숙 단계에서는 서로 함께 하는 방식을 창조하여 새롭고 더 깊은 하나됨을 느끼며 각자가 확고한 소속감을 느끼는 단계이다. 이 단계에서는 서로를 섬기고 상대가 하는 일에 고마움을 표현하면서 기쁨이 넘치기도 한다.

부부가 맞벌이를 하지만 아내는 늦게 퇴근하고 남편은 새벽같이 출근하는 부부가 있었다. 아내는 피곤하긴 해도 언제나 힘차게 하루를 살아가는 이유를 다음과 같이 이야기하였다.

"나의 남편은 아이들과 내가 잠이 깨기 전 아침 일찍 출근을 해요. 그런데 그이는 나를 깨우거나 불평하지 않고 아침에 간단한 식사를 준비하여 차려놓거나, 아이들을 위해서 대단한 것은 아니지만 작은 깜짝 선물을 사오곤 해요. 아침에 부엌에 들어설 때 나는 정말로 가슴이 따뜻해지는 것을 느껴요. 가끔 나는 그이보다 먼저 일어나서 아침상을 정성껏 준비하는데 그러면 남편은 진심으로 나에게 말하지요. '여보, 고맙지만 나는 당신이 좀 더 편안하게 잠자기를 원해. 내 마음을 알아줘.' 나는 남편의 진심에 감사하며 편안히 쉴 수가 있답니다. 우리 식구는 남편 때문에 날개가 달린 기분으로 하루를 시작하게 된답니다."

이 정도의 수준에 이르게 되면 부부가 서로에 대해서 지식, 수용, 인정, 감사를 갖는다. 더 이상 배우자를 파괴의 악마로 보지 않고, 처음에 그들을 하나로 묶어 주었던 것과 다시 접촉한다. 로저스 부부는 이 단계를 '영혼을 치료하는 사랑'의 단계라고 불렀다. 이 단계는 하나님의 무조건적인 사랑을 서로에게 줌으로써, 부부는 서로 나눌 수 있는 가장 안전한 환경을 창조하며 죽음을 넘는 진정한 하나됨을 서로 경험할 수 있기 때문이다. 그러므로 고통을 나누는 것도 더욱 자연스럽게 느낀다. 이런 나눔은 자신과 배우자에 대해서 더 깊게 이해할 수 있게 해 준다. 부부는 서로를 치료자로서 '다시 보기' 시작한다. 더 이상 배우자에게서 가해자의 얼굴을 보지 않는다. 오히려 그 안에서 '순수한 사랑에 목말라 하는 상처 받은 아이'를 보며 그 아이를 양육하고 치료하기를 원한다(Beverly & Tom Rogers, 2004, 170 참조).

이 단계는 서로의 사랑 안에서 안정감을 누리며 넘치는 에너지를 경험한다. 이 심오하고 평화로운 사랑의 시기는 이전의 모든 단계를 초월하며 다른 어떤 단계보다도 강하고 깊은 사랑으로 발전한다. 이 단계에서 부부는 자신이 서로를 위해 만들어진 존재가 아니라 모든 사람과 모든 것에 사랑의 사역을 하도록 부름 받은 존재임을 깨닫는다. 따라서 이 단계의 부부는 결혼을 뒷받침하고 그 기쁨을 더해 주는 의미 있는 상호 관계망을 구축한다. 이 사랑의 마지막 단계에서 부부는 다음과 같이 말할 수 있다.

"우리는 이 결혼을 위해 많은 거리를 달려왔다. 숨 가쁠 때도 있었고 의기양양할 때도, 두려울 때도, 놀랄 때도, 속박 당할 때도, 자유로울 때도 있었다. 그렇지만 결혼은 아직도 우리에게 더 많은 것을 베풀어 준다."

3. 부부 관계의 유형

인간은 자신의 약함과 공허함 때문에 배우자를 찾을 때에도 상대방이 자신의 원래의 완전함을 회복시켜 주리라는, 즉 자기를 완전하고 온전한 존재로 만들어 주리라는 신념을 가지고 완전한 배우자를 찾아 나선다. 그런데 의존적인 사람은 성장을 원하는 것이 아니라 단순히 행복만을 원하기 때문에 관계를 개발하는데 관심을 갖지 않고 배우자에게서 사랑과 돌봄을 받는 것에 온통 관심을 가진다. 그래서 단순히 결혼만 하면 아무런 노력을 기울이지 않아도 온전해 질것이라는 환상을 믿는다. 배우자에게 사랑을 받아야 행복할 것이라고 생각하는 사람은 줄 능력이 없는 사람에게 계속 달라고 요구하는 것이기에 결국 실망밖에 남을 것이 없다.

보통 부부 관계는 의존 관계(A타입)에서, 분열 관계(H타입), 그리고 신뢰 관계(M타입)로 발전한다.

1) 의존관계 < A타입 >

A타입의 파트너들은 강한 부부 정체감을 가지고 있지만 개인적인 자존감은 별로 없다. 이들은 자신을 개별적 인격으로 생각하지 않고 하나의 뭉쳐진 단위로 생각한다. 이들은 서로 의지한다. 그렇게 의지하고 있기 때문에 한 쪽이 손을 놓으면 상대는 쓰러지게 되어 있다. 어느 한 쪽이 자신의 의존욕구를 지나치게 채우려 할 때 이러한 관계의 파괴가 일어나게 된다. 다음의 경우가 바로 이 유형에 속하는 부부이다.

집 안팎의 모든 것을 다 책임지며 항상 아내에게 베풀어주는 남편이 있었다. 아내는 그의 사랑에 감격하고 만족하였다. 이 부부는 뉴욕으로 이사하였고, 남편은 1년 만에 과로사로 죽었다. 남편이 죽고 난 다음 아내는 절망과 죽음, 지옥을 경험하였다. 그녀가 스스로 살아갈 수 있는 독립적인 힘을 남편이 다 가져갔기 때문이다.

2) 분열관계 < H타입 >

이 경우는 대문자 H와 같은 구조를 가지고 있다.[50] 이 타입은 냉정한 자기 고독의 관계로 흔히 '이탈된 관계' 라고 부른다. H타입의 파트너들은 스스로 고립된 가운데 사실상 혼자 서있다. 이들은 서로에 대한 불신과 두려움으로 서로에게 거의 영향을 받지 않는다.

오랫동안 아버지의 외도로 인해 남성을 믿지 못하던 한 여성이 결혼하여 남편 몰래 저금통장을 만들어 생활의 일부를 저축해 왔다. 그것은 자기 남편이 아버지처럼 외도하면 언제든지 이혼해서 혼자 살 수 있는 근거를 마련하기 위해서였다. 이처럼 H타입의 부부는 부부 정체감은 거의 없고 정서적인 연결도 별로 없다. 한 사람이 손을 놓아도 상대방은 정서적 고통을 거의 느끼지 못한다.

3) 신뢰관계 < M타입 >

신뢰관계는 상호의존의 관계라 할 수 있다. 상호 의존의 바탕 위에 서 있는 부부는 높은 자존감을 지니고 있으며 배우자가 성장할 수 있도록 돕는다. 그들은 각기 혼자 설 수 있는 사람들이지만 함께 하기로 선택한다. 이 관계는 서로 영향을 미치고 정서적 지원을 아끼지 않는다. M 모양 관계는 의미 있는 부부 정체감을 나타낸다. 한 사람이 손을 놓으면 상대방은 즉각 손실을 느끼지만 균형을 회복한다. 파트너의 개

---

50) 이 과정은 냉정한 자기 고독의 관계로 흔히 '이탈된 관계' 라고 부른다. 이것은 자신의 온전함을 이루기 위해 아무에게도, 심지어 배우자에게도 의존하지 않고 혼자 성취하려고 노력하는 타입이다. 이들 역시 자신의 열등감을 보상하려고 헛되이 노력하고 있다고 말할 수 있다.

성을 존중하는 결혼은 아름다운 것이다. 상호의존적인 결혼에서는 기쁨이 배가 되고 슬픔은 반감된다.

| 활동 |

1. 심정대화연습

> • 화자: 내가 집에 와서 옷을 잘 걸지 못하는 습관이 있는데, 어느 날 아내가 나에게 비난하고 무시하는 어조로 '옷 걸어'라고 명령했습니다. 그 순간 저는 참을 수 없는 모욕을 느꼈습니다. 어떻게 이럴 수 있을까요?

1) 1단계 : 요약 (명료화)

메시지의 내용을 정확하게 압축해서 반사하는 과정이다. 요약의 가장 일반적인 형태는 자신이 들은 내용이 무엇인지를 반영하는 것이다. 즉 상대방의 말을 사용해 가면서 자신이 들은 말로 정리하여 재진술하는 것이다. 이것은 자신의 생각을 초월하여 상대방이 이해한 관점대로 이해하고 느낌을 표현하려는 시도이다.

① 적용을 위한 연습 : "아내가 당신에게 '옷 걸어!'라고 말을 했을 때 당신은 모욕을 느끼셨군요.

2) 2단계 : 상대방의 심정 이해하기

요약과 함께 상대방의 느낌을 피드백 하면서 의사소통하는 것이다. 심정이해는 상대방의 메시지가 그 자체로서 논리가 있음을 인정하며 상대방이 말하지 않은 부분까지도 알고 있다고 느끼게 하는 것이다. 심정이해를 위한 말은 다음과 같다.

"당신은 (슬픈, 굉장히 염려되는, 두려운, 놀라운, 화가 나는, 흥분된…) 감정을 느낀 것 같습니다." 또는 "당신이 느끼는 것은 이러저러한 느낌이라고 추측됩니다."

① 적용을 위한 연습 : "비난과 무시의 어조에 참을 수 없는 모욕을 느끼셨군요. 이로 인해 마음이 무너지며 허탈감을 느꼈을 것이라 짐작됩니다."

3) 3단계 : 내 심정 전달

상대방의 이야기에 깊이 공감하면서도 나의 진솔한 느낌을 솔직하게 전달하되 긍정적으로 전달한다. "당신의 이야기를 듣고 당신의 _____한 느낌이 전해지면서 내 마음은 _____했습니다."

① 적용을 위한 연습 : "아내가 그렇게 무시하는 말을 하니 참으로 화가 나고 속상하셨을 거라는 생각이 들면서 위로를 드리고 싶습니다. 그러면서 한편 아내도 화가 날 수 있겠다는 생각도 들었습니다."

4) 실습

부부는 한 조가 되고 그 외에는 3-4명이 한 조가 되어서 심정 대화 연습을 한다. 듣는 사람은 이야기를 요약을 한 후 공감을 통해 상대방의 느낌을 알아주고 자신의 느낌을 전달한다.

2. 결혼생활 도표

당신의 결혼생활 도표를 그려보고 부부끼리 또는 3-4명이 한 조가 되어 나눈다.

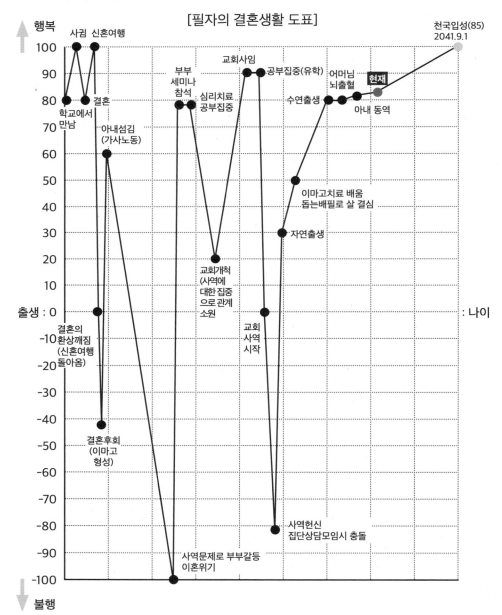

[필자의 결혼생활 도표]

[결혼생활 도표]

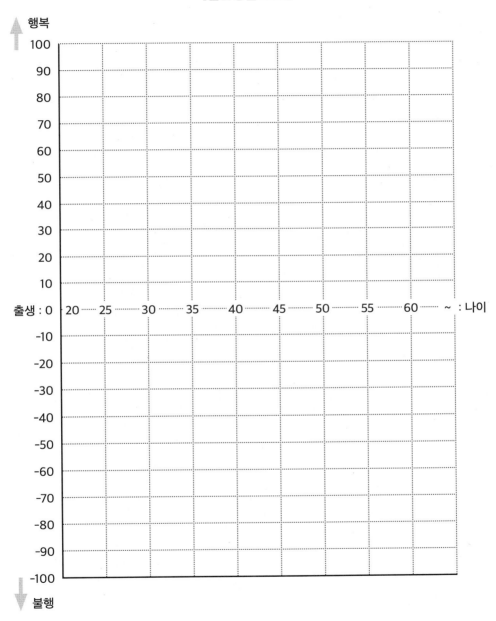

3. 결혼의 과정 및 유형

당신 부부의 결혼의 과정은 어떠했으며, 현재 어느 유형(A, H, M 유형)에 있는지 적어보고 나누어보자.

6장 이마고 분석 및 치료 방법

1. 상처를 극복하려는 열망

우리 모두는 무의식적으로라도 상처를 치료하려는 희망을 갖고 결혼한다. 비록 외상이 없다 하더라도 우리에게는 아직 상처가 있으며, 우리 속에 간직하고 있는 충족되지 않은 욕구가 있다. 우리는 모두 자기 회의와 무가치감, 그리고 부족감으로 인해 고통당한다. 아무리 우리 부모가 양육을 잘 했더라도 우리는 결코 충분한 돌봄과 사랑을 받지 못했다. 그래서 우리는 우리의 가치를 확신하고 연약함을 치료하기 위해 결혼생활 속에서 우리의 배우자에게 기대를 건다. 이것 자체가 잘못된 것은 아니다. 다만 무의식적 기대인 배우자에 대한 환상이 문제이다. 적절한 자기 노력으로 무의식의 욕구를 의식적으로 조절하고 배우자와의 인격적인 만남을 통해 자기 치료를 경험하면서 상대방의 치료를 도와주어야 하는 것이다.

닉 스티네트(Nick Stinnett)와 도니 힐리어드(Donnie Hilliard), 그리고 낸시 스티네트(Nancy Stinnett)는 25년간 다양한 인종과 민족 6천 쌍을 대상으로 성공적인 부부관계를 하고 있는 부부를 연구했다. 연구 결과 다음과 같은 6가지 공통적인 특징이 나타났다(2002).

① 헌신 : 성공적인 부부들은 서로의 유익과 행복을 증진하는 데 헌신된 자들이다.

② 인정 : 행복한 부부들은 서로를 충분히 인정해 준다. 그들은 심리적으로 서로를 세워 주며 진심에서 우러나오는 칭찬으로 서로의 자존감을 높여 준다.

③ 긍정적 대화 : 견고하고 만족스런 부부관계를 누리는 남편과 아내는 훌륭한 대화 기술을 갖추고 있으며 함께 이야기하는 데 많은 시간을 할애한다.

④ 둘만의 시간 : 성공적인 부부들은 질적으로 실속이 있고 양적으로도 충분한 시간을 함께 보낸다.

⑤ 확고한 신앙 : 행복한 부부들은 신앙심이 깊다. 신앙이 그들에게 힘과 목표 의식을 가져다준다.

⑥ 스트레스와 위기 대응 능력 : 성공적인 부부들은 훌륭한 스트레스 관리 기술을 갖추고 있으며 위기에 긍정적인 방식으로 대처할 수 있다. 그들은 열악한 상황 속에서도 긍정적인 것을 볼 줄 아는 능력이 있다. 그들은 스트레스나 위기를 성장의 기회로 볼 줄 안다(Nick Stinnett, Donnie Hilliard, and Nancy Stinnett, 2002, 18).

결혼은 우리의 존재를 향상시키고 다듬는 하나님의 방법이다. 결혼은 우리를 자극하여 더 높이 도전하게 하며, 가능한 한 최고가 되라고 요청한다. 그러나 결혼이 아무리 좋고, 배우자가 훌륭해도 노력 없는 신비한 방법으로 우리를 온전하게 만들어 주지는 않는다. 다만 서로의 노력과 헌신이 있을 때에만 결혼은 두 사람을 치료하는 아름다운 장이 될 수 있다.

2. 부부이마고 치료 과정 및 방법

이마고 치료의 핵심은 삶을 보는 관점을 치료하는 것이다. 사람마다 자기의 안경을 쓰고 있는데 그 색깔과 두께는 사람마다 다르다. 이것이 현실을 왜곡시키며 굴절시키는 것이다. 문제를 많이 가지고 있는 사람은 자기도 모르게 문제가 많은 사람에게 끌리게 되어 있다. 그러므로 자신의 왜곡된 안경을 치료하여 수정하는 작업이 필요하다. 그러나 성숙한 사람은 무색에 가까운 안경을 쓰기 때문에 사람이나 사물을 가능한 한 있는 그대로 볼 수 있는 것이다.

다음은 이마고 치료방법의 핵심 8가지를 요약한 것이다. 실습을 하기 전에 다음 내용을 확실히 인식하고 있어야 큰 효과를 볼 수 있다.

① 자신의 옛 상처를 인식한다. 기도, 상담, 묵상을 통하여 매순간 하나님의 사랑을 확인하고 그 힘으로 자신의 삶을 예리하게 관찰함으로써, 양육을 충분하게 받지 못하고 삶의 중요한 부분들을 억누르고 살아온 원인과 과정을 인식하고 치료해 나간다.

② 통찰을 수집하고 배우자와 함께 나눈다. 각종 양식을 활용하여 자신을 분석하고 배우자에게 부담이 되지 않는 선에서 자신의 생각과 감정을 나눈다. 이때 배우자의 한계를 인식하면서 함께 서로를 돕는 치유자로서 인내의 길을 걷는다.

③ 배우자를 새롭게 만난다. 배우자의 약함을 있는 그대로 보면서 그의 아픔을 수용하며 서로가 문제있는 존재이지만 여전히 상처를 치료하고 돕는 자로 만난 것임을 기억하고 마음에 배우자에 대한 새로운 이미지를 심는다.

④ 관계를 새롭게 한다. 상처를 치료하기 위해 관계들을 새롭게 디자인하기 시작한다. 이것을 위해 배우자와 신뢰 관계를 먼저 구

축한다. 이때는 서로의 약점을 충분히 드러내는 시기이므로 본성상 내가 먼저 이해받고 싶은 마음이 생기게 되는 때이다. 순수하게 돕고 싶은 마음으로 배우자를 대하지 않으면 한순간 마음은 식어버리고 다시 과거처럼 차가운 마음으로 돌아가버린다. 그러므로 배우자의 약점을 이해하고 수용한다.

⑤ 새롭게 관계를 맺는 것에 대한 저항을 극복한다. 저항은 자신과 배우자 모두에게 일어날 수 있다. 그리고 자신이 변화를 추구할 때 자신도 어색하지만 배우자가 저항할 수 있는 양상도 여러 가지이다. 이런 것들을 극복함으로써 배우자를 훨씬 더 선명하게 볼 수 있다.

⑥ 타인의 직면을 수용한다. 자신에 대한 타인의 직면을 듣기 시작할 때, 이러한 직면들은 자신의 어두운 부분들이요, 자신이 보지 못한 부분임을 깨닫고 사랑 안에서 수용하는 것을 연습한다. 특히 "내 배우자가 나에 대해서 하는 말들은 상당히 일리가 있어"라고 말하기 시작하면서 자신의 어두운 부분과 밝은 부분 전부를 받아들인다.

⑦ 치료자로 섬긴다. 이 단계는 가장 어려운 단계이다. 자신과 배우자에 관해 얻은 정보에 의해 행동하려는 결단을 내린다. 그리고 배우자의 치료자가 되기를 결심하고 그의 아픔과 눈물에 대해 깊이 공감하며 위로한다. 이 과정에서 상담자의 도움을 받게 되면 배우자의 상처를 더 깊이 이해할 수 있게 된다. 이런 점에서 상담자의 도움을 받는 것이 보다 효과적이다.

⑧ 의지적인 결단을 한다. 자신의 욕구충족에 초점을 맞추고자 하는 본성을 다스리며 배우자에게 초점을 두고자 하는 의식적인 선택을 한다. 이것이 진정한 인격이다.

이 과정은 스스로의 상실된 자아를 서서히 되찾게 해주고 어린 시절에 잘려 나간 우리 자신의 일부분들을 통합하게 해준다. 또한 생각하고 느끼는 능력, 성적으로 그리고 영적으로 생동감을 느낄 수 있는 능력들, 우리 자신들을 창조적으로 표현할 수 있는 능력들을 되찾게 해준다. 우리의 상처들이 치료되고 보다 많은 부분들이 의식 속으로 들어옴에 따라서 우리는 새로운 통합성과 고유한 일치성을 지닌다. 이렇게 될 때 우리의 인격과 삶이 더욱 더 빛나게 될 것이다.

3. 의식적인 사고의 방해물

부부가 여러 주 동안 이마고 찾기 연습을 하면 자신과 배우자에 대해 새로운 이해와 아울러 긍정적인 느낌을 경험하게 된다. 그리고 마음으로 따뜻한 사랑의 감정이 일어나 가까워지게 된다. 그러나 새롭게 어려운 문제를 맞닥뜨리면 주도권 다툼을 다시금 시작한다. 이렇게 좋은 감정이 오래가지 못하는 것은 배우자가 자기의 원함을 채워줄 수 있다고 생각하기 때문이다.

부부간의 갈등을 해결하기 위해서는 의식적인 사고 연습이 필요한데 이것이 잘 안 되는 이유에는 크게 두 가지가 있다. 첫째, 어려서 받은 감정적 상처가 있으나 무의식적으로 자신에게 상처를 입힌 부모님을 닮은 동반자를 고르기 때문에 지금도 상처를 계속 주고받기 때문이다. 둘째, 설혹 이 상처가 치료된다 할지라도 인간의 마음은 깨어져서 끝없는 죄된 욕구를 채우려는 이기적인 갈망이 계속되기 때문이다. 그래서 합리적이며 신앙적인 의식적 사고를 하기 힘든 것이다.

1) 무의식적 사고

우리는 어릴 때 육체적이고, 감정적인 필요를 우리 힘으로 채우지 못했다. 즉 젖병이나 젖가슴이 나타났을 때 우리의 배고픔은 채워졌던 것이다. 그래서 우리의 옛 사고(무의식)는 우리의 행복이 다른 사람의 행동에 의해 좌우된다는 생각으로 굳어져 왔기에, 다른 사람이 나에게 사랑을 줄 때 행복할 것이라고 굳게 믿고 있다. 우리가 배우자를 선택할 때 무의식 중에 부모와 비슷한 수준의 사람을 선택한다. 우리는 이 관계에서 안전감과 사랑을 얻으려고 하며 이것이 유일하게 우리의 어릴 적 상처를 치료할 수 있는 방법이라고 확신한다. 이러한 무의식의 사고가 문제이다.

결혼상담전문가인 칼프레드 브로데릭(Carlfred Broderick)의 재미있는 에피소드가 있다(2007). 결혼 초기에 하루는 감기에 걸려 침대에 누워 있어야만 했다. 그는 침대에 누워 아내가 잘 보살펴 주기를 잔뜩 기대하고 있었다. 특히 브로데릭은 어렸을 때 아프면 언제나 어머니가 해 주셨던 것처럼 그의 아내도 큰 유리잔에 오렌지 쥬스를 듬뿍 따라 갖다 주기를 기다리고 있었다. 그러나 브로데릭의 아내는 온갖 정성을 다해 그를 간호해 주면서도 오렌지 쥬스만은 갖다 주지 않았다. 기다리다 지친 브로데릭은 자기딴에 있는 재치를 다 동원하여, "여보, 나는 우리집에 오렌지 쥬스가 없는 줄을 몰랐어"라고 말했다. 그제야 눈치를 챈 그의 아내는 조그만 잔에 쥬스를 따라 한 잔 갖다주었다. 그것을 다 마시고 난 후 여러 시간이 지나도 아내가 더 갖다주지 않자, 브로데릭은 한번 더 달라고 말했다. 똑같은 일이 이틀 동안이나 반복되자 참다 못한 그의 아내가 짜증 섞인 어투로 말했다. "도대체 당신하고 오렌지 쥬스는 무슨 관계가 있나요? 내가 아무리 갖다주어도 당신은 만족할 줄 모르니!” 어디가 아프든 오렌지 쥬스를 마셔야 병이 낫는다고 습관처럼 믿어왔던 브로데릭으로서는, 그의 회복에 관심이 없는 것 같은 아내의 행동을 이해할 수가 없었다. 그때 아내의 말을 듣고 하도 기분이 상해서, 기운이 있었더라면 집을 나가버렸을 것이라고 그는 나중에 회고했다. 훗날, 그가 이 일을 객관적으로 분석할 수 있었을 때, 그는 비로소 자신이 끝없이 갖다주는 오렌지 쥬스와 사랑받는 것을 동일시하고 있었음을 깨달았다. 그러나 그는 이 사실을 아내에게 알려주지 않았다. 아내의 입장에서 쥬스는 쥬스고, 사랑이란 환자로 하여금 의사의 지시를 충실히 따르도록 보살피는 것이라고 생각했을 뿐이다.

성숙한 결혼은 우리 안의 내적 어린아이가 발견되고 치료되면서 합리적으로 자기를 세울 수 있을 때 가능한데, 대부분의 사람들은 배우자를 통하여 내적 어린아이의 무의식적 욕구를 채우려 하기 때문에 결혼생활이 어려워진다.

이것은 필자의 경우에도 마찬가지였다. 내가 아버지께 사랑받지 못한 것 때문에 깊은 고통을 갖고 그 보상을 배우자에게 찾았기 때문에 이 결혼이 행복할 수 없는 것은 너무나 분명한 사실이었다. 그 당시 내가 상담 훈련을 받는 과정에서 한 상담자는 나에게 “당신의 아버지는 당신에게 사랑을 줄만한 에너지도 능력도 없었고, 당신의 부인도 당신에게 사랑을 줄만한 사람이 아니라는 사실을 인정하시오.”라고 말했다. 이 말은 내가 원하는 것을 과거에도 얻지 못하였고 지금도 얻지 못할 것이라는 의미였다. 나는 마음이 무너지는 고통과 아픔을 느끼며 울었다. 나는 정말이지 그 말에 동의하고 싶지 않았다. 하지만 계속 그 사실을 묵상하면서 점진적으로 수용해 나갔지만 심리적 욕구를 포기하는 것은 쉽지 않았다.

그 당시에 또 다른 심리치료훈련 과정에서 다른 상담자를 만나게 되었는데 그는 어릴 적 필요를 채울 수 있다는 견해를 가지고 있는 사람이었다. 그는 에릭 번의 이론을 통하여 내 안의 부모가 내 안의 어린 아이를 돌봄으로 말미암아 내가 나를 치료하는 기법과 게슈탈트적 접근을 가지고 나 자신이 나의 감정과 만나도록 도와주었다. 그 상담자는 마음을 편하게 한 후 나의 어린 시절로 돌아가서 아버지를 만나보라고 했다. 그리고 어떻게 사랑받고 싶었는지를 아버지에게 말하라고 하였다. 나는 아버지를 만나서 한없이 울었고 아버지로부터 용서와 위로, 사랑의 말을 듣게 되었다. 그리고 아버지의 마음을 이해하고 아버지를 돕는 착한 아들이 되어 순종하고 싶은 마음을 아버지에게 전했다.

상담자는 그 상처받은 어린아이를 껴안고 감싸고 포옹하며 위로의 말을 해주라고 하였다. 나는 그 어린아이에게 '얼마나 힘들게 살았는지, 얼마나 외로웠는지' 위로하면서 그 어린아이를 감싸주었다. 그리고 이제는 자유롭고 행복하게 살라고 그에게 축복해 주었다. 이러한 방법은 나에게 많은 치료효과가 있었고 심리적인 안정감과 위로를 주었다. 그러나 그것은 잠시였고 이내 공허함으로 가득하게 되었다. 왜냐하면 더 많은 사랑을 받아야 한다는 본성적인 욕망이 내 안에 가득했던 것이었다. 그러나 이 욕망은 아무리 채워도 채워지지 않는 끝없는 욕망임을 깨달았다. 치료는 하나님의 사랑으로 이루어지는 것이며 그 사랑으로 내가 나를 품어주는 것이다. 이러한 원리를 알게 해 준 심리치료는 그 나름대로 나에게 새로운 용기를 주었으며 많은 격려가 되었다.

옛 사고(무의식)는 때로는 자신을 좌절시키기도 하지만 근본적으로는 우리의 복지와 능력을 위해서도 꼭 필요하다. 왜냐하면 무의식적 에너지는 엄청난 힘을 가지고 있어서 이것을 치료하여 돌봐주면 엄청난 잠재력이 생기기 때문이다. 그러나 옛 사고의 문제점은 방향감각이 없다는 것이다. 우리의 옛 사고 안에 있는 중요한 목표들을 이루기 위해서는 우리 속에 있는 새 사고의 도움을 받아야만 하는데 그 새 사고는 우리로 하여금 선택하고, 결단하고, 배우자가 내게 상처를 준 부모가 아님을 알게 하고, 또한 어제가 오늘이 아님을 깨닫고 과거에서 벗어날 수 있도록 우리를 도와준다. 그리고 우리 삶의 다른 부분에서 합리적인 사고로 우리가 다른 사람을 사랑할 수 있도록 돕게 한다. 따라서 우리의 옛 사고 안에 있는 본능적으로 밀어붙이는 강렬한 힘과 새 사고 안에 있는 합리적으로 취사선택할 수 있는 능력을 조화롭게 활용한다면 우리는 능력있는 삶을 살 수 있게 될 것이다.

[표 4] 옛 사고와 새 사고

옛 사고	새 사고
비합리적, 이기적 : 방향감각이 없음(원초적)	합리적, 신앙적 : 선택, 결단, 사고력
본능적, 감정적 밀어붙임	배려, 신앙과 믿음, 조화의 힘

2) 무의식적 욕망

어릴 때에는 '생리적 욕구'를 충족시키는 것 자체가 사랑이었다. 그러나 성인이 되면 존재를 수용해주고 그와 원하는 것을 도와서 함께해야 사랑이 충족된다. 이러한 사랑에는 높은 인격과 사랑의 기술이 요구되며 어떤 것은 선별적으로 허락할 수밖에 없는 것도 있다. 그러나 성인이 된 우리도 내가 원하는 것을 다 받고 싶어하고 또 그래야 행복할 것이라는 어린아이 같은 마음이 있다. 이 마음을 버려야 한다. 나를 구제할 수 있는 힘의 근원이 다른 사람에게 있는 것이 아니라 나 자신에게 있다는 사실을 깨닫고 자신이 먼저 자기를 책임지려는 마음이 필요하며, 사랑 받는 것도 자기 허락 속에서 나를 남에게 맡겨야 한다.

우리의 배우자가 우리의 보호자와 같은 부정적인 성격을 가지고 있다면 우리를 치료할 수 없는데도 불구하고 사람들은 배우자가 변하면 행복해질 수 있다고 믿고 있다. 그러나 안타깝게도 배우자는 내가 원하는 것을 줄 수 없는 경우가 대부분이다. 하지만 본성적으로 이기적인 우리는 내가 주지 못하고 있는 것은 인정하려 들지 않고 상대방이 해주지 못하는 것만 보고 불평하고 있다. '바로 이 부분만 고치면 되는데 고치려 들지 않는 것이 저 사람 문제야. 어휴 언제나 고칠지…'라고 생각하며 산다. 여자인 경우, 바가지를 긁거나 잔소리를 하거나 다른 사람과 비교하면서 남편의 자존심을 훼손한다. 남자인 경우에는 회사 일을 핑계대고 집에 늦게 들어가거나 각종 경조사, 돈버는 것 때문이라는 등의 방법으로 도피하는데 너무 능숙한 것이 현실의 모습이다.

이 과정에서는 상대방이 알아주든, 알아주지 않든 배우자를 향하여 절제되지 않은 요구들이 계속 일어난다. 그러나 그 모든 것이 쉽게 응답될 수 있는 문제들이 아니다. 이 문제가 완전히 치료되려면 많은 시간이 필요하다. 그러나 좀 더 쉬운 해결책이 있는데, 그것은 바로 그들 자신의 불평을 진단해 보는 것이다. 그 모든 불평들을 검토해보면 그들이 어려서 너무나 원했으나 가질 수 없었던 욕망임을 알 수 있다. "당신은 한번도…", "당신은 언제나…" 이러한 비판들은 어려서 받지 못한 사랑이나 인정, 보호, 독립심 등이 변장되어 나타나는 것이다. 그러므로 숨어있는 고질적인 욕구불만을 찾아서 자각함으로 자신의 무의식적인 욕망을 다스려 나가도록 노력해야 할 것이다.

4. 의식적인 결혼생활

지금까지 모든 과정을 살펴볼 때 자동적인 사고가 결혼생활에 있어서 거의 모든 문제점들의 원인이라고 볼 수 있다. 우리의 옛 사고(old brain)가 어린 시절의 양육자들을 닮은 배우자를 찾도록 만드는데, 바로 그 옛 사고가 우리 자신과 배우자의 '실체'를 볼 수 없도록 방해하고, 또한 어려운 난관에 대해 유아적인 대응, 즉 보채거나 직면하는 방식으로 대처하게 해서 부부관계를 더욱 멀어지게 만들기도 한다. 그러므로 행복한 결혼생활은 두 사람의 관계회복을 위해서 의식적인 결혼을 하려는 결단과 연습이 필요하다.

내적인 상처를 치료하며 우리의 결혼이 성공적인 것이 되기 위해서는 자신의 상처를 인정하고 변화시키려는 결단을 갖고 의식적으로 노력해야 하는데 다음은 의식적인 결혼의 10가지 특징이다(Hendrix, 1988, 89-90).

① 부부관계를 통해 어린 시절의 상처들을 치료해 나가려는 목적을 가진다.

② 배우자의 실상을 정확하고 확실하게 알기 위해 노력한다.

③ 당신의 필요와 욕구를 배우자가 이해하도록 자신의 내면을 잘 깨닫고 전달할 책임을 진다.

④ 부부관계에 좀 더 의도적이며 건설적으로 접근한다.

⑤ 배우자의 필요와 바람을 자신의 것처럼 소중히 생각한다.

⑥ 자신의 부정적인 면을 발견하고 치료를 통해 고쳐나갈 것을 결단한다.

⑦ 자신의 필요와 욕구를 충족시킬 수 있는 새로운 방법들을 배운다.

⑧ 부부의 좋은 만남과 관계를 만들기 위해 자신이 갖고 있지 않은

좋은 점과 능력들을 찾고 계발시키기 위해 힘쓴다.

⑨ 사랑을 받고 싶고 사랑을 받아야 행복할 것이라는 무의식의 사고를 달래고 위로하여 참 사랑을 주는 행복을 기뻐하며 이 마음을 키워서 모두 사랑하고 모두와 하나가 되고자 하는 열망을 개발한다.

⑩ 진정으로 행복한 결혼을 이끌어 나가기가 매우 어렵다는 사실을 받아들인다.

만약에 의식적인 새 사고가 좀 더 능동적인 역할을 한다면 우리의 결혼은 성숙을 향해 가게 될 것이다. 옛 사고의 구습에 의해 움직이는 무의미하고도 자동적인 부부관계가 의식적인 사고연습을 통하여 좀 더 아름다운 관계로 발전할 수 있도록 노력해 보자.

오래된 두뇌의 문제점은 어디가 어딘지 길을 모른다는 것이다. 마치 샘이 있는 곳을 찾아 길을 헤매는 눈 먼 짐승처럼 말이다. 그래서 새로운 두뇌의 지원을 받아야 한다. 새로운 두뇌야말로 무언가를 선택하고 의지를 발휘하게 해주는 동시에, 배우자는 부모가 아님을 알게 해주는 것이다.

이러한 사고 연습을 반복하면서 내가 본성적으로 받고 싶어하는 것은 나의 어리석은 욕망이며, 무지개를 잡으려는 것처럼 헛된 추구임이 점점 내 마음 깊이 인식되어 지는 것이다(Hendrix, 1988, 125). 이러한 노력이 있을 때에 우리 속에 통찰이 일어나 치료와 개선의 효과가 나타날 것이다.

다음은 어떤 갈등 사건이 일어났을 때에 무의식적인 반응을 하는 경우와 의식적인 반응을 하는 경우를 비교해 놓은 것이다.

[표 5] 감정두뇌와 사고두뇌

사건 : 기분 좋게 아침을 먹고 있는데 후라이팬의 음식이 타서 남편이 갑자기 화를 냈다.		
	감정두뇌 (자동적, 자기중심적 사고)	사고두뇌 (의식적, 합리적, 신앙적 사고)
아내의 사고	• 배우자가 나를 공격하고 있으니(나의 안전을 지키기 위해서) 맞서 싸우자.	• 배우자의 기분을 생각해보고 합리적으로 반응하자.
아내의 반응	• "당신도 어제 우유를 쏟아놓고 내가 음식을 좀 태웠다고 뭘 그래요. 당신은 말할 자격도 없어요." • 또는 아예 말을 안 하고 나가 버린다.	• "내가 후라이팬의 음식을 태워서 당신이 화가 났군요." • "내가 음식할 때 좀 더 주의를 기울이지 못해서 당신이 속상하셨군요."
남편의 반응	• 화를 내며 아침도 안 먹고 나가버린다. • 아내를 더 공격한다. "아니, 저 여자가 자기 잘못은 모르고..." • 자기 연민에 빠진다. "그래, 말한 내가 잘못이지. 미안하다. 미안해..."	• "당신이 내 마음을 알아주니 고마워. 다음부터는 조심해요." • "아침에 여유가 없어 순간 짜증을 냈는데 당신이 잘 받아주어 고마워"
결과	• 쾌적하고 오붓했던 아침시간은 깨지고 결혼생활에 회의를 느끼게 된다.	• 서로 수용함으로 사랑과 신뢰가 쌓인다.

핸드릭스는 의식적인 결혼을 강조하면서, 그것을 이스라엘 백성을 출애굽 시켜 가나안으로 이끄는 모세의 교훈을 통하여 설명하고 있다. 이스라엘 백성의 이야기에서 결혼이라는 여정에 도움을 얻을 만한 첫 번째 교훈은 대부분의 사람들은 별 즐거움이 없는 틀에 박힌 상호작용을 반복하면서, 마치 잠을 자는 사람처럼 결혼생활을 한다는 것이다. 이집트 사람 밑에서 400년 동안 속박되어 살았던 이스라엘 백성들처럼, 우리는 자신이 누구인지 잊어버린 채 살고 있다.

두 번째로 우리는 변화를 두려워하는 포로임을 가르쳐준다. 즉 부부들에게 새로운 행동을 시도해 보라고 권할 때마다 그들은 절망한다. 그리고 새로운 형태의 관계를 익히느니, 차라리 이혼을 하고 가정을 깨뜨리며 재산을 나누겠다는 사람들도 있다. 그들은 눈 앞에 길이 훤히 열려 있는데도 불구하고, 홍해 바다 앞에서 쩔쩔매는 이스라엘 사람들과 똑같다.

마지막으로 아무런 희생도 치르지 않으면서 아주 편안하게 삶의 보상이 주어지길 기대하기도 한다. 이스라엘 사람들은 약속의 땅을 하나님이 아담과 이브에게 선물하려고 미리 만들어 놓은 에덴동산 같은 곳이기를 원했다. 마찬가지로 우리도 결혼이라는 간단한 행위만으로 모든 고통이 치료되기를 바란다. 아름다운 공주가 잘생긴 왕자를 만나 오래도록 행복하게 살았다는 동화처럼 살고 싶어한다. 그러나 이스라엘 백성들이 약속의 땅을 바라보는 목표와 가나안 땅을 반드시 정복하겠다는 각오가 있었을 때 비로소 그 땅에 발을 들여놓아도 좋다는 하나님의 허락을 받았고 마침내 그 땅은 정복되었다. 마찬가지로 우리도 결혼을 변화와 자아성장, 그리고 섬김과 헌신의 도구로 바라볼 때에야 비로소 무의식적인 갈망을 만족시킬 수 있다(Hendrix, 1988, 141-142).

오늘의 문화에서 볼 때 사람들은 점점 고통을 회피하며 고통을 혐오한다. 과거의 상실을 느끼거나 슬퍼하는 것에 대한 가치를 발견하는 것은 많은 사람들에게 어려운 일이다. 우리는 즉각적인 만족, 빠른 기분전환, 즉각적 쾌락을 원하는 세대이다. '아프면 마비시켜라. 쑤시면 중지시켜라. 부서지면 버려라.' 상상할 수 없는 돈을 쾌락과 욕구 만족에 쏟아 붓는데도 왜 그토록 기쁨이 없는지 참으로 놀라운 일이다. 심지어 그리스도인들조차도 과거의 고통을 반추하는 것을 부정적으로 보는 경우가 있다. 그렇게 하는 것은 용서받지 못한 증거라든가, 아직도 내면에 있는 오래된 죄성을 붙들고 있는 것이라고 생각한다. 그렇지만 우리가 연구한 바로는 사람들이 자신의 상처를 기꺼이 보려고 한다면 하나님의 은혜로 그것을 치료하고 극복할 수 있게 된다는 점이다 (Beverly & Tom Rogers, 2004, 69).

| 활동 |

* 의식적인 부부관계 연습

1. 출구 막기

① 배우자와의 관계를 구멍이 난 직사각형으로 나타낸다고 상상해보자. 열린 공간은 배우자와의 관계 속에서 힘이 들 때면 빠져나갈 방법부터 생각하고 문제를 회피하려는 당신의 '출구'다. [51]

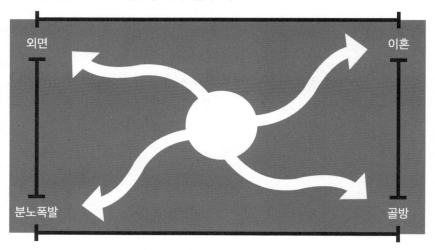

[그림 9] 우리의 출구

51) 배우자들이 교묘하게 도망가는 방법들은 대개 다음과 같다. '로맨스 소설을 읽거나' '차고 안으로 들어가 버리거나' '전화를 붙들고 살거나' '차에 애정을 쏟거나' '아이들과 너무 많은 시간을 보내거나' '교회의 모임에 앞장서서 나서거나' '친정 엄마와 어울려 다니거나' '소파에서 잠을 자거나' '스포츠광이거나' '저녁식사 시간이 한참 지나서야 집에 오거나' '입으로는 사랑한다고 말하면서 머릿속으로는 딴 생각을 하거나' '하루 종일 아프고 피곤하다고 앓는 소리를 하거나' '몸이 닿는 것을 싫어하거나' '술을 많이 마시거나' '거의 매일 저녁을 친구들과 보내거나' '누워 있거나' '섹스를 거부하거나' '섹스는 하되 애무는 하지 않거나' '스포츠에 집착하거나' '폭식을 하거나' '주말마다 낚시를 가거나' '쇼핑을 하거나' '공상을 하거나' '말하기를 싫어하거나' '하루 종일 집안일을 하거나' '자위행위를 하거나' '기타를 치거나' '예금을 따로 관리하거나' '싸움을 걸거나' '잡지를 읽거나' '술집에 간다'고 한다(Hendrix, 2004, 154).

② 부부간 출구 목록 작성하기

부부간의 출구 목록표를 보고 당신이 지금 없앨 수 있다고 생각하는 출구 목록은 O 표를 하고, 변화하기 어려울 것 같은 출구 옆에는 X 표시를 한다. 그리고 작성한 목록들을 가지고 커플끼리 심정대화를 사용하여 나눈다.

<필자의 사례>

	심수명의 출구 목록	이영옥의 출구 목록
1	분노폭발(아내를 겁주기 위해 화를 낸다.)	화가 나면 말대꾸를 하지 않고 끝까지 입을 다물고 침묵으로 일관한다.
2	온몸으로 이혼의 결단을 알리며 배우자를 위협한다. ("끝내버리지, 뭐!")	아무런 문제가 없었던 것처럼 태연히 다른 이야기를 한다.
3	외면, 문제회피, 아무 문제가 없는 것처럼 위장한다.	집안 일을 거칠게 하면서 간접적으로 분노를 드러낸다.
4	혼자서 사역에 빠지거나 골방, 산책, T.V 등을 혼자 즐긴다.	외출하여 친구들을 만나거나 영화를 본다.

<나의 사례>

	나의 출구 목록	배우자의 출구 목록
1		
2		
3		
4		

③ 약정서 작성

"나는 이번 주(날짜 기입)부터 우리의 관계를 위해 시간과 에너지를 들일 것을 동의합니다."

약정서의 예 : 이번 주 9월 16일부터 23일까지 아내와의 대화를 위해 매일 11시까지 귀가하겠으며 특별히 긴급한 일이 발생하는 경우에 아내의 허락을 얻어 처리할 것을 약속합니다.

<예시>

	약정서 목록	대처방법	O/X
1	매일 아내와 30분 이상 대화하기	퇴근 시간 및 일정 조정	
2	1주일에 1회 아내와 가벼운 운동하기(체조 등)	주중에 일정한 시간 정함	
3	2주일에 1회 외출하기 (외식, 문화생활)	사전에 아내와 상의	

<나의 약정서>

	약정서 목록	대처방법	O/X
1			
2			
3			
4			
5			

2. 로맨스 만들기

① 현재

배우자가 현재 행하고 있는 행동이나 말, 상징들 중에서 당신이 느끼기에 돌봄이나 사랑의 감정이었던 것을 아래 빈칸에 최대한 많이 쓰시오.

<예시>

	내가 느끼기에 돌봄이나 사랑의 감정을 느낄 때는....	척도(1-5)
1	따뜻한 말이나 상냥한 분위기로 나를 맞이하고 대해 줄 때	
2	깨끗하게 자신의 몸과 외모를 가꿀 때	
3	거칠게 위협하거나 험악한 분위기를 만들지 않을 때	
4	자기 영혼을 아름답게 세워 갈 때	
5	사랑으로 애정을 고백하거나 요구할 때	
6	음식을 만들고 챙길 때	
7	관심을 가져줄 때(내 생활, 일..)	
8	대화하려고 노력할 때	
9	나의 좋은 점을 발견하여 칭찬해 줄 때	
10	자신의 삶을 세우고 기도생활 열심히 할 때	

<나의 사례>

	내가 느끼기에 돌봄이나 사랑의 감정을 느낄 때는....	척도(1-5)
1		
2		
3		
4		
5		
6		

② 과거

과거에 로맨틱했던 시절을 회상하여 쓰시오. 지금은 하지 않지만 과거에 하곤 했던 다정했던 행위들을 기억하여 쓰시오(어느 정도였는지 빈도수도 적어보시오)(Hendrix, 1988, 267).

<예시>

내가 느끼기에 돌봄이나 사랑의 감정을 느꼈을 때는….	빈도수	척도(1-5)
사랑하고 존경하는 눈빛		
사랑하는 마음으로 집안 일을 함		
사랑하는 마음으로 내 일을 도와줌		
함께 손을 잡고 산책하거나 음식을 먹고 이야기하는 것		
나를 감싸고 인정해 줄때		

<나의 사례>

내가 느끼기에 돌봄이나 사랑의 감정을 느꼈을 때는….	빈도수	척도(1-5)

3. 나만의 비밀스러운 욕구

항상 원했지만 결코 이루어지지 않았던 돌봄과 사랑의 행동이 있을 것이다. 이런 것들은 환상이나 경험 또는 이상적 배우자를 그려봄으로써 이루어질 것이다. 이것이 비밀욕구이다(Hendrix, 1998, 269). 아래에 긍정적이면서도 구체적인 단어로 당신의 비밀욕구를 써 보도록 하자. 당신은 이것을 표현하기에 약간의 두려움을 느낄 것이다. A칸에는 두려움을, B칸에는 당신의 욕망을 기록한다.

<예시>

A 없애고 싶은 나의 두려움은..	B 내가 원하는 사랑의 표현은...	척도(1-5)
내가 무능하거나 병들거나 일이 잘못 되었을 때 나를 버리면 어떻게 하나...	나는 당신이 필요해요. 언제나 당신 곁에 있을게요.	5
내 욕망을 표현하면 거절할 것 같다.	무엇이든 다 들어줄께요.	5
내가 쓸모없게 되면 나를 버리지 않을까?	당신을 진심으로 사랑해요. 염려하지 말아요. 당신을 끝까지 지켜줄게요.	5

<나의 사례>

A 없애고 싶은 나의 두려움은..	B 내가 원하는 사랑의 표현은...	척도(1-5)

4. 깜짝 놀라게 해주기

① 배우자 놀라게 해주기

당신의 배우자를 기쁘고 놀라게 해 줄 항목들을 써 보자. 과거의 경험이나 배우자가 원했던 기억들을 되살리면 도움이 될 것이다(Hendrix, 1988, 270)

<예시>

	배우자를 놀라게 해줄 목록	O/X
1	집안 청소, 아이들과 놀아주기	
2	배우자의 섭섭함을 들어주고 위로해주기	
3	이벤트 준비해서 놀래주기	
4	평소에 원하던 것을 기억하여 해주기	
5	원하는 선물 사주기	

<나의 사례>

	배우자를 놀라게 해줄 목록	O/X
1		
2		
3		
4		
5		

이 목록표를 항상 가지고 다니면서 새로운 항목이 생기거나 생각이 나면 다시 새로 만들고 최소한 한 달에 한 번은 놀래켜 주도록 노력한다.

② 내가 원하는 목록 만들기

당신이 배우자로부터 갑작스럽게 받았을 때 놀랄 만한 목록을 만들어 보자.

<예시>

	내가 원하는 목록	O/X
1	함께 운동해 주기	
2	맛있는 음식 사주기	
3	그동안 잘못했던 것 사과하기	
4	내가 좋아하는 것들 해주기(옷, 선물, 청소, 안마 등)	

<나의 사례>

	내가 원하는 목록	O/X
1		
2		
3		
4		

당신의 배우자와 함께 목록표를 나누고 새로운 항목이 생길 때마다 첨가하여 새로 만든다.

5. 여가 즐기기

① 배우자와 같이 하고 싶은 즐겁고 자극적인 활동들의 목록을 만든다. 이 활동들은 육체적으로 즐겁고 얼굴을 맞대고 하는 경험과 신체적 접촉이 포함되어야 한다.

<예시>

	여가 목록표
1	안마해주기
2	볼링이나 수영하고 나서 사우나 가기
3	여행가기
4	마음껏 TV보거나 게임하기

<나의 사례>

	여가 목록표
1	
2	
3	
4	

② 매주 한 항목을 골라서 시행한다. 때때로 아이같이 여가를 즐기기가 어려울 수도 있을 것이다. 그리고 어떤 저항을 느낄지도 모른다. 그러나 이 연습을 하는 것이 중요하다.

7장 이마고에 따른 배우자 선택

1. 뇌의 자동 반응

갑자기 누군가가 문을 열고 들어온다. 그때 사고두뇌는 자동적으로 이 사람이 어떤 사람인지 파악하기 위해 더 오래된 정보저장고인 감정두뇌에 정보를 전달하여 검색한다. 그러면 감정두뇌는 그 이미지를 받아 저장되어 있는 다른 이미지들과 비교한다. 그때 다음과 같은 메시지가 검색된다. '이 사람은 낯선 사람이 아님.', '이 이미지와 관련된 위험한 사건 없음.', '이 이미지와 관련된 여러 건의 즐거운 일들이 있었음.'이라는 정보가 순식간에 검색되면서 그 대상자에 대한 긍정적인 결론에 도달한다. 그리고 그 낯선 사람이 평소에 자기를 잘 돌봐주던 이모라는 것이 확인된다. 이때 감정두뇌는 뇌간에 공습경보 해지 신호를 보내고, 비로소 침입자를 향해 두 팔을 벌리며 걸어간다. 이때 사고두뇌가 작용하면서 이렇게 말한다. "이모! 웬일로 저희 집에 다 오셨어요!" 이 모든 과정은 아주 순식간에 일어난다.

이제부터는 조금 다른 상황을 가정해 보자. 집안으로 들어온 사람이 이모가 아니라 고모이며, 이번에는 두 팔을 벌려 그녀를 반기기는커녕 허락도 없이 집에 들어왔다고 짜증을 낸다. 이 두 여성에게 왜 이렇게 다른 반응을 보이는 걸까? 그것은 아래와 같은 과거의 기억들이 보라의 감정두뇌에 저장되어 있었기 때문이다.

보라가 18개월 되던 때에 엄마가 동생을 출산하느라 병원에 입원해야 했다. 그동안 보라는 고모 집에서 일주일간 지내야 했다. 엄마는 보라의 동생이 태어나기 전부터 보라를 고모 집에 보낼 준비를 하면서, "엄마가 병원에 가서 동생을 낳을거야. 그때까지 엄마랑 빠이빠이 하는 거야… 동생이 태어나면 집으로 데리고 올게"라고 설명해 주었다. '병원', '동생'이라는 단어는 보라에게 아무런 의미가 없지만, '엄마', '빠이빠이'라는 단어는 분명히 의미가 있는 말이었기에, 엄마가 이 두 단어를 동시에 언급할 때마다 보라는 불안해져서 엄지손가락을 빨곤 했다. 그로부터 몇 주일 뒤, 엄마는 동생을 낳기 위해 병원으로 갔고, 보라는 곤히 잠든 사이에 자기 방 요람에서 고모 집으로 옮겨졌다. 눈을 뜨자 보라는 낯선 집에 혼자 누워 있었고, 울음을 터뜨렸을 때 그녀에게 다가온 사람은 엄마도 아빠도 아닌 고모였다. 그리고 보라는 며칠 동안 내내 불안에 떨면서 보냈다. 고모는 보라를 매우 사랑해 주었고 무척 따뜻하게 보살펴 주었지만, 보라의 마음에는 버림받았다는 생각만 가득했다.

이 경험 때문에 보라는 고모만 보면 원초적인 두려움이 떠올랐고, 몇 년 동안은 고모의 한숨 소리를 듣거나 고모가 즐겨 쓰는 향수 냄새만 나도 재빨리 방을 빠져 나오곤 했다. 그 후 몇 년이 지나고 나서는 아무런 거리낌 없이 고모와 즐거운 추억을 만들기도 했지만, 그럼에도 불구하고 30년이 지난 지금까지도 고모가 방문을 열고 들어오면 보라는 밖으로 빨리 나가고 싶은 충동을 느낀다. 자리에 일어나서 고모를 반기는 행동은 순전히 위대한 교육의 효과일 뿐이다(Hendrix, 1988, 26-29 참조).

2. 뇌의 구조

인간의 뇌는 뉴런이라 불리는 수백만 개의 세포로 이뤄진 가시덤불 숲 같다. 셀 수 없이 많은 전류와 화학적 신호가 그 사이를 오간다. 우리 뇌는 '삼위일체'의 모양새를 가지고 있다. 즉 세 개의 뇌로 이루어지는데, 각각은 조화를 이루며 발전해 나간다.[52] 뇌간이 가장 먼저 성장되며, 다음으로 대뇌변연계라고도 불리는 감정두뇌가 발달한다. 이 감정두뇌의 주요 기능은 생존하는 것이기 때문에, 어떤 특정한 패턴을 공포와 위험, 상실, 죽음 등과 연관하여 인식한다. 이 뇌는 좌뇌처럼 결정하는 능력이 없기 때문에 상황으로부터 온갖 결론을 끌어내고 어떤 특정한 자극에 대해서는 속사포처럼 반응한다.

가령 비 오는 날 운전을 하고 가는데 길이 미끄럽고 갑자기 앞에 있는 차들이 서는 것을 보면, 우리는 본능적으로 브레이크를 힘껏 밟는다. 가슴은 쉴 새 없이 뛰고, 손에는 진땀이 난다. 감정두뇌의 생존 본능이 전력으로 가동한 것이다. 이 감정두뇌는 시간을 인식하지 못하고 또한 시간에 영향 받지 않는다. 그러므로 다섯 살 때 이 체계에 기록된 것에 대해서는 서른다섯 살에도 똑같은 공포와 위험으로 느껴지게 된다(Beverly & Tom Rogers, 2004, 92-93).

예를 들어 상미는 어릴 때 난로에 손을 덴 적이 있었다. 그 당시, 부모는 술을 마시러 외출하였고 그녀를 돌볼 사람이 아무도 없었기 때문에 그녀는 이 일이 너무 충격적이었다. 지금까지도 난로를 너무나 싫어하는 그녀는 남편이 장작용 난로를 사려고 하자 못 사게 하였다. 깊

---

52) 뇌를 사고두뇌와 감정두뇌, 그리고 뇌간이란 이름으로 분류하려고 한다(Mellin, 2004, 46-48).

숙이 자리 잡은 난로에 대한 고통스런 느낌이 현재까지 지속되는 것이다. 우리 대부분에게는 장작용 난로가 위험하지 않다는 것은 명백하다. 그렇지만 상미의 경우, 이성적인 사고의 과정을 사용하지 못하고 자신도 모르게 감정두뇌의 지배를 받고 있는 것이다.

마지막으로 사고두뇌, 즉 대뇌신피질이 발달한다. 이 대뇌피질, 즉 사고두뇌는 자신의 행동을 관찰하고 평가한다. 그래서 사람은 자신이 하는 행동을 객관적으로 비판하고 평가할 수 있는 것이다.

예를 들어 슈퍼마켓에서 너무 느리게 계산하는 직원에게 화를 내며 무안을 줄 때, 그 순간 사랑과 배려가 부족한 자신의 모습을 깨닫는 객관적인 정신 능력이 그것이다. 그럼에도 불구하고 원초적인 인간행동의 대부분은 사고두뇌와 밀접하게 연관되어 있거나 정확하게 맞아떨어지지 않는다. 또 다른 예로, 박사학위를 가지고 있다 하더라도 자신의 성장과정에 대해 통찰이 부족한 경우, 여러 문제점을 갖고 있는 경우를 종종 볼 수 있다. 이처럼 지식, 통찰력, 계획, 결심만으로 행동을 제어하기는 어렵다.

이렇게 세 개의 뇌가 서로 상호작용을 한다고 할지라도 각각은 서로 다른 강점과 역할이 있다.[53] 뇌간은 몸의 기초적인 신진대사와 반응을 책임지는 곳으로 변화를 이끌지는 못한다. 사고두뇌도 강력한 뇌의 일부로 여겨지지만 실제로 사고보다 훨씬 더 강력한 것이 감정이다. 감정이 북받칠 때에는 사고두뇌가 아무리 이래라 저래라 한다 해도 이성으

---

53) 사고두뇌와 감정두뇌가 서로 균형을 이루고 있으면 가장 이상적인 것이라 할 수 있다. 그런데 사고두뇌만 발달하고 감정을 억압하는 경우에는 문제가 발생할 가능성이 높은데 한국의 교육은 사고두뇌나 감정두뇌를 높이기보다 암기와 주입식 위주의 교육을 하기 때문에 문제가 있는 것이다.

로 행동할 수는 없다. 비록 사고두뇌가 이성에서 벗어나는 행동을 제어해주긴 해도 행동을 지휘하고 감정의 균형을 잡으며, 원초적 충동이나 영적소통, 대인관계의 중추가 되는 것은 바로 감정두뇌다. 따라서 감정두뇌의 변화 없이는 획기적인 발전을 기대할 수 없다(Mellin, 2004, 46-48).

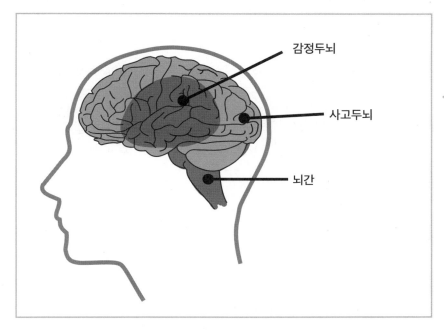

[그림 10] 뇌의 구조

[표 6] 뇌의 기능 및 특성

	뇌간	감정두뇌	사고두뇌
다른 이름	원시적 뇌,본능적 뇌	변연계, 편도, 시상하부, 오래된 두뇌	대뇌피질, 피질연합영역, 논리뇌, 새로운 두뇌
영역	숨쉬기, 심장박동, 소화기 등 다른 내부기관의 기능이나 기초적인 신진대사를 관장	관계에서 감성과 사랑을 담당하여 열정이라는 감정을 관장	감각, 의식적인 운동 조절, 말하고 쓰고 도구를 사용하고, 계산하는 등, 논리적인 과정이 일어나는 곳
기능	생명을 유지시켜주는 역할	원초적, 정서적 충동, 대인관계의 역할 담당	지식과 통찰력, 추상적 사고, 계획, 의도, 의사결정
특성	어릴때 부터 형성된 사고, 습관, 태도, 기질, 삶의 방식, 즉 공격적, 외향적, 내향적, 소극적, 적극적 기질 등 사람의 성향에 영향을 줌	과거와 현재의 시차가 없음. 과거의 경험이 현재 계속 연결됨. 어릴 때 경험한 사건들이 상호작용하여 프로그램화되어 그 경험을 반복	판단력, 언어사용능력, 계획수립능력, 고통이 와도 아무 문제 없음. 복잡한 문제 해결 능력. 원초적인 인간행동과는 연관성이 거의 없음

3. 감정두뇌와 인간관계

앞에서 살펴보았듯이 과거의 외상이 원인이 되어 현재까지 문제를 가지게 되는 것은 감정두뇌의 작용 때문임을 알 수 있다. 감정두뇌의 주된 관심은 오로지 자기 보존이다. 아무리 빈틈없는 경계 태세 중이라 해도, 감정두뇌가 물어보는 원초적인 질문은 '안전한가?'이다. 따라서 감정두뇌가 사랑에 대해서 잘못된 부정적인 느낌이나 지각을 가지고 있다면 참으로 위험할 수 있다.

필자의 경우 사랑이란 행복한 것이 아니라 치명적일 만큼 고통스러운 것이라는 왜곡된 기억이 감정두뇌에 기록되어 있었다. 요구하는 사랑은 치사한 것이라는 왜곡이 내 마음 속에 자리잡고 있었다. 그것은 내가 태어날 때부터 나에게 화가 난 아버지의 분노로 기인된 일이다. 출생 과정에서 산모의 생명과 아기의 생명을 잃을 뻔 한 어머니의 위기는 아버지에게 고통을 주어 아버지는 그 화를 내게 풀어내셨다. 그래서 집안에서 그 누구도 나를 사람으로 대하면 아버지는 더욱 분노하셨다. 하지만 어린 나는 아버지의 사랑이 그리웠기에 아버지의 사랑을 얻기 위해서 목숨을 건 투쟁을 해야만 했다. 나는 아버지의 사랑을 얻기 위해서 아버지와 어머니 사이에서 눈치를 보아야 했고, 아버지와 형, 아버지와 동생 사이에서 그들이 무엇을 어떻게 해야 사랑받는지 유심히 관찰하여 아버지가 사랑을 줄 만한 행동을 하려고 노력하였다. 그러나 안타깝게도 성공을 거둔 예가 없었다. 그러나 가족 이외의 타인들은 가끔씩 나의 행동에 대해 사랑의 반응을 보여주었기에 나의 내면세계는 늘 복잡하게 뒤얽혀 있었다. 이러한 모든 것을 종합하여 내린 나의 결론은 사랑은 노력, 성공, 연민, 학대, 부정적 관계들이 함께 복잡하게 돌아가는 과정이라 느꼈고 결국 나의 감정두뇌는 사랑을 받는다는 것은 수치이며 굴욕이라고 생각하게 된 것이다.

순수하고도 일관된 지지와 사랑을 받았으면 사랑에 대한 오해도 없으련만 나는 그렇지 못했으니 사랑받기 위해 얼마나 고뇌와 갈등을 해야 했던지… 문제가 더 심각했던 것은 아버지와 관계 맺고 싶은 마음이 작동할 때, 아버지는 관계 자체를 회피했기 때문에 사랑에 대해 확인할 길이 없었다. 따라서 사랑에 대해서는, 환상과 나름대로의 근거 없는 느낌들로 왜곡된 상이 형성되었다.

내 인생의 아픔은 여기에서 끝나지 않았다. 아버지의 외면으로 인해 이 세상의 권위 있는 모든 남성들이 다 나를 배척하고 미워한다는 오해로 소외감을 갖고 살았고, 이것이 온 세상 사람에게 확대해석이 되었다. 특히 아버지와 한 번도 대화를 나눠보지 못한 나는 권위자에게 이야기를 쉽게 할 수 없었다. 정말이지 그것은 상상할 수도 없이 불가능한 일처럼 여겨졌다. 그래서 학창시절 공부를 잘하여 장학금 신청을 할 수 있었음에도 불구하고 담임선생님이나 학교 담당자에게 나의 사정을 이야기하지 못해 번번이 괴로움을 겪어야 했다. 그래서 학교 중퇴, 자퇴, 복학을 반복하며 공부하느라 스스로 그 아픔과 한을 가지고 살았으니 이 얼마나 안타까운 일인가? 나의 어리석음은 여기에서 끝나지 않는다. 그 이후 성인이 되어서도 권위자들과 상당한 기간 동안 어려움을 겪어야 했으니 말이다.

부부관계에서도 감정두뇌의 작용은 여전히 반복된다. 우리는 과거 양육자의 부정적, 혹은 긍정적인 속성의 무의식적 이미지에 끌린다. 이 이미지 때문에 우리는 배우자에게서 과거 양육자의 긍정적인 속성을 구현해 내려는 욕구를 가지고 부정적인 속성에 무의식적으로 끌린다.

이러한 과정은 왜 그토록 많은 사람들이 원가족의 특징을 복제한 배우자를 선택하는지 설명해 주고 있다. 가학적인 알코올 중독자의 딸이 무의식적으로 알코올 중독자인 남편을 선택하는 것이 그 예가 될 수 있다. 딸은 아버지와 같은 남자와는 절대 결혼하지 않을 것이라고 다짐하고 술을 마시지 않는 남편감을 찾으려 할 것이다. 그렇지만 그녀는 여전히 어떤 형태로든 중독을 가진 배우자를 고를 위험이 매우 높은 것이다(Beverly & Tom Rogers, 2004, 136).

필자의 감정두뇌도 인간관계에 대한 긍정적 경험을 가지지 못했기 때문에 부부생활에서 말할 수 없는 퇴행, 부정적 모습, 역기능적인 태도가 나타나 갈등이 끊임없이 발생하였다. 이처럼 결혼생활을 파괴로 몰아넣는 것은 감정두뇌의 힘인 것이다. 감정두뇌는 부정적인 경험들을 근거로 해서 부부가 단순한 정보들을 교환하는 과정에서 왜곡되고 비합리적으로 해석하게 한다(Beverly & Tom Rogers, 2004, 95).

예를 들어서 아내가 정말 오래 참고 계획해서 자신의 옷 한 벌을 사왔는데 값도 싸고 잘 어울렸다. 그러면 기뻐하고 축하해야 마땅할 것이다. 그런데 아내가 자신의 옷을 샀다고 조심스럽게 이야기 하는 순간 감정두뇌는 '왜 자기 옷만 샀는가?(피해의식, 손해보는 마음), 돈을 자기 혼자만 다 쓰는구나(의심, 분노), 이러다가 우리 집안이 다 망하지 않을까(과대망상)?'라는 생각이 들면서 아내를 향해 비평하며 적대적으로 대하는 것이다. 이런 마음이 들기 때문에 배우자를 괴롭게 하여 고통을 주기도 하고 때로는 더욱 분노하면서 아내가 나에게 순종하지 않는 못된 여자라고 온 천하에 말하고 싶은 마음이 드는 것이다.[54]

---

54) 결혼생활에 문제를 일으키는 주범은 오래된 두뇌라는 사실을 쉽게 떠올릴 수 있을 것이다. 우리를 돌보아준 부모님과 닮은 사람을 배우자로 선택하게 한 주동자는 오래된 두뇌다. 자기 자신과 배우자의 실체를 제대로 볼 수 없게 만든 온갖 복잡한 방어기제-투사, 전이, 내면화-의 원천도 오래된 두뇌다. 좌절감을 느낄 때 유아기적인 반응을 일으키는 원함에 '울고불고 따지다가' 오히려 소외감만 깊어지게 된 것도 순전히 오래된 두뇌의 책임이다(Hendrix, 2004, 124).

다음 예를 또 생각해 보자. 유명한 법률회사에서 일하는 35세의 여성 변호사가 어느 날 일하던 중 갑자기 남편 생각이 나면서 로맨틱한 생각이 들어 남편에게 전화를 했다. 비서가 지금 사장님이 부재중이고 연락할 방법이 없다고 한다. 이성적 판단은 '늦게 점심을 먹으러 갔거나 고객을 만나고 있는 중일 수도 있다'고 생각하고 싶었으나 정서적으로는 그 순간에 '버려진' 느낌이 일어난다. 이 때 그녀의 무의식 속에서는 어렸을 때 어머니가 낯선 베이비시터에게 자기를 맡겨놓은 채 일하러 갔을 때의 '버려진' 느낌과 동일한 황량한 마음이 일어난 것이다.

중년 남성으로 대기업의 중간 관리자인 사람이 한 고객과의 미팅을 통하여 수억 원에 상당하는 계약을 따냈다. 집으로 돌아오는 내내 이 승전보를 한시라도 빨리 부인에게 알리고 싶은 마음이 충만했다. 그런데 집에 돌아오니 냉장고에 아내의 메모가 붙어 있었다. "일이 많아서 오늘 저녁은 좀 늦을 거예요. 먼저 저녁 먹어요." 그 순간 초조한 마음과 깊은 허탈감, 분노가 일어나 그 상실감을 채우기 위해 냉동실을 열어 초콜릿이 가득 든 아이스크림을 두 그릇이나 퍼 먹고 나서야 정신을 차릴 수 있었다. 엄마 젖에 대한 보상이랄까, 포만감이 들고 나서야 조금 안정이 되면서 아내에 대해서 서운한 마음도 좀 누그러졌다.

이같이 우리의 상처받은 감정두뇌는 현재와 과거를 자유롭게 넘나들면서 생각하고, 느끼고, 반응한다. 감정두뇌의 생존기제들은 우리가 위험이 닥쳤을 때하는 방어기제로 공격하기, 복종하기, 회피하기, 죽은 척하기, 냉담하기, 숨기 등의 행동을 하게 만든다. 감정두뇌는 이미 어린 시절에 저장된 기억들, 즉 아주 무서운 감정적 상처나 빼앗김, 당혹감 같은 이미지들을 다시 떠올리는 능력을 가지고 있다. 그리고 논리적 뇌가 가지고 있는 시간 감각이 없기 때문에, 현재의 당혹감과 과거에 경험한 당혹감과의 차이를 구분하지 못하고 부부관계에서 에너지를 집중적으로 발산하면서 갈등관계를 만들어 낸다. 또한 배우자를 선택할 때는 그것이 긍정적인 것이든 부정적인 것이든 '오직 한 사람과만' 이런 일이 일어나는 것이다. 즉 우리의 감정두뇌는 영원에 사로잡힌 채 현재에 대해서는 구체적 인식이 거의 없는 채로 우리의 어린 시절을 현재에 재창조하려는 욕구를 가지고 있다. 이 욕구는 바로 어린 시절의 상처를 치료해 보려는 욕구라고 할 수 있다.

프로이드는 이것을 '반복 강박'이라는 개념으로 설명하였다. '반복 강박'은 무의식적인 기억에 익숙한 삶의 패턴을 반복하려는 경향을 의미한다. 인간은 익숙하고 편한 것을 재생하려는 욕구가 숨어 있다. 그래서 무의식적인 이마고를 알고 바꾸지 않는 한 우리는 어린 시절의 패턴을 반복하게 해 주는 사람에게 끌리게 되어 있다. 연애와 결혼 초기에는 그 사람이 건강한 사람인지, 합리적인 사람인지 보이지 않고 어린 시절의 부모 대상(상처를 준 것과 상관없이)과 비슷한 사람에게 끌린다. 이것은 왜 우리가 사랑하는 사람 옆에서는 익숙함과 편안함을 느끼는지를 설명해 준다. "당신을 내 평생 알아 온 것 같아요."라는 느낌은 우리의 상처를 치료해 주는 무의식적 귀소 본능의 일부이다(Beverly & Tom Rogers, 2004, 137).

건강하고 행복한 부부관계를 유지하기 위해서는 자기 자신도 모르게 끌리는 사람을 무조건 좋아하기보다 부모의 모습과 면밀히 비교할 수 있는 심리적 힘이 있어야 한다. 그래서 부정적인 모습이 많으면 이것을 해결하기 어렵기 때문에 결혼 전에 의식적 관계를 하려는 노력을 해야 한다. 또한 과거에 각인된 상호작용방식이 새로운 방식으로 변화가 일어나도록 하기 위해 감정두뇌의 기능보다 사고두뇌의 기능이 좀 더 잘 기능이 되도록 훈련해야 한다.[55]

4. 배우자 선택 원리

배우자를 선택하는데 결정적인 영향을 주는 것은 사고두뇌가 아니라 감정두뇌이다. 배우자를 선택할 때 상대가 젊거나 아름답거나 상당히 괜찮은 직업을 가지고 있거나 함께 하는 그 자체가 좋아서가 아니라 우리의 감정두뇌가 바로 그 상대를 우리의 부모님으로 착각하기 때문에 그 사람과 결혼하는 것이다. 그 때 우리의 감정두뇌는 어린 시절에 있었던 심리적이고 정서적인 상처를 만회할 수 있는 가장 이상적인 상대자를 찾았다고 굳게 믿는다.

배우자 선택에 대한 이론에는 여러 가지가 있다. 그 중 생물학자들의 주장은 인간은 무의식적으로 종의 생존을 강화할 수 있는 배우자를 선택한다고 한다. 남성은 전형적으로 아름다운 여성-깨끗한 피부, 맑은 눈, 반짝이는 머릿결, 건강한 골격, 붉은 입술, 장밋빛 뺨, 육감적이며 날씬한 몸매-에 끌리는데, 그 이유는 젊음과 건강을 상징하며 가장 활발하게 출산할 수 있는 사람을 나타내기 때문이다. 여성이 사랑하는 남성은 다른 남성들을 지배하며 남보다 사냥감을 더 많이 쟁취할 수

---

55) 과거에 프로그래밍되어 있는 기억(감정두뇌)을 반복적으로 새로운 사고로 전환함으로 새로운 자극이 전달될 수 있도록 뇌를 자극하는 훈련이 필요하다. 사고두뇌기능이 잘 안되는 사람은 감정두뇌에 지배받을 가능성이 높기 때문에 이 과정에서 수초화의 자극훈련이 필요하다. 수초화(Mylineated)는 미엘린 수초가 뉴런의 축삭돌기에 감기어, 자극의 전달 속도를 더욱 빠르게 하는 현상이다.

있는 강한 힘을 가진 배우자에게 본능적으로 호감을 갖는다. 이때 젊음이나 외모보다는 남성이 가진 능력적인 우월함이 가족의 생존을 보장해 줄 거라고 믿기 때문이다(Hendrix, 1988, 19 참조).

두 번째로 배우자 선택의 주요 기준으로 자존감을 높여줄 수 있는 사람을 찾는다는 것이다. '만일 내가 이 사람과 함께 하면 내 자아에 보상이 될 수 있을까?' 라는 물음에 긍정이 되면 그를 선택할 수 있다는 것이다. 우리가 살아가면서 내 배우자가 다른 사람들 눈에 어떻게 비춰지느냐에 따라서 자부심을 느끼기도 하고 때로는 당황하기도 한 경험들이 있을 것이다. 다른 사람들이 어떻게 생각하느냐는 우리에게 아주 중요한 문제이다(Hendrix, 1988, 20-21).

세 번째로 이마고 선택 이론이다. 많고 많은 사람들 가운데 서로에게 매력을 느낀 두 사람은 닮은 구석이 굉장히 많은 경향이 있다는 것이다. 내가 배우자로 심각하게 고려해 본 사람들의 성격 특성을 목록으로 작성해 보면, 의외로 부정적인 특징까지도 나와 유사한 점이 너무나 많다는 사실을 발견하게 될 것이다(Hendrix, 2004, 22-23). 즉 우리는 비슷한 상처를 가지고 있지만 다른 방식으로 대처한 사람에게 끌리거나 자신에게 없는 것 혹은 잃어버린 것에 끌린다. 수줍은 소년이 사교적인 여자에게 매력을 느끼는 것은 그런 여자와 있으면 사교적으로 능숙하다는 느낌을 가질 수 있기 때문이다. 그래서 그의 상처는 그녀가 있음으로 인해 치료될 수 있다고 믿는다. 그런데 여기서 한 가지 생각하고 넘어가야 할 부분은 나의 모습에서 부정적인 것은 그만큼 변화에 대한 강한 그리움이 내재되어있는 아픔이라는 사실이다. 즉, 부정은 단순한 부정이 아니라 더 높은 수준으로 되고 싶은 갈망이 좌절되어 생긴 것으로 그 이면은 긍정을 담고 있는 것이다.

　예를 들면 대중 앞에서 감정을 표현하는 것이 어려워 당황하는 여성은 감정 표현을 잘 못하는 자신의 부정에 대해 좌절하는데, 그녀가 좌절하는 것은 누군가 감정 표현을 아주 잘하는 사람을 본 적이 있었기 때문이다. 그리고 자신도 그 사람처럼 되고 싶은데 자신을 그 사람과 비교해 볼 때 형편없어 보여서 자기학대라는 부정을 가지면서 아픔을 삭이고 있는 것이다. 그래서 대중 앞에서 감정을 자유롭게 표현하는 잘생긴 남자를 만나면 과거에는 전혀 느껴보지 못했던 흥분을 느끼며 그에게 끌리는 것이다. 하지만 그 사람이 자신의 심리와 일치되는 더 강한 아픔들이 없다면 이 끌림은 더 이상 매력이 되지 못한다.

　그렇다면 그 사람은 과연 누구일까? 그것은 어릴 때의 양육자 중 한 사람인 것이다. 당신이 끌리거나 찬양하는 사람들은 당신이 갈망하거나 혹은 당신의 가정에서 추방하였거나 경시하였던 특성을 갖고 있는 사람일 가능성이 많다. 만일 당신이 그런 사람들에게 가까워지면, 스스로에 대해 기분 좋게 느끼게 되고 교제를 통해 더 완전해진 것처럼 느낀다. 부모가 나의 모습을 수용해주지 않을 때 내 모습을 잃어버리는데 내가 잃어버린 모습이 있는 대상을 만나면 그에게 매력을 느끼게 된다.

　우리가 배우자를 선택하는 과정은, 결국 우리를 길러준 부모의 지배적인 성격 특성을 지닌 사람을 찾거나, 나의 잃어버린 모습을 가지고 있는 짝을 찾아 떠나는 여정이다. 어린 시절의 상처를 기억하고 있는 감정두뇌는 어린 시절의 상황을 재연하려 애쓴다. 이렇게 하는 이유는 어린 시절의 상처를 치료하려는 무의식적 욕망이 있어서 그런 것이다. 결국 우리가 배우자와 사랑에 빠졌던 궁극적인 이유는 배우자가 젊고 아름답거나, 좋은 직업을 가지고 있거나, 가치관이 같거나, 성격이 상냉해서 끌린 것만이 아니다. 우리가 배우자와 사랑에 빠졌던 이유는, 바로 감정두뇌가 배우자와 부모를 같은 사람으로 혼동했기 때문이며, 어린 시절에 받은 심리적, 정서적인 상처를 보상해 줄 이상적인 후보자를 만났다고 믿었기 때문이다(Hendrix, 1988, 31).

실제적인 상담사례들을 살펴볼 때 대부분의 경우, 부모와 배우자 사이에 매우 밀접한 연관성이 있는데, 그들의 특성들 중에서 가장 강력한 힘을 발휘하는 부분은 바로 부정적인 특성들이다. 왜 부정적인 특성을 가진 사람들을 찾게 될까? 그것은 똑같은 아픔과 고통의 상황에 들어가서 자신이 이루지 못한 꿈을 지금의 배우자와 다시 시작하여 상처를 극복해 보고 싶은 욕구가 있기 때문이다.

즉 도박으로 돈을 잃었다면, 툴툴 털고 자리에서 일어나면 얼마나 좋겠는가? 그러나 실제로 많은 사람들이 도박으로 잃은 돈을 만회해 보기 위해 재시도를 하다가 빚을 지고 가산을 탕진하게 될 뿐 아니라 중독자가 되고 만다.

이처럼 자신의 양육자와 부정적으로 비슷한 사람을 만나 깊은 매력에 빠지면 로맨스는 사랑과 정성으로 그 사람이 자기 문제에서 자유해지도록 간절하게 도와주고 싶어 한다. 그때 그의 자유가 곧 나의 자유로 해석되는 거룩한 마음이 일어나 사랑의 결단이 시작되지만 이는 이마고의 작용에 의한 환상이요 백일몽에 지나지 않는 것이다. 사랑의 능력이 없는 사람이 어찌 끝까지 사랑할 수 있겠는가? 그는 마침내 실패의 쓴잔을 경험하게 될 뿐이다.

5. 심상치료를 통한 이마고 배경 찾기

[그림 11] 필자의 초기 가정

1) 마음에 떠오르는 초기 가정의 집 구조를 그려보고 그것을 설명해 본다(Hendrix, 1988, 255).

자신의 무의식 속에 있는 이마고를 찾기 위해 자기 탐험을 시작한다. 눈을 감고 마음을 편하게 한다. 편안한 마음으로 편안한 음악을 상상하며 나를 방해하는 모든 것으로부터 멀어지면서 나를 쉬게 한다. 이런 마음과 분위기로 당신 자신과 만나라. 가능한 한 최초의 어릴 적 집을 생각해 보자.

나는 어린 시절을 탐색하기 위해 기억을 따라 거슬러 올라가 보았다. 그때 2~3살 먹은 어린아이가 떠올랐다. 그 아이는 집에서 밖으로 무서워하면서 황급히 걸어간다. 왜냐하면 잠을 자다가 일어나 보니 집 안에는 아무도 없었기 때문이다. 아이가 집 밖으로 나가 살펴보니 저 멀리 놀고 있는 형이 보여서 그쪽으로 다가가다가 작은 고랑에 거꾸로 빠졌다. 머리가 박혀서 허우적거리며 "이렇게 죽는구나"라고 생각하고 있는데 어떤 청년이 어린아이를 건져 주고는 가버렸다. 입이 찢어져 피가 흐르는데 누구에게 도움을 호소해야 할지 몰랐다. 아이는 집으로 돌아갈 수도, 형에게 갈 수도 없었다. 잠시 망설이다가 집을 쳐다 보았는데 그 집은 아주 크고 웅장한 3층 집이었지만 분위기는 회색빛 어두움이 느껴진다. 그리고 지붕 위에 고양이가 울고 있다. 아무도 없고 스산하기만 하다. 그 당시 아버지는 사업에 실패하여 방황하셨고, 어머니는 그 아버지를 돕기 위해 정신이 없었다. 온 가족은 다 흩어졌다. 아이는 버려진 것 같았고 사람에 대한 그리움과 혼자 있는 두려움에 몸을 떨었다. 자신이 마음을 줄 만한 곳이 이 세상 어디에도 없었다.

내가 처음에 이 기억을 하였을 때에는 가슴에 무엇인가 꽉 막히는 것을 느꼈다. 그것은 삶과 존재에 관한 원초적인 두려움과 현재와 미래에 대해 기댈 곳이 없는 허무주의적 정서였다. 나는 답답하여 어찌할 줄 몰랐다. 그 순간 나 자신도 모르게 절규하듯 마음으로 내 주님을 불렀다.

"빛 되신 주님, 내 아버지 되신 주님, 나를 치료하옵소서. 어린 시절의 두려움을 씻어 주시옵소서. 상처로 인해 허무주의에 빠진 저에게 회복과 치유를 주시옵소서."

그때 물에 빠져 죽어가던 베드로처럼 어두움의 바다에 빠져 거의 죽어가던 내가 주님의 손에 이끌려 생명을 얻고 살아나는 것이 느껴졌다. 바로 그 순간 내 존재의 심연에 있는 두려움, 고독, 허무가 씻어지는 것이 느껴졌다.

"아! 내가 살아났구나. 나는 새로운 삶과 빛을 느꼈다. 하나님, 감사합니다."

아마도 많은 시간, 상처치료와 내적 훈련이 있었고, 하나님의 사랑에 대한 확신이 있었기에 한순간 이런 회복의 은총이 임했다는 믿음이 생겼다. 그럼에도 불구하고 그 이후에 여전히 정서적인 어두움이 간헐적으로 나를 흔들었다. 왜 그럴까? 가만히 그림을 분석해보니 나는 가정이 없는 사람으로 느끼고 있었기 때문이었다. 내게는 가정이란 그저 집이라는 건물로 존재하지, 사랑이 있고 행복이 있는 공간이거나 따뜻한 사람이 있는 곳은 아니었다. 아버지와 가족으로부터 심리적으로 거절된 나는 가슴에 가정의 따뜻함이 남아있지 않았다. 마음의 상처는 치료되었지만 새로운 심리적 가정을 어떻게 세워야 할지 곤혹스러웠고 따라서 가정을 위해 헌신하는 것이 어려웠다. 오랫동안 이 어려움을 극복하기 위해 몸부림치던 중, 나는 심리적으로 새로운 가정을 이루게 되는 축복을 누렸다.

그 후 나는 꿈을 꾸었다. 꿈에 나는 20대 중반이었고 상황은 결혼하여 아버지를 모시고 함께 살고 있었다(실제로도 그랬다). 꿈속의 나는 아버지와 심한 갈등을 겪고 있었다. 나는 꿈속에 생각하기를 분명히 아버지와 화해를 했는데 새삼 왜 갈등이 있을까? 매우 혼란스러웠다. 아무튼 나는 내 방에서 아내와 함께 즐거운 시간을 갖고 있으면서도 아버지의 눈치를 보았다.

다른 상황이 전개되면서 나는 아버지의 부당함에 대해 분노하며 아버지와 함께 밥을 먹다가 아버지의 밥상을 팔로 밀어서 내동댕이쳐버렸다. 순간, 나의 행동에 대해 굉장히 당황스러웠지만 미안하다고 말하고 싶지는 않았다. 가족들도 모두 놀라워하긴 했지만 그럴 수밖에 없다고 이해하는 분위기였다. 하지만 그 행동은 가정 안에서 권위자인 아버지를 흔들어 혼란에 빠뜨리고 결국 가정에서 아버지의 설 자리를 빼앗고 추방했다는 죄책감이 들게 하여 나 역시도 가정을 떠나게 되었다. 나는 가정이 없는 방랑자로 살았고 삶의 뿌리가 없는 외롭고 황량한 마음으로 거리를 헤맸다.

또 다른 장면에서 심리치료사가 등장하여 나에게 이렇게 말하는 것이었다.

"당신은 어제 밤에 어디 갔었지요? 왜 집에 들어가지 않았습니까?"

나는 깊은 상실감과 반발을 가지고 그에게 되물었다.

"…내게 집이 어디 있습니까?"

그때 아내가 행복한 미소와 따뜻한 마음으로 나타나, 맛있고 김이 모락모락 나는 밥을 밥상에 정성껏 차려놓고 그것을 가리키며 "여기 밥을 지어놓고 기다렸어요."라고 말하는 것이었다.

그 순간 나는 또다시 혼란스러웠다. '내게 가정이 있었는가?'

그때 심리치료사가 말하기를 "당신은 아버지의 가정에서는 나왔습니다. 이제 당신의 가정으로 돌아가십시오. 당신의 가정은 아버지의 가정이 아닙니다. 아내가 있는 가정이 당신의 가정이 아닙니까?"

그 말은 내게 '아하!' 하는 깨달음을 주었다. 바로 그 순간, 가정은 내게 따뜻함과 포근함으로 다가왔고 내 마음은 감동으로 출렁거렸다. 나는 안식을 되찾고 마음에 평정을 회복했다.

깨어보니 새벽이었다. 왜 이런 꿈을 꾸었을까? 나는 꿈을 해석해보면서 고개를 끄덕였다. 그 언젠가 나는 아버지와의 사이에서 남아있던 감정적 상처들을 마음껏 드러내어 표현하고 깨끗하게 마무리하던 날이 있었다. 그러자 심리적 전환이 일어나 이제는 내가 오히려 아버지에게 미안하고 죄송스러워 어찌할 바를 모르게 되었다. 참으로 오랜 세월 동안 자식의 저항을 참아주고 버텨주며 회복될 수 있도록 고통 속에 견디어 준 아버지가 새삼 고마웠다.

| 활동 |

1. 어린 시절 초기 가정 회상

1) 나의 초기 가정 그리기

마음에 떠오르는 초기 가정의 집 구조를 그려보고 그것을 설명해 본다. 눈을 감고 마음을 편하게 한다. 편안한 마음으로 편안한 음악을 상상하며 나를 방해하는 모든 것으로부터 멀어지면서 나를 쉬게 한다. 이런 마음과 분위기로 당신 자신과 만나라. 가능한 한 최초의 어릴 적 집을 생각해 보자.

2) 심상치료를 통한 초기 가정집 분석 방법

① 집을 그릴 때 집안을 그리는지, 집 구조를 그리는지 살펴보라.

② 마음을 붙이고 좋아했던 공간이 어디인가?

③ 구조와 환경을 어떻게 느끼는지, 왜 그런지 물어보라.

④ 그 당시의 집안 분위기는 어떠했나?

⑤ 이 때 정서적으로 가장 가까운 사람은 누구였나?

⑥ 기억할 수 있는 것 중에 가장 생생하게 떠오른 것은 무엇인가? 그때의 기분은?

⑦ 이 기억 속에 흐르는 주된 테마는 무엇이며, 이 테마를 통해 드러나는 당신의 관심은 무엇인가?

⑧ 가족의 관계(부모님관계, 부모님과 자녀와의 관계)를 설명한다면?

⑨ 내담자의 심리적 환경을 느끼는 대로 그의 거울이 되어주면서 따뜻한 가슴과 민감한 감수성, 느낌의 언어로 적절히 피드백 하라.

이런 질문들을 통해 기억과 그것을 표현하는 언어를 분석하면 상대에 대한 중요한 정보-성격특성과 삶의 테마, 인생에 대한 태도, 선호하는 감각양식 등-를 파악하고 생활양식과 심리조직 체계까지 이해할 수 있다.

2. 나의 자아상 점수

당신이 좋은 배우자를 선택하려면 자아상이 좋아야 하는데 당신의 자아상은 어떤 수준인지 살펴보라.

다음 각각의 항목에 대해 '거의 그렇다'고 생각하면 '5', '꽤 그런 편이다'고 생각되면 '4', '보통으로 그런 편'이면 '3', '그렇지 않은 편'이면 '2', '거의 그렇지 않다'고 생각되면 '1'에 표시하십시오.

1) 나는 삶을 늘 새로운 감각을 가지고 살아가고 있다.　　1 2 3 4 5

2) 나는 가족뿐 아니라 다른 이들과도 친하게 지낸다.　　1 2 3 4 5

3) 나는 독립성이 강하여 내가 할 수 있는 일은 내가 한다.　1 2 3 4 5

4) 나는 인격자로서 행동하려고 애쓰며 품위를 소중히 여긴다.　1 2 3 4 5

5) 나는 다른 이가 어려움을 겪을 때 기꺼이 돕는다.　　1 2 3 4 5

6) 나는 내 일에 신념을 가지고 있다.　　1 2 3 4 5

7) 나는 유머가 있는 사람이며, 마음을 기쁘게 유지한다.　1 2 3 4 5

8) 나는 매사를 긍정적으로 생각한다.　　1 2 3 4 5

9) 나는 정직하며 솔직하다.　　1 2 3 4 5

10) 나의 감정상태는 늘 평화롭다.　　1 2 3 4 5

11) 나는 나를 높게 평가하며 자랑스럽게 생각한다.　　1 2 3 4 5

12) 나는 낯선 환경에서도 잘 적응한다.　　1 2 3 4 5

13) 나는 매사에 자신이 있으며 적극적으로 행동한다.　1 2 3 4 5

14) 나는 나 자신과 나의 욕구로부터 자유롭다.　　1 2 3 4 5

15) 나는 감정적이지 않고 합리적이다.　　1 2 3 4 5

16) 나는 다른 이의 생각이나 감정을 잘 이해한다.　　1 2 3 4 5

17) 나는 내 말의 영향을 생각한다.　　1 2 3 4 5

18) 나는 소비적이기 보다는 생산적인 사람이다.　　1 2 3 4 5

19) 나는 나와 관계하는 모든 이에게 유익이 되도록 애쓴다.　1 2 3 4 5

20) 나는 평화를 사랑하고 정의를 소중하게 생각한다.　　1 2 3 4 5

———————————

합계 [　　　] 점

[분석 방법] 모든 점수를 합한다.

85점 이상 - 좋은 자아상으로 성취적인 삶을 살아갈 수 있다.

84 ~ 70점 - 비교적 원만하고 성공적으로 살아갈 수 있는 능력이 있다.

69 ~ 60점 - 자아상을 더욱 긍정적으로 개발하도록 노력하여야 한다.

59 ~ 50점 - 자아상이 부정적인 편이어서 삶에 문제가 많이 생길 수 있다.

49점 이하 - 자아상이 상당히 부정적이어서 자아상의 개선이 시급하다.

3. 첫 만남에서의 이마고 찾기

배우자를 처음 봤을 때 느껴지는 긍정이나 부정의 느낌을 저항하거나 두려워하지 않고 편안하게 느껴보고 기록한다. 이때 아주 사소해 보이는 것도 신경을 써서 기록한다.

1) 당신 부부는 어디서 어떻게 만났는가? 필자의 사례를 참고하여 당신 부부의 첫만남을 깊이 묵상해보라.

심수명의 사례	나의 사례
대학 때 자기소개시간. 아내는 평범한 대학생 복장을 하였고, 자기를 소개할 때 노래를 잘 부른다고 이야기하여 학생들의 요청에 의해 노래를 불렀다.	

2) 처음의 대면에서 당신의 마음에 어떤 메시지가 있었는가(감정 두뇌: 주로 긍정적 생각들)?

	심수명의 사례	나의 사례
내용	귀엽다. 순수하다. 꾸밈이 없다. 편해 보인다. 만만해 보인다. 큰 어려움은 없을 것 같다. 생존력(강함)이 있어 보인다.	
의미	① 나는 부모님의 방치구조 속에 나 혼자 성장했다. 그래서 자연스럽고 편한 여자가 좋다. ② 나는 심리적으로 어머니와 더 밀착되어 있으므로 어머니처럼 외모도 수수하며 편하게 사는 그런 여자가 좋다.	
통찰	나의 방치구조적 성장과정과 어머니와의 밀착된 상황을 투사하여 아내의 편한 옷차림과 수수한 모습이 눈에 들어옴	

3) 당신의 머리에서는 어떤 메시지가 있었는가(사고 두뇌: 주로 부정적 생각들)?

	심수명의 사례	나의 사례
내용	별로 분위기가 없다. 여성스럽지 못하다. 너무 값싸고 경망스럽다. 매력이 없다.	
의미	① 나는 사랑과 돌봄을 받지 못하고 아무렇게나 성장했기에 인격적으로 성숙할 뿐 아니라 외적으로 자신을 잘 가꾸는 상류문화의 분위기가 있는(사랑받고 경제력이 있어 보이는) 여자가 좋다. ② 나의 아버지는 외모에서부터 아주 분위기가 있는 분이다. 그래서 나도 아버지처럼 분위기가 있는 여성이 좋다.	
통찰	현재 나의 불만은 아내가 분위기가 없어보이고 너무 편하게 말하고 행동하는 것이다. 과거에는 이것이 불만 요인이 아니었는데 지금은 불만요인이 되고 있다. 그런데 이 모습은 첫인상 때 이미 예상했던 것인데 그때는 의식적으로 사고하는 법을 몰라서 그저 스쳐지나갔을 뿐이다.	

4) 첫 만남에 대한 분석 방법

① 당신이 선택한 배우자는 당신에게 익숙하고 편한 사람이다. 이것은 그 사람이 당신의 부모님을 닮았기 때문이다.

② 마음의 메시지(대체적으로 긍정적인 메시지)에서 받은 인상은 나의 익숙함을 투사한 것이다. 그래서 마음이 통하여 금방 심리적으로 하나가 된다. 생각의 메시지(대체적으로 부정적 메시지)는 배우자에게 내가 원하는 이상적인 매력을 가지라고 요구하는 것이다. 하지만 그 사람은 처음부터 나의 원함을 채워줄 수 없는 사람이었는데 요구하고 있는 것이다. 따라서 생각이 치료되지 않으면 부부 관계는 계속 어려울 수밖에 없다.

③ 내가 성장할 때 부모와 심리적으로 어떤 관계이었는지 아버지 혹은 어머니에 대한 애착유형의 선호도에 따라 마음과 머리의 메시지가 나누어질 수 있다.

④ 첫 만남에서의 인상을 통해 통찰해야 할 것은 현재 배우자에 대해 내가 갖고 있는 불만은 이미 첫인상에서 예상이 됐던 것인데 그때는 의식적으로 사고하는 법을 몰라서 그저 스쳐 지나갔을 뿐이라는 것이다. 또한 배우자의 모습 중에서 내가 해결하지 못한 것(갈망이나 원함)이나 나의 성장과정을 투사하고 있을 가능성이 높다는 사실이다.

8장 이마고 이해 및 분석

1. 이마고의 시작 : 어린 시절 부터

엄마가 나를 실종 신고한 날의 소동을 나는 아직도 뇌리에서 지울 수 없다. 나는 그날 여느 때와 마찬가지로 하루를 시작했다. 단 한 가지만 빼면. 엄마는 내게 옷을 입혀 주시면서 오늘 '절대 잊어버리면 안 되는 일'을 재차 삼차 반복해서 일러 주셨다. 즉 '유치원에서 끝나는 대로 절대 다른 데 가지 말고 집에 곧장 돌아와서 엄마가 돌아올 때까지 뒤뜰에서 혼자 놀고 있어야 한다.'는 것이었다. 보통 때는 언제나 엄마가 집에 계시는데, 그날만은 엄마 아빠 모두 부득이한 일이 있어 나 혼자서 몇 분 간 집에 있어야 한다는 것이었다.

귀가 따갑도록 엄마가 일러주신 것을 반복하느라 유치원에서 뭘 하는지도 모르게 지나갔다. 유치원이 끝나자 나는 빨리 집에 가서 엄마의 분부를 따르려고 마음이 바빠졌다. 그런데 우리 집 대문에 다다른 순간, 옆집 아주머니가 오시더니 "네 아빠가 조금 전에 전화하셨는데, 집에 오실 때까지 우리 집에 와 있으라고 하시더구나."라는 것이 아닌가. 그래서 나는 아주머니를 따라가 그분이 부엌일을 하는 동안 인형놀이를 하며 놀고 있었다.

갓 구운 쿠키가 고소한 냄새를 풍기며 식고 있을 무렵, 나는 찢어지는 듯한 사이렌 소리를 들었다. 바로 우리 집 앞에서 엄마가 눈물 콧물로 얼굴이 뒤범벅이 된 채 내 사진을 경찰에 흔들어 대며 설명하고 있는 것이 아닌가! 거의 동시에 아버지가 급하게 브레이크를 밟으며 차를 세우고 있는 모습도 보였다. 내가 엄마 품으로 달려가는 동시에, 아빠 역시 나를 옆집 아주머니 집에서 기다리게 한 조치에 대해 설명하고 있었다.

"그런 얘기를 왜 내게는 한마디도 안 한 거예요?"

나는 엄마 품에 냉큼 안겨 집으로 들어갔고, 그날 최악의 부부싸움을 목격했다. 나를 둘러싼 의사소통의 오류를 두고 부모님이 격렬하게 부부싸움을 하시는 동안, 나는 내가 싸움의 원인이 된 것에 대한 심한 두려움에 떨어야 했다.

그 어릴 적 사건이 성인이 된 지금까지 끊임없이 반향을 일으킬 줄 누가 예상이나 했겠는가? 그때의 영향이 여전히 남아 있음을 실감하게 된 것은 결혼한 지 2년이 지나서였다. 당시 우리는 남부 캘리포니아에서 대학원에 다니고 있었다. 평소와 달리 그날 나는 LA 공항으로 남편을 마중 나갔다. 남편과 미리 얘기한 대로 유나이티드 항공사 표지판 아래서 그를 기다렸지만 좀처럼 그의 모습이 보이지 않는 것이 아닌가! '또 의사소통 오류가 생긴 거야'라는 생각이 들자 갑자기 머리가 아득해져 오면서 무엇을 어떻게 해야 하는지 그냥 바보처럼 우두커니 서 있을 수밖에 없었다. 하지만 마음은 얼마나 복잡한지…, 머리는 아득한데 마음은 얼마나 힘든지…, 힘든 마음을 살펴보니 엄청난 두려움이 파도처럼 나를 흔들고 집어삼킬듯 다가오는 것이다.

'아마 남편이 노발대발할 거야. 남편은 다른 장소에서 기다리고 있는데, 내가 바보같이 잘못 알고 있는 게 분명해.'

온갖 초조하고 불안한 심정들이 밀물처럼 밀려왔다. 평소에는 매우 대범한 성격인 내가 그날만큼은 나 자신이 아니었다. 그러나 몇 분 후, 남편이 아무 일 없다는 듯 환한 얼굴로 나타났다. 나는 반가움과 분노가 뒤범벅이 된 채 나 자신도 모르게 격앙된 소리로 물었다.

"도대체 어디에 있다 나타난 거예요?"

"아래층에서 만나기로 한 줄 알았지."

그는 내 날카로운 반응에 영문을 몰라 대답했다.

"이제 내가 두 번 다시 당신 마중 같은 거 나오나 봐. 아유, 내가 바보지, 바보야…"

"대체 왜 그래?"라며 남편은 놀란 얼굴로 되물었다. 나 자신도 왜 그러는 지 알 수 없었다. 침묵 속에 공항을 돌아 나오는 내 눈에는 그저 눈물만이 한 없이 흘러내릴 뿐이었다.

공항에서 집으로 돌아오는 동안 남편은 부드럽고 인내심 있게 내 감정을 꺼내 보이도록 유도했다.

우리는 의사소통 오류로 엄청난 오해를 불러일으켰던 이전의 사건들을 하나하나 새롭게 조명하기 시작했다. 그리고 그 최초의 불씨를 탐구하기 시작했으며, 그때 불현듯 깨달음이 일어났다. 바로 20년 전 나를 둘러싸고 엄마 아빠 사이에 있었던 의사소통 오류와 그로 인한 엄청난 싸움, 그것이 최초의 씨앗이었던 것이다! 그 사건이 20년이 지나서까지 내게 엄청난 영향을 미치고 있음을 그제서야 깨달았다. 그 이후로 다른 사람과 대화가 잘 풀리지 않아 의사소통에 문제가 느껴지기만 하면 나는 마치 보이지 않는 끈에 묶인 꼭두각시처럼 이유를 알 수 없는 두려움과 공포에 휩싸이는 나를 보게 되었다(Les & Leslie Parrott, 2004, 59-62 참조).

심리학자들은 이런 현상을 일컬어 '감정적 짐'이라고 부른다. 제아무리 건강한 가정에서 성장했다 해도 이것으로부터 자유로울 수 있는 사람은 아무도 없다.

2. 이마고 이해

'이마고(imago)'란 '이미지'의 라틴어로서 우리 마음 한 가운데 자리
잡고 있는 어떤 현상에 대한 의식 및 무의식을 의미한다.[56] 즉 자신의
양육자들에 관한 수많은 정보들을 하나로 혼합하고 단일한 이미지를
형성하여 자신도 모르게 내적인 영상을 갖는 것을 말한다.

이마고는 어린 시절에 가장 크게 영향을 끼친 사람들의 복합적인 이
미지들로 이루어져 있으며 사회화 과정에서 받은 영향들이 개인의 주
요 성격적 특질들로 무의식 속에 자리잡고 있는 복합적인 이미지로서
타인과의 관계양상에서 표출된다. 이러한 이마고의 형성은 부모의 말
보다는 부모의 삶에서 보여진 것을 가지고 형성 된다. 그리고 부정적
인 이미지가 마음속에 크게 남아 있는 경우, 부모의 긍정적인 이미지
는 사라지고 부정만 남게 된다(Hendrix, 1988, 36-37).

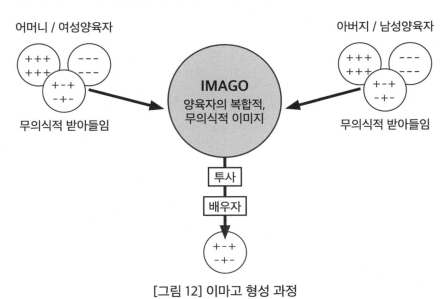

[그림 12] 이마고 형성 과정

---

56) 이것은 심상(心象), 또는 표상이라고 번역할 수 있다.

이마고의 작동은 부부 관계에서 가장 큰 역동을 불러일으킨다. 사람은 배우자를 찾을 때 상대방을 자신의 이마고에 견주어 보며, 상대방이 자신의 이마고에 부합되는 정도에 따라 '낭만적인 매력'을 느끼게 된다. 즉 배우자가 자기의 부모와 매우 유사한 이미지를 가지고 있을 때 그 사람을 자신이 도와주어 그가 상처에서 놓임 받기를 원하는 마음으로 지극한 관심을 기울이게 된다.

이처럼 배우자를 처음 만나는 동기는 헌신적인 마음이다. 그러나 심리적 역동은 그렇지 않다. 자신이 어린 시절에 이루지 못한 욕구들을 충족시켜줄 것 같은 대상을 찾는 것이다. 그런 사람을 발견할 때 그에게 즉각적인 관심을 기울이고 계속적인 만남을 통하여 대상이 자신이 원하는 것을 채워줄 수 있는지 탐색해 나간다. 이 때 그 사람을 만나는 무의식적 동기는 부모로부터 받은 유년기의 상처를 치료하고자 하는 절박한 욕구이다(Hendrix, 1988, 10-14).

이러한 욕구는 숨겨져 있어서 본인도, 상대방도 모르고 관계를 하기 때문에 이마고에 대한 탐색이 너무도 중요하다. 대부분의 사람들은 자신의 이마고를 모른다. 그래서 낭만적인 사랑을 하는 시기에는 배우자의 모든 것을 무조건적으로 수용하며 받아들이며, 나중에도 이런 관계를 할 수 있다고 생각한다.

그러다가 어느 날 갑자기 자기중심적으로 마음이 달라지는 때가 오게 되는데 이때는 심리적 일치감이 형성된 다음에 이런 마음이 일어난다. 이때 상대방의 문제가 보이기 시작하면서 상대가 문제가 있다고 인식을 하면서 상대를 바꾸기 위해 온갖 노력을 다 기울이게 된다. 상대방의 문제는 내가 그를 만나기 이전부터 존재하던 것인데 연애할 때는 잘 보이지 않다가 낭만적 사랑이 사라지는 순간부터 보이기 시작한다.

이것은 내 마음이 도우려는 마음에서 바라는 마음으로 달라졌기 때문이다. 따라서 배우자의 문제가 보이면 그것은 배우자의 문제이기보다 내 문제를 상대방에게 투사한 것임을 알아야 한다.

앞에서도 설명하였지만 어린 시절 부터 부모(중요한 대상)의 모습이나 부모와의 상호작용, 그리고 다양한 경험을 통해 형성된 이마고는 가까운 관계에 긍정과 부정적인 영향을 미치는데 그것을 찾기란 쉽지 않다. 이마고가 부부와 가족 관계, 그리고 인간관계에 어떤 영향을 미치는 지 알 때 관계는 보다 성숙해지고 긍정적이 될 수 있다. 그래서 이마고를 분명히 파악하고 있어야 한다.

필자는 이마고를 좀 더 쉽게 발견하고 이해하도록 하기 위해 다음과 같이 4가지로 나누어 설명하고, 분석하는 방법을 제시하고자 한다.

첫째, 부모 모습에서 영향 받은 이마고는 나의 내면에 큰 영향을 주어 자신도 모르는 사이에 자신과의 관계와 대인간 관계에 영향을 준다.

둘째, 어린 시절 성공적인 경험이나 사건을 통해 형성된 이마고는 긍정적인 이미지로 내면화되어 부부 관계에 영향을 미친다.

셋째, 어린 시절에 받은 상처로 인해 형성된 이마고는 부정적인 이미지로 각인되어 왜곡된 감정과 사고를 가지게 함으로써 부부 관계에 영향을 미친다.

넷째, 부모가 원하는 대로 살아가기 위해 형성된 자아(잃어버린 자아, 거짓 자아, 부인하는 자아 등)로 인해 형성된 이마고는 무의식에 억압된 채로 존재하며, 이것은 부부 관계에 여러 모양으로 부정적인 영향을 준다.

이마고 부부치료는 무의식 속에 형성되어 있는 이러한 어린 시절의 정서적 경험들을 확인하고 그것의 심리적 역동을 인식하게 함으로써 어린 시절의 상처를 오히려 치료적 도구로 활용하여 건강한 부부 이미지를 재창조하도록 도와준다.

각 장마다 이마고 찾기 예시와 실습 과정을 제시하고자 한다. 이러한 실습을 통하여 자신의 이마고가 자신의 내면에, 그리고 가장 가까운 관계인 부부 관계와 가족 관계에 어떤 영향을 주는지 찾아 보기를 바란다. 그리고 부부가 서로 사랑하며 긍정적이고 성숙한 관계를 하기 위해 이마고의 작동 원리와 분석 방법, 그리고 대안들을 삶에 적용할 수 있도록 제시하였으므로 책에 제시된 대로 실습해보고 부부와 함께 나눠보자.

3. 이마고 찾기 및 분석 I : 부모 모습에서 영향받은 이마고

부모 모습에서 영향 받은 이마고를 찾는 방법은 다음과 같다(Hendrix, 1988, 256-258).

① 부모님의 긍정과 부정의 모습은 나도 모르게 무비판적으로 받아들여서 내 안에 남아 있을 가능성이 많다.

② 부모님의 모습 중 어떤 부분은 나의 모습으로 남아 성격으로 굳어지고, 다른 부분은 사람을 평가하거나 투사적으로 보는 일에 사용하고 있을 것이다.

③ 이성과의 관계에서, 부모님의 모습을 가진 사람에게 매력을 느끼는 데 이때 부모님의 부정과 긍정적인 면을 이성에게 투사하면서 이와 비슷한 모습을 가진 사람을 찾게 된다.

④ 위의 원리에 근거하여 만난 사람이 지금의 배우자이지만 배우자

와 이마고 매치를 찾는 과정에서 나도 모르게 억압과 저항 심리
가 일어나 서로 닮은 점을 찾기가 쉽지 않을 것이다. 이것은 아직
부모와 분화되지 않은 증거이다. 연관성이 없어 보여도 연관성
이 많을 것이라는 가정 하에 내 부모님의 장점과 단점이 배우자
의 부모님과 어떻게 닮았는지 찾아본다.

⑤ 부모님의 부정과 긍정의 모습이 내 삶에 영향을 미치고 있음을
인정하고, 이마고 치료 과정과 부부 교육 과정을 통해 부정은 치
료하고, 긍정은 감사하며 살도록 한다.

1) 부모의 긍정과 부정 특성 찾기 : 필자의 사례

(1) 아버지와 어머니의 긍정과 부정을 가능한 많이 찾고, 그 특성들
중에서 부모님이 공통으로 가지고 있으면 닮은 점에, 다른 특성이면 다
른 점에 기록을 한다. 그리고 부모의 모습 중 자신에게도 보여지는 모
습에는 *를 하면서 자신에게 있는 부모 특성을 찾아본다.

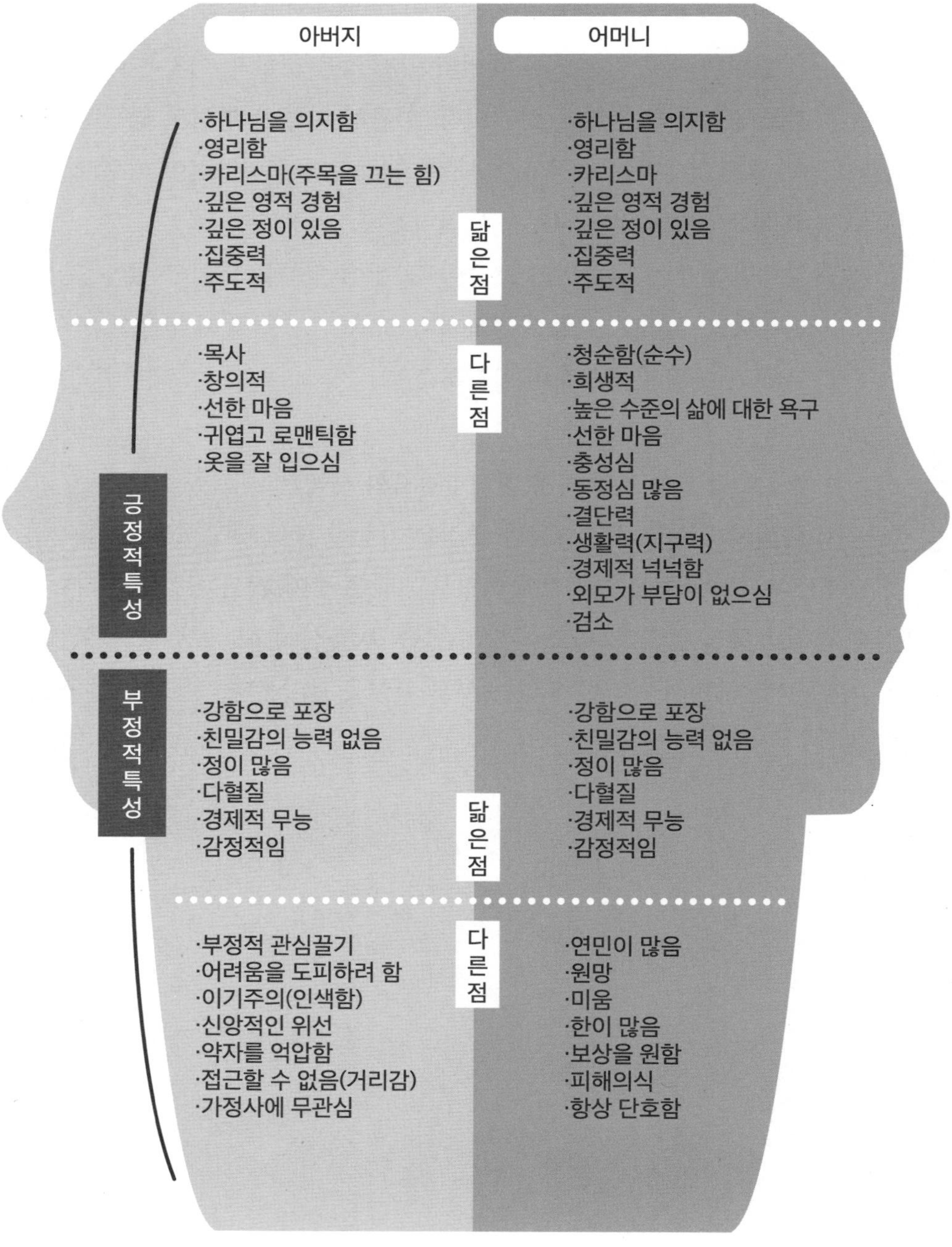

	아버지		어머니
	·하나님을 의지함 ·영리함 ·카리스마(주목을 끄는 힘) ·깊은 영적 경험 ·깊은 정이 있음 ·집중력 ·주도적	닮 은 점	·하나님을 의지함 ·영리함 ·카리스마 ·깊은 영적 경험 ·깊은 정이 있음 ·집중력 ·주도적
긍정적 특성	·목사 ·창의적 ·선한 마음 ·귀엽고 로맨틱함 ·옷을 잘 입으심	다 른 점	·청순함(순수) ·희생적 ·높은 수준의 삶에 대한 욕구 ·선한 마음 ·충성심 ·동정심 많음 ·결단력 ·생활력(지구력) ·경제적 넉넉함 ·외모가 부담이 없으심 ·검소
부정적 특성	·강함으로 포장 ·친밀감의 능력 없음 ·정이 많음 ·다혈질 ·경제적 무능 ·감정적임	닮 은 점	·강함으로 포장 ·친밀감의 능력 없음 ·정이 많음 ·다혈질 ·경제적 무능 ·감정적임
	·부정적 관심끌기 ·어려움을 도피하려 함 ·이기주의(인색함) ·신앙적인 위선 ·약자를 억압함 ·접근할 수 없음(거리감) ·가정사에 무관심	다 른 점	·연민이 많음 ·원망 ·미움 ·한이 많음 ·보상을 원함 ·피해의식 ·항상 단호함

[그림 13] 필자의 부모 모습

(2) 부모 모습을 생각하면서 얻어지는 깨달음

필자는 처음에 부모님의 긍정과 부정적 특성이 억압과 저항 심리로 인해 많이 생각나지 않았다. 그런데 워크샵을 여러 번 하면서 부모님의 모습이 점점 더 많이 생각나게 되었다. 부모님의 이마고를 비교해 볼 때 긍정과 부정의 모습이 서로 중복되어 있는 것으로 보아 두 분이 갈등과 충족감을 모두 가지고 살았을 것으로 본다.

나도 부모님의 긍정과 부정 모두 다 영향을 받았으며, 부정은 거듭 남의 경험과 계속되는 하나님에 대한 사랑의 체험으로 많이 치료되었고, 심리치료와 상담 훈련들도 부정을 치료하는데 큰 도움이 되었다. 또한 부모님의 좋은 성품과 능력들이 내 속에서 점점 계발되어 행복한 삶을 누리고 있다.

2) 부모 모습을 통한 부부 관계 이마고 정리

부모의 성격 특성을 기록한 다음에 다음의 시트지에 정리해본다. 부모의 모습이 대인간 관계, 특히 배우자와의 관계에 어떤 영향을 주었는지 정리하면 다음과 같다.

[표 7] 부모 모습을 통한 이마고가 부부 관계에 미치는 영향

	필자의 사례
부모님의 부정적 특성	* 영향: 이런 사람을 주변에서 쉽게 찾고 그와 함께 있으면 익숙하고 편안하며 매력을 느낀다. 그러나 심리적 일치감 이후에 싫어하고 배척하는 이유가 된다.
	* 어머니 : 친밀감의 능력이 없어서 사람을 깊이 만나지 못하시므로 진정한 인간관계를 못하셔서 배신의 아픔을 가지심, 연민이 많고 원망이나 미움, 한이 많음, 순수하지만 보상적 욕구를 떨어내지 못하셔서 피해의식이 있음, 정이 많고 경제적 규모 없이 동정심으로 그냥 줌. * 아버지 : 강함으로 포장하여 자신의 약함을 숨기고 자신의 힘을 과신하여 우쭐하며 자기 기분대로 사는 감정적 경향이 있음, 사업이나 목회에서 도피적 경향이 많음, 부정적으로 관심(만성적 지병으로 어머니의 관심을 독점)을 끌고 경제적 인색, 가정사에 무관심, 신앙적 위선이 있음
부모님의 긍정적 특성	* 영향: 부모님의 긍정적 모습을 가진 사람과 함께 있을 때 든든함 느끼며 신뢰를 가진다. 결혼 후 배우자에게 이런 모습을 요구한다.
	* 어머니 : 청순함, 희생적임, 결단력이나 주도성 있음, 생활력이 강하고 검소, 외모가 부담이 없으시며 영리함. 하나님을 의지함, 하나님에 대한 깊은 영적 경험이 있음, 경제적으로 후한 마음. 높은 수준의 추구가 있음, 영적 선함을 추구 * 아버지 : 재치있고 영특함, 로맨틱하며 사람의 주목을 끄는 힘이 있고 옷을 잘 입으시고 성공을 위한 집중력과 주도성이 있음, 하나님을 의지함, 목사
적용	* 치료 방법(대안): 부모님의 부정과 긍정의 모습이 부부의 삶에 영향을 미치고 있음을 인정한다. 이제 부모님의 부정은 수용하고, 긍정은 감사의 마음을 갖는다. 배우자의 부정도 수용하고 긍정은 감사하며 칭찬하기 위해 노력한다.
	* 부정을 수용한다. 부모님의 부정적인 모습(친밀감의 능력 없음, 연민, 도피, 강함으로 위장, 다혈질, 경제적 무능, 신앙적 반발, 접근하기 어려움, 단호함, 피해의식, 가정사에 무관심, 약자를 억압함)을 수용하기 위해 노력한다. * 부모님의 긍정적인 모습(희생적, 집중력, 청순함(순수성), 하나님을 의지함, 목사, 높은 수준의 영적 추구와 체험, 영리함, 창조력, 정이 많고 사랑이 풍부, 선한 마음 추구)에 대해 감사한다. * 배우자에게도 적용하기 위해 노력한다.

| 활동 |

1. 부모 모습에서 영향받은 이마고 찾기 실습(부모님의 긍정과 부정적인 특성을 가능한 많이 적어본다.)

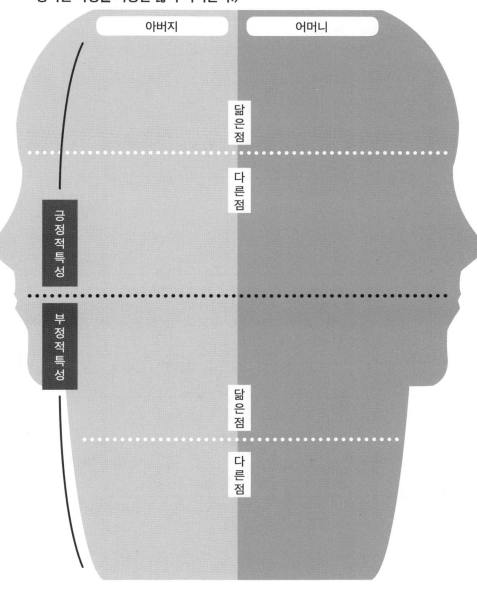

2. 부모 모습을 통한 부부 관계 이마고 정리

	나의 경우
부모님의 부정적 특성	이런 사람을 주변에서 쉽게 찾고 그와 함께 있으면 익숙하고 편안하며 매력을 느낀다. 그러나 심리적 일치감 이후에 싫어하고 배척하는 이유가 된다. * 어머니: * 아버지:
부모님의 긍정적 특성	부모님의 긍정적 모습을 가진 사람과 함께 있을 때 든든함을 느끼며 신뢰를 가진다. 결혼 후 배우자에게 이런 모습을 요구한다. * 어머니: * 아버지:
적용	부모님의 부정과 긍정의 모습이 부부의 삶에 영향을 미치고 있음을 인정한다. 이제 부모님의 부정은 수용하고, 긍정은 감사의 마음을 갖는다. 배우자의 부정도 수용하고 긍정은 감사하며 칭찬하기 위해 노력한다. * 부정을 수용한다. 부모님의 부정적인 모습 (_____ _____)을 수용하기 위해 노력한다. * 부모님의 긍정적인 모습(_____ _____)에 대해 감사한다. * 배우자에게도 적용하기 위해 노력한다.
깨달음	부모 모습에서 영향받은 이마고 찾기 실습을 하면서 깨달아지는 것은?

9장 어린 시절 경험을 통한 이마고 찾기 및 분석

1. 지워지지 않는 기억

'이터널 선샤인'이라는 영화에는 인간이 얼마나 비합리적이며 무의식적인 존재인지 잘 드러나 있다.

소심한 조엘은 매력적인 클레멘타인을 만나 사랑에 빠진다. 서로에게 집중하던 로맨스 시기가 지나가고 장점이었던 좋은 모습들이 더 이상 보이지 않게 되자, 조엘은 클레멘타인이 아무 남자에게나 쉽게 품을 열어줄거라 말하며 소위 값싼 여자라는 느낌으로 클레멘타인에게 상처를 준다. 클레멘타인 역시 조엘이 이제 지겨워져서 더 이상 만나고 싶지 않다고 말한다. 두 사람의 관계가 점점 더 부정적으로 되고 싸움이 커져서 더 이상 참을 수 없게 되었을 때 클레멘타인은 기억을 제거하는 뇌수술을 받아 조엘에 대한 기억을 모두 지워버렸다.

이에 분개한 조엘도 클레멘타인에 대한 기억을 지우기로 결심하고 기억삭제작업을 시작한다. 그러나 나쁜 기억에서부터 하나하나 기억을 삭제해나가는 과정에서 처음 두 사람이 만나 사랑했던 기억들에 이르자 조엘은 행복했던 그 순간들을 지우고 싶지 않아 몸부림친다. 기억을 지우려하면 할수록 예전의 기억은 더욱 소중해지고, 단점이라 느꼈던 부분들마저 애틋한 기억으로 살아나는 기쁨과 아픔이 함께 교차하는 것이다. 그래서 기억을 지우지 않으려 하지만 이미 시작된 작업이라 결국 그의 기억은 모두 지워지고 조엘과 클레멘타인은 전혀 알지 못하는 남남이 된다.

그러나 두 사람은 다시 우연히 만나게 되고, 첫눈에 반하고 열정적인 사랑을 나누다가 서로에 대한 허물을 들추면서 헤어지는 인생을 반복하게 된다. 이 둘뿐 아니라 기억을 지우는 회사의 의사와 비서도 비서는 기억을 두 번이나 지웠지만 여전히 의사를 사랑하게 된다. 이들은 나중에 자신이 기억을 지웠다는 사실을 알게 되고도 결국 또 사랑에 빠지고, 헤어질 것을 알면서도 또 다시 그 사랑을 반복한다. 모든 사람이 영원히 그렇게 살아갈 것이다.

이 영화에서는 서로가 실망할 것을 알면서도 첫 끌림에서부터 시작하여 사귐과 헤어짐을 반복하는 운명 같은 모습을 보여준다. 영화의 메시지는 나쁜 기억을 지워버렸기에 다시는 가슴 아픈 사랑을 겪지 않아도 될 것 같지만 결국 피할수 없는 운명을 가진 인간관계를 보여준다. 가슴 아픈 고통을 잊고 그 상처를 반복하지 않기 위해서 일부러 기억을 지우는 극단적인 작업을 함에도 불구하고 결국 그 사람을 사랑할수밖에 없는 나와 그와의 얽힘을 어떻게 치료하고, 행복함으로 풀어낼수 있느냐 하는 것이 인생의 과제이다.

2. 어린 시절의 성공 경험

사람은 누구나 부모의 사랑과 인정을 받고 싶어 한다. 사랑은 사람에게 살아갈 수 있는 힘을 주는 양식이 되기에 모든 사람들은 사랑받기 위해 모든 에너지를 집중하게 된다. 이때 자녀는 부모가 원하는 행동을 함으로 사랑받기 위해 애쓰게 된다. 이 과정에서 나의 노력과 수고가 따르게 되고, 사랑받기 위해 행한 것들에 대해 칭찬과 인정을 받게 되면 그것이 나의 성공 경험이 된다.

이 성공 경험은 일생을 통해 내 삶에 반복적으로 나타난다. 이것은 부부 관계에도 영향을 주어, 어린 시절의 행동을 자신도 모르게 하면서 무의식적으로 배우자가 인정해주고 칭찬해 줄 것이라는 기대를 가지게 된다. 이 과정에서 중요한 것은, 내가 과거에 받았던 인정과 칭찬을 현재의 부부 관계에서 받고 싶어한다는 사실이다. 그래서 배우자가 알아주고 칭찬해주면 성공 경험은 부부 관계에 긍정적으로 작동하게 된다.

또한 성공 경험이 내가 수고하여 얻은 것이라면 현재도 나는 부단히 노력하여 인정을 받으려 할 것이다. 그러나 내가 수고하지 않고 부모님이 (부모님의 과한 사랑으로) 무조건적으로 칭찬을 해 주었다면, 현재 부부 관계에서도 내가 수고하지 않아도 사랑과 인정을 받을 것이라는 기대를 가지고 관계를 할 수 있다. 이때 배우자가 부모처럼 칭찬해주지 않거나, 그것이 칭찬받을 만한 행동이 아니라는 반응을 보인다면 부부 관계는 부정적인 방향으로 움직이게 될 것이다.

결과적으로 나의 성공 경험은 나의 장점이며 나의 자원이 되지만, 나의 수고 없이 얻은 성공 경험은 부부 관계에 어려움을 초래할 수 있으며, 배우자가 내가 원한 기대대로 반응해주지 않을 때에도 문제가 발생할 수 있다. 그래서 부부 관계가 어려운 것이다. 과거의 성공 경험을 분석하여 이것이 현재 부부 관계에 어떤 영향을 미치고 있는지 분석해야 하는 이유가 바로 이런 역동 때문이다. 만약에 현재 무의식적으로 배우자에게 내가 원하는 방식대로 해주기를 기대하고 있다면, 이것이 문제임을 알고 의식적인 관계를 하기 위한 연습이 필요하다.

3. 어린 시절의 상처

상처는 몸과 마음 그 어느 쪽이든 다치고 충격 받는 것을 말한다. 그런데 육체의 상처는 눈에 보이기 때문에 치료받기가 쉽지만 마음의 상처는 눈에 보이지 않을 뿐더러 내밀한 마음 속 아픔의 경우 상처받은 본인이나 주위 사람도 시간이 지날수록 무감각해져서 치료에 무관심해지곤 한다. 하지만 인간은 전인적인 존재이기 때문에 몸과 마음이 분리될 수 없다. 따라서 신체적 학대와 정서적, 심리적 학대는 구분하기가 어렵다. 그러므로 그 상처가 신체적이든 심리적이든 상관없이, 상처라면 반드시 마음에 흔적을 남기게 된다(심수명, 2005, 23-25).

상처 중에서도 '트라우마'가 있는데 이것은 '굉장히 위협적이고 재앙이라 할 정도로 소화해내기 어려운 상황 또는 사건으로서, 거의 예외 없이 심한 장애 현상을 겪는 체험'을 의미한다.[57] 이러한 사건은 기본적인 안전감을 온통 뒤흔들어 놓는 체험이기 때문에 상처를 받는 순간, 그 사건과 함께 감지되었던 모든 것(감각을 자극하는 것, 느낌, 생각, 행위의 도식)이 충격적으로 다가오면서 심리적 상처를 남기게 된다. 그리고 낮은 자존감, 불신, 불편한 인간관계, 예민한 성격을 유발할 뿐 아니라 상처를 억압하는 경우 심인성 질환으로 인한 육체적 고통이 수반되기도

---

57) '트라우마(trauma)'는 그리스어로, 의학용어로는 '외상'을 뜻하나 심리학에서는 '심리적 외상', '심적 외상'을 말한다. 이러한 상처에 해당하는 것으로 아동 학대, 육체적·정신적 폭력, 정서적 · 육체적 무관심, 아동기에 겪은 보호자 상실, 가족의 중병, 교통사고와 산업 재해, 고문, 추방, 학대, 대형 사고의 목격, 사회의 폭력 등이 있다. 상처의 결과 나타나는 증상은 서너 시간에서 사나흘 후면 사라지는 급성 장애와 상처를 받은 후 몇 주 또는 몇 달 만에 나타나 장기간 지속되는 사후 만성 장애 현상 두 가지로 나누어진다. 이러한 트라우마의 핵심은 벌어지는 일에 대해 아무런 영향력도 행사할 수 없다는 무력감과 두려움이다. 이때는 기대했던 안전하고 선한 세상의 모습과 그 속에서 고귀하고 품위있게 살아가는 자신의 모습은 온데 간데 없이 사라지면서 자신이 서야 할 자리가 갑자기 없어지는 끝없는 추락의 느낌만이 남는다.

한다.[58]

　이러한 상처를 다루는데 있어서 주의해야 할 것은 상처를 객관적으로 보기보다는 주관적인 관점에서 보아야 한다는 것이다. 즉 큰 상처로 인한 충격만이 아니라, 살면서 받는 사소한 상처도 간과하지 말아야 한다는 것이다. 사람은 누구나 상황을 느끼는 정도가 다르고 소화해 낼 수 있는 심리적 능력이 다르며, 상처의 내용 또한 다르다. 게다가 현재의 고통은 지금 여기의 것으로만 느끼거나 지각되는 것이 아니라 과거의 상처와 연결되어 있기까지 하다. 하지만 과거의 상처를 다 해결하고 사는 사람은 현실적으로 너무나 적다.

　결국 치료되지 않은 상처는 무의식 속에 '상처 난 부위'로 남아 있다가, 세월이 지난 다음에 또 다른 비난이나 거절, 무시를 당할 때 되살아나면서 한 번 더 상처를 남기게 되는 것이다. 그래서 과거에 받은 상처는 이미 과거이지만 엄밀하게 보면 과거가 아니라 현재와 연관되어 있는 것이다. 그렇다면 이것을 어떻게 해야 할까? 과거의 상처를 일일이 다 기억하여 치료할 수도 없고 그렇다고 현재의 상처만 해결할 수도 없으니 … 그러나 희망은 있다. 미해결 과제는 완결되려고 하는 경향이 있고 상처 난 부위는 낫고 싶어 한다. 따라서 현재에 건드려진 부위가 아픔을 느낀다면 그것은 아직 해결되지 않은 상처가 있다는 증거이기에 과거의 것을 일일이 조사하지 않아도 현재 느끼는 아픔을 수용하고 보듬어 치료해 나간다면 과거의 상처까지도 동시에 해결되는

---

58) 신경증의 원인이 되는 정서적 체험의 내용은 각 개인에 따라 다르며, 그 체험이 병인으로 작용하는지의 여부는 각 개인의 성격이나 마음가짐에 따라 좌우되는 경우가 많다. 또한 그 체험이 개인에게 있어 어떤 의미를 갖는가에 따라서도 좌우된다. 공통적으로 보이는 성질(징표)로서는 개인의 소원 또는 욕구의 충족이 거부되는 좌절체험이나 갈등체험에 의하여 자기의 안정성이 심한 위협을 받고 있다고 느끼는 위기적 상황에 빠지는 것을 들 수 있다. 이 의미에서 본다면 신경증은 위기 상황에 대한 일종의 보호반응이라고 할 수 있다.

축복을 누리게 된다. 즉 현재를 통해 지나간 개인의 역사를 완결 지을 수 있는 것이다.

마음의 상처는 부모의 중병, 알코올 중독, 일 중독, 도박, 외도, 부부 싸움, 폭행, 이혼, 재혼, 율법주의적 신앙생활, 거부, 공포, 무시 등의 태도로 자녀를 돌보지 않거나 가난을 통해 생기며, 이런 가정을 통틀어 역기능 가정이라 하고 역기능 가정에서 자란 모든 사람들을 성인아이(adult child)라고 부른다.[59]

사람들은 마음을 다치게 하는 사건이 일어날 때 본능적인 방어기제로 자신의 상처를 숨기면서 아무런 영향도 받지 않으려고 위장한다. 하지만 지뢰밭에 서 있는 병사가 자신을 구원하기 위해 아무것도 할 수 없다고 느낄 때 공포와 절망적인 두려움이 가득한 것처럼 마음 깊은 곳에는 상처가 건드려질까봐 깊은 공포와 두려움이 있는 것이다. 이 두려움들은 자신의 존재가 무너져도 아무런 조치를 취할 수 없을 것 같은 무력감이다. 이런 두려움의 밑바닥에는 어린 시절에 받은 상처가 아물지 않은 채로 남아있음을 알 수 있다. 따라서 자신의 상처를 바탕으로 자신의 내면을 탐색해 보려는 노력이 있을 때에 자신에 대한 통찰이 일어나면서 자신도 모르게 분노와 슬픔의 이유에 대한 이해를 할 수 있게 될 것이다.

마음의 상처가 일어나는 이러한 과정을 그림으로 표현하면 다음과 같다.

---

59) 성인아이 중 알코올 중독자 가정 출신의 성인아이들은 상처, 분노, 두려움, 모멸감, 슬픔, 부끄러움, 죄의식, 수줍음, 이질감, 혼란, 무가치, 고독, 불신, 불안, 위협, 우울함을 느낀다. 이런 성인아이들은 종종 자신들을 지나치게 책임의식이 있고 지배적이고 충동적이며, 강박적이고, 일중독이고 남을 즐겁게 하는 자, 완전주의자, 결단을 내리지 못하는 사람 등으로 표현하고 있다. 이들은 다른 이들에 비해 더 심하게 낮은 자존감, 완전주의, 미루는 버릇, 우울 등과 싸우고 있다(Charles Shell, 2000, 36-37).

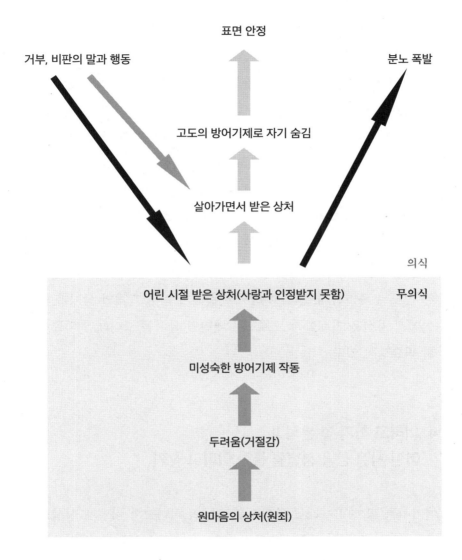

표면 안정

거부, 비판의 말과 행동

분노 폭발

고도의 방어기제로 자기 숨김

살아가면서 받은 상처

의식

어린 시절 받은 상처(사랑과 인정받지 못함)

무의식

미성숙한 방어기제 작동

두려움(거절감)

원마음의 상처(원죄)

[그림 14] 마음 상함의 작동구조(심수명, 2018, 83)

그림에서 보이듯이 상처에 대해 사람들은 두 가지 반응을 보인다. 원 마음의 상처(원죄)는 무의식 가장 밑바닥에 자리잡고 있다. 인간은 원죄의 상처로 거절감에 대한 두려움을 가지고 미성숙한 방어기제로 자신을 보호한다. 대부분의 사람들은 마음을 다치게 하는 사건이 일어날 때 본능적인 방어기제로 자기를 숨기면서 아무런 영향도 받지 않은 것처럼 위장한다. 그래서 표면적으로는 안정된 상태로 나타난다. 이렇게 위장하는 이유는 마음 깊은 곳에 있는 상처가 건드려지면 자신의 존재가 무너질 것 같은 무력감과 그로 인한 두려움 때문이다.

그러다가 거부나 비판 등의 사건이 어린 시절 받은 무의식 속에 있는 깊은 상처를 자극하게 되면 현재 사건에 대한 적절한 분노보다 훨씬 더 큰 분노로 폭발하게 된다. 따라서 해결되지 않은 과거의 상처가 언제 어떻게 자신을 지배할지 모르므로 내면의 상처를 드러내어 치료해야 할 필요성이 있다.

4. 이마고 찾기 및 분석 II : 어린 시절 성공 경험을 통한 이마고 찾기

여기서는 필자의 사례를 중심으로 개인의 이마고가 어떻게 형성되는지를 어린 시절의 경험을 중심으로 찾아보고 분석하려 한다. 사례를 보면서 자신의 이마고가 어떤 경로를 통해 형성되었고 지금의 삶에서는 대인관계 양식에서 어떤 모습으로 드러나고 있는지 살펴보자.

1) 가장 필요했던 것
어린 시절에 내가 가장 필요로 했던 것이 무엇인지 묵상하며 기록해본다.

A : 가장 필요했던 것(갈망이나 원함)
사랑과 돌봄 - 고통당할 때 아무도 없음

[분석] 어린 시절 부모에게 받지 못해서 결핍되었던 A [사랑과 돌봄]이(가) 내게 가장 필요했던 것이다. 나는 이것을 얻으면 자아완성이라는 충족감에 이를 것으로 기대했다. 그래서 어릴 때에는 부모에게 이것을 기대했고, 성장하면서 모든 사람에게 이것을 원했으며, 이제 마지막으로 나의 배우자에게 이것을 바란다. 왜냐하면 그는 나의 부정적 이마고 치료를 위한 파트너이기 때문이다.

2) 성공 경험(사랑을 얻기 위한 긍정적인 기억)을 통한 이마고 찾기

어린 시절부터 청소년기까지 가장 성공적이거나 긍정적으로 기억되는 사건을 제목 중심으로 내용을 기록한다. 그 사건(사람)과 연관된 자신의 느낌을 적어본다. 좌절 사건의 경우엔 아픈 기억이기 때문에 잊어버리고 싶은 것들이어서 기억이 안 날 수 있다. 잘 기억날 수 있도록 하나님의 은혜를 구하며 기도하는 마음으로 기록해 본다.

B : 성공경험 및 긍정적 기억 (자원 및 장점)	C : 감정 (삶의 원동력이 되는 힘)
7세 어간에 누나들에게 동화이야기 해 줌으로 칭찬받음	뿌듯함, 기쁨
초등2학년 선생님께 집중하며 말을 잘 듣고 공부 열심히 해서 선생님이 특별히 사랑함	따뜻함, 자상함, 배려, 귀한 인정
착하다고 어른들이 공개적으로 지지해 줌	은근히 좋아함
초등5학년 때 페스탈로찌 전기 읽음으로 삶의 목표 의식 생김	새로운 소망, 뿌듯함, 자신감

초등5학년 때 예수님 만남	충격과 놀라움, 기이함, 두려워 함, 신비로움
초등6학년 때 교회 성경고사에서 1등	뿌듯하게 느낌
초등학교 우등생, 중학교 수석입학, 나를 아는 모든 사람이 귀하게 봄	내가 가치있는 존재로 여겨지는 자부심 느낌
25세에 예수님을 인격적으로 만남 특별한 사랑, 완전한 용서, 수용을 경험	새로운 존재인식, 강한 자신감, 존재의 두려움이 사라짐

[분석] 내가 어릴 때 원한 A [사랑과 돌봄]을 얻기 위해서 노력한 것이 성공 경험이다. 그래서 그동안 모든 사람에게 이런 방법으로 접근했고 지금도 배우자에게 어릴 때 성공한 방법으로 접근한다.

① 성공 경험(자원 및 장점)

나의 장점은 B [이야기도 잘 하고 (상담자 됨), 공부 열심히 하고 (수석입학), 책도 많이 읽고 (교수 됨), 권위자에게 집중하고, 착하게 행동하고, 예수님을 믿을 뿐 아니라, 교회 생활 (목사 됨)도 잘 하는 것]이다. 이렇게 할 때 배우자가 나에게 사랑과 돌봄을 줄 것이라고 믿고 있다. 그러나 이는 순진한 생각이요, 자기중심적인 어리석음이다. 배우자는 내가 원하는 것을 줄 수 없는 경우가 많다.

② 긍정적인 감정(삶의 원동력이 되는 힘)

나에게 있어 삶의 원동력이 되는 힘은 C [은근한 지지, 칭찬, 따뜻함, 자상함, 배려, 은근히 좋아해줌, 나를 기뻐하고 뿌듯하게 여기며 사랑해줌, 그리고 신비로운 영적경험을 할 때 하나님의 사랑과 인정 느낌 등] 이다.

어릴 때 원함인 A [사랑과 돌봄]을(를) 느끼는 감정이 긍정적인 사건 때의 감정이기 때문에 현재도 이 감정을 갈망하고 있으며 이런 감정이 느껴질 때 자신이 가장 필요로 했던 것이 충족되는 행복을 느끼며 어린아이처럼 만족하며 기뻐한다. 그렇지 못하면 마음이 너무 힘들어 좌절이 되고 여러 부정적인 행동이 나타나고 심한 경우에는 병리적인 모습으로 나타나기도 한다.

3) 성공 경험을 통한 나의 이마고 정리

어린 시절 성공 경험을 통한 나의 이마고를 요약하여 정리하면 다음과 같이 나타낼 수 있다.

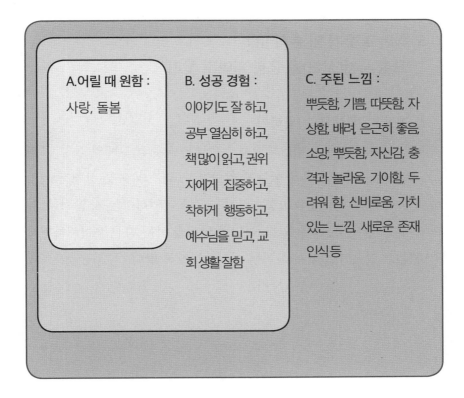

A.어릴 때 원함 :
사랑, 돌봄

B. 성공 경험 :
이야기도 잘 하고, 공부 열심히 하고, 책 많이 읽고, 권위자에게 집중하고, 착하게 행동하고, 예수님을 믿고, 교회생활 잘함

C. 주된 느낌 :
뿌듯함, 기쁨, 따뜻함, 자상함, 배려, 은근히 좋음, 소망, 뿌듯함, 자신감, 충격과 놀라움, 기이함, 두려워 함, 신비로움, 가치있는 느낌, 새로운 존재 인식 등

나의 대인관계 이마고는 내 인생에서 A [사랑과 돌봄]을 얻는 것이 성공이라고 믿고 있다. 그리고 이것을 얻기 위해서 B [이야기도 잘 하고, 공부 열심히 하고, 책 많이 읽고, 권위자에게 집중하고, 착하게 행동하고, 예수님을 믿고, 교회 생활 잘함] 하려고 노력하였다. 이때 주로 느끼는 감정 [뿌듯함, 기쁨, 따뜻함, 자상함, 배려, 은근히 좋음, 소망, 뿌듯함, 자신감, 충격과 놀라움, 기이함, 두려워 함, 신비로움, 가치 있는 느낌, 새로운 존재인식 등] 은 나에게 새 힘을 주곤 하였다. 나는 이런 느낌을 주는 사람을 좋아하며 이런 느낌을 주지 않는 사람에게는 실망감을 갖게 된다.

5. 이마고 찾기 및 분석 III : 좌절 사건(상처)을 통한 이마고 찾기

1) 좌절 사건(상처) 기억하기

어린 시절의 상처를 회상하면서 기억나는 사건과 그때의 감정, 그리고 그때 내가 어떤 반응을 했는지 찾아보자. 과거의 아픈 상처를 기억해내는 것 자체가 굉장히 고통스럽기 때문에 기억하고 싶지 않거나, 왜곡하거나 피하고 싶을 수 있다. 이러한 방어를 하는 자신을 이해하면서 감당할 수 있는 수준에서 상처를 기억해보도록 한다.

	D : 좌절 사건 (상처)	E : 느낌	F : 반응
1	돈을 훔쳤다고 오해 받음	수치감, 창피, 당황, 자기혼란(내가 정말 훔쳤나?)	아무 생각 없이 같이 돈을 찾음
2	아버지의 편애	아픔, 갈망, 거짓, 위선	아버지의 마음에 들고 사랑받기 위해 필사적인 노력을 함
3	동생에 대한 부러움과 미움	깊은 죄의식, 두려움(진노, 심판), 죽기를 원함	자신을 억압하고 무표정, 동생과 싸울 기회를 엿봄 (내가 죽이기 위해)
4	아버지를 상전으로 대한 것	무가치함, 벌레 같은 느낌 - 분노	억압하며 복종, 속으로는 적개심을 품음
5	아버지에게 용돈 받아본 적이 없는 것	수치감, 자존심상함, 버려지는 느낌	이중적인 태도 취함(속으론 싫은데 겉으로는 아무 표정 없이 받음)
6	초등학교 입학할 때 혼자 학교 감	어리둥절, 혼란, 두려움, 무시받음	아무 생각 없이 학교에 가서 줄을 섬
7	종이에 책을 싸갖고 다닌 것	부끄러움, 가치없음을 느낄까봐 두려움, 보호받지 못함에 대한 창피함	책을 가슴에 끌어안고 아이들이 보지 않도록 뛰어감
8	집으로 쫓겨난 것	수치, 모멸감, 분노, 자포자기	맥없이 집으로 쫓겨남 (모든 것을 포기함)
9	초등학교 수학여행 못 감	더 이상의 기대를 가질 수 없는 부모님과의 관계 단절을 느끼며 절망	조금 힘들었지만 나의 삶, 관계, 사회적 성취감 등 모든 것을 포기함
10	심부름하다 약병 깨뜨림	절망(내가 잘못했구나), 엄청난 꾸짖음, 내어쫓김, 매맞음을 상상	길에서 1시간 방황, 사실대로 보고함. 혼나지 않아서 놀람

2) 좌절 사건(상처)에 대한 분석

어린 시절의 좌절 사건은 나의 상처다. 좌절 사건은 나의 습관과 태도를 만들고 좌절 감정은 내 삶의 분위기를 만든다. 대인관계에서 장애가 있다면 정서적인 왜곡이 우선 문제가 된다. 그래서 우선 좌절 감정을 치료하고 난 다음 좌절 사건의 반응이 습관화 되어 있는 것을 자각을 통해 하나하나 버려나가면서 성공경험을 강화시키면 대인관계는 회복되고 성공적인 감정으로 내 삶의 분위기를 바꿀 수 있다.

① 좌절 사건

내가 원한 것이 A [사랑과 돌봄]이었지만 좌절 사건 D [돈을 훔쳤다고 오해 받음, 아버지의 편애, 동생에 대한 부러움과 미움, 아버지를 상전으로 대한 것, 용돈 받아본 적이 없는 것, 초등학교 입학 때 혼자 학교 간 것, 종이에 책을 싸 갖고 다닌 것, 집으로 쫓겨난 것, 수학여행 경비 못 받은 것, 심부름에서 실수 한 것]가 상처가 되어 나를 괴롭힌다.

그래서 어떤 일이 발생하면 좌절 사건 때의 반응이 나의 도피기제가 된다. 이러한 반응은 과거의 것이지만 이제는 습관화되어 내 삶의 태도가 되었다. 그 결과 모든 타인 뿐 아니라 배우자와 인격적인 관계를 갖는데 어려움이 있다. 그러나 밑 마음에서는 갈등의 원인은 내가 아니라 상대방 탓이라고 믿는 왜곡된 신념이 있다.

② 좌절 감정(깊이 내재된 부정적 감정)

좌절 감정은 자기 학대와 타인 학대로 나눌 수 있다. 나의 좌절 감정은 E [자기학대(혼란, 두려움, 아픔, 갈망, 무가치함, 감정억압, 부끄러움, 위축, 허무, 자포자기, 죄의식)와 타인학대(반항, 살의, 분노, 거짓, 위선, 적개심, 경쟁심 등)] 이다.

이것은 이미 내 마음속 깊이 내재된 감정이어서 힘든 일이 생길 때마다 나는 이 감정에 휩싸이게 된다. 부정적인 일이 있을 때 자동적으로 이런 느낌과 분위기를 나타내기 때문에 타인과의 관계에서 어려움이 생기는데 이것을 자신의 문제라고 자각하지 못하고 다른 사람, 특히 배우자의 문제라고 생각하고 원망하며 미워한다. 그래서 대인관계는 궁극적으로 성공을 거두기 어렵다. 이것은 나 자신의 모든 대인 관계 뿐 아니라 부부 관계도 마찬가지다.

③ 좌절 사건 때의 반응(삶을 가로막는 장애물)

내가 힘들 때 하는 반응은 F [아무 생각 없이 살고, 사랑받기 위해 맹목적인 노력을 하고, 사랑을 안 주면 죽으려 들고, 타인에게 복종하지만 속으로는 적개심을 품는 이중성이 가득하고, 다른 사람이 나의 약점을 보지 못하도록 허둥대고, 가끔씩 삶을 포기하고, 혼자서 비합리적으로 생각하며 자기연민과 슬픔에 빠져 방황] 이다.

이런 반응은 나를 성장하지 못하게 하는 나의 연약한 모습이다. 그래서 이런 모습이 나에게 있음을 인정하는 것이 힘들어 나의 약점에 대해 억압하며 살아간다. 그리고 배우자도 이런 모습을 가지고 있다면 이것이 내 모습임을 모르기에 너무 화가 나는데, 화가 나는 이유는 내 안에 이런 모습이 있기 때문이다.

3) 좌절 사건을 통한 나의 이마고 정리

좌절 사건은 나에게 여러 가지로 상처를 주어 나 자신의 성장과 대인 관계에 여러 가지로 영향을 미쳤을 것이다. 나의 이마고를 찾기 위해서는 좌절 사건으로 인해 나에게 어떤 부정적 감정과 반응 양식을 하게 만들었는지 파악하는 것이 필요하다. 좌절 감정은 자기 학대적인 것과 타인 학대적인 것으로 나누어 살펴보아야 한다. 나의 좌절 감정으로 인한 부정적인 감정과 분위기이기 때문에 관계에 어려움이 생긴다. 특히 부부 관계가 더 심각해지고 어려워진다. 왜냐하면 부부 관계에서는 주도성을 더 보이지 않기 때문이다. 또한 부정적 반응 양식은 현재에도 여전히 남아 있어 이 반응 양식을 통찰하여 긍정적인 반응 양식으로 바꾸지 않으면 관계에 어려움이 발생할 수 있다.

그래서 하나님의 사랑과 은총 그리고 상담적 도움으로 나의 좌절경험을 치료하여 자기 화해를 도모해야 한다. 이때 부정적인 감정과 반응 양식으로 대하던 것이 줄어들면서 내가 나 자신을 사랑하고 돌보며 더 나아가 다른 사람들에게 치료적 도움을 주는 자가 될 것이다. 특히 부부 관계에서 돕는 배필이 되면서 부부 관계에서 치료자의 역할을 감당해 나가게 된다. 또한 어린 시절 나의 결핍을 수용하고 인정할 때, 다른 사람의 결핍을 이해하는 자원이 되어 다름 사람을 돕는 치료자로 살아갈 수 있을 것이다.

** 어린 시절 경험을 통한 이마고 찾기 및 분석 방법 정리

A. 내가 가장 필요했던 것(나의 갈망이나 원함)

어린 시절 부모에게 받지 못해서 속상했거나 너무나 원했던 갈망을 찾아 기록한다. 이것은 나에게 가장 필요했던 것이다. 나는 이것을 얻으면 자아완성이라는 충족감에 이를 것으로 기대했다. 그래서 어릴 때는 부모에게 이것을 기대했고, 성장하면서 모든 사람에게 이것을 원했으며, 이제 마지막으로 나의 배우자에게 이것을 바란다. 왜냐하면 나는 이것을 얻지 못해서 너무 속상하고 불행했기 때문이다.

B. 성공 경험(긍정적인 기억: 장점 및 자원)

어린 시절부터 지금까지 기쁘고 행복했거나 자부심이 될 만한 일을 기억하여 기록한다. 남이 보기에 사소해 보여도 상관이 없고 내가 보기에 긍정적인 사건이면 된다.

자신이 스스로 노력해서 얻은 성공은 자신의 능력과 자원이 된다. 그러나 내가 노력하지 않고 얻은 것은 타인이 제공한 것이기 때문에 자기 것이라고 하기는 어렵다. 그렇지만 조금이라도 노력한 것이 있다면 그 점을 찾아보라. 특히 예수를 믿은 것은 새로운 인격과 새 피조물이 되는 놀라운 경험으로서 시간을 초월하여 강력한 자원이 되므로 타락한 인생에게 엄청난 희망의 사건이 된다.

나는 아마도 이 사건을 통해 그렇게도 원했던 A를 얻으려 했을 것이다. 만약 긍정적인 사건을 통해 나의 원함을 어느 정도 충족했다면 나는 원함을 어느 정도 얻으며 살았을 가능성이 많다. 그런데도 계속 받고 싶어하는 마음이 있다. 그러나 긍정적인 사건이 나의 원함을 충족시키는 것이 아니었다면 마음 깊은 곳에서 그 누구도 나의 마음을 모른다고 생각하며 외로워하든지,

아니면 자신의 진짜 원함이 무엇인지 모른 채 살아왔을 것이다. 긍정적인 사건과 당신의 갈망이 어떻게 연결되는지 찾아보고 생각나는 것이 있거나 새롭게 깨달아지는 것은 무엇인지 적어본다.

C. 긍정적인 감정(삶의 원동력이 되는 힘)

나에게 있어 삶의 원동력이 되는 힘은 긍정적인 사건이 일어났을 때 느꼈던 감정이다. 이런 감정은 나를 행복하게 하며 신나게 하고 열정을 불어 넣어주는 에너지원이다. 그리고 때로 황홀한 느낌을 갖게 해주기도 한다. 나는 이런 감정을 계속 느끼고 싶어하기 때문에 과거부터 현재까지의 삶은 이 감정과 연관된 것이 많을 것이다. 그런데 이런 감정이 충족되지 않으면 마음이 너무 힘들어 좌절이 되고 여러 부정적인 행동이 나타나고, 심한 경우에는 병리적인 모습으로 나타나기도 한다.

D. 좌절 사건(상처)

이 사건은 나에게 상처가 되어 나를 괴롭히는 것이다. 그래서 어떤 일이 발생하면 좌절 사건 때의 반응이 나의 도피기제가 된다. 이러한 반응은 과거의 것이지만 이제는 습관화되어 내 삶의 태도가 되었다. 그 결과 모든 타인 뿐 아니라 배우자와 인격적인 관계를 갖는데 어려움이 있다. 그러나 밑마음에서는 갈등의 원인은 내가 아니라 상대방 탓이라고 믿는 왜곡된 신념이 있다.

E. 좌절 감정(깊이 내재된 부정적 감정)

이것은 이미 내 마음속 깊이 내재된 상처다. 특히 부정적인 일이 있을 때 자동적으로 이런 느낌과 분위기를 나타내므로 모든 타인과의 관계에서 어려움이 생긴다. 이런 감정의 원인이 자신의 문제가 아니라 다른 사람(특히 배우자나 가까운 가족)의 문제라는 생각이 들면 남을 원망하며 미워하면서 그 사람 탓이라고 하는 타인 학대의 감정을 갖게 된다. 그러나 자기 탓이라고 생각하거나 피해의식이 있는 경우, 자기학대적인 감정을 가지면서 자신을 힘들게 하는데 에너지를 많이 쓴다. 자기 학대나 타인학대는 방향만 다를 뿐 결과는 자신과 타인 모두를 힘들게 한다. 그래서 대인관계는 궁극적으로 성공을 거두기 어렵다. 이것은 모든 대인 관계 뿐 아니라 부부 관계도 마찬가지이다.

F. 좌절 사건 때의 반응(삶을 가로막는 장애물)

좌절 사건, 즉 상처는 나를 위축시키고 힘들게 하는 일들이다. 어린 나는 정당하게 방어하거나 대처할 힘이 없었다. 그래서 여러 반응들을 하는데 이 때의 반응 양식은 과거의 것이지만 놀랍게도 힘든 일이 생길 때마다 과거의 반응과 거의 흡사한 반응을 현재에도 하고 있을 것이다. 이런 반응은 치료하지 않으면 현재 뿐 아니라 미래에도 나를 성장하지 못하게 하는 장애물이 되어 변화와 성장을 가져다주지 못하게 한다. 그런데 상처의 피해자인 나는 이런 모습이 나에게 있다는 것을 인정하기 힘들고 마음 깊은 곳에서는 없다고 생각하기도 한다. 이런 모습이 싫어서 내 모습이 아니라고 생각하는데, 그 모습을 배우자가 가지고 있으면 너무 화가 난다. 하지만 화가 나는 진짜 이유는 내 안에 이런 모습이 있기 때문이다.

| 활동 |

1. 어린 시절 긍정 경험을 통한 나의 이마고 찾기

다음에 있는 양식에 따라 자신의 삶을 반추해보며 성실하게 기록한다.

1) 어린 시절에 가장 필요했던 것

어린 시절에 내가 가장 필요로 했던 것이 무엇인지 묵상하며 기록해본다.

A : 가장 필요했던 것(갈망이나 원함)

[분석] 어린 시절 부모에게 받지 못해서 결핍되었던 A[_____]이(가) 내게 가장 필요했던 것이다. 나는 이것을 얻으면 자아완성이라는 충족감에 이를 것으로 기대했다. 그래서 어릴 때에는 부모에게 이것을 기대했고, 성장하면서 모든 사람에게 이것을 원했으며, 이제 마지막으로 나의 배우자에게 이것을 바란다. 왜냐하면 그는 나의 부정적 이마고 치료를 위한 파트너이기 때문이다.

2) 어린 시절의 긍정적인 기억들

아래에 어린 시절의 긍정적인 기억들을 적고 그 사건(사람)과 연관된 당신의 느낌을 적으시오.

B : 성공경험 및 긍정적 기억 (자원 및 장점)	C : 감정 (삶의 원동력이 되는 힘)

[분석]

① 긍정적 사건

내가 어릴 때 원한 A[_____
_____]을(를) 얻기 위해서

노력한 것이 긍정적인 사건이다. 그래서 그동안 모든 사람에게 이런

방법으로 접근했고 지금도 배우자에게 어릴 때 성공한 방법으로 접근

한다.

② 긍정적 방법(자원 및 장점)

나의 장점은 B[_____

_____

_____

_____]이다.

이렇게 할 때 배우자가 나에게 사랑과 돌봄을 줄 것이라고 믿고 있
다. 그러나 이는 순진한 생각이요 자기중심적 어리석음이다.

③ 긍정적인 감정(삶의 원동력이 되는 힘)

나에게 있어 삶의 원동력이 되는 힘은 C[_____

_____

_____

_____]이다.

어릴 때 원함인 A[_____

_____]을(를) 느끼는 감정이 긍정적인 사건 때의 감
정이기 때문에 현재도 이 감정을 갈망하고 있으며 이런 감정이 느껴
질 때 자신이 가장 필요로 했던 것이 충족되는 행복을 느끼며 어린아
이처럼 만족해하며 기뻐한다. 그렇지 못하면 마음이 너무 힘들어 좌절
이 되고 여러 부정적인 행동이 나타나고 심한 경우에는 병리적인 모습
으로 나타나기도 한다.

3) 긍정적인 기억을 통한 이마고 찾기 정리

나의 이마고를 정리하면 다음과 같이 그림으로 나타낼 수 있다.

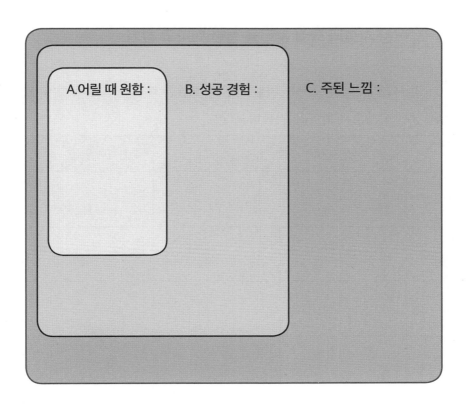

A.어릴 때 원함 :

B. 성공 경험 :

C. 주된 느낌 :

  나의 대인관계 이마고는 내 인생에서 A[_____
_____]을(를) 얻는 것이 성공이라고 믿고 있다.
  그리고 이것을 얻기 위해서 B[_____
_____] 하려고
노력하였다. 이때 주로 느끼는 감정[_____
_____] 은 나에게
새 힘을 주곤 하였다. 나는 이런 느낌을 주는 사람을 좋아하며 이런 느
낌을 주지 않는 사람에게는 실망감을 갖게 된다.

2. 어린 시절의 좌절 사건을 통한 이마고 찾기

당신의 기억에 떠오르는 어린 시절에 경험한 좌절과 그런 좌절에 대한 당신의 느낌과 반응을 기록해보라.

	D : 사건(상처)	E : 느낌	F : 반응
1			
2			
3			
4			
5			
6			
7			

[분석]

① 좌절 사건

내가 원한 것이 A[_____]이었지
만, 좌절 사건 D[_____

_____

_____]가
상처가 되어 나를 괴롭힌다. 그래서 어떤 일이 발생하면 좌절 사건 때
의 반응이 나의 도피기제가 된다. 이러한 반응은 과거의 것이지만 이제
는 습관화되어 내 삶의 태도가 되었다. 그 결과 모든 타인 뿐 아니라 배
우자와 인격적인 관계를 갖는데 어려움이 있다. 그러나 밑 마음에서는
갈등의 원인은 내가 아니라 상대방 탓이라고 믿는 왜곡된 신념이 있다.

② 좌절 감정(깊이 내재된 부정적 감정)

좌절 감정은 자기 학대와 타인 학대로 나눌 수 있다. 나의 좌절 감정
은 E [(자기학대 :_____와
타인학대 :_____)]이다.

이것은 이미 내 마음속 깊이 내재된 감정이어서 힘든 일이 생길 때
마다 나는 이 감정에 휩싸이게 된다. 부정적인 일이 있을 때 자동적으
로 이런 느낌과 분위기를 나타내기 때문에 타인과의 관계에서 어려움
이 생기는데 이것을 자신의 문제라고 자각하지 못하고 다른 사람, 특
히 배우자의 문제라고 생각하고 원망하며 미워한다. 그래서 대인관계
는 궁극적으로 성공을 거두기 어렵다. 이것은 나 자신의 모든 대인 관
계 뿐 아니라 부부 관계도 마찬가지다.

③ 좌절 사건 때의 반응(삶을 가로막는 장애물)

내가 힘들 때 하는 반응은 F [_____
_____
_____
_____]이다.

이런 반응은 나를 성장하지 못하게 하는 나의 연약한 모습이다. 그

래서 이런 모습이 나에게 있음을 인정하는 것이 힘들어 나의 약점에 대해 억압하며 살아간다. 그리고 배우자도 이런 모습을 가지고 있다면 이것이 내 모습임을 모르기에 너무 화가 나는데, 화가 나는 이유는 내 안에 이런 모습이 있기 때문이다.

④ 좌절 사건을 통한 나의 이마고 정리(앞의 내용을 참고하여 정리해본다.)

10장 잃어버린 자아를 통한 이마고 찾기 및 분석

1. 부부만남의 신비한 원리

데이비스 월트라는 유명한 미국인이 있었다. 그 아내인 바바라 월트도 매스컴에 자주 등장하는 유명한 사람이었다. 두 사람은 잘 살다가 이혼하고 말았다. 이혼한 다음날, 남편인 데이비스 월트는 새로운 배우자를 얻기 위해 컴퓨터의 도움을 받아 결혼 정보를 입수했다. 설문을 작성하고 자신이 바라는 배우자, 아내의 자격 요건을 명시한 후 전국에서 사람을 모아 봤더니 3만 명이 명단에 올라왔다. 계속적으로 배우자의 자질을 철저하게 검토하면서 자기에게 맞는 사람을 엄선해 보았는데 네 명이 물망에 올랐다. 그런데 그 네 명의 후보 중에서 첫 번째 리스트에 오른 사람은 바로 전 아내인 바바라였다.

서로 맞지 않아서 이혼했는데 왜 이런 결과가 생겼을까? 이혼한 대상이 가장 적합한 짝으로 물망에 올랐다는 사실이 무엇을 의미하는 것일까? 그것은 부부가 서로 무의식뿐 아니라 성격까지도 비슷한 부분이 있다는 의미다. 서로 사랑해서 결혼했다는 것은 아무 문제가 없다는 뜻이 아니라 서로가 이미 가지고 있는 문제들을 보완하고 해결하며 살아야 할 관계라는 의미다. 그러므로 부부가 서로 자신의 이마고를 분석하여 문제점은 무엇이며, 어떤 부분 때문에 관계가 힘든지 그에 대한 치료 방법은 무엇인지 하나씩 그 대안을 찾아가야 하는데 여기에서는 특히 잃어버린 자아에 대하여 초점을 맞추어 해결하는 방법을 제시하고자 한다.

2. 잃어버린 자아

인간은 아무리 좋은 환경에서 성장해도 누구나 상처를 받게 되어 있다. 그것은 인간의 끊임없는 욕구 때문이며, 결국 그 욕구를 다 채울 수 없기에 상처로 남게 되는 것이다. 인간이 타락하기 전에는 모든 것이 채워졌다. 그러나 범죄한 인간은 태어나면서부터 결핍을 갖고 태어난다. 태아의 상태에 있는 동안 인간의 모든 생물적 욕구들은 모체의 자궁 안에서 즉각적으로, 그리고 자동적으로 완전하게 충족된다. 따라서 태아는 모든 욕구로부터 자유로운 원초적인 낙원의 상태에서 일체감을 체험한다. 아기는 엄마의 자궁 안에서 욕망으로부터 자유로운 에덴동산을 경험하는 것이다. 이러한 이상적인 상태는 출생의 순간 갑자기 끝나버린다. 아이는 태어난 후 얼마동안은 여전히 자신과 외부세계, 그리고 자신의 내적인 사고와 감정과 행동 사이의 구분이 없는 상태로 살아간다(Hendrix, 1988, 17-18).

그 후 성장하면서 원초적인 일체감은 점차 희미해져 가고 그 대신에 독립체로서의 자기 자신과 외부세계에 대한 의식이 생기면서 자신의 욕구가 제한되는 현실을 경험하고 남과 구분이 있다는 것을 알게 된다. 이때부터 아이는 독립을 통해 완전한 존재가 되고 싶은 욕구를 가지며 살아가지만 계속되는 실패를 통해서 더욱더 원초적인 불안을 가진다.

태어나서 처음 몇 달 간, 또는 초기 영유아때의 사건이나 감정을 기억하는 사람은 없지만, 감정두뇌는 여전히 유아기적 관점 안에 갇혀 있다. 그리고 성인이 되어 스스로 배고픔을 달랠 수 있고, 몸을 따뜻하게 하고, 언제나 쾌적한 상태를 유지할 수도 있지만, 여전히 어느 부분에서는 자신을 돌봐 줄 외부 세상을 기대한다. 이러한 무의식적 기대는 결혼하고 나면 배우자에게 더 집착하며 기대하게 된다. 그러므로 배우자가 자신을 냉랭하게 대하거나 도움을 주지 않을 경우, 감정 두뇌의 깊은 곳에서는 공포의 경고가 전해진다. 이러한 자동 경보 시스템은 결혼 생활에서 중요한 역할을 담당한다(Hendrix, 1998, 22-23).

사고 두뇌는 성인이 되어서는 자신을 스스로 돌볼 수 있다고 생각하지만, 감추어지고 잃어버린 자아는 여전히 외부세계가 자신을 돌보아 주기를 기대한다. 특히 배우자가 이러한 욕구를 충족시켜 주어야 한다고 굳게 믿고 있는 것이다. 따라서 결혼 생활을 시작하면 배우자가 이러한 원초적 기대 즉, 완전감과 일체감을 충족시켜 줄 것이란 기대가 온 마음과 감정을 지배하게 되는 것이다.

하지만 같은 연약함을 가지고 있는 배우자가 어찌 이런 욕구를 충족시켜줄 수 있겠는가? 결국 '왜 내가 결혼을 했을까?'하는 회의와 아울러 자신이 배우자에게서 떠나게 되거나 또는 '새로운 사람을 찾아나서고 싶은 갈망'이 일어나 깊은 죄의식과 함께 부부 관계에서 심각한 단절의 위기를 느끼게 된다. 이런 모든 고통은 배우자에 대한 과도한 욕구에서 비롯된 것이다. 이것은 어린 시절 잃어버린 자아의 상처에서 기인된다.

한 여자가 옷을 고르는 동안, 네 살쯤 되는 어린 아들이 엄마를 졸졸 따라다녔다. 그녀는 옷을 고르느라 정신이 없었고, 어린 아들은 엄마의 관심을 얻어 보려고 "엄마, 나 이 글자 읽을 줄 알아요." 라고 외치지만 엄마에게서 아무런 반응도 얻지 못했다. "엄마, 다른 옷도 더 입어볼 거예요?" 어린 아들이 물었다. 그녀는 아들에게 아주 잠깐만 관심을 보였고, 그나마도 목소리를 낮추어 성가시다는 투로 대답했다. 마침내 어린 아들은 백화점 직원에게 똑똑하게 말했다.

"우리 엄마가요 자동차 사고로 다쳤거든요. 그래서 죽었어요."

이렇게 말한 덕분에 어린 아들은 즉시 엄마의 관심을 받아냈다. 엄마는 아들의 어깨를 흔들고 엉덩이를 찰싹 때린 다음, 억지로 의자에 앉혔다.

"너 대체 무슨 말이야? 엄마가 자동차 사고로 죽었다니! 못된 녀석 같으니라구. 가서 잠자코 의자에 앉아 있어. 한 마디만 더 해 봐."

어린 아들은 얼굴이 하얗게 질려서 엄마가 쇼핑을 마칠 때까지 꼼짝도 않고 의자에 앉아 있었다. 이 사건을 통해서 아이는 아무리 화가 나고 속상해도 엄마가 죽었다는 식으로 상상하거나 말을 해서는 안된다는 것을 부정적으로 강하게 배웠다(Hendrix, 1998, 49-50).

어렸을 때 부모님이 강하게 자녀를 억압하게 되면 아이는 화나는 감정이나 부정적인 느낌, 그리고 반사회적인 생각과 감정들은 저 밑바닥에 꾹꾹 누른 채 살아가게 된다. 이것이 잃어버린 자아이며, 이때 부모님이 원하는 방식대로 행동하게 되는데, 이것이 거짓 자아이다. 인간은 누구나 잃어버린 자아나 거짓 자아를 가지고 있다. 그런데 성장해 가는 과정에서 합리적 자아가 힘을 가지고 잃어버린 자아를 잘 달래고, 거짓 자아라 할지라도 필요에 따라 기능을 하게 되면 대인 관계에서 큰 문제가 일어나지 않는다.

그러나 사회화 과정에서 어린아이가 너무 심하게 육체적, 감각적 욕구를 억압하게 되고, 부모의 행동규범과 가치체계, 신조 등을 강압적으로 받아들여야 할 때 아이들은 그들의 존재가 부분적으로만 수용되는 고통을 경험하게 되는 것이다. 이때 어린아이들은 부모의 사랑을 받기 위해 본래 모습을 버리고 행동하고 사고뿐만 아니라 자연적인 감정(분노의 감정, 성적인 감정, 그 밖의 반사회적 감정 등)을 억압하게 된다.[60]

유년기의 상처는 소위 '사회화'로 인해 생기는 정서적 상처이다. 이것은 부모와 사회로부터 주입받은 행동규범에 대한 모든 메시지들에 자신을 맞추어 나감으로써 원자아의 많은 부분들을 무의식 영역 안으로 억압시킴으로써 생기는 것이다. 특정한 생각과 감정, 그리고 행동을 억압하기 위해 부모들은 다양한 방법을 시도한다. 그리고 때로는 아주 분명하게 명령을 내리기도 한다. "그런 생각은 절대로 하지 말아라.", "남자들은 울지 않아.", "만지지 말라니까!", "다시 한 번 그런 말하기만 해봐라.", "우리 집에서는 그렇게 행동하지 않는다!"

이처럼 억압된 부분들을 '잃어버린 자아'라고 하는데 잃어버린 자아는 어린 시절, 부모님들이 다른 사람들과 무리없이 잘 지내도록 가르치는 과정에 생긴다. 각 발달 단계마다 어린이들이 배워야 할 독특한 관습과 원칙, 가치관들이 있으며 이러한 요소들을 전달하는 주된 통로가

---

60) 이마고 치료는 배우자 선택과정에서 부부의 무의식의 관점을 매우 중요하게 관찰한다. 이 이론에 의하면 인간은 사회화 과정에서 잃어버린 자아를 회복하기 위하여 자신의 "잃어버린 자아"를 소유하고 있는 사람을 사랑하게 된다. 즉 배우자 선택은 일반적으로 발달단계에서 손상된 자신의 이미지를 보충해 줄 수 있는 대상을 선택하게 되는데, 이것을 "이마고 짝(imago match)"이라고 부른다. 이 "이마고 짝"은 자신의 것이 아닌 어린 시절 초기 양육자들이 좋아했던 정서적 이미지의 대상이 많다(Luquet, 2004, 43, 192).

바로 부모이다. 건강한 부모라면 아이가 부정적인 모습을 보일 때, 이를 수용하면서도 악은 다스릴 수 있도록 이끌어 주어야 하는데, 부정적인 것은 무조건 잘못이라는 식으로 거절당한 어린이는 자신의 개성을 잃어버린 채 부모와 사회가 요구하는 것에 맞추어 살게 되는 것이다.

사회의 명령에 대한 어린아이의 반응은 몇 가지 예상된 단계를 보인다. 첫 번째 반응은 부모가 금지하는 행동을 숨어서 하는 것이다. 아이는 잔뜩 화가 나 있으면서도 그 이유를 소리 내어 말하지 않는다. 아이는 자기 방에 들어가 몰래 자기가 하고 싶은 것을 하거나 부모가 집에 없을 때 동생을 괴롭힌다. 이런 일련의 행동을 통해 마침내 아이는 몇몇 생각과 행동은 전혀 받아들여지지 않으므로, 앞으로 해서는 안 되겠다고 결론을 내린다. 그런 다음 아이는 자신의 생각과 행동을 단속하는 가공의 부모를 머릿속으로 생각해낸다. 이 가공의 부모가 바로 심리학자들이 말하는 '초자아'이다. 이제 아이는 금지된 생각을 하거나 '허용되지 않는' 행동에 몰두할 때마다 불안이라고 하는, 스스로를 통제하는 정신적 충격을 경험한다. 이 충격은 너무나 불쾌해서 아이는 금지된 일부 행동을 스스로 잠재운다. 결국 순종의 궁극적인 대가는 자신의 자아를 상실하는 것이다(Hendrix, 1988, 52-53).

인간의 삶에 있어서 어느 정도의 억압과 자아 상실은 불가피하지만 억압이 심한 경우에는 정서가 메마르게 되고 마치 고무풍선의 한 쪽을 누르면 다른 쪽으로 튀어나오듯이 전혀 예상할 수 없는 방향으로 튈 수도 있다. 어렸을 때 가장 크게 억압을 받았던 부분들 중의 하나는 육체적, 감각적, 성적 및 정서적인 것이기에 결혼생활에 심각한 영향을 줄 수밖에 없다. 그래서 결혼 생활의 부부 갈등을 해결하려면 숨겨진 욕구들을 이해해야 한다. 이 과정에서 어렸을 때에 육체적, 감각적 만족에 대하여 수없이 많은 제약을 받아왔다는 사실을 성찰하여 자신의 내면을 재인식하여 상처를 치료하는 것이 중요하다. 아무리 사려 깊은 부모 밑에서 자랐다 할지라도, 사람은 누구나 다 충족되지 않은 욕구들을 지니고 있으며 이러한 욕구들은 결혼생활에까지 영향을 끼친다.

3. 부인하는 자아와 거짓 자아

어느 날 우리 가족이 함께 차를 타고 가고 있었다. 그런데 어디선가 방귀냄새가 나기 시작했다. 나는 분명 아니었고 아내에게 물어보니 아내도 자기가 뀌지 않았다는 것이었다. 그렇다면 내 아들 자연이 밖에 없는데…. 그 당시 내 아들은 5살이었다. 확인하고 싶은 마음과 약간은 장난기 섞인 마음으로 "자연이가 방귀 뀌었니?"라고 묻자 아이는 자기가 뀌지 않았다고 대답하는 것이었다. 방귀 뀌어도 괜찮다고 얘기했지만 끝내 아니라고 부인하기에 아이의 말을 믿어주기로 하고 그냥 넘어갔다.

그러나 사건은 또 재발하였다. 그날도 역시 가족끼리 차를 타고 가고 있었는데 방귀냄새가 솔솔 나기 시작하였다. 나도 내 아내도 아님을 확인한 후 자연이에게 다시 물었다.

"자연이가 방귀 뀌었니?"

그러자 역시 대답은 "아니오"였다. 그래서 "사람은 누구나 방귀를 뀌며 아빠도 방귀를 뀐다고…. 다만 방귀를 뀔 때 얘기를 해주면 창문을 열어서 냄새가 안 나도록 할 수 있으니 미리 얘기를 해 달라."고 말해주었다. 그런데도 자연이는 자기가 방귀 뀐 사실을 인정하지 않았다.

그 다음에는 차 안에서 내가 방귀를 뀐 사건이 일어났다. 자연이는 매우 놀라며 좋아했다.

"아빠도 방귀를 뀌어?"

나는 또 한 번 설명해 주었다. 방귀는 자연스러운 것이라고….

그리고 네 번째 방귀사건이 벌어졌을 때 나는 아이의 마음을 다치지 않도록 배려하고 돕고 싶은 마음으로 "자연이가 방귀를 뀌었나보다. 그랬니?"라고 묻자 자연이는 아무 말 없이 가만히 있었다.

"그래, 뀌었구나. 괜찮아. 건강한 거야. 다음부터는 뀌기 전이나 후에 말해주면 돼. 알겠니?"

그러자 자연이는 고개를 끄덕였다. 그리고 그 다음부터는 뀌기 전에 얘기해주거나 혹 미리 말하지 못하고 뀐 경우에는 자기가 뀌었다고 얘기하고 창문을 열어달라고 얘기할 수 있게 되었다. 다섯 번에 걸친 과정을 통해 내 아들 자연이는 자신의 안 좋은 모습을 조금 인정하게 되었다.

어린 자연이는 방귀 뀌면 안 된다고 부모가 말하지 않았는데도, 직감적으로 방귀 뀌는 것을 부모가 싫어한다고 생각하여 자기의 부정적인 모습을 부인하려고 하였다. 이것이 바로 부인하는 자아가 일어나는 과정이다. 어린아이는 부모가 싫어하는 행동을 하는 자신을 부인한다. 부모가 싫어하는 행동에 대해서는 자신의 모습인데도 불구하고 자신의 것이 아니라고 말하며 부인해 버린다. 특히 부모가 자신의 어떤 행동에 대해 비판하며 거부하는 태도를 보이는 경우에는 부인하는 자아가 더욱 커진다.

그리고 부인하는 자아 대신에 위장된 행동을 만들어 내면서 거짓 자아를 만들어 자신을 보호한다. 거짓 자아는 자기의 억압된 부분들을 위장하고 자신을 포장하여 사회에 적응할 뿐 아니라 더 이상의 상처를 받지 않기 위해 자기를 방어하고 보호하려는 특징이 있다.

우리는 상처를 치료하기 위하여 여러 가지로 애쓰고 노력하지만 이러한 노력에도 불구하고 내부에는 항상 공허함이 자리잡고 있다. 이 공허함을 메우기 위해서 음식이나 약물, 여러 가지 활동을 하지만, 마음 깊은 곳에서 실제로 갈망하고 원하는 것은 '원래의 온전함'이다. 따라서 이 공허함은 실존적 공허이며 이것은 더 높은 곳을 향해 성장하려는 영적인 갈망으로서 인간이 채울 수 없는 영적인 공간이며 오직 하나님을 만남으로써만 채울 수 있다. 이러한 자신의 깊은 갈망을 깨닫지 못한 사람들은 결혼 이후에 배우자를 통해 이러한 공허함을 채우고 싶어 한다. 그러나 자신을 세우고 변화하려는 노력과 아울러 하나님을 찾는 구도자적 노력이 없다면 실존적인 고독은 채울 수 없는 것이다.

4. 상처로 인해 잃어버린 자아의 역동

상처로 인해 본래 자아를 잃어버린 사람은 배우자와의 만남을 통해 그것을 회복하고 싶은 무의식적인 욕구에 따라 비현실적이고 낭만적 대상에게 끌리게 된다. 이것은 배우자를 통하여 잃어버린 자아를 회복함으로 온전한 사람이 되고픈 욕구 때문에 시작된다. 그래서 서로 다른 성격유형처럼 보이지만 실제로는 자기와 닮은, 그러나 자신이 원하는 것을 주기에는 너무 힘든 배우자를 만나게 된다(Luquet, 2004, 68-69).

만일 사람들이 논리적이고도 합리적인 입장에서 배우자를 선택한다면 그들은 자기 부모의 부족함을 재연하거나 가중시키는 상대가 아니라 그 부족함을 보완해 줄 상대를 찾을 것이다. 그러나 실제적으로는 이러한 합리적인 과정을 따르지 않고 비합리적이며 근시안적인 감정(원초적 두뇌)의 지시를 따르는데, 이 원초적 두뇌가 원하는 것은 어린 시절의 잘못된 상황을 올바로 잡기 위하여 그 상황들을 재창출해 내는 것이다. 인간의 두뇌에 저장되어 있는 많은 인상들 중에 가장 생생한 것은 어린 시절의 양육자들에 관한 것이다. 그리고 그 양육자들과의 모든 관계에 있어서 크게 상처를 받았던 경험들이 우리의 감정두뇌에 가장 깊숙이 남게 된다.

그러나 희망적인 것은 자신의 상처를 치료하는 법을 배우고 자신을 수용하며 성찰해 나갈 때, 배우자가 원하는 것을 주는 방법을 배울 수 있게 되고 그 결과 자신과 배우자를 함께 치료할 수 있는 것이다. 이로 인하여 자신들의 잃어버린 자아를 회복할 수 있으며 마침내는 함께 성장할 수 있다. 이것이 바로 이마고 치료에서 일어나는 축복이다.

따라서 이마고 부부치료는 부부들이 과거의 어린 시절에 상처가 있었음을 받아들이며, 서로에게 상담자로서 아픔을 함께하기로 노력하는 것이다. 이때 서로가 동지라는 사실을 온 몸으로 알아갈 것이다. 부부가 어린 시절에 모두 상처를 받았다는 그 사실이 서로의 상처를 이해하고 치료하는데 도움이 된다.

우리는 배우자가 나와 다른 견해와 생각을 가질 수 있고 그것이 나보다 옳을 수 있다고 믿으면서도 감정적으로는 이 간단한 진리를 받아들이기를 매우 꺼려한다. 우리의 배우자가 우리의 의견에 동의하지 않는 것 자체가 이미 잘못된 것이라고 생각하기 때문이다. 그러나 우리가 열린 마음을 가지고 상대방을 본다면 다음의 두 가지를 알게 될 것이다. 첫째는 실제로는 두 사람 모두 정당한 견해를 가지고 있다는 것이고, 둘째는 부부의 문제는 두 사람이 알고 있는 것보다 훨씬 크고 복잡하다는 것이다.

5. 이마고 찾기 및 분석 IV : 잃어버린 자아 찾기

다음의 방법은 상처로 인해 잃어버린 자아를 찾는 방법이다(Hendrix, 1988, 137-139). 배우자나 부모가 하는 말 중에서 유난히 듣기 싫은 말이나 행동을 탐색하여 그 이면에 숨겨져 있는 나의 잃어버린 자아를 찾기 위해서는 다음의 방법에 따라 찾는 것이 도움이 된다.

[필자의 사례]

1.(배우자나 부모에게) 듣기싫은 소리나 행동 찾아보기	① 듣기 싫은 말이나 행동과 상황은?	아내는 내가 옷을 아무렇게나 벗어둔다고 화를 내며 "옷 정리 좀 해! 맨날 그 모양이야!" 하면서 나를 비난하였다.
	② 그때 나의 감정은?	무안하고 멍하다. 민망하기도 하다. 은근히 분노가 치민다.
	③ 그때 나의 생각은?	"자기가 잘 치우면 되지. 그게 사랑이잖아. 나를 너무 몰아세우잖아. 저 사람이 나를 잡으려 하는구나. 이 말을 들어주면 앞으로도 계속 나를 피곤하게 할 거야. 계속 옷을 집어던지자. 나를 잡지 못하도록... ."
2 나의 역동 발견하기	그 모습을 보며 나에게 일어나는 부정적 역동은?	아내가 나에게 무례하게 하는 말이 비인격적, 공격적, 야만적으로 느껴지니까 이것을 들어주기보다 내 마음대로 살고 싶다. 세상을 부숴버리고 싶다. 엄청난 퇴행과 무서운 공격성이 내 안에 도사리고 있다.

		떠오르는 고통(상처)	숨겨져있는 마음	그때 나의 원함 (상처받아 잃 어버린 자아)
3. 상처받은 잃어버린 자 아 찾기	떠오르는 고통 이나 상처는? 내가 진정으로 원하는 것은?	돈이 없어지면 내가 의심받음	내가 훔쳐가 지 않았는데 날 의심하다 니…(분노가 일어남) (한편)내가 훔 쳐갔나? 그럼 그 돈이 어디 갔지?(혼란스 러움)	"나를 의심하 지 말아주세 요. 나를 믿어주세 요."
		태어나지 말 았어야 하는데 왜 태어났느냐는 식의 태도	그러면 왜 나 를 낳았어. 내 가 태어나고 싶어서 태어 났냐구!	"나의 탄생을 축하해 주면 얼마나 좋을 까? 나는 귀 한 존재로 사 랑받고 싶어 요."
		지속적으로 주 워왔다는 말을 들을 때 내 존 재가 너무 비 참해지고 거절 되는 아픔	그래서 학대 했구나. 알았 어. 집 나가 줄 게. 잘 먹고 잘 살아.	"내 존재를 가 지고 장난치지 마세요." "나를 귀한 아 들이라고 말해 주세요."
4. 통찰	분석을 통해 깨 달아지는 것은?	어린 시절 받은 상처를 배우자에게는 조금도 받고 싶지 않으며, 오히려 상처를 보상받고 싶 어하는 마음이 있다. 배우자는 내가 어떻게 행 동해도 나를 이해하고 수용하고 내 약점을 다 감싸주어야만 나를 사랑하는 것이라는 숨겨 진 욕구가 있었음을 깨달았다.		

(2) 잃어버린 자아 찾기 분석

① 듣기 싫은 말이나 행동과 상황

배우자(또는 부모님)가 나에게 하는 듣기 싫은 말이나 행동이 무엇인지 생각하되, 현재 상황에서 일어나는 나의 생각이나 감정을 있는 그대로 (판단하지 말고) 다 적어보는 것이 좋다. 그것이 어린 시절 사건을 생각나게 하거나 연관되는 상처가 떠오를 때 까지 묵상하면서 찾아본다.

② 나의 역동 발견

배우자의 싫은 모습이 나에게 어떤 생각이나 어떤 마음을 불러 일으키는 지 무의식의 마음(주로 부정적인 마음)을 찾아보자. 이것은 대부분 부정적이어서 드러나지 않으며, 드러난다고 해도 순식간에 억압이 되는 특성이 있다. 그러므로 나의 부정적 욕구를 찾는 수고를 하는 것이 정말 귀한 일이며, 이것을 찾아야만 나의 무의식의 상처를 치유할 수 있음을 알고 무의식을 찾는 연습이 필요하다.

③ 상처받은 잃어버린 자아 찾기

내가 부정적인 욕구와 역동이 있었던 이유는 원가족과의 관계에서 받은 상처와 연관되어 있다. 과거의 상처가 기억나면 수치심, 분노, 죄책감 등이 일어나서 자동적으로 억압하는 자신이 있을 것이다. 과거의 상처를 기억하면서 그때 나의 진짜 마음이 무엇인지 그 진심을 찾아서 그 아이를 만나 위로해주고, 그 아이가 원하는 것을 알아줄 때, 그 아이가 힘을 얻어 더 건강하게 성장할 수 있음을 믿고 수용적인 자세로 만나보도록 한다.

④ 통찰

나의 어린 시절을 만나보면서 깨달아지는 통찰이 있으면 적어보고, 이것이 배우자와의 관계에 어떤 영향을 주고 있는지 생각해보자.

<예시1>

상황	아내가 나와 결혼하는 것에 많은 고민이 있었다는 말을 했는데, 그 이유는 내가 장남이고 부모님의 불화로 평화롭지 못한 가정에서 자란 것 때문이었다고 함. 그리고 그 외에도 살아보니 후회되는 면들이 있어서, 다시 결혼한다면 당신같은 사람하고는 결혼하지 않을 것이라고 함	
1.(배우자나 부모에게) 듣기싫은 소리나 행동 찾아보기	① 듣기 싫은 말이나 행동과 상황은?	"당신 결혼 전엔 봉황인 줄 알고 결혼했는데, 알고 보니 꽝인 것 같아 실망했어."
	② 그때 나의 감정은?	은근히 화가 남, 무시받음에 주눅이 듦
	③ 그때 나의 생각은?	아내는 나의 부족함을 이해하고 사랑해서 결혼한 줄 알았는데, 나를 통해 자기의 욕구를 채우고 싶었단 말이야. 화가 나는군. 이 여자도 자기 밖에 모르는 다른 여자들과 다를 바가 없군.
2. 나의 역동 발견하기	그 모습을 보며 나에게 일어나는 부정적 역동은?	나도 아내를 공격하며 괴롭히고 싶다. 아내 말을 들어주고 싶지 않다. 오히려 아내가 내 말에 복종하도록 부정적으로 나를 던지고 싶다.

		떠오르는 고통(상처)	숨겨져있는 마음	그때 나의 원함 (상처받아 잃 어버린 자아)
3. 상처받은 잃어버린 자 아 찾기	떠오르는 고통 이나 상처는? 내가 진정으로 원하는 것은?	무능하고 무 책임했던 아 버지, 가난했 던 가정	가난이 지긋 지긋하고, 우 리 부모님은 왜 이렇게 못 났을까? 부모 님이 싫다.	"아버지, 정신 차리고 사세 요. 돈 좀 벌어 오세요."
		불화한 부모 님에게 화를 내고 싶은 마 음	왜 저렇게 싸 우고 난리야. 제발 그만 좀 싸워요. 죽어 버리고 싶어.	"서로 싸우지 말고 좀 참고 사세요. 내가 불안하고 힘 들어 죽겠어 요."
		장남에 대한 과도한 기대 에 따른 부담 감에 눌림	장남이 무슨 죄야? 난 장남 이 싫어. 장남 이라고 잘해 주는 것도 싫 어, 기대할거 면 잘해주지 도 마.	"나한테 너무 요구하지 마세 요 힘들어 죽 겠어요. 난 무 능하다구요."
4. 통찰	분석을 통해 깨 달아지는 것은?	어찌보면 아내의 부담감과 실망감은 내가 어 렸을 때 부모님에게 느꼈던 것과 비슷함을 발 견하게 되었다. 나의 힘듦을 부모님이 알아주 고 덜어주기를 바랐던 것처럼 아내의 힘든 마 음을 알아주면 아내가 덜 힘들어 할 것이라는 깨달음이 생겼다.		

| 활동 |

1. 상처 받은 잃어버린 자아 찾기 실습

1) 잃어버린 자아 찾기와 통찰

상황				
1.(배우자나 부모에게) 듣기싫은 소리나 행동 찾아보기	① 듣기 싫은 말이나 행동과 상황은?			
	② 그때 나의 감정은?			
	③ 그때 나의 생각은?			
2 나의 역동 발견하기	그 모습을 보며 나에게 일어나는 부정적 역동은?			
3.상처받은 잃어버린 자아 찾기	떠오르는 고통이나 상처는? 내가 진정으로 원하는 것은?	떠오르는 고통(상처)	숨겨져있는 마음	그때 나의 원함 (상처받아 잃어버린 자아)
4. 통찰	분석을 통해 깨달아지는 것은?			

** 과제

1. 부부의 이마고 분석 및 통찰

앞에서 했던 이마고 찾기 실습 과정을 이제는 부부가 함께 작성해 보도록 한다.

심리적 초기 가정이 현 가정과 어떤 연관성이 있는지 살펴보고, 부부가 첫인상에서 느낀 마음과 머리의 메시지는 무엇이며 그것이 주는 의미는 무엇인지 분석해보도록 한다. 또한 나와 배우자의 부모님의 부정과 긍정의 모습을 살펴보고 비교해보면서 이마고 매치가 어떻게 나타나고 있는지 살펴보자. 그리고 어린 시절의 원함과 성공경험, 좌절 사건들이 현재 자신의 인격에 어떤 영향을 미치고 있는지 분석해 봄으로 자신뿐 아니라 배우자의 내면과 심리구조에 대해 새롭게 발견하는 기회가 될 것이다. 더 나아가 현재의 부부관계 및 가정이 건강하게 세워지기 위해 필요한 것이 무엇인지 발견하게 될 것이다.

아래의 내용에 대해 부록의 별지를 이용하여 부부가 함께 작성한다.
 ① 심리적 초기 가정을 그려보고 서로 나눈다.
 ② 첫 만남에서의 머리와 마음의 메시지를 작성하고 나눈다.
 ③ 나와 배우자의 부모님의 모습을 비교해 보고 얻은 깨달음을 나눈다.
 ④ 어린 시절 성공경험과 좌절 사건을 기록해보고 분석한 다음에 서로 나눈다.
 ⑤ 잃어버린 자아 찾기를 작성하고 분석해본다.

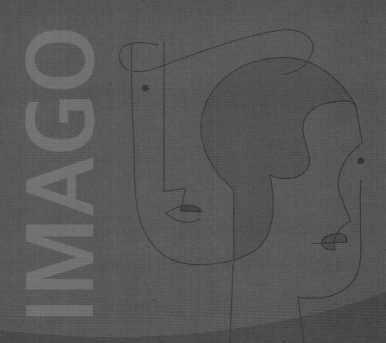

3부
부부 관계 성숙을 위한 교육

11장 남과 여, 그 신비로운 차이

1. 서로 다른 남과 여

남편 성수는 전업주부인 어머니 밑에서 자랐다. 어머니는 가족들과 가사를 돌보는데 전념했고 온 가족은 그 점을 소중히 여겼다. 더욱이 어머니는 매끼마다 정성을 다해 식사준비를 하셨고 그것은 가족을 위한 사랑의 행위였다. 성수는 자기 어머니가 취했던 역할을 중시했다. 그러나 아내인 수현은 성장 배경이 달랐다. 그녀의 어머니는 직장인이었고 아버지보다 수입이 더 많았다. 어머니는 음식 만드는 일이 드물었고 그 일을 별로 즐기지도 않았다. 아내는 어머니를 동일시하여 어려서부터 전문적인 직업을 갖는 것을 목표로 정하고 노력하던 중 수의사가 되었다. 아내는 요리에 취미도 없었고 요리를 제대로 배운 적도 없었다. 남편 성수는 아내가 직업을 가져도 전업주부로서의 노력을 해주길 기대했다. 남편은 자기 어머니가 그랬듯이 아내가 맛있는 식사를 차려주기를 기대했을 뿐 아니라 자기 어머니처럼 요리를 잘하기를 기대했다. 이들의 가정에 갈등이 일어나는 것은 너무나 당연한 일이 아니겠는가?

존 그레이(John Gray)의 말처럼 수억 광년이나 멀리 떨어져 있던 화성인(남자)과 금성인(여자)이 지구에서 우연히 만나 서로에게 매력을 느끼고 교제하는 것은 수많은 어려움과 갈등을 예상할 수 있는 것이다

(2002). 서로는 그 떨어진 거리만큼 모든 것이 너무나 달라서 사랑하는 만큼 고통과 오해와 미움을 가지게 된다. 이 둘 사이에 왜 이런 문제가 발생했을까? 서로 사랑함에도 불구하고 서로가 공감대를 형성하기 어려운 이유는 왜 그럴까? 그것은 서로의 성이 다르며, 서로 태어난 별이 다르고, 성장의 분위기와 상황이 달랐기 때문이다. 그러므로 남자와 여자의 근본적인 차이를 서로가 알고 이해하게 될 때 하나 됨의 길이 보이는 것이다.

2. 성경적인 남성과 여성

하나님은 처음에 사람을 창조하셨다(창 2:7).[61] 이 사람은 하나님의 형상을 따라 하나님의 모양대로 만들어진 아름다운 사람이었다. 창세기 2장 19절에는 사람을 남성(the man)으로 표현한다. 하나님은 이 남자에게서 갈빗대 하나를 취하여 여자를 만드셨다(창 2:21).[62] 그래서 남자도 사람이고 여자도 사람이다. 서로는 동등하고 인격적으로 평등한 존재이다. 창세기 1장 26절에서 '사람'과 '그들'은 동격으로 쓰였는데 하나님께서는 이미 남자와 여자를 만드시기로 작정하셨음을 뜻한다.[63] 따

---

61) 여호와 하나님이 땅의 흙으로 사람을 지으시고 생기를 그 코에 불어 넣으시니 사람이 생령이 된지라

62) 여호와 하나님이 아담을 깊이 잠들게 하시니 잠들매 그가 그 갈빗대 하나를 취하고 살로 대신 채우시고

63) 창 1:26 "하나님이 이르시되 우리의 형상을 따라 우리의 모양대로 우리가 사람을 만들고 그들로 바다의 물고기와 하늘의 새와 가축과 온 땅과 땅에 기는 모든 것을 다스리게 하자 하시고"에서 '사람'과 '그들'은 동격으로 쓰였는데 하나님께서는 이미 남자와 여자를 만드시기로 작정하셨음을 뜻한다. 따라서 남자와 여자는 꼭같이 하나님의 형상을 따라 하나님의 모양대로 만들어진 것이다. 그러므로 부부는 인격적으로 동등하며, 대등한 위치에서 함께 세상과 만물을 다스릴 권리가 있다.

라서 남자와 여자는 꼭 같이 하나님의 형상을 따라 하나님의 모양대로 만들어진 것이다.

그러므로 부부는 인격적으로 동등하며, 대등한 위치에서 함께 세상과 만물을 다스릴 권리가 있다. 그럼에도 불구하고 하나님은 이 부부의 관계 조화를 위해 남성에게 가정의 머리라는 리더십을 허락하여 그로 하여금 가정을 이끌게 하셨다. 하지만 인간이 타락된 이후로, 오랜 역사 속에서 여성의 인권은 무시 되어 왔다. 지금은 예전에 비해 여성의 존재와 권위가 점점 높아지고 있지만 남성들의 비인격적인 태도와 그 영향은 여전히 우리나라의 가부장제 문화 속에 남아 있다.

이런 일이 가능했던 이유는 남자는 우월하고 여자는 열등하다는 가치관 때문이다. 그런데 더욱더 안타깝고 놀라운 사실은 한국에 기독교가 전파된 지 벌써 100년이 넘었지만, 기독교적 가치관인 남여의 평등성과 동등한 하나님의 형상 개념이 자리잡지 못하고 있다는 것이다. 남자나 여자, 모두 하나님의 형상이요, 동등한 하나님의 인격체이므로 우리 그리스도인은 성경에서 말하고 있는 남성상과 여성상이 무엇인지 제대로 알고 그것을 쫓아야 할 것이다.

우리가 기도하고 주장해야 할 점은 남성이 '야성미 넘치는 남성'이 아닌 '진정한 남성'이 되어야 한다는 것이다. 예수님은 그의 신부인 교회 혹은 여자들과의 관계에 있어서 남성의 역할을 모범으로 보이셨다. 교회의 머리이신 예수님은 십자가에 달림으로써 교회의 머리가 되셨다. 예수님은 자신의 신부를 위해 대신 죽음을 당하신 것이다. 예수님은 섬기는 지도자이셨다. 이러한 예수님의 섬기는 모델은 가정의 머리인 남성이 바라보아야 할 모델인 것이다.

남성은 하나님으로부터 땅을 경작하고, 땀을 흘리며, 손으로 수고하여 양식을 얻어야 하는 책임을 부여받았다. 남성의 일(직장)은 하나님께서 창세기 1장 26절에서 말씀하신 다스림과 경영이라는 목적의 일부에 해당한다.[64] 따라서 남성은 삶의 목적 수행을 위해 일이 필요하다. 남성은 자신의 일을 통해 자신이 세상에서 중요한 존재라는 인식을 갖게 된다. 이러한 추구가 남성에게 중압감을 주며, 일을 잘 하기 위해 과도한 노력을 하다보면 일의 노예가 될 때가 많다. 이러한 일중독의 시대에, 직장을 잃는다는 것은 남성의 자긍심에는 치명타이다. 그래서 직업에 대한 가치도 거듭나며 변해야 한다. 그것은 하나님과 영혼을 섬기기 위한 측면에서 자신의 달란트와 은사에 따라 직업을 가지는 것이다.

성경에서 말하고 있는 여성은 남성과 동등한 자이며 그 역할과 위치에서 남성과 다를 뿐이다. 따라서 여성은 자신이 얼마나 존엄한 존재인지 스스로 인식하고 자신을 세워가야 할 것이다. 그래서 남성보다 연약한 존재로 스스로 인식하거나 의존의 마음이나 보호받으려는 소극적인 자세가 아닌 남성과 동등한 자이지만 돕는 자로 부르셨음을 알고 자신의 역할에 대해 소명의식과 자부심을 가지고 남성과 관계해야 한다. 남성이 일로 인해 힘들어하거나 일에 너무 빠져있을 때 지혜로운 여성은 남편의 일을 칭찬해 주면서도 단시간에 너무 많은 것을 성취하느라고 지치지 않도록 도와준다. 그리고 남성이 직장을 잃거나 그만둘 때, 그의 자긍심이 가라앉을 수 있으므로 남편의 곁에 있으면서 그가 새로운 일자리를 찾도록 격려해 준다(Dennis & Barbara Rainey, 1999, 387-389).
여성에게는 관계맺음이 무엇보다 중요하다. 사도 베드로는 남편에게 아내를 '생명의 은혜를 유업으로 함께 받을 자(벧전 3:7)'로 여기라고

---

64) 그들로 바다의 물고기와 하늘의 새와 가축과 온 땅과 땅에 기는 모든 것을 다 스리게 하자

가르치면서 상호 파트너십 개념을 제시한다. 여자로서 아내의 기능 및 역할은 남자로서 남편이 하는 기능 및 역할과는 다르다. 그러므로 남편은 아내를 완전히 참여하는 파트너로 존중하며, 아내는 파트너로서의 역할과 본분이 있음을 알고 최선을 다해 협력하는 관계를 만들어나가야 할 것이다. 뿐만 아니라 아내가 자신의 일과 사역에서 주도성을 발휘하면 남편은 그의 파트너로서 역할과 본분을 감당하려고 노력해야 한다. 이러한 관계를 이룰 수 있을 때 남성과 여성은 각자 자기의 본분에 최선을 다하는 자인 것이다. 부부 관계에서 남편이나 아내는 서로를 참여하는 파트너로 인정하면서 배우자의 눈을 부드럽게 응시하며 "당신이 필요해요"라고 말할 때, 서로가 '참여하는 파트너'가 될 것이다(Dennis & Barbara Rainey, 1999, 356-357). 이렇게 진정한 남성과 여성은 서로 동등하며 평등한 인격체이기에 서로 돕는 자이지만 서로의 역할과 은사에 차이가 있음을 인정하고 그 차이를 존중하는 자이다. 남자와 여자가 삶을 살아가는 방식은 확연히 다르기 때문이다.

3. 일반적인 남녀의 차이

어느 대학에서 실시한 실험이다. 감독관은 학생들에게 안대를 씌우고 대학 건물들을 연결하는 지하 터널로 데려가 미로처럼 이리저리 지나게 했다고 한다. 한참 미로를 헤맨 뒤 여학생들에게 특정 대학 건물의 위치를 묻자, 대부분의 여학생들은 맞추지 못했다. 반면 똑같은 질문에 남학생들은 별 어려움 없이 답했다. 꾸불꾸불한 지하 미로 속에서 안대를 착용하고도 남자들은 확실한 방향감각과 체내 컴퍼스를 활용하여 건물의 위치를 척척 맞추었다.

또 다른 대학 실험에서는 학생들로 하여금 책상이 다닥다닥 붙어 있는 방에 앉아 실험이 '준비되는 동안 대기'하도록 했다. 한참이 흘렀다. 학생들은 시간을 기다리고 있었지만, 사실상 이들에 대한 실험은 이미 진행 중이었다. 얼마 후 학생들은 그들이 잠시 앉아 있던 대기실에 대해 묘사해 보라는 주문을 받았다. 실험 결과 남학생들이 기억하는 것은 별로 없었다. 심지어 자기 바로 앞에 놓인 책상조차 묘사하지 못했다. 반면에 여학생들은 방안에 있던 사물들을 매우 섬세하게 기억하고 있었다. 통상 여자들은 상호 연관성이 전혀 없고 무작위적인 복잡한 패턴에 대해 남성보다 무려 70%나 더 잘 기억해 낼 수 있는 것으로 나타났다.

이 외에도 많은 실험에서, 여성과 남성은 일관성 있게 전혀 다른 수행 능력을 보여 주었다. '남녀의 차이는 선천적인가 후천적인가'에 대한 열띤 논쟁 가운데 남녀의 근본적인 차이 중 일부는 명백한 생리학적 요인임을 인정하는 추세이다.

예를 들면 남녀는 두뇌 자체가 다를 뿐만 아니라, 뇌를 사용하는 방식에도 차이를 보인다. 남성들에 비해 여성들은 우뇌와 좌뇌 영역 간에 좀 더 빈번하고 많은 '교류'가 이루어진다. 남성보다 여성들이 뛰어난 어휘 구사력과 대인관계 직관력을 가진 이유가 바로 이것이다. 반면 남자들의 두뇌는 더 분석적이어서 추상적 논리 전개와 시공간적 능력이 강화되어 있다(Les & Leslie Parrott, 2004, 83-85).

남성의 뇌는 구체적으로 그리고 따로따로 작용하는 데 반해, 여성의 뇌는 전체적으로 작용한다. 남성의 우뇌는 좌뇌의 관여 없이, 그리고 좌뇌는 우뇌의 관여 없이 작용할 수 있고 또 그렇게 작용한다. 여성의 경우는 양쪽 뇌가 동시에 작용한다. 따라서 남성은 자신의 일에 더 많이 집중할 수 있는 반면, 여성은 주변의 모든 일에 파장을 맞출 수 있다. 이것은 여성으로 하여금 주변 사람들과 그들의 느낌을 보다 잘 감지할 수 있게 해주며, 특별히 어머니일 경우 집안에서 일어나고 있는 모든 일을 동시에 알 수 있게 해준다(Brothers, 1981, 29-34).

다음의 내용은 권위 있는 심리학자와 상담가들이 오랫동안 연구하여 알게 된 남녀의 차이점을 삶의 방법과 일반적인 차이점 등을 비교하고 요약해서 정리한 것이다. 다음과 같은 차이들이 결혼 전에는 많이 발견되지 않는다. 미혼 남성과 여성들은 남자의 특성과 여자의 특성을 둘 다 비슷하게 가지고 있는 경우가 많다. 그러나 결혼을 하고 나면 남편은 남자의 특성이, 아내는 여자의 특성이 좀 더 두드러지게 나타나는 것을 알 수 있다. 이것은 결혼 전에는 성(gender)적 특성이 잠재되어 있다가, 결혼 후에 자신의 반대 성인 배우자와의 관계 속에서 자신의 성(gender) 특성이 구체적으로 나타나기 때문이다.

그러므로 미혼 남녀에게 이러한 점을 설명하고, 결혼 후에 남자와 여자의 특성으로 인해 갈등이 일어날 때, 이것은 옳고 그름의 차이가 아니라 성적인 차이이므로 서로 이해하도록 교육해야 할 필요가 있다.

[표 8] 삶의 방법의 차이

남자	여자
일에서 만족을 찾음	관계 속에서 만족을 누림
자신의 일에 몰두	사람들과의 관계에 민감
자아도취성 성격장애자들이 많은 편	신경증 환자들이 많은 편
승패가 중요	화목한 관계가 중요

서열과 위계질서에 관심	수평적이고 대등한 관계를 원함
도움을 청하지 않으려 함	부탁을 거절할 때도 간접적으로 함
위계질서의 꼭대기에 있을 때 안정감 느낌	관계의 중심에 있을 때 안정감 느낌
사회적 관점에서 생각하고 판단	개인적 관점에서 생각하고 판단
논리적이어서 종교성이 약함	관계적(의존적)이어서 종교성이 강함

[표 9] 일반적인 남녀의 차이

남자	여자
독립적(어리광을 싫어함), 경쟁적	의존적(어리광을 부림), 수용적, 관계적
목표 지향, 공격적, 지배적, 전체나 큰 일에 신경 씀	관계 지향, 양육적, 복종적, 구체적이며 작은 일에 신경 씀
일 중심(사물 감각)	사람 중심(인격 감각)
활동을 함께 함으로 친구를 사귐	감정을 나눔으로 친구를 사귐
시각 지향(시각, 후각 예민)	청각 지향(청각, 촉각 예민)
사실적, 이성적, 객관적	직관적, 감정적, 주관적
"나는 생각한다. 그러므로 존재한다" 자신에게 관심을 가지며 스스로 존재한다.	"나는 관계를 맺는다. 그러므로 존재한다" 관계가 기본적인 욕구이며 그 속에서 만족한다.
독립적으로 결단함	타인의 암시나 시사에 의해 결정
유행에 무관심	유행에 민감

4. 대화방식의 차이

여자에게 대화가 얼마나 중요한가는 남자에게 섹스가 얼마나 중요한가에 비교될 수 있다. 남자는 매력을 느낀 여자에게서 섹스를 거절당하면 대화를 거절당한 여자가 느끼는 만큼 당혹스러워한다. 남편이 아내를 사랑할 때 그녀의 사랑을 가장 확실히 느끼는 순간은 바로 섹스를 할 때이다. 성욕을 느낄 때 남자는 사랑에 민감해지는데, 그럴 때 아내에게서 거절당하면 그는 어찌할 바 몰라 당황하게 된다. 아내가 계속해서 거절하면 남편은 결국 아내와 관계를 갖고 싶다는 욕구를 잃어버리게 된다.

마찬가지로, 아내는 남편이 이야기하고 싶어 하지 않으면 거절당했다고 느껴 마음에 상처를 입는다. 그런 사실을 이해하는 남편이라면 아내의 이야기에 좀 더 귀 기울이게 될 것이다. 그러나 그런 사실을 이해하지 못하는 남편은 아내가 상처를 입을지도 모르는 일을 무심히 행하고 만다(Gray, 1997, 186).

남편이 아내를 위한다는 생각에서 하는 말 중에는 오히려 상황을 악화시키는 것들이 많다. 예를 들어 남편이 아내에게 "그렇게 불평만 할 거라면 안 하면 되잖아."라고 말하는 것은 '나는 당신이 원치 않는 일을 하길 바라지 않아. 이미 충분히 일했으니 힘들면 그만 쉬면 좋겠어.'라는 의미의 말이다.

아내는 이런 말을 들을 때 "(저 남자는 내가 불평하는 것만 생각하지. 내가 남들을 위해 얼마나 많은 일을 하고 있는지 전혀 모르면서...) 당신은 왜 맨날 나한테 부정적이야."라고 맞받아 치게 된다.

남자들은 여자가 자신의 말을 이렇게 오해할 줄은 꿈에도 생각 못한다. 그래서 여자를 이해한다는 것이 너무도 어렵고 복잡하다는 생각을 한다. 남자 편에서 보면 어려운 것은 사실이나 아내의 사랑을 얻고 가정의 평화를 위해서는 아내의 심리를 이해하려는 노력을 해야 한다. 그러므로 행복한 남녀 관계를 유지하려면 상대방의 관점으로 생각할 수 있어야 할 것이다.

또한 대화방식의 차이로 인하여 오해할 수 있는 가능성을 염두에 두고 자신의 생각을 분명하게 표현하는 대화의 연습이 있어야 한다. 부부는 남녀가 다르다는 사실을 인정하고 남편에게 혼자 생각할 수 있는 시간을 주어야 한다. 남자는 자신의 노고를 인정받는 것을 중시하고, 여자는 자신의 이야기를 잘 들어 주는 것을 중시한다는 사실을 이해하고 그 차이점을 인정한다면 우리는 서로를 충분히 만족시키는 관계를 형성할 수 있는 지혜와 힘을 얻게 될 것이다(Gray, 1997, 50-51).

다음은 남녀의 대화방식 차이를 간단하게 정리한 것이다.

[표 10] 대화방식의 차이[65]

남자	여자
조직화된 집단에서 놀기를 좋아하고 지위와 지배력을 중시 여긴다. 자기주장과 허풍이 있고 상대를 제압하여 시선을 집중시키려 한다.	대화를 통해 친구를 사귄다. 사랑과 미움, 불안, 슬픔 등의 감정과 비밀을 나누기가 쉽다.
말을 무기나 지배수단으로 사용.	대화를 관계를 위한 다리로 사용.
대화는 경쟁심과 지배심을 위한 것.	대화는 친밀감과 동등감을 위한 것.
문제가 발생했을 때 남편은 아내에게 위로의 말을 하기보다 실제적인 해결책을 제시하려고 한다.	문제가 발생하면 아내는 이해와 동정을 원한다. 남편이 해결책을 제시하면 자기를 이해하지 못하고 가르치려 한다고 오해한다.
아내가 개인적인 주제를 화제에 올리면 시시하고 사소한 얘기를 한다고 생각하고는 아내의 말을 중단시킨다.	자신이 느끼는 감정들을 이야기함으로써 스트레스를 해소한다.
문제를 해결함으로써 긴장과 스트레스를 해소한다. 따라서 대화는 문제 해결책을 나누는 방법이다.	대화를 함으로 긴장과 스트레스를 해소한다. 따라서 대화는 감정을 풀기 위한 방법이다.
공석에서 말이 많다.	사석에서 말이 많다.
문제를 해결하기 위해 주로 대화하며, 사실과 정보를 나눈다.	개인적 관계를 위해, 감정적 지지와 공감을 얻기 위해 나눈다.
여자보다 개인적인 질문을 덜 한다.	남자보다 개인적인 질문을 더 한다.
'그녀가 나에게 말해 줄 것이 있다면 내가 묻지 않아도 알아서 말해주겠지'라고 생각한다.	'내가 질문을 하지 않으면 그는 내가 무관심하다고 생각할 거야'라고 생각한다.
질문하는 것을 간섭이나 프라이버시 침해로 느낀다.	질문하는 것을 친밀감과 돌봄의 표현으로 인식한다.

---

65) Maltz & Borker(1982)의 견해를 참조하여 정리함.

5. 욕구의 차이

남자와 여자는 욕구에 있어 상당한 차이를 보인다. 특히 여자는 남자에 비해 아주 섬세하면서도 다양한 욕구를 가지고 있는데 어떤 사람이 다음과 같은 글을 올렸는데 참으로 공감이 가는 부분이 많다.

남자를 행복하게 만드는 방법은 "먹인다. 같이 잔다. 가만히 놔둔다. 남자의 휴대전화를 열어보지 않는다. 돌아다닐 때 내버려둔다."라고 하였다. 하지만 여자를 행복하게 만드는 방법은 훨씬 다양하고 복잡하였다. 그것은 "친구, 동반자, 연인, 오빠, 아빠, 전문가, 요리사, 성(SEX) 과학자, 심리학자, 치유사, 좋은 아버지, 따뜻한 사랑, 똑똑한 사람, 재미있는 사람, 강한 사람, 능력자, 진실한 사람, 많은 돈, ……. 이 외에도 끝이 없다."

남자와 여자는 결혼에 대한 생각이나 욕구에 있어서도 엄청난 차이가 있다는 사실은 부부 관계에서 서로가 어떻게 행동하고 반응해야 할지 다시 한 번 생각하게 해 준다.

[표 11] 결혼에 대한 생각 차이

남자	여자
사랑은 연극의 휴식시간과 같다.	사랑은 인생 그 자체이다.
결혼은 중요하기는 하지만 생활의 전부는 아니다	인생의 의의를 결혼에 본다. 가정이 없는 생활이란 지극히 공허하고 무의미하다.
흥미, 관심사는 사업의 성공이며 재산, 권력에 대해 마음이 집중된다.	대화는 친밀감과 동등감을 위한 것.

가정에 돌아와서도 아내와 대화를 나누기보다 신문이나 TV를 통해 세상에서 일어나는 일들에 더 관심이 많다.	가장 큰 관심은 가정을 갖는 것과 장래의 직업이나 사회적 활동에 대한 것이다.
'아버지'가 되고자 하는 마음은 '모성애'에 비해 훨씬 약하다.	'어머니'가 되고자 하는 마음이 매우 강하다.
부부 관계에 중점을 둔다. 남성은 두 사람 만의 생활로 만족할 수 있다.	가족이나 자식에게 중점을 둔다. 부부 생활만으로 만족하지 않고, 어머니에 관심이 많다.
여성에게 높은 점수를 따려면 큰 것을 해주어야 한다고 생각한다.	사랑의 선물은 크기에 관계없이 같은 점수로 처리된다.

남자는 자신을 필요로 하고 인정해 주는 여자를 원한다. 그리고 여자는 자신을 보호해 줄 수 있는 남자를 원한다. 남자가 자신의 감정을 존중해 준다는 것을 깨달으면 여자는 감동받는다(Gray, 1997, 124-125).

과거에 비해 여자들이 독립적이고 용감해지기는 했지만 아직도 여자들은 자신을 보호해 줄 강한 남자를 원한다. 물론 그들이 원하는 보호는 과거의 여자들이 원하던 것과는 다르다. 요즘 여자들은 자신의 감정을 마음 편히 털어놓을 수 있도록 배려해 주는 남자를 찾고 있다. 만약 남자가 여자의 이야기에 귀 기울이고 감정을 정리할 수 있도록 배려해 준다면 그녀는 그에게 감사할 뿐 아니라 더욱더 그에게 끌리게 될 것이다. 여자의 불평을 참아낼 줄 아는 남자는 그 불평에 화를 내지 않고 자신이 사랑하는 여자를 위해 새로운 능력을 발휘할 수 있게 된다. 그리고 그 능력은 여자를 보호해 줄 뿐만 아니라 남자 자신이 바라던 사랑을 얻을 수 있게 한다(Gray, 1997, 121-122).

다음은 남편과 아내의 욕구차이를 여러 학자들의 견해를 종합하여 필자가 정리한 것이다.

[표 12] 욕구의 차이

남편	아내
성욕과 식욕을 만족시키는 아내	대화가 잘 통하는 남편
칭찬과 위로를 해주는 아내	최고로 사랑해 주고, 사랑을 표현해 주는 남편(미소, 외식, 사랑 고백)
삶의 동반자가 되는 아내(경제력)	경제적 필요(안정감)를 채워주는 남편
사랑, 애정을 나누는 아내	정직, 투명하게 자신의 마음을 표현하는 남편(동반자)
여가를 함께 하는 아내	가정과 자녀에게 관심을 가지는 남편
자녀를 잘 키우며 가정일에 최선을 다하는 아내	사회적 관계를 존중해주는 남편

위의 욕구는 일반적인 남편과 아내가 가지고 있는 욕구이다. 욕구는 사람마다 조금씩 다를 수 있기에 부부가 대화를 통하여 원하는 것이 무엇인지 물어보고 가능한 것이라면 맞추어가는 것이 행복한 부부들이 살아가는 방식이다.

6. 스트레스 대처법에 대한 차이

대부분의 아내들은 남편이 혼자만의 시간을 가지려고 하면 자신이 먼저 그에게 이야기를 걸어야 한다고 생각한다. 즉 그가 자신이 스트레스를 받고 있다는 것을 알아주기를 바라며 무엇 때문에 괴로운 지

물어 봐 주기를 바라는 것으로 오해하는 것이다. 그래서 그가 혼자 있고 싶어 한다는 사실을 모르는 아내는 계속 질문하게 되고 남편은 결국 화를 내며 자신은 혼자 있고 싶다는 뜻을 전하게 된다. 그러나 그녀는 그 뜻을 잘못 이해하기 쉽다.

스트레스를 받으면 남자는 자기 마음속의 동굴에 들어가 자신이 이해가 되어 문제를 해결할 수 있을 때까지 정신을 집중한다. 그럴 때의 태도는 냉랭하고, 남의 일을 곧잘 잊어버리고, 부주의하고 반응이 없고, 상대방을 건성으로 대한다. 남성들은 기분이 언짢을 때 무엇이 자기를 괴롭히고 있는지 좀처럼 이야기하지 않는다. 대신에 남성은 조용히 자기만의 동굴에 들어가 해결책이 나올 때까지 그 문제를 생각하고 또 생각한다. 해결책을 찾고 나면 기분이 한결 좋아져서 동굴 밖으로 나온다.

반면에 여성은 자기 문제들을 다른 이와 나눈다는 것이 부담이 아니라 사랑과 신뢰의 표시가 된다. 여성에게 힘겨운 사정이 생겼다는 것은 부끄러운 일이 아니다. 유능하게 보이는 것보다는 오히려 애정이 깊은 관계 속에 존재한다는 것이 여성에게 더 큰 의미가 있다. 그러나 동굴에 들어가 있는 남자에게 당장 마음을 털어놓으라거나 상대의 말에 즉각 반응하고 애정을 기울이기를 바라는 것은, 극도로 기분이 언짢아 있는 여자에게 지금 당장 마음을 가라앉히고 완벽한 이성을 찾으라고 요구하는 것과 마찬가지로 비현실적인 것이다.

| 활동 |

다음의 내용을 부부나 3명이 한 조가 되어 기록해 보고 같이 나눈
다. 그 후 자신의 부족이 발견되면 어떤 노력을 할 것인지 생각하고 나
누어본다.

1. 부부 의사소통 스타일(가장 적절한 칸에 O표 하시오)

	의사 소통 스타일	남편	아내	둘다	아무도
1	지나치게 말이 많다.(수다)				
2	지나치게 말이 없다(침묵).				
3	과장된 표현을 잘 사용한다.				
4	서두가 길다.				
5	자기 이야기를 잘 못한다.				
6	얕잡아 보는 말을 잘 한다.				
7	화제를 바꾸어 버린다.				
8	고함을 잘 지른다.				
9	바가지를 긁는다.				
10	큰 소리로 웃어댄다.				
11	남은 속상해 하는데 웃는다.				
12	무표정하다.				
13	눈을 마주 보려 하지 않는다.				
14	분노를 감춘다.				
15	TV에 몰두한다.				
16	남이 이야기 할 때 자는 척 한다.				
17	바깥 일에 지나치게 몰두한다.				
18	안 듣는 척 한다.				
19	기계적인 관심만을 기울인다.(건성)				
20	이야기 할 때 얼굴을 외면한다.				
21	감정이 없는 언어만을 쓴다.				

2. 부부의견 차이(가장 적절한 칸에 O표를 하시오)

	의견차이	항상 의견일치	가끔 의견일치	가끔 다툼	항상 다툼
1	돈 문제				
2	신앙 문제				
3	오락 문제				
4	친구 문제				
5	성생활 문제				
6	예의범절 문제				
7	삶의 철학, 가치 문제				
8	시부모 문제				
9	친정부모 문제				
10	자녀 양육 문제				
11	TV 프로그램 문제				
12	시동생, 시누이 문제				

3. 파트너십의 문제(Aron Beck, 2001, 139-141)

문항을 읽고 일이 발생하는 빈도에 따라 첫째 칸에 그 점수를 적는다. 이러한 일이 전혀 없으면 0, 그럴 때에 따라 1, 가끔 그럴 때에는 2, 흔히 그럴 때에는 3, 항상 그럴 때에는 4를 적어 넣는다. 부부사이에 문제가 있다고 생각되는 문항은 오른쪽 칸에 V표를 한다.

<재정문제>

	내용	점수	문제가 있다
1	배우자가 과소비를 한다.		
2	배우자가 돈을 쓰려고 하지 않는다.		

		점수	문제가 있다
3	배우자는 나의 돈 씀씀이에 시비를 건다.		
4	우리는 매월 계획 없이 돈을 쓴다.		
5	우리는 저축 문제에 의견이 맞지 않는다.		
6	돈이 어디로 다 흘러 들어가는지 알 수가 없다.		
7	배우자는 빚을 속이고 돈을 어디에 쓰는지 모르겠다.		
8	우리는 돈 쓸 곳에 대해 의견이 맞지 않는다.		
9	우리는 돈 쓰는 데 책임감이 없다.		

<성관계>

	내용	점수	문제가 있다
1	성에 있어서 배우자가 나보다 관심이 더 많다.		
2	배우자는 나보다 성에 대해 관심이 없다.		
3	배우자에게 성에 대해 말하기가 어렵다.		
4	우리는 성적 관계에 있어서 만족을 모른다.		
5	배우자가 성적 관계에 너무 집착하기 때문에 내가 다정스럽게 대하기가 싫다.		
6	우리는 서로 성에 대해 선호하는 방법이 다르다.		
7	배우자는 나를 통제하거나 벌주는 데 성을 무기로 삼는다.		
8	배우자는 나의 성적 욕망에 무감각하게 대한다.		
9	우리는 산아제한에 의견이 일치하지 않는다.		

<오락과 여가 활동>

	내용	점수	문제가 있다
1	우리는 원하는 만큼 함께 여가를 보내는 시간이 적다.		
2	배우자는 자기 혼자 여가 활동에 시간을 보낸다.		
3	배우자는 여가를 보낼 시간이나 마음이 없다.		
4	배우자는 나와 함께 여가를 즐길 줄 모른다.		
5	내가 싫어하는 것을 강요당하는 듯한 느낌이 든다.		
6	우리는 취미가 달라 같은 일을 즐기지 못한다.		
7	배우자는 취미나 여가에 관심이 없다.		
8	우리는 함께든 혼자서든 여가를 보내는 시간에 균형이 맞지 않는다.		
9	우리는 어떻게 보내야 즐거운 시간이 되는가에 대해 의견이 맞지 않는다.		

12장 부부역할이해

1. 절망에서 희망으로

진희와 철수의 결혼 생활은 험난했다. 12년 결혼 생활을 끝내야겠다고 생각할 정도로 지난 2년 간 둘의 관계는 좋지 않았다. 관계가 나빠진 것은 최근 몇 년 새의 일이었다. 어떻게 된 것일까? 진희는 언제부턴가 우울 증세에 시달렸다. 우울증의 원인은 일부 해결되지 않은 어린 시절의 경험과 대기업 간부로서 직장 생활에서 받고 있는 스트레스 때문이었다. 우울증과 스트레스는 진희를 지치게 만들었고, 그녀는 점점 말수가 줄어들어서 사람을 피했다. 그녀는 일찍 잠자리에 들거나 혼자 있기를 원했다. 철수는 거부당한 기분이었다. 아내는 우울증 때문에 짜증도 심해지고 더 퉁명스러워졌다. 이런 행동에 상처 받은 철수는 아내에게 똑같이 짜증을 부리며 쌀쌀맞게 대했다.

결혼 생활은 나락으로 떨어졌다. 어느 날 저녁 철수는 아버지를 방문한 자리에서 이혼하는 편이 차라리 낫겠다고 말했다. 이혼하려는 의도를 논리적으로 끌어내는 아들의 말을 다 듣고 아버지는 이렇게 물었다. "이혼이 네가 원하는 바냐?" 철수는 이혼할 생각은 없지만 결혼 생활이 지속될 희망이 없어 보인다고 말했다. 그러자 아버지는 "포기하지만 않으면 희망은 있다. 너희들은 10년 동안 부부로 잘 지내 왔다. 이제 와서 그렇게 쉽게 포기하겠단 말이냐?" 철수는 그간 노력해 봤지만 허사였고 아내의 행동 때문에 미칠 것 같다고 항변했다.

아버지는 잠시 뜸을 들인 뒤 이렇게 말했다. "아들아, 아내의 행동이 너랑 별 상관 없다는 가능성은 생각해 봤니? 네 아내가 몸이 안 좋을 수도 있는 거야… 그렇다면 지금이야말로 네 도움이 가장 필요할 수 있다는 가능성을 넌 생각해 봤니?" 철수는 그 질문에 말문이 막혔다. 사실 그는 아내의 필요에 대해서는 생각해 본 적이 없었다. 자신의 필요에 너무 몰두해 있었던 것이다. 철수는 이렇게 털어놓았다.

"아버지의 질문을 자꾸 생각할수록 자신이 부끄러워졌습니다. 아내의 행동이 평소 같지 않다는 것을 꽤 오래 전부터 알았으면서도 저는 저의 상한 감정에만 매달리느라 아내가 그렇게 된 배경 따위는 생각조차 못했습니다. 저는 밤 늦도록 아버지의 집 발코니에 앉아 제 영혼을 성찰해 보았습니다. 포기하기에는 우리 결혼 생활이 너무 소중하다는 결론을 내렸습니다. 아내의 몸이 아프다면 아내의 부정적인 행동을 저와 결부시켜 받아들일 필요는 전혀 없다는 생각을 하자 저는 상황을 다르게 볼 수 있었습니다."

철수는 지금껏 부질없이 아내의 행동을 바꾸려 했었다. 이제 그는 자기 힘으로 가능한 일을 하는 쪽으로 노력의 방향을 바꿨다. 그러자 바로 자신의 행동을 수정할 수 있었다.

"저는 최선을 다해 아내를 행복하게 해 주기로 마음먹었습니다. 저는 날마다 여러 가지 작은 관심과 배려의 행위들을 시작했습니다. 느닷없이 꽃다발을 건네기도 했고, 아내의 퇴근이 저보다 늦을 때면 저녁상을 차려 놓기도 했습니다."

철수는 아내의 행복과 유익을 위해 생각나는 일을 한 가지 씩 해 나갔다. 그는 아내의 반응에 대해 염려하지 않았다. 처음에 아내는 남편의 달라진 행동을 약간 미심쩍고 수상하게 보는 듯했다. 그러나 자신을 향한 남편의 긍정적인 태도가 시간이 가도 계속되자 아내는 어리둥절하면서도 좋아했다. 곧 아내가 달라지더니 부정적이고 쌀쌀한 태도가 줄어들었다. 아내는 약물 요법과 전문 상담자의 도움으로 우울증 치료를 시작했다. 업무량과 스트레스가 적은 곳으로 직장도 옮겼다. 자신의 건강과 결혼 생활의 건강을 위해 스스로 그런 결정을 내린 것이다.

이들은 행복과 만족이 넘치는 결혼 생활을 되찾았다. 이들의 결혼 생활을 구하고 악화일로의 침체를 반전시킨 결정적 요인은 아내의 행복과 유익을 위해 최선의 노력을 다하겠다는 철수의 결단이었다. 철수는 자신이 아내에게 축복의 통로가 되기로 결단했다는 사실을 몰랐지만, 그가 한 일이 바로 그런 일이었다. 실제로 철수가 아내에게 축복을 베풀자 그들의 부부 관계는 절망에서 벗어나 행복을 되찾았다.

2. 부부 신화

때때로 부부는 그들 자신, 배우자, 그리고 그들의 관계에 대해 비현실적인 기대를 갖는다. 이러한 신화 혹은 비현실적인 기대는 직면해야 할 필요가 있다. 부부는 그들의 가족, 사회, 매체로부터 학습한 개인적인 기대를 가지고 관계를 시작한다. 많은 신화들은 원가족으로부터 가지고 온 메시지의 유물이며, 그 신화는 아무런 생각없이 배우자들에 의해 반복된다. 관계의 초기에 이러한 신화가 비합리적이라는 사실을 인정하고 직면하는 부부들은 가족과 사회의 영향력을 재조정하는 보다 좋은 기회를 갖게 된다. 부부는 비현실적인 메시지가 무엇인지 탐색함에 따라 잘못된 신화를 부부가 서로 공유할 수 있는 새로운 신념과 전통으로 창출할 수 있다.

다음은 잘못된 부부 신화이다.

① 서로 사랑한다면 우리는 항상 행복해야 한다.

② 우리는 배우자와의 충돌을 감수하더라도 항상 서로에게 정직해야 한다.

③ 우리는 모든 시간을 함께 하고 혼자 이기적으로 시간을 보내지 않기를 원해야 한다.

④ 우리는 서로 지지하기 위해서 모든 문제에 동의해야 한다.

⑤ 만약 문제가 있다면 누구 잘못인지를 결정해야 한다.

⑥ 우리는 상대방이 무슨 생각을 하는지 알고 있으므로 의사소통을 할 필요가 없다.

⑦ 좋은 관계는 자연히 발생하므로 지속적으로 노력하거나 재평가해 볼 필요가 없다.

⑧ 만약 공동 활동을 가진다면 우리는 영원히 친밀할 것이다.

⑨ 우리가 함께 있는 동안은 친구나 가족이 필요하지 않다(Mark E. Young, Lynn L. Long, 2003, 9-10).

관계에 대한 부부신화 뿐 아니라 사회적으로 잘못된 통념도 있다(Howard Hendricks, 1997, 129-130).

① 훌륭한 결혼이란 문제가 없는 생활이다. 훌륭한 결혼이든 충실하지 못한 결혼이든 양쪽 모두 문제에 부딪힌다. 이들의 차이는 갈등 해결을 위해 실천 가능한 체계를 발견하고 수행하는 능력에 있을 뿐이다. 사랑은 갈등이 전혀 없음을 의미하는 것은 아니다.

② 갈등은 훌륭한 결혼에 파괴적인 요소이다. 결혼 생활의 행복은 오직 창조적으로 갈등을 이해하고 극복할 때만 가능하다. 갈등을 창조적으로 해결할 때 감정적으로 친밀하게 하는 힘을 얻게 될

수 있다. 때때로 부부들은 서로 가까이 가서 따뜻해지려고 노력
하는 고슴도치처럼 보인다. 친밀감이 깊을수록 갈등의 잠재성도
커진다. 피상적인 결혼은 피상적인 관계로 인한 결과인 것이다.
③ 사랑하면 노력하지 않아도 행복할 수 있다. 행복한 결혼은 서로
가 노력하고 맞추어가려는 노력이 있어야 가능하다. 결혼 생활을
발전시키든지 아니면 메마르게 하든지 그것은 각자의 선택과 결
심에 달려있다. 행복하고 생동감 있는 결혼 생활은 지속적인 노
력을 통해 서로를 성숙하게 만든다.

3. 남편의 역할

남편의 역할은 다양하지만 여기에서는 성경에서 말하고 있는 남편
으로서의 역할을 중심으로 살펴보고자 한다(심수명, 2012, 62-64).

1) 리더십

"이는 남편이 아내의 머리됨이 그리스도께서 교회의 머리됨과 같음이니 그
가 친히 몸의 구주시니라(엡 5:23)"

하나님께서 남편 직분을 주실 때, 아내의 머리라고 하시면서 그리스
도께서 교회의 머리됨과 같은 의미라고 말씀하셨다. 이것은 그리스도
께서 자신의 모든 것을 다 주면서까지 교회를 사랑하신 것 같이 남편에
게 자신의 모든 것을 다 바쳐서라도 아내를 돌보고 지키는 역할을 감당
하라는 뜻이다. 즉 남편은 가정의 머리로서 아내와 자녀들에게 일어나
는 일에 대해 책임을 져야 한다는 것이다. 남편은 하나님께서 주신 리
더십을 통해 아내가 자발적으로 순종할 수 있도록 자신의 모든 것을 바

쳐 사랑하는 희생이 필요하다. 이것은 그리스도께서 십자가의 희생을 통해 우리를 섬기신 것과 일치한다. 남편은 자신이 받은 주님의 사랑을 아내에게 베풀 때, 아내도 남편에게 순종할 수 있게 된다.

특별히 여성은 배려와 존중받는 것이 무엇보다 중요한데, 이때 남자의 지배 욕구와 여자의 존중 욕구가 상충되지 않도록 하는 배려의 자세가 필요하다. 남자가 지배하려고 하면 여성은 무시받는 느낌을 갖게 되어 자발적으로 순종하기가 어렵다. 그러므로 먼저 사랑으로 아내를 존중해주고, 그것에 감사하여 다시금 남편에게 순종할 수 있도록 남편이 리더십을 잘 발휘해야 한다. 아내를 존중하되, 아내가 남편의 뜻을 따르도록 하는 지혜와 기술을 익히고 배워야 한다. 미련한 남자들은 힘으로 지배를 하려 하기 때문에 문제가 발생한다. 예수님께서 먼저 섬김의 본을 보여주셨듯이 남편들도 아내에게 먼저 섬김의 자세를 보여주는 자세가 필요하다.

2) 사랑과 돌봄

"남편들아 아내 사랑하기를 그리스도께서 교회를 사랑하시고 위하여 자신을 주심같이 하라(엡 5:25)"

"이와 같이 남편들도 자기 아내 사랑하기를 제 몸 같이 할찌니 자기 아내를 사랑하는 자는 자기를 사랑하는 것이라(엡 5:28)"

남편은 아내가 언제 사랑을 느끼는지 알고 아내가 사랑을 느끼도록 해주어야 한다.

첫째, 여성이 사랑을 느낄 때는 여성으로서의 매력을 느끼고 확인해줄 때이다. 여성성에 대해 인정해주면 자존감이 높아지지만, 인정해주지 않으면 자존감에 손상을 입게 된다. 따라서 남편은 아내가 얼마나 예쁘고 매력적인지 말이나 행동으로 표현해주어야 한다. 사랑을 표현하지 않고 아내가 사랑을 느끼기를 바라는 남편은 좋은 남편이 아니다. 또한 아내는 남편이 자기 자신만을 온전히 사랑해주기를 바라는데, 남편이 외도를 한다면 이것은 자신을 거부한 것이며 존재가치를 부인한 것으로 느끼기 때문에 견딜 수 없는 치욕적인 사건이 된다.

둘째, 아내를 무조건적으로 인정하고 용납해줄 때 아내는 사랑을 느낀다. 아내의 모습이나 성격이 어떠하든지 간에 그녀를 있는 그대로 사랑하고 용납해야 한다. 특히 다른 여자와 비교하는 것은 자존심에 큰 상처를 남길 수 있으므로 조심해야 한다.

셋째, 아내가 원하는 방식으로 사랑을 표현해주어야 한다. 아내의 필요를 알기 위해서는 아내에게 직접 물어보는 것이 가장 좋은 방법이다. 여성은 결혼 이후에도 남성에 비해 로맨스를 즐기고 싶은 마음이 많다. 따라서 남편은 아내를 즐겁게 하기 위해 정기적이며, 구체적으로 로맨스를 만들어 나가야 한다. 적절한 돌봄은 남편이 아내를 삶의 중심에 둘 때, 그리고 그 사실을 표현했을 때이다. 이를 위해 매일의 삶 속에 구체적으로 나타나야 하며 우선순위에 가정이 있어야 한다. 특히 아내는 함께 삶을 나누며, 남편이 자신의 마음을 투명하게 보일 때 행복을 느낀다. 아내를 행복하게 하는 것은 곧 남편에게도 기쁨으로 되돌아오므로 남편은 아내를 기쁘게 하는 일을 적극적으로 하려는 노력이 필요하다.

넷째, 경제적으로 안정감을 느끼도록 해주어야 한다. 만일 아버지로서 나의 딸이 경제력이 없는 남성과 산다고 생각해보라. 얼마나 걱정이 되겠는가? 마찬가지로 경제력이 뒷받침되지 않을 때 아내는 행복을 느끼기 힘들 것이다. 그러므로 남편은 경제적인 능력이 어느 정도 유지되도록 최선을 다해야 한다. 경제력을 위해 최선을 다했는데도 아내가 부족감을 느낀다면, 그것에 대해서는 아내에게 양해를 구하고 절약해서 살자고 권면할 수 있다. 하지만 최선을 다하지 않고도 불만을 가지지 말라는 것은 심리적인 폭력이 될 수도 있다. 물론 아내도 가정 경제를 위해서 함께 수고해야 할 책임이 있으며, 자녀 양육과 가사 일을 위해 남편과 상의해야 한다.

3) 제사장

남편의 역할 가운데서 가장 소홀히 하는 것들 중의 하나는 하나님이 주신 가정의 제사장직분이다. 에베소서 5장은 남편과 아내의 관계는 그리스도와 교회의 관계라고 말하고 있다. 그리스도가 교회의 대제사장이면 남편은 가정의 제사장이며 가정의 모든 영적인 일에 대하여 책임을 가지고 있다는 말이다.

가정의 제사장으로서 남편이 해야 할 역할은 다음과 같다.

첫째, 가정의 제사장으로서 남편은 성령 충만해야 하고 하나님의 말씀을 매일 묵상하고 가족을 신앙으로 인도해야 한다.

둘째, 가정의 제사장은 아내와 자녀에게 하나님의 모습을 보여주어야 한다. 우리는 하나님을 '아버지'라고 부른다. 어린 아이들이 처음으로 갖게 되는 하나님의 이미지는 자기 '아버지' 이미지이다. 아버지가 좋고 인자하고 사랑 많고 믿음직하면 하나님도 그런 분이라고 믿는다. 그러나 아버지가 싫고 두렵고 난폭하면 하나님도 그렇게 생각하게 된다. 그러므로 남성은 가정에서 좋은 아버지로, 좋은 남편으로서의 인식이 가족에게 새겨질 수 있도록 민감성을 발휘해야 한다.

셋째, 가정의 제사장은 가족을 축복하는 사람이다. 축복이란 그의 존재를 확인해 주고 그의 능력, 일, 관계 등이 잘 되며 형통할 것이라고 지지해주는 것이다. 제사장으로서 남편과 아버지는, 아내가 복된 존재임을 확인해주며, 자녀를 축복하는 사람이어야 한다. 축복기도는 하나님이 우리를 돌보시고 우리의 삶에 대해 책임지시며, 평안과 형통으로 인도하시리라는 확신을 주시는 것이다. 아버지가 자녀에게 축복 기도를 해 줄 때 자녀는 실제적인 하나님의 임재를 느낄 수 있다. 따라서 자녀에게 짧은 축복 기도를 해 줄 때라도 가볍게 하지 말고 공식적인 축복기도처럼 진지하게 하는 것이 중요하다.

4. 아내의 역할

아내의 역할이 다양하지만 크게 3가지로 살펴보고자 한다.

1) 복종

"아내들이여 자기 남편에게 복종하기를 주께 하듯 하라. 교회가 그리스도에게 하듯 아내들도 범사에 자기 남편에게 복종할지니라(엡 5:22~24)."

성경에서 아내의 역할에 있어서 가장 강조하는 것이 복종이다. 이 부분에 대하여 한국의 현대 여성들은 거부감과 불만을 표현하는 것을 많이 보았다. 이것은 전통적인 한국 문화에서 잘못된 가부장제를 여성에게 강조하면서 여자의 인격을 무시한 채 남편에게 아무 말도 하지 말고 무조건 종처럼 순종하라는 의미로 강요해왔기 때문일 것이다. 성경에서의 복종은 그런 의미가 아니라 예수님과 교회, 예수님(신랑)과 성도(신부)의 의미로 복종하라는 의미이므로 이 부분을 오해없이 이해할 필요가 있다.

성경은 아내가 남편을 따르고 순종해야 한다고 가르치고 있다. 하지만 순종을 말하기에 앞서 "그리스도를 경외함으로 피차 복종하라(엡 5:21)"는 성경 말씀을 먼저 전제로 생각해야 한다. 성경은 아내에게 일방적인 순종을 말씀하는 것이 아니라 남편과 아내가 서로 진리와 사랑 안에서 순종할 것을 말씀하는 것이다. 아내는 남편에게 순종함으로 남편의 머리됨을 만들어가게 된다. 아내는 남편을 내조하는 자로서 '남편을 어떻게 만드느냐' 하는 것이 자신에게 달려 있는 것임을 알아야 한다. 하나님이 세우신 돕는 배필은 내조자로서의 역할을 잘 감당하는 것이다.

그런데 현실적으로 아내가 남편의 말에 순종한다는 느낌이 있을 때 남편의 자존심이 올라가지만, 아내가 자기 말을 듣지 않거나 대등하거나 위에 있는 위치에 있으면 남편은 주눅이 들고 속상하고 체면을 잃어버린 느낌을 갖는다. 따라서 아내들은 마음속으로 온전히 동의되지 않는 경우에, 먼저 남편의 뜻을 따라주고, 나중에 자신의 의견을 논리적으로 얘기하는 지혜가 필요하다. 지배 욕구는 남성에게 생물학적인 본능 외에 가장 원초적인 욕구이기에 이 욕구가 충족되지 않으면 남자는 폭력을 통해서라도 지배를 하려고 한다. 여성은 이러한 사실을 알고 지혜롭게 먼저 순종하는 모습을 보여야 한다. 이때 여성은 자신이 가지고 있는 모성능력(돌봄, 양육, 인내, 사랑)을 (자녀뿐 아니라) 남편에게도 사용함으로 남편을 도울 수 있다.

2) 존경과 사랑

"아내도 자기 남편을 존경하라(엡 5:33)"

"그들로 젊은 여자들을 교훈하되 그 남편과 자녀를 사랑하며(딛 2:4)."

남편을 존경하라는 말은 남편을 인정하며 높이되, 남편의 존재와 하는 일을 좋아해주고 칭찬해주며, 귀히 여기고 탁월하게 (지나칠 정도로) 칭찬하라는 의미다. 존경이라는 것은 자발적으로 그리고 진정으로 추켜세우는 것이다. 남편들이 자신의 삶이 성공적이라는 자기 평가를 할 수 있으려면 아내의 인정과 존경을 받는 것이 필수적이다. 남자는 자신의 기분이나 감정을 겉으로 표현하지 못하므로 미리 알아주는 여자를 좋아하는 것이다. 남편을 존경하려면 먼저 남편의 기분과 기대(욕구)를 이해하고 항상 격려하는 것을 잊지 말아야 한다. 또한 최대의 존경은 남편을 위해 기도하는 것이다.

앞에서도 설명하였지만 사랑은 남편에게도 필요한 것이다. 아내는 사랑받는 것이 남편보다 좀 더 중요하다. 그러나 남편도 아내가 구체적인 행동과 말로 사랑을 표현해 줄 때 자존감이 높아진다. 또한 남편은 아내가 자신을 위해서 희생하는 것을 볼 때 사랑을 느낀다. 아내가 남편의 말을 들어주고, 생활 스타일을 인정해줄 때, 남편은 아내의 사랑을 확신할 것이다. 또한 남성에게는 성생활이 중요하므로 남편의 성적 욕구를 충족시켜 주려는 노력이 필요하다. 부부 싸움을 하거나 기분이 안 좋거나 육아 때문에 피곤해서 아내가 잠자리를 거부하는 경우 남자는 자기를 거절하는 것으로 생각하고 자존심에 심한 손상을 받는다. 그러므로 여성들은 성적인 요구를 거절해야 하는 일이 생겼을 때는 왜 그런지 구체적으로 설명을 해 줌으로써 남편의 자존심이 상하지 않도록 하는 행동이 필요하다.

또한 결혼한 후에도 아내는 자신의 매력을 잃지 않도록 노력해야 한다. 단정하고 아름다운 외모는 남편에게 자기가 행복하다고 말하고 있는 것이다. 그리고 앞에서도 말했듯이 정성을 쏟아 요리를 하는 아내의 모습을 보면 남편은 더욱 아내의 사랑을 확신할 것이다.

3) 집안일에 최선 다하기

"신중하며 순전하며 집안일을 하며 선하며 자기 남편에게 복종하게 하라. 이는 하나님의 말씀이 비방을 받지 않게 하려 함이라(딛 2:5)."

하나님께서는 아내들이 집안일을 특권으로 여기길 원하신다. 아내에게 있어서 가정은 그녀의 제일 중요한 사역지이다. 가정에서 아내가 정성껏 요리를 하거나, 집안을 청결하고 아름답게 꾸미는 일은 아내와 남편, 그리고 자녀 모두에게 행복을 가져다주는 일이다. 가정의 어떠함은 아내의 어떠함을 간접적으로 증거한다.

자녀 양육과 교육은 일반적으로 남편보다는 아내가 더 능력이 많다. 엄마는 자녀 양육의 특권을 가지고 있다(살전 2:7). 또한 가정 경제가 어려운 경우, 아내는 가정의 수입 보충을 위해 직장을 가질 수 있다(잠 31:16, 24). 직장을 갖게 될 경우 반드시 남편과 합의해야 하며 직업을 갖기 전 자신의 능력을 고려해 보아야 한다. 만약 가정 내에서 할 수 있는 일이거나, 근무 시간을 융통성 있게 할 수 있거나 파트타임(시간제, 혹은 주2~3일 근무)의 일이면 더 나을 것이다. 그리고 일하려는 동기가 무엇 때문인지 살펴보고 자신을 위한 것과 가정을 위한 것 사이에서 조화를 이루도록 해야 할 것이다. 물론 맞벌이를 하거나 가사 일이 많은 경우, 현대에서는 역할 분담이 필요하다. 여성이 좀 더 희생하는 모습을 보여줄 때 가정은 보다 윤택해질 수 있지만, 이러한 모든 것은 부부가 서로 상의해서 결정하는 것이 좋다.

| 활동 |

1. 부부의 역할 이해도 점검

다음의 문장들을 읽고 당신의 생각을 표시해본다.

(정말 그렇다 : 1 / 어느 정도 그렇다 : 2 / 모르겠다 : 3 /

별로 그렇게 생각되지 않는다 : 4 / 전혀 그렇게 생각하지 않는다 : 5)

1	남편은 가정의 머리다(가장이다).	1	2	3	4	5
2	아내는 직장에 취직해서는 안된다.	1	2	3	4	5
3	남편도 식사준비를 도와야 한다.	1	2	3	4	5
4	아내가 남편과의 성관계를 주도하는 것도 괜찮다.	1	2	3	4	5
5	남편과 아내는 가계예산을 세우고 돈을 관리하는 일을 함께 의논하여 계획을 세워야 한다.	1	2	3	4	5
6	남편과 아내는 어느 누구도 5만원 이상의 물건을 살 때 의논없이 구입해서는 안된다.	1	2	3	4	5
7	자녀를 훈련시키는 것은 전적으로 남편의 책임이다.	1	2	3	4	5
8	특별한 재능이 있는 아내는 그 재능을 살릴 수 있는 일을 해야 한다.	1	2	3	4	5
9	집안을 청소하고 정리하는 것은 전적으로 아내의 책임이다.	1	2	3	4	5
10	남편은 적어도 한 달에 두 번은 아내와 함께 나가서 둘만의 시간을 가져야 한다.	1	2	3	4	5
11	자녀의 교육을 시키는 데 남편과 아내는 공동책임을 져야 한다.	1	2	3	4	5
12	집안을 수리하고 고치고, 정원 일을 하는 것은 남편의 책임이다.	1	2	3	4	5
13	어머니는 자녀에게 가치관을 가르쳐야 할 의무가 있다.	1	2	3	4	5
14	자녀들도 가사일을 돌보도록 해야 한다.	1	2	3	4	5

15	부모는 자녀를 엄격한 규범을 가지고 가르쳐야 한다.	1	2	3	4	5
16	아내가 버는 돈은 아내가 마음대로 쓸 수 있다.	1	2	3	4	5
17	남편이 일 주일에 하루 정도는 친구와 어울려 밤을 보내는 것도 괜찮다.	1	2	3	4	5
18	아내가 언제나 식사 준비를 해야 한다.	1	2	3	4	5
19	남편은 직장에서 생계비를 벌어야 하고, 아내는 가정과 자녀에 대한 책임을 져야 한다.	1	2	3	4	5
20	아내는 남편에게 무조건 순종해야 하며, 이의를 제기하는 것은 비성경적이다.	1	2	3	4	5

부부가 같은 숫자에 표시한 번호와 숫자 개수	번호( )(개)
큰 차이(2점 이상)를 보이는 번호와 숫자 개수	번호( )(개)

2. 기대비교

1 - 아내가 작성하는 부분

① 당신은 남편의 기대를 어느 정도로 만족시켜 왔다고 생각하십니까?

	전혀 만족 못시킴	거의 만족 못시킴	보통	조금 만족시킴	아주 만족시킴
성적만족감	1	2	3	4	5
여가 상대	1	2	3	4	5
매력 있는 아내	1	2	3	4	5
평화스러움, 조용함	1	2	3	4	5
존경, 칭찬	1	2	3	4	5

② 남편이 당신의 기대를 어느 정도로 만족시켜 왔다고 생각하십니까?

	전혀 만족 못시킴	거의 만족 못시킴	보통	조금 만족시킴	아주 만족시킴
애정	1	2	3	4	5
대화	1	2	3	4	5
투명성	1	2	3	4	5
재정적 안정	1	2	3	4	5
좋은 아빠	1	2	3	4	5

2 - 남편이 작성하는 부분

① 당신은 아내의 기대를 어느 정도로 만족시켜 왔다고 생각하십니까?

	전혀 만족 못시킴	거의 만족 못시킴	보통	조금 만족시킴	아주 만족시킴
애정	1	2	3	4	5
대화	1	2	3	4	5
투명성	1	2	3	4	5
재정적 안정	1	2	3	4	5
좋은 아빠	1	2	3	4	5

② 아내가 당신의 기대를 어느 정도로 만족 시켜왔다고 생각하십니까?

	전혀 만족 못시킴	거의 만족 못시킴	보통	조금 만족시킴	아주 만족시킴
성적만족감	1	2	3	4	5
여가 상대	1	2	3	4	5
매력 있는 아내	1	2	3	4	5
평화스러움, 조용함	1	2	3	4	5
존경, 칭찬	1	2	3	4	5

3 - 부부가 함께

① 아내의 1번 항과 남편의 2번 항을 비교해 보십시오. 어떤 점에서 큰 차이가(2점 이상) 있습니까? 적어 보십시오.

② 아내의 2번 항과 남편의 1번 항을 비교해 보십시오. 어떤 점에서 큰 차이가(2점 이상) 있습니까? 적어 보십시오.

13장 부부갈등해결

1. 장미의 전쟁

다음 이야기는 영화 '장미의 전쟁'의 전체 줄거리이다.

올리버와 바바라는 첫눈에 반해 결혼했다. 올리버는 장래가 촉망되는 야심만만한 변호사 초년생이다. 결혼 초기에 그들은 가진 것이 없었지만, 행복했다. 시간이 지나면서 올리버는 성공 가도를 달렸다. 경제적으로나, 정서적으로 안정이 찾아왔고, 아들과 딸, 저택, 차 등 모든 것이 평화로워 보였다. 그 무렵 그의 아내 바바라는 자신의 인생에 회의를 느끼게 되었고 가정에 대한 알 수 없는 불만이 늘어나기 시작한다. 불만이 가중되자 그들은 심하게 다투기 시작했고 대화는 점점 줄어들며 서로 자존심만 내세우고 불신감이 커지기 시작한다.

그러나 서로를 떠나거나 버리지는 않고 각각 자기의 방법으로 사랑을 요구하고 상대방의 항복을 받아 내려고 몸부림친다. 결국, 견디다 못한 바바라는 남편에게 이혼을 요구하지만 남편은 아내의 행동을 이해할 수 없었다. 여러 가지 방법으로 설득해 보지만, 바바라는 생각을 바꾸지 않았고, 친구의 중재로 이혼은 하지만 한지붕 아래 기거하기로 합의했다. 그러나 아이들이 대학에 진학하고, 가정부도 떠나자 둘만 남은 집안에서 본격적으로 생사를 건 전쟁을 시작한다. 싸움은 점점 격렬해지고, 물건을 던지는 등 가학적인 행동으로 발전하여 집 안은 그야말로 아수라장이 되어버린다. 결국 이층에서 싸우던 올리버와 바바라는 샹들리에에 매달려 있다가 샹들리에가 떨어지면서 죽음을 맞이한다. 올리버는 마지막 순간에 화해의 손을 내밀지만, 바바라는 끝까지 그 손을 잡지 않고 서서히 죽어 간다.

부부 갈등이란 부부 간의 의견이나 관심의 불일치를 말하며 동시에 부부 관계의 충족되지 못한 욕구가 존재함을 의미한다. 부부 갈등이 생겼을 경우 어떻게 대처하느냐에 따라 관계가 예전보다 더욱 강해질 수도, 멈출 수도 혹은 악화될 수도 있다. 따라서 부부 갈등이 있느냐 없느냐가 중요한 것이 아니라 부부 갈등을 어떻게 해결하는지가 문제의 관건이 되는 것이다.

행복한 부부들도 갈등을 경험한다. 그러나 불행한 부부들과 달리 그들은 갈등을 긍정적이고 건설적으로 이용한다. 행복한 부부들은 갈등이 전쟁으로 비화되게 내버려두지 않는다. 그들은 파괴적인 분노를 최소로 줄이며, 서로 헐뜯으려 하기 보다는 최선의 문제 해결에 초점을 맞춘다. 행복하게 살아가는 부부들을 대상으로 연구한 결과, 그 부부들은 갈등을 긍정적이고 창의적으로 이용하였다. 분노를 효과적으로 처리하고 대응하면, 의견 일치가 되지 않더라도 적대감을 갖지 않고 자신의 생각을 얼마든지 표현할 수 있는 방법이 있는 것이다. 즉 부부 간의 갈등에 대한 성공적인 해결책은 언제든지 준비되어 있다. 그것을 찾는 것이 지혜인 것이다.

2. 갈등의 불가피성

인도에 이런 전설이 있다. 창조주가 남자를 만드는데 단단한 물질을 다 써버렸던 것이다. 그래서 하는 수 없이 무형의 것들을 가지고 여자를 만들었다. "달과 같은 둥금, 포도가지 같은 연함, 풀잎 같은 흔들림, 갈대 같은 가냘픔, 꽃과 같은 화려함, 나뭇잎 같은 가벼움, 햇볕 같은 고요함, 토끼 같은 두려움, 공작새 같은 허세, 새의 가슴 같은 부드러움, 다이아몬드 같은 강인함, 꿀 같은 달콤함, 호랑이 같은 잔인함, 불과 같은 열정, 얼음 같은 냉혹함, 종달새 같은 수다스러움, 꾀꼬리 같은 음성, 황새 같은 우아함, 여름 날씨 같은 변덕" 등을 섞어서 여자를 만들었다. 이렇게 여자를 만들어서 남자에게 데려갔더니, 남자 눈에 어찌 그리 아름다운지, 여자를 옆에 끼고서는 아주 신나게 숲 속으로 사라졌다.

일주일 후에 이 남자는 무거운 발걸음으로 여자를 데리고 숲에서 나왔다. "창조주여, 도저히 저 여자와는 못살겠습니다. 하루 종일 재잘대고, 종일 자기에게만 관심을 기울여 달라고 졸라 대고 조금만 관심을 기울여 주지 않으면 울어 대고 하니 제가 무엇을 할 수 없습니다. 제발 저 여자를 데려가 주세요" 그러자 창조주는 여자를 데려갔고 남자는 신이 나서 걸음도 가볍게 숲속으로 사라졌다.

그런데 일주일 후에 남자가 다시 숲에서 나왔다. "창조주여, 창조주여, 어디 계신지요? 제게 그 여자를 다시 돌려주십시오. 그 여자가 없으니 제 생활은 텅 빈 것 같습니다. 예쁘게 흘겨보던 그 눈, 매달리며 애교 부리던 그 미소, 볼수록 아름답고 만질수록 부드러운 그 여자가 없으니 살아도 사는 것 같지 않습니다. 그녀를 제게 돌려주십시오." 창조주는 여자를 다시 돌려주었고 남자는 신이 나서 여자를 데리고 숲으로 사라졌다.

이번에는 삼일 만에 또 다시 나왔다. "창조주여, 뭐라고 설명해야 좋을지 모르겠습니다. 어쨌든 그녀는 내게 기쁨을 주기보다는 골머리를 아프게 만듭니다. 도저히 못 살겠으니 데려가 주십시오." 한참을 쳐다보던 창조주는 "난 모르겠네. 없으면 못 살겠다고 하고 있으면 더 못 살겠다 하니 난 모르겠네" 하며 등을 돌려 버렸다. 남자는 "아이구 내 팔자야 이것을 어떻게 한담" 하며 여자를 데리고 무거운 발걸음으로, 숲 속으로 사라지고 말았다.

이 이야기는 결혼 생활의 긴장 상태를 적나라하게 보여 주고 있다. 대부분의 부부들은 상대방을 골머리 아픈 존재로 여기면서도 상대방이 없으면 아쉬워하며 결혼 생활은 이런 것인가보다 생각하며 체념한 채 살아간다. 정말 행복하게 사는 부부가 얼마나 될까? 대부분이 체념하고 살거나 계속 갈등하면서 살곤 하였다. 그러나 지금은 참지도 않고 언제든지 이혼할 마음을 가지고 산다. 요즘 신세대 부부는 너무나 성급하게 이혼을 결정하며, 최근에는 노인들의 이혼 경향도 점점 높아지고 있다.

3. 갈등의 원인

부부는 서로 다른 환경에서 자라온 두 남녀가 결혼이라는 제도에 의해 생리적 · 심리적 · 사회적 욕구를 충족시키기 위한 관계이다 보니, 결혼 생활을 하는 과정에서 두 개인의 전 인격이 적나라하게 맞부딪히게 된다.[66] 부부갈등은 부부가 결혼 생활에서 배우자와의 상충되는 기

66) 일반적으로 갈등에 대한 많은 오해가 있다. 그 중에 하나는 좋은 인간관계에는 갈등이란 전혀 존재하지 않는다는 환상이다. 그래서 갈등이 일어날까봐 두려워한다. 하지만 좋은 인간관계는 갈등이 없는 것이 아니다. 갈등을 극복하는 만남으로 갈등 극복을 하고 그리고 나면 상대방에 대해 신뢰가 생기고 새로운 만남이 일어난다. 대체적으로 모든 인간관계에는 발전해가는 경향성이 있다. 그것은 호기심의 단계에서 애정의 단계로, 그리고 열애의 단계에서 실망의 단계로 진행된다는 것이다. 이 실망의 단계에서 그 사람을 포기할 수도 있다. 그러면 영원히 사람을 잃어버리는 것이다. 그러나 이 단계를 극복하여 새롭게 만난다면 다시 그를 얻는 기쁨을

대, 욕구, 목표의 불일치로 인해 겪는 긴장과 갈등이다. 결혼 생활에서의 친밀감, 경쟁, 가변성의 특성은 부부갈등을 내포하지 않을 수 없으며, 가족 관계 역시 갈등을 수반하게 된다(옥선화 외, 2000, 131-133). 갈등의 원인으로는 다음과 같은 것이 있다.

1) 인간의 타락

진정한 의미에서 갈등의 시작은 아담과 하와의 죄로부터 시작된 것이다. 아담이 범죄한 이후 죄에 대해 책임을 물으시는 하나님께 아내를 고발함으로 아담은 그 아내 하와에게 배신감과 정서적 이혼의 고통을 안겨주었다. 그리고 하나님이 하와에게 준 저주 가운데 그녀가 남편을 원함으로 받는 고통이 있는데, '원한다'는 말은 좋은 뜻이 아니다. 그것은 '욕망을 갖는다, 갈망한다'는 뜻이다.[67] 무엇을 갈망한다는 것일까? 그것은 여자가 남자를 소유하기 위해서 남자를 지배하고자 하는 강한 욕구가 그 속에 있다는 것이다. 결국은 피차에 서로를 지배하기 위해 싸우는 고통이 부부의 고통인 것이다. 그래서 남자는 대체로 자기 아내에게 자신이 원하는 것을 강요한다. 그는 아내에게 손가락 하나 대지 않고도 원하면 거의 언제든지 아내를 들들 볶아 자기가 원하는 것을 얻어내려 하고 여자의 희생쯤은 대수롭지 않게 여기면서 권력을 행사하려 하는 것이다. 남자의 '힘'은 그 아내를 노예로 만들 수 있다(Anne

누리게 된다. 갈등은 사람을 다시 얻을 수 있는가, 아닌가의 고뇌이므로 이것은 창조적인 것이다. 사람을 미워하고 배척한다면 갈등도 없다. 그러므로 갈등은 쓸모없고 나쁜 것이 아니라 귀한 것이다.

67) 여자들이 갈망하는 것은 남편에 대한 것으로서, 이는 실낙원에서 가졌던 관계의 특징인 친밀성을 영속화하고 싶은 마음이다. 타락 전에 그들 사이에 존재했던 사랑과 상호성의 관계, 서로가 서로를 갈망하던 관계에 대한 여자의 향수는 이제 남편에게서 보답 받을 수 없게 되었다. 남편은 아내의 갈망을 채워주는 것이 아니라, 오히려 그녀를 지배할 것이다. 여자는 짝을 원하지만 주인님을 얻게 된다. 사랑하는 자를 원하지만 지배자를 얻게 된다. 남편을 원하지만 권력자를 얻게 된다(Gilbert Bilezikian, 1985, 55, 229).

Atkins, 1987, 168-169). 여자들의 결함은 기존의 모든 관계를 뒤엎어 항상 자신이 중심이 되려는 유혹이다. 이 유혹은 창조 시의 건강한 사회성을 타락한 '밀착 관계'로 만들려는 유혹이다(Mary Stewart van Leeuwen, 1999, 52). 이것이 옛 사람, 옛 인간 부부의 고통이다. 그러나 우리는 새로운 피조물로서 옛사람의 죄악된 생각과 감정, 모든 습관에서 벗어나야 한다.

2) 차이로 인한 갈등

부부간의 차이로 인한 갈등은 그 내용을 다 열거하기가 힘이 들 정도이다. 일반적인 예는 다음과 같다. 좌변기의 좌석을 올려놓은 채 화장실을 나오는 것, 치약을 짜는 부분이 다른 것, 가구 위에 아무렇게나 컵을 놓아두는 것, 집안 일 분담에 대해 자신의 몫을 이행하지 않는 것, 그리고 아침 성향과 밤 성향 등의 개인적인 성향의 차이, 잘못된 의사소통, 방어적이고 자기중심적인 태도, 성적인 문제,[68] 역할 갈등, 종교의 차이, 가치관의 갈등, 심리적 욕구의 부조화, 재정에 관한 문제, 외부의 압력(직장, 자녀 교육, 친척 등), 권태 등이 있다.

대체적인 부부갈등의 영역은 성격, 의사소통, 성생활, 부부역할, 경제적 부분, 인척 관계 등으로 나누어진다.

① 성격 - 부부갈등을 다루는 선행연구를 살펴보면, 아내가 남편에 비해 성격요인에서 더 많은 갈등을 경험하고 있는 것으로 나타난다. 부부 중 한쪽이 지나치게 지배적, 폭력적, 자기중심적일 때 부부문제가 발생한다.

② 의사소통 - 오늘날 동등하고 우애적인 부부 관계를 지향하는 부부중심의 핵가족 하에서는 부부간의 원활한 상호작용을 뒷받침

---

68) 성 문제는 정확한 지식부족, 비현실적인 기대, 성적 충동의 차이점, 불감증, 불신 등 다양하며 성적인 문제가 이혼 사유의 90%를 차지한다고 한다.

해주는 의사소통요인이 중요한 기능을 하게 된다. 의사소통요인이 부부갈등에 미치는 영향이 큰 것으로 나타나며, 아내가 남편에 비해 의사소통요인에서 더 많은 갈등을 경험하고 있는 것으로 나타난다.

③ 성적요인 - 남성의 경우 성의 중요성을 더 인식하는 경향이 있으며, 남성이 여성보다 성적요인에서 더 큰 갈등을 겪는 것으로 나타난다. 중년기 이후에는 여성이 더 성적 갈등을 느끼는 것으로 양상이 바뀌기도 한다.

④ 부부역할 - 부부간의 역할기대와 역할수행의 불일치로 인한 갈등이다. 부부의 역할분담은 첫 자녀 출생 후 더욱 증가하게 되며, 역할갈등은 첫 자녀가 미취학 연령인 가족생활주기에서 가장 많이 발생하는 것으로 나타난다. 남편의 경우 가사참여를 요구하는 부인의 압력, 부인의 내조 부족, 의사결정 시 부인의 발언권 강화 등의 이유로 갈등을 느끼며, 가사활동 참여에 대한 심리적 부담과 긴장을 호소하였다.

⑤ 경제적 요인 - 수입과 소비는 가정의 기본적 욕구 충족과 생활 안정에 직결되기 때문에 결혼생활에서 경제력 문제는 갈등의 잠재적인 원인이 될 뿐만 아니라 결정적인 요인이 될 수 있다. 빈곤, 경제적 무능력이나 가계 파탄, 실직, 도박이나 중독 등은 심각한 문제를 야기한다.

⑥ 인척관계 - 시부모나 시댁 식구와 동거하는 경우 갈등을 많이 느끼는 것으로 나타났으며, 최근에는 젊은 부부 사이에 부모가 갈등에 개입하여 이혼을 부추기는 결정의 주도자가 되기도 한다.

이상에서 살펴본 부부갈등 영역 외에도 자녀, 건강문제나 부부의 대인관계(외도) 등으로 인한 갈등이 있다. 갈등에 대한 대처방식이 건설적이냐, 파괴적이냐에 따라서 가족이 해체되거나 또는 회복되고 재조직되어 가족의 평형을 되찾는다. 갈등대처방식은 개인이 갈등상황에 직면했을 때 그 문제나 갈등을 해결하기 위해 취하는 행동방식을 말한다(옥선화 외, 2000, 131-133).

3) 상대를 바꾸려는 태도

배우자가 내 맘에 안 드는 성격을 보일 때 흔히 우리는 배우자를 변화시키려 한다. 처음부터 상대방을 뜯어 고칠 생각으로 결혼하는 사람도 간혹 있다. 그들은 배우자의 가치관, 태도, 좋아하는 것, 싫어하는 것, 흥미, 성격의 일면을 바꾸려 한다. 하지만 자신의 몸무게를 다만 5kg 정도 줄이는 일도 얼마나 힘든 일인데, 하물며 한 사람의 인격 전체를 바꾸는 일이 가능하겠는가? 그러므로 연애 기간 동안 상대의 치명적인 결점을 발견했음에도 불구하고 결혼만 하면 상대를 새사람으로 바꿔 놓을 수 있다고 믿고, 또 그렇게 다짐하는 사람들은 휘발유를 끼얹고 불타는 집으로 들어가는 것과 마찬가지이다(Les & Leslie Parrott, 2004, 156).

인간은 누구나 남이 나를 바꾸려 할 때 저항하게 되어 있다. 특히 내 뜻과 다를 때는 더 말할 것도 없다. 남편이나 아내가 상대방을 바꾸려 한다는 것은, 한 인간으로서 상대방에 대해 무언가 불만이 있다는 뜻이다. 이때 변화의 표적이 되는 상대방은 흔히 적개심과 거절당하는 기분을 느끼게 마련이다. 적당한 제안이야 유용하고 유익할 수 있지만, 변화에 대한 집요한 요구는 잔소리와 노골적인 공격으로 비화될 수 있다. 방치된 갈등은 결국 서로에 대한 공격과 복수로 발전 될 수 있다(Nick Stinnett, Donnie Hilliard, and Nancy Stinnett, 2002, 53).

가장 치열하고 파괴적인 부부 갈등은 부부 관계 내의 세력 다툼에 그 원인이 있다. 만사가 승패로 귀착된다면 그 부부는 만성적 세력 다툼에 빠진 셈이다. 그런 다툼이 있을 때 부부는 결혼 생활에 크게 위협과 불안을 느끼게 되며, 따라서 부부의 행복이 크게 위축된다. 경쟁적 부부 관계는 무턱대고 성공과 인정으로 치닫는 직장 세계와 너무 비슷하다. 부부 관계에 극단적 경쟁심이 팽배하면 남편도 아내도 상대방에 대한 정서적 안정감이 위축되거나 아예 사라지게 된다(Nick Stinnett, Donnie Hilliard, and Nancy Stinnett, 2002, 53-54).

인간은 현실적으로 죄의 영향을 받고 있기에 부부간에도 갈등이 일어날 수밖에 없다. 그리고 평생 서로 다른 성과 문화에서 살아 왔기에 그 차이는 너무나 크다. 따라서 부부는 끊임없이 갈등에 직면해야 한다. 그리고 부부에게 밀어닥치는 현실은 그들로 하여금 계속해서 생각하는 것, 살아가는 방법에 있어서 새로워질 것을 요구하고 있다. 그러므로 부부는 서로 다른 생각을 가질 수 있으며 서로의 의견에 동의하지 않을 수 있다는 것을 인정해야 한다(Diana Garland 외, 1993, 179-181).

4) 어린 아이의 욕구

모든 부부의 분노에는 어린 아이의 감정이 숨어있다. 사실 합리적으로 부부의 관계를 생각해 보면 사랑하기에 잘해주고 싶고 더 이해하고 품어주고 싶지 않겠는가? 그러나 결혼하고 나면 사랑을 베풀기보다 사랑을 받고 싶은 마음의 욕구가 더 크기에 배우자가 알아서 적극적으로 사랑하지 않는 모든 것이 상처가 되고 고통이 되면서 분노로 변하는 것이다. 더 나아가 내 안에 어린 시절의 상처가 많으면 많을수록 더 많은 보상을 원하기 때문에 상대적으로 어린 아이의 감정적 요구가 숨어있는 것이다. 이런 경우 배우자를 보기만 해도 화가 난다. 왜냐하면 그에게 더 많은 기대를 가지고 있기 때문이다. 그래서 우리의 내적 심상을 찾아서 어린 아이의 욕구가 무엇이었는지 이해하고, 분노가 일어나는 실체를 명확히 깨닫고 의식화 된 부부생활을 해나갈 때 비로소 갈등을 줄일 수 있는 것이다.

4. 갈등의 단계

남편과 아내가 일단 갈등상태에 들어가면 여러 단계를 거쳐 그 골은 깊어져간다. 일반적으로 갈등의 단계가 어떤 식으로 진행되는지 살펴보자(Hendricks, 1997, 187-191).

1) 적응 기간

준호와 예인은 저녁 식사 중의 행동 때문에 자주 갈등을 경험하곤 한다. 예인이 자란 집안에서 저녁 식사란 가족들이 모두 모여 저마다 자신의 관심사를 나누는 자리였다. 저녁 식사의 주요 목적은 교제였다. 그러나 준호는 말없이 신속하게 식사를 마치는 집안에서 자랐다. 저녁 식사의 주요 목적은 먹는 것이었고, 식사가 끝나면 가족들은 일어나 뿔뿔이 흩어졌다. 그것은 만남의 자리가 아니었다. 준호와 예인의 가정 문화는 이 부분에서 마찰이 생겼다. 예인은 남편이 말없이 허겁지겁 저녁을 먹는 모습에 실망과 상처를 받았다. 준호는 아내가 자꾸만 말을 걸고 밥도 못 먹게 시간을 끄는 데 짜증이 났다. 이 부분에서 서로 다르게 배우며 자랐다는 사실을 인식한 뒤에야 이들은 불일치의 배후 원인을 이해할 수 있었다. 약간의 용납과 배려로 문제는 깨끗이 해결되었다.

모든 부부들은 결혼 초기 1~2년 정도는 서로 적응하기 위해 몇 가지 갈등을 겪는다. 이 과정에서 서로가 일과 수면, 사회 활동, 성관계의 빈도와 형태에 대해 만족할 수 있도록 맞춰가야 한다. 또한 배우자 집안의 가풍을 비롯해서 휴일을 보내는 방식에 이르기까지 많은 것을 알아야 한다. 결혼 초의 이러한 갈등들은 보통 남편과 아내 사이에서 쉽게 해결될 수 있다. 이런 갈등을 해소하는 데는 먼저 결혼하여 잘 살고 있는 다른 부부와 교제하는 것도 큰 도움이 된다.

2) 결혼서약에 대한 의심

필자의 경우 결혼 후 느낀 아내에 대한 최초의 배신감은 아내가 순종적인 여자가 아니라 저항하는 여자로 보인다는 것에서 비롯되었다. 결혼 전 내가 하는 모든 말을 넋을 잃고 듣던 아내, 장모님이 뭐라고 말해도 다 순종하던 착한 사람이 결혼 후에는 사사건건 저항하는 여자가 되어버린 것이다. 그래도 눈앞의 현실이 믿어지지 않아 몇 차례 설득하고 싸워도 보았지만 아내의 본심이 바뀌지 않는 것을 보고 순간 "속았구나!"하는 깊은 절망을 가지게 되었다. 이렇게 배우자가 서로 신뢰하며 존중하겠노라는 기본적인 서약을 지키지 않는다는 생각이 들면 배신감이 떠오를 것이다. 이런 배신감은 서로에 대한 일방적인 기대가 깨어진 것에서 비롯된다.

이 외에도 결혼서약에 대한 의심은 배우자가 정말 자신을 속인 것을 알았을 때, 결혼 전 배우자의 과거를 알았을 때, 물리적, 언어적 학대를 받았을 때 등 여러 경우에서 일어날 수 있다. 이유가 무엇이든 이런 것들 때문에 결혼은 위기에 빠지고 결혼 관계를 지속해야 할지에 대해 회의를 품게 된다.

3) 정서적 고립 ("너는 너, 나는 나")

서로 감정적으로 멀리한다. 이때 서로에게 정중하게 대할 수도 있다. 그러나 말로든 행동으로든 더 이상 친밀감을 표현하지 않는다. 다른 사람들은 그들 사이에 문제가 있음을 전혀 깨닫지 못하고 있더라도 둘 사이는 심각한 고립 상태에 놓여 있는 것이다.

4) 외부의 개입

3단계의 긴장이 너무 커져서 더 이상 견디기 힘들어지면 외부의 도움을 구하게 된다. 그 대상은 부모일 수도 있고 직장 동료, 친구 혹은 훈련된 상담가일 수도 있다. 경우에 따라서는 부부 가운데 어느 한 쪽이나 양 쪽 모두가 이성과 접촉하게 될 수도 있다.

5) 별거

불화에 빠진 부부는 상담을 받는 동안 서로가 더 심한 상처를 입지 않도록 잠시 헤어져 있자고 결정할 수도 있다. 별거란 이처럼 사전에 계획되지 않은 경우가 더 많다. 우발적으로 결정된 별거는 긍정적인 결과를 가져오기 어렵다.

6) 이혼

이 단계에 이르면 서로가 원하는 이혼의 종류, 재산 분배, 자녀 양육에 대해서 이야기가 오가게 된다. 이 정도의 심각한 갈등상태라도 아직 희망은 있다. 극적인 반전이 있을 수도 있기 때문이다. 존 가트만(John M. Gottman)은 이혼의 예후가 높은 부부로 아래의 5가지를 들고 있다.

첫째, 부정이 긍정보다 많다. 갈등이 많은 부부의 특징은 서로에 대한 지각과 상호작용에 있어서 부정(비난, 무시, 소리 지르기 등)의 비율이 긍정(미소, 접촉, 칭찬, 인정 등)의 비율보다 훨씬 많다. 그들은 중요 대화를 시작하기도 전에 부정적인 면들이 그 쳐다보는 모습과 몸짓, 그리고 음색에서 나타나기 시작한다. 예를 들어, 잔소리 잘하는 시어머니가 오시는 것 때문에 걱정이 되는 아내는 "당신 어머니는 날 괴롭히는 게 취미신가 봐. 당신이 늦게 들어오는 날만 아주 골라 오신다니까."라고 말한다.

둘째, 갈등부부의 이혼을 알리는 구체적 적신호들은 비난, 경멸, 방어, 담쌓기 등 4가지이다. 비난은 상대방에 대한 불만이 있을 때 상대방의 인격을 비난하는 것을 말한다. 상대의 잘못이 일시적이거나 상황적인 것이 아니고 성격이나 인격의 결함인 것처럼 말하는 방식이다. 마치 하나의 문제가 그 사람의 전반적인 문제인 것처럼, "당신이 그렇게 잘났어? 항상 날 무시하잖아." 경멸은 상대방을 평가절하하며 비웃는 것으로 말로든 행동으로든 상대를 비하하는 대화 방식이다. 자기는 농담으로 말한다 하지만 듣는 사람에게는 부정적 느낌을 갖게 하는 것이다. "당신이 뭘 잘하면 이상한 거지." "당신 잘났어." "너나 잘하세요." 등의 냉소적이고 모욕적인 표현을 하면서 내게는 문제가 없고 상대가 잘못이라는 태도로 은근한 반격을 한다. 담쌓기는 화가 나서 말 안하고 지내는 것, 침묵, 무반응, 무시, 논쟁을 아예 회피하여 철수해버리는 것을 말한다(Gottman, 1999a, 27-34).

셋째, 잘못된 지각체계를 가지고 있다. 갈등이 많은 부부는 상대의 잘못이나 실수에 대해 원인을 자기 편의대로 해석하고 평가하는 특징이 있다. 예를 들어, 얼굴 표정이 안 좋은 남편을 "상사와 안 좋은 일이 있었나?"라고 해석하기보다 "저 인간은 항상 날 이렇게 대해!"라고 보거나, 상대가 잘해 주면 고맙다고 해석하는 것이 아니라 "웬일이야? 며칠 가나 두고 보자." 식이다. 상대의 잘못이나 실수는 그 사람의 내적 문제(성격적·인격적 문제)로 보고, 내 실수나 잘못은 외적 문제(일시적·상황적 문제)로 해석하는 것을 말한다(Gottman, 1999b, 68-73).

넷째, 부부가 서로 자기만 옳다고 주장한다. 가부장적 문화 속에서 자란 남편들은 아내로부터 영향 받는 것을 싫어한다. 남편이 아내로부터 영향을 받지 않으려고 하면 할수록 아내는 더 방어적이 된다. 이런 경우 부부가 서로 감정이 멀어지거나, 호전적이었다가 경멸하고 비난하는 단계로 나아가다가 부부싸움으로 이어지곤 한다.

부부싸움을 하다보면 극도의 흥분상태가 되어 맥박이나 혈압이 올라가고 땀이 차며 혈액순환이 빨라진다(교통사고를 간신히 피했을 때의 몸과 마음의 긴장상태). 생리적으로 각성된 상태에서는 다른 사람의 말을 경청하는 능력이나 생각하는 방법, 문제해결능력이 떨어진다. 이러한 상태에서는 부정적인 생각과 감정이 급속도로 빨라지며 그것에 압도당한다.[69] 심한 경우에는 남편이 폭력을 사용하는 단계로 끝나기도 한다.

다섯째, 두 사람의 관계가 요구-후퇴 패턴을 보인다. 아내가 문제를 제기하면 남편은 못들은 척하거나 갈등상황에서 정서적으로 철회한다. 남편의 이런 행동은 아내를 자극하고, 아내는 남편을 다시 대화에 끌어들이려는 시도를 한다. 하지만 아내가 노력을 해도 남편이 반응이 없으면 아내가 철회하는 패턴을 보이면서 남편을 비난하고 혐오하면서 두 사람의 관계는 평행선을 달린다.

7) 이혼 뒤에 남는 상처
이혼하는 부부들은 대부분 이제 다시는 서로 만나지 않을 것이라고

---

69) 남자와 여자는 DPA에 차이를 보인다. 남자는 화에 당당하고(나만한 남편 있으면 나와 보라고 해!), 여자는 피해자의식(나같이 불쌍한 여자가 어디 있을까!)이 있어서 이런 경우에 DPA 각각 높다.

생각한다. 물론 드물게 그럴 수도 있다. 그러나 법률상 부부는 아니지만, 둘 사이에는 해결해야 할 일들이 남아 있다. 특히 자녀 문제를 해결해야 한다. 더군다나 정말 이혼을 바라던 사람들도 헤어지고 나면 각자 깊은 상처를 받기 마련이다. 당신이 만약 이혼한 지 얼마 안 됐다면 아직 재혼을 서두르지 말고 상담가의 지도를 받는 것이 현명한 것이다.

5. 갈등해결 방식의 차이

사람들은 갈등을 5가지의 기본적인 방법으로 해결해보려고 시도한다. 회피, 순응, 경쟁, 양보, 협동이 바로 그것이다(Hendricks, 1997, 150-153; Lowry & Meyers, 1995, 48-56).

1) 회피

갈등해소의 한 방법인 회피는 개인의 목표를 성취할 수 있으나 동시에 인간관계의 유지는 불가능하다는 신념을 반영한다. 회피의 기본적인 전략은 갈등이 존재한다는 사실을 회피하고, 억누르고, 부정한다. 어쩌면 문제가 그냥 지나갈 수도 있고 저절로 해결될 수도 있다. 이런 유형에 속한 사람은 자신의 의견을 완강히 주장하지 않고 이런 상황에서 자신의 이익을 추구하지 않으며, 자신의 이익을 추구하는 다른 사람들을 도와주지도 않는다.

회피는 한국인의 일반적인 유형으로써, 싸우는 것이 나쁘다고 들어왔던 사람, 혹은 '훌륭한 사람'이나 '착한 여자'라는 평을 계속 받아 온 사람의 경우에 많다. 사실 이런 회피는 갈등을 고조시킬 가능성이 많다. 한 쪽은 점점 더 분통을 터뜨리며 도망하는 쪽을 쫓아가는 꼴이 되는 것이다.

2) 순응

비록 자신의 목적을 양보한다 할지라도, 인간관계를 유지하고 싶은 높은 욕구를 보이는 것이 바로 순응하는 사람의 특징이다. 많은 경우에, 이 방법을 쓰는 사람은 인생 경험을 통해 갈등을 일으키는 것이 안전하지 못하다고 배웠을 것이다. 이러한 방법을 쓰는 이유 중 하나는 다른 사람들에게 인정받으려는 욕구와 상황에 적응하면 이러한 욕구가 충족될 것이란 믿음에서이다.

갈등을 최소한으로 줄이기 위한 노력으로 "좋아. 물론이지. 네가 원하는 대로 할게."라고 말하면서 자신의 욕구와 필요는 희생하는 것이다. 수동적인 동의(순응)는 표면적으로는 평화를 유지하지만 사실 많은 것들을 희생한 것이기에 문제가 의외로 많다. 의기소침, 정력 낭비, 내면화된 분노 등의 대가를 치러야 한다. 따라서 결과적으로는 아무런 효과가 없다.

3) 경쟁

경쟁적 방법, 즉 이기느냐 지느냐 하는 갈등 해소 방식은 인간관계를 파괴시키는 한이 있더라도 자신이 원하는 것을 이루고 말겠다는 열망이 그 특징이다. 이 방법을 쓰는 사람은 개인의 목표를 성취하기 위해 기꺼이 어떤 것도 희생할 각오가 되어 있다. 자신의 이익을 위해 관계를 희생시키는 것은 불가피하다고 여기기 때문이다.

여기에 두 가지 태도가 나타난다. 하나는 강압이요 또 다른 하나는 부정적인 공격이다. 팔짱을 끼고 목에 힘을 준 채 떡 버티고 서 있는 자세는 강제성을 띤 위협적인 자세이며 "내 방식대로 할 거야."라는 뜻이다. 이런 경우 확실히 자신의 욕구는 충족시킬 수 있으나 이것은 다른 사람을 희생시킨 대가로 얻어진 것이다. 이것은 배우자를 구석으로 몰아넣고 공격하는 것과 같다. 부정적인 공격은 내가 이기기 위해서 상대방을 짓밟거나 인신공격을 서슴없이 하고 때로는 때리기도 하고 신체 공격, 집안 공격, 외모 공격, 능력 공격 등 닥치는 대로 공격하는 것이다. 이중에서 제일 치사한 유형이 자기를 던지며 죽겠다거나 이혼하자고 하는 것인데 이것은 부정적인 공격으로 위협이다.

4) (소극적) 양보

한편으로는 자신이 양보하지만, 또 다른 한편으로는 타인이 양보하기를 원하는 해결방식이다. 이 방식은 어느 누구든 충분히 만족할 수 없다는 전제하에 공동의 이익을 위해서는 개인의 욕구를 일부 포기해야 한다는 생각에서 나온 것이다. 즉 2보 전진을 위해 1보 후퇴하는 방식이다. 서로의 권리를 조금씩 포기하면서 적당한 선에서 타협하는 점에서 올바른 방향으로 나가는 첫걸음이 될 수도 있다. 그러나 인격적 만남은 없고 겉으로 드러난 문제만 해결하는 것이기 때문에 감정의 응어리는 남아 있게 된다. 이것은 갈등을 해결하기 위해 "당신이 내 등을 긁어주면 나도 당신의 등을 긁어주겠어요."라고 말하는 태도이다. 양보는 약간 기계적이긴 하지만 빠르고 쉬우며 중간적인 해결 방안으로 유용하다. 그러나 갈등을 해결하는 최선의 방법은 아니다. 욕구를 충족시키지 못하고 방치하게 되어 욕구는 더 강해지고 곪아서 상처를 만들 수도 있다.

5) 협동(협력)

협동은 인간관계와 목표를 모두 중요시 하는 방법이다. 개인의 목표와 인간관계 모두에 비중을 두는 것이다. 협동은 함께 승리하며 기뻐하는 것이다. 두 사람이 다 함께 행복하도록 계속적인 토론을 통해 합의가 일어나도록 하는 방식이 바로 협동이다. 이런 과정을 통해 진정한 합의가 일어나면 서로를 새롭게 만나는 깊은 친밀감이 생긴다.

이것은 결혼처럼 지속 시간이 길고 가치가 높은 관계에서 생기는 갈등을 다루는 데는 이상적인 방법이다. 협동에는 시간이 필요하다. 또 실천이 필요하며 위험을 무릅써야 한다. 협동은 성숙을 요구한다. 협동은 서로 번갈아가며 원하는 바를 말하고 함께 제 3의 대안을 창출하는 능력을 포함한다. 회피, 순응, 경쟁, 그리고 양보는 임시변통 방식의 교환이다. 따라서 협동만이 서로를 만족시킨다고 할 수 있다.

협동하기 위하여 두 사람은 다음과 같이 할 수 있어야 할 것이다. 첫째, 서로의 원하는 바를 알고 상대가 그것을 가질 자격이 있음에 동의한다. 둘째, 원하는 바를 표현한다. 셋째, 상대가 원하는 바를 듣고 그것으로 인해 위협받지 않는다. 넷째, 서로의 욕구를 만족시킬 해결책을 찾기 위해 창조적으로 생각한다. 다섯째, 참된 협동은 훈련을 필요로 한다.

6. 부부 갈등의 해결원리

부부의 갈등을 해결하기 위해서는 다음의 원리에 따라서 하는 것이 바람직하다.

1) 행복한 부부라도 갈등은 일어날 수밖에 없음을 먼저 인정한다.

부부간의 갈등은 누구에게나 일어날 수밖에 없음을 인정하고 갈등을 기회로 삼아 더 행복하고 좋은 부부 관계로 나아갈 것이라는 소망을 갖는다. 행복하게 살아가는 부부들은 갈등을 피하지 않는다. 그들은 갈등에 직접 부딪쳐 그때그때 문제를 해결하고 원한과 적의를 없앤다. 그들은 대화하고 반응한다. 불행한 부부들은 문제를 피하는 경향이 있지만 행복한 부부들은 갈등 상황에 대해 수시로 대화를 나눈다. 갈등을 피하지 않기 위해서는 먼저 자신을 기꺼이 변화시키고자 해야 한다. 다른 사람을 변화시키는 일은 거의 불가능하다. 그러므로 스스로가 문제를 다루고 변화시키는 방법을 찾아봐야 한다. 또한 1-2년 마다 정기적으로 부부워크샵에 참석하여 도움을 받도록 한다.

2) 융통성을 보인다.

융통성이란 기꺼이 자신의 행동을 조정하려는 마음가짐이다. 그것은 행복하게 해로하는 부부들의 두드러진 특징이다. 여러 연구를 통해 밝혀진 바에 의하면, 행복한 부부들은 불행한 부부들에 비해 자신의 행동을 조정하려는 각오가 더 크다. 이들은 이혼하는 부부들에 비해 상호 양보를 훨씬 많이 한다. 융통성은 상대방의 평안과 행복을 위해 나 자신의 행동을 바꾸려는 마음가짐이며, 그것을 통해 상대방을 존중하고 배려하려는 마음이 전달된다(Nick Stinnett, Donnie Hilliard, and Nancy Stinnett, 2002, 56-57).

3) 갈등의 악순환에 말려들지 않는다.

성공적인 부부들은 갈등의 악순환에 말려들지 않는다. 그들은 모든 에너지와 시간을 갈등 자체에 쏟아 붓는 것이 아니라 문제 해결에 힘을 기울인다. 문제 해결보다 갈등 자체에 매달려 불행을 자초하는 부부들이 많다. 그들의 대화는 상대방을 업신여겨 자신의 자존심을 높이는 것이 승리라고 생각한다. 이런 악습의 목표를 가지고 있으면 문제를 해결하거나 해결을 위한 통찰을 얻는 것이 아니라 상대방을 공격하는 것에 전념하게 되는데, 공격은 역공을 낳는다. 이때의 부부는 각자 최면에 걸려 자신의 옳은 점과 상대방의 틀린 점밖에 보지 못한다. 갈등 자체에 매달리는 이런 악습에는 비난, 탓하기, 위협, 적대적 질문, 내리 깎는 표현, 욕설, 빈정대는 말투 등이 있다. 행복하게 살아가는 부부들은 각자 자신의 행동에 기꺼이 책임을 지며, 위에 말한 부정적인 행동들을 없애거나 최소화하려고 구체적으로 노력한다.

4) 지난 일을 들춰내지 않는다.

행복한 부부는 불행한 부부에 비해 지난 일을 들춰내는 경우가 훨씬 적다. 그들은 불만 사항을 자루에 담아두었다 나중에 꺼내 쓰는 것이 아니라 불만이 생길 때마다 즉각 해결한다. 부수적인 주제들에 끌려 곁길로 새지 말아야 한다. 한 번에 한 문제씩 해결하도록 힘써야 한다. 그리고 문제가 해결된 뒤에는 기꺼이 용서한다. 분노를 해결하지 않은 채 '두고 보자'는 태도도 남겨두지 말아야 한다. 문제를 종결하기 전에 서로의 감정을 해결해야 한다.

5) 수동 공격적 행동을 버린다.

해결하기 가장 어려운 갈등 유형 중 하나는 수동 공격적 행동이다. 이런 전략을 사용하는 사람들의 목표는 공격적 행동으로 나가되 자신의 적대감에 책임질 필요가 없도록 간접적으로 표현하는 것이다. 그들은 자신의 공격 의도를 깨끗이 부인할 수 있도록 상황을 조작한다. 그들은 기분 좋게 웃으며 겉으로는 동의와 협력의 모습을 보이지만 속으로는 공격적이며, 적대적인 행동이나 덫을 꾸밀 수 있다. 그런 행동의 배후에는 분노와 낮은 자존감이 있다. 수동 공격형 사람들은 개방적이고 직접적인 방식으로 갈등을 처리하는 것을 불안하게 느끼기 때문에 이런 간접적 전략을 들고 나오는 것이다. 행복하게 해로하는 부부들은 서로를 안전하고 편안하게 느끼기 때문에 갈등을 직접 드러내놓고 처리할 수 있다.

6) 배우자의 불만이 무엇인지 파악하고 대화로 문제 해결책을 찾는다.

배우자의 마음을 알아주고 만난 후에는 나의 역동(나의 상처와 관련된 것, 부모님들과의 관계에서 받은 영향)은 없는지 살펴보고 내 마음을 배우자에게 표현한다. 그리고 문제를 해결하기 위해 노력한다.

구체적으로 문제를 해결하는 방법을 제시하면 다음과 같다. 첫째, 한 가지 특정한 불만에 대해서만 토의해야 한다. 그리고 그것에 충실해야 한다. 둘째, 초점을 유지한다. 문제의 본질을 다루는 데 집중하고 상황들은 일단 가볍게 여긴다. 셋째, 사소한 다툼이나 잔소리가 없도록 최선을 다한다. 기습하거나 욕설하거나 배우자에게 상처를 입히는 물건을 사용하지 않는다. 넷째, 주의 깊게 들어야 한다. 다음에 무슨 말을 할 것인지 생각하지 말고 배우자가 말하고 있는 것에 귀를 기울여야 한다. 다섯째, 배우자의 감정을 존중한다. 감정이란 옳고 그름이 없다. 배우자가 당신과 다르다 하더라도 자기감정에 대한 권리가 있다.

7. 분노사건을 통한 갈등해결법

부부는 누구나 갈등을 할 수 밖에 없으며, 어린 아이의 욕구를 가지고 만나기 때문에 분노가 일어날 수 밖에 없다. 그래서 분노가 일어났을 때 어떻게 해결하는지 그 방법을 알고 부부가 서로 노력하는 자세로 만날 때 분노는 서로를 이해하고 치료하는 아름다운 시간으로 변할 수 있다.

필자는 분노 사건을 해결하는 방법에 대해서 자세히 소개하고자 한다. 분노치료를 위해서는 첫째, 분노 사건에 대한 전체 시나리오를 정확히 알고 있어야 하고 둘째, 공개적으로 드러난 문제 밑에 숨겨진 욕구가 무엇인지 살펴보고, 셋째, 감추어진 문제를 자신이 자라온 배경을 근거로 하여 잘 살펴본다. 넷째, 배우자에 대한 특별한 기대는 없었는지 잘 생각해 보고 마지막으로 부부가 대화를 통해 합의된 해결책을 찾는 연습이 필요하다.

이러한 과정을 따라 분노 사건을 가지고 부부가 만나다 보면 분노는 회복의 기회가 될 것이다. 먼저 <분노사건을 통한 갈등 해결법> 워크샵 시트를 가지고, 분노 사건이 있을 때 배우자나 소그룹별로 연습하고 탐색한다. 그리고 합의점이 잘 안 찾아지면 <갈등 시의 부부대화전략>에 따라 대화하면서 해결책을 찾는 연습을 하기를 권한다. 이런 실습을 하다 보면 당신이 알지 못하던 어린 시절의 무의식의 욕구를 발견하게 될 것이다. 그렇게 되면 배우자에게 불만과 분노를 품고 있었던 것이 결국은 내 자신의 문제임을 자각하게 되어 부부 간의 갈등이 해결되기 시작할 것이다.

분노 사건을 통해서 갈등을 해결하는 방법은 다음과 같다.

[표 13] 분노 사건을 통한 갈등 해결법

> ① 사건: 최근에 있었던 일 중에서 배우자에게 화가 났던 사건을 정리해 본다.
> ② 숨겨진 욕구: 화가 난 이유에 대해서 내 안에 숨겨진 좌절된

욕구가 무엇인지 찾아보고 그것과 연관지어 생각해본다. 이때 배우자의 잘못에 초점을 맞추지 말고 자신의 어린 시절 욕구나 자신의 비합리적 사고에 초점을 맞추도록 노력한다.

③ 감추어진 문제: 과거에 이와 비슷한 경험이나 느낌은 없었는지 찾아서 기록하고 그때 나의 마음은 어떠했고 원함은 무엇이었는지 찾아본다.

④ 특별한 기대: 과거의 사건을 통해 해결되지 않은 욕구를 배우자에게 기대하고 있을텐데 그것이 무엇인지 기록한다.

⑤ 합의점 찾기: 마음 깊은 곳에 있는 나의 욕구를 만난 후에 그 욕구는 어린 시절 부모님께 바랬던 것인데 이것을 현재의 배우자에게 바라고 있음을 인식한다. 그리고 현재의 시점에서 배우자와 함께 합리적이고 실현 가능하면서도 서로 동의가 되는 해결책을 찾기 위한 노력을 한다.

<사례>

1	사건	주일 오후 남편에게 교회 소그룹 모임을 하러 가기 전에 함께 쇼핑을 하자고 제안했다. 그러나 남편은 목욕을 해야 한다며 가버렸다.
2	숨겨진 욕구	남편도 자기 계획이 있고, 또 쇼핑은 남편이 너무나 힘들어 하는 것을 알면서도 나는 내 고집대로 남편을 끌고 가고 싶어 한다. 남편이 항상 내게 맞추어 자기 일정을 포기해 주길 바란다. 그런 나의 욕구가 채워지지 않자 남편의 행동이 합리적인지 비합리적인지 생각할 것도 없이 화가 났다.
3	감추어진 문제 (자라온 배경)	엄마의 조종을 받으며 자라온 나는 남편을 조종하려는 욕구를 가지고 있다.
4	특별한 기대	남편이라면 내가 원하는 대로 다 따라와 주어야 한다는 강렬한 보상적 욕구가 있다.
5	합의점 찾기	남편이 내 뜻대로 해주기를 바라는 조종을 버리고 대화로 해결책을 찾아나가기로 결심한다.

| 활동 |

1. 분노사건을 통한 갈등 해결법

<예시>

1	사건	남편은 양말을 벗으면 세탁기에 넣지 않고 늘 아무렇게나 벗어둔다. 오늘도 그 장면을 보자 너무 화가 나서 한숨이 나고 짜증이 나서 남편 꼴도 보기 싫다.
2	숨겨진 욕구	한두번 말하면 바로 바로 행동에 옮기지 못하는 남편을 보니, 엄마 말이면 무조건 들어주었던 아빠가 생각나면서, 남편이 우리 아빠처럼 해주기를 바라는 욕구가 생각났다.
3	감추어진 문제 (자라온 배경)	엄마의 작은 일까지도 모두 도와주시던 아빠가 너무 부러웠으며, 나도 엄마처럼 대우 받고 살고 싶은 마음이 아주 크다.
4	특별한 기대	나를 사랑하고 배려한다면 내가 작은 수고도 하지 않도록 신경 써서 이해하고 모든 것을 알아서 처리해야 한다는 특별한 기대가 있다.
5	합의점 찾기	남편은 우리 아빠가 아니므로 남편에게 아빠처럼 해주기를 바라는 욕구를 인정하고 대화를 통해 합의점을 찾아가기로 결심한다.

* 나의 경우

1	사건	
2	숨겨진 욕구	
3	감추어진 문제 (자라온 배경)	
4	특별한 기대	
5	합의점 찾기	

2. 갈등 시 부부대화 전략

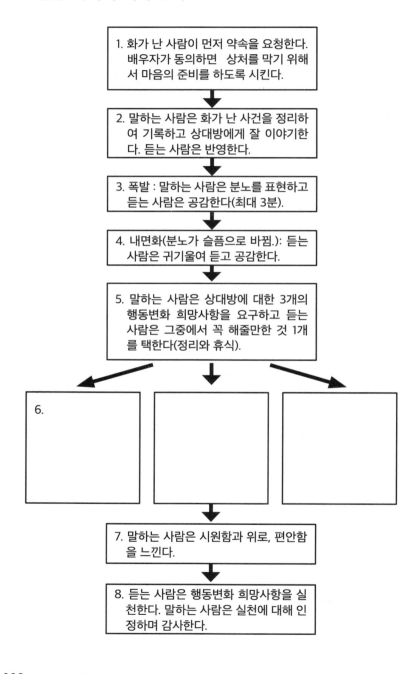

1. 화가 난 사람이 먼저 약속을 요청한다. 배우자가 동의하면 상처를 막기 위해서 마음의 준비를 하도록 시킨다.

2. 말하는 사람은 화가 난 사건을 정리하여 기록하고 상대방에게 잘 이야기한다. 듣는 사람은 반영한다.

3. 폭발 : 말하는 사람은 분노를 표현하고 듣는 사람은 공감한다(최대 3분).

4. 내면화(분노가 슬픔으로 바뀜.): 듣는 사람은 귀기울여 듣고 공감한다.

5. 말하는 사람은 상대방에 대한 3개의 행동변화 희망사항을 요구하고 듣는 사람은 그중에서 꼭 해줄만한 것 1개를 택한다(정리와 휴식).

6.

7. 말하는 사람은 시원함과 위로, 편안함을 느낀다.

8. 듣는 사람은 행동변화 희망사항을 실천한다. 말하는 사람은 실천에 대해 인정하며 감사한다.

<사건>

필자가 청년부 담당 전도사로서 사역했을 때의 사건이다.

어느 날 청년부 리더인 자매 한 사람이 "전도사님을 믿어도 됩니까?"라고 질문해서 약간 불안한 감이 있었지만 신뢰 없는 제자 훈련은 없다는 신념하에 "믿어도 좋다"고 대답했다. 그날 이후부터 그 자매는 밤마다 나의 집에 전화해서 하루의 삶을 보고하면서 자기 마음이 답답하면 만나자고 하고, 또 자기 동생의 심각한 어려움에 대해 늘 도움을 요청하는 것이었다. 나는 점점 지치고 힘들어서 약속하고도 나가지 않게 되었다. 그럴 때마다 자매는 더욱 집요하게 내게 요구했고 나는 심리적 압박감과 여기에서 헤어 나오지 못할 것 같은 두려움이 일어나 도망하고 싶었고 관계를 회피하게 되었다. 그러자 자매는 더욱 내게 집착했고 나는 그녀를 위로하기 위해 더 잘해주겠다고 약속하고는 실제로는 그 약속을 지키지 못했다.

그래서 나는 그 자매와 통화를 하며 쩔쩔매고, 미안하다고 하는 일이 잦아졌고, 그 모습에 아내는 분노하여, 드디어 어느 날 우리는 새벽까지 부부 싸움을 하게 되었다. 나는 기가 막히고 억울했다. 내가 하나님의 일을 위해 상처 받고 고통 받은 영혼을 돕는 것이 무슨 죄인가? 내가 그녀와의 관계에서 마음과 행동으로 잘못한 것이 없고 정결한 양심과 깨끗한 마음으로 행동했는데 왜 이토록 나를 힘들게 하는가? 아내에 대한 분노와 저항심 때문에 나는 내 인생을 다 던져버리고 싶었고 이혼을 결심하게 되었다.

심하게 부부싸움을 하고 새벽녘에 옆방에 누워 있는데 주님이 내게 말씀하셨다.

"너, 왜 그렇게 힘들어하니?"

"예, 주님이 강도 만난 네 이웃을 사랑하라고 말씀하셔서 영혼을 사랑하고 섬겼는데 이렇게 힘이 듭니다."

"누가 네 이웃이냐?"

"그 자매입니다."

"아니다. 네 아내다."

나는 화들짝 놀라서 일어났고 곰곰이 생각해 보았다. 그리고 깨달음과 함께 회개가 일어났다. 나는 교회를 섬기는 목회사역이 일순위이며 가장 중요한 사명인 줄 알았는데 하나님은 아내와 가정이 첫 번째 사역이며 내가 돌봐야 할 우선순위라고 말씀하시는 것이었다. 그 순간 그동안 아내가 나 때문에 얼마나 마음이 아프고 힘들었을까 하는 생각이 들어 아내와 대화를 시작하게 되었다.

<실습>

갈등 시 대화를 실습하기 전에 말하는 자 역할과 듣는 자 역할을 누가 할 것인지 먼저 정한다. 말하는 사람은 미리 대본을 작성한다. 감정 폭발은 3분을 넘기지 않는다. 전체 과정을 5분 안에 끝내야 한다. 반드시 다음의 원칙과 순서대로 할 것을 약속한다.

	말하는 사람	듣는 사람
1	**약속요청** 당신과 얘기하고 싶어요.(아내)	**동의** 그러지요. 좋아요.(남편)
2	**이야기** 그 자매가 밤마다 전화해서 나오라고 하면 아무 때나 만나러 나가고, 밤 늦게 같이 있다 들어오고, 자매가 해 달라는 대로 다 해 주고도 그 자매에게 늘 미안하다고 하며 쩔쩔매는 모습이 너무 싫고 화가 나.	**요약(명료화)** 그래. 그 자매가 요구하는 대로 다 해주고 또 미안하다고 하며 쩔쩔매는 모습이 싫었구나. 정말 화가 났겠어.
3	**감정폭발** 나랑 한 약속은 약속도 아니야? 왜 전화도 못해? 운동이 그렇게 중요해? 식사는 해야 할 것 아냐? 건강을 위해서 운동하는 건데 지금까지 저녁도 안 먹고 운동했다는 게 말이 돼?	**심정만남** 당신 기다리게 해서 잘못했어. 다음부터는 저녁도 잘 챙겨 먹을게. 그 분위기가 다 열심히 운동하는 분위기라... 그리고 그렇게 오해할지 몰랐어. 당신 속상하게 해서 미안해.
4	**내면화** 성경공부가 늦게 끝나나보다 했어... 저녁 먹고 늦어지나 보다 했지. 근데 당신이 저녁도 안 먹고 이 시간까지 운동했다고 하니까 화가 나더라구. 당신이 제 시간에 식사 못한 게 마음이 쓰이고 걱정이 됐어.	**요약, 심정만남** 당신은 내가 걱정이 됐구나. 나 괜찮아. 배 별로 안 고파. 걱정해 줘서 고마워.
5	**정리와 휴식**	**정리와 휴식**
6	**(아내는 남편의 제안을 듣는다)**	**(남편의) 제안** 다음부터는 전화해 줄게.
	(아내의) 선택 그래. 전화해 주고 너무 늦게 오지 마.	**(남편이 듣는다)**
7	**감정해소** 내 말 잘 들어줘서 고마워.	**실천 약속** 다음부터는 전화도 해주고 늦지 않도록 애써 볼게.
	(아내는 듣는다)	**마무리 요청** 그렇지만 내 맘대로 시간을 어떻게 하기가 그래서 장담은 못하겠다.
8	**감사** 나도 알아. 다른 사람들과 같이 하다 보면 그럴 수 있는 거. 내 맘 이해해 줘서 고마워.	**감사** 그렇게 말해줘서 나도 고마워.

<나의 경우>

	말하는 사람	듣는 사람
1	약속요청	동의
2	이야기	요약(명료화)
3	감정폭발	심정만남
4	내면화	요약, 심정만남
5	정리와 휴식	정리와 휴식
6	(아내는 남편의 제안을 듣는다)	(남편의) 제안
6	(아내의) 선택	(남편이 듣는다)
7	감정해소	실천 약속
7	(아내는 듣는다)	마무리 요청
8	감사	감사

14장 부부 성 교육 및 치료

1. 어느 부부의 이야기

강 교수 부부는 부산에 살고 있었는데 몇 년 전에 서울에 올라 왔을 때 어느 친구의 안내로 스트립쇼를 구경한 적이 있다. 젊은 무희들이 나체쇼를 펼치는 모습을 보면서 강 교수 부인은 매우 당혹스러워 했다. 그녀가 그런 구경을 한 것은 난생 처음이었던 것이다.

"망측하기도 해라. 빨리 나가자구요. 이런 것을 구경하며 즐거워하는 사람들이 이상하게 보여요." 부인은 강 교수를 툭툭 치며 말했다. 그러나 강 교수는 이미 쇼에 넋을 잃은 채 아내의 말을 귀담아 들으려 하질 않았다. 부인은 남편의 얼굴을 물끄러미 쳐다보았다. 입을 반쯤 벌리고 넋을 잃은 채 벌거벗은 무희들을 바라보고 있는 남편의 모습이 참으로 한심스럽게 느껴졌다. 평소 도덕성을 강조해 온 남편의 이중성에 대해 그녀는 실망했다. 제자들로부터 존경 받고 있는 교수의 모습이라곤 찾아 볼 수가 없었던 것이다.

스트립쇼가 끝나고 나오면서 강 교수의 부인은 자신의 불쾌했던 심정을 솔직하게 털어놓았다. "남자들을 이해할 수가 없어요. 당신이 그럴 수가 있어요? 나체쇼가 그렇게 재미있던가요?" 그런데 이때 옆에서 듣고 있던 남편의 친구가 한술 더 떠서 곤경에 처한 강 교수에게 손가락질을 하며 말하는 것이었다. "강 교수는 이런 쇼를 제일 좋아해요. 어제는 이보다 더 야한 곳에서

술을 마셨는걸요. 이 정도는 아무것도 아니라구요." 평소 누구보다도 도덕적이라고 생각했던 남편도 결국은 어쩔 수 없는 속물이었다는 사실에 강 교수 부인은 그만 충격을 받고 말았다. 그리고 계속 상상의 나래를 펴기 시작했다. '이런 나체쇼 보다도 훨씬 진한 장면이라면… 어쩌면 남편이 불결한 성관계를 가졌을 지도…' 그날 밤부터 그녀는 남편의 성적 요구에 대해 냉담한 반응을 보였다. 아니, 냉담이라기보다는 분명한 거부 반응을 나타낸 것이다.

남편은 처음에 아내에게 사과를 했다. 스트립쇼에 지나치게 집착했던 자신을 용서해 달라고 말했다. 그러나 한번 닫혀버린 아내의 마음문은 좀처럼 열릴 줄을 몰랐다. 강 교수는 며칠 지나면 분이 풀리리라는 생각으로 그날 밤을 보냈다. 그런데 이런 상황과는 별개로 강 교수는 늘 성적 충동을 느껴야 했고 그래서 행여나 하고 아내에게 접근을 하면 아내는 그럴 때마다 남편의 성적 요구를 거부했다.

이런 상태가 2개월쯤 계속되자 누구보다도 성실하며 정직하게 살아왔다고 자부해 온 강 교수는 머리끝까지 화가 치밀어 올랐다. 그리고 이럴 때는 성적 욕망이 안 생겨줬으면 좋겠는데 그렇지가 않은 자신의 성적 욕구에 대한 혐오감까지 생겼다. 그는 스스로를 채찍질했다. '내가 그걸 못하면 죽는 짐승인 줄 아나? 자기가 먼저 못 견뎌서 요구해 오기 전까지는 절대로 관계를 맺지 않겠다. 자기도 인간인데 언젠가는 욕망을 느끼겠지. 그때는 네가 요구를 해 온대도 내가 당한 것의 몇 배로 냉혹하게 거절해 줄거야.'하는 복수심까지 생겼다. 그러면서 강 교수의 마음속에는 이런 생각이 들기 시작했다. '저 여자는 나를 진정으로 사랑하고 있지 않다. 나의 순간적 실수를 저토록 철저하게 물고 늘어지는 행위는 도저히 용납할 수가 없어.' 이렇게 또 한 달이 지났다. 시간이 흐르면서 아내는 자기가 좀 너무하지 않았나? 하는 생각이 들기 시작했다. 그래서 남편에게 접근의 싸인을 은근히 보냈다. 그러나 이때는 강 교수의 마음이 복수심으로 불타고 있던 때였다. 그는 과도하다고 할 정도로 아내를 거부했다. 그녀는 치욕을 느꼈고 조금 풀어지려던 마음이 더 굳어져 버렸다. 6개월이 지나면서부터 그들은 방을 따로 사용하기 시작했다. 상대방이 곁에 있어 봤자 불편할 뿐이라는 생각 때문이었다.

7개월째 되던 어느 날, 서울에서 찾아온 친척들로 인해 그들은 할 수 없이 같은 방을 사용하게 됐다. 모처럼 부부가 한 방에 누워있다 보니 야릇한 느낌이 들었다. 강 교수는 몇 번이나 망설인 끝에 아내에게 말했다.

"여보, 내가 졌소. 우리 화해하고 새 삶을 시작합시다."

그러나 아내는 이번에도 단호한 거부반응을 나타냈다. 강 교수는 몇 번이나 부탁을 했지만 그녀는 조금도 양보할 기세를 보이지 않았다. '이제는 정말 끝장이로군, 마지막 남은 한 가닥의 자존심마저도 이렇게 무참히 짓밟아 버리다니…. 이젠 나도 어찌할 수가 없소. 나를 탓하지는 마오.' 이 사건으로 인해 이들 부부는 화해의 마지막 가능성마저도 모두 잃어버리고 말았다.

이 가정의 문제는 무엇일까? 우리에게도 이런 갈등과 오해는 없는지 살펴보기 위해서 먼저 성에 대한 우리의 오해가 무엇인지 살펴보고 올바른 성지식을 가져야 할 것이다.

2. 성에 대한 시각

1) 성에 대한 편견과 오해

우리는 일반적으로 성에 대하여 다음과 같은 편견과 오해를 가지고 있다.[70]

---

70) 현대의 성에 있어 다음의 사항들을 염두에 둘 필요가 있다(안석모,2001,14-16). ①성활동 연령이 낮아지고 있다. ②혼전성경험에 대하여 자유로워지고 있다. ③부

많은 경우 그리스도인들은 성에 대한 잘못된 시각을 가지고 있으면서도 자신의 생각이 잘못된 것임을 모르고 있다. 따라서 성에 대한 편견이 있었다면 그것은 무엇이었는지 찾아보고 성에 대한 바른 시각을 가짐으로써 성 생활에 있어서도 청지기 정신으로 살아가야 할 것이다.

[표 14] 성에 대한 시각

	편견과 오해	바른 시각
1	성적인 타락은 내 의지만으로 충분히 극복할 수 있다.	인간의 의지력이 성적인 유혹 앞에서는 대체로 무기력해진다.
2	마음속에 있는 성욕과 싸우는 것도 죄이다.	마음속에 있는 성욕과 싸우는 것은 결코 죄가 아니며 신앙이 약한 것도 아니다.
3	사람이 완전히 성숙되면 성욕은 느끼지 않는다.	성욕을 느끼지 않는 것은 죽은 후에나 가능하다.
4	성은 더러운 것이며 영성을 흐리게 한다.	부부 관계에서 성은 하나님이 주신 은총이요 축복이다.
5	성생활 없이도 얼마든지 부부생활은 유지될 수 있다.	문제가 있는 가정의 90% 이상이 성의 갈등이 있다.

....
부 성관계는 대체로 만족하고 있다고 생각하면서도 한편으로는 성생활 때문에 이혼도 생각해본 적이 있다는 양면적 태도를 보이고 있다. ④성관계 횟수는 연령 따라 차이가 많이 난다. ⑤1회 성관계 평균 시간은 전희 시간 포함 19분으로 보고된다.⑥성관계시 극치감은 절반 이상이 거의 매번 느낀다. ⑦대체로 배우자에게 성만족을 주고 있다고 생각한다. ⑧남성은 상대의 벗은 몸에, 여성은 남성의 자상한 말씨에 성적자극을 강하게 받는다. ⑨성에 관련된 불만 역시 남녀가 매우 다르다. ⑩전체 남성 및 여성들이 20대에 배우자나 애인 이외의 이성 교제가 많다. ⑪배우자 아닌 사람과의 혼전성관계 역시 남자가 여자보다 많으며, 신세대일수록 그 비율이 높아진다. ⑫배우자의 외도 발견 시 남성이 훨씬 용서하지 않겠다는 태도를 보인다. ⑬여성 93%가 성희롱을 당해본 경험이 있다. ⑭동성애에 관한 조사가 체계적으로 이뤄지지 않고 있다. ⑮첫 성경험에 대한 자세한 조사가 이뤄지지 않고 있다.

2) 성에 대한 세계관의 차이

성에 대한 세속적 세계관과 기독교 세계관은 큰 차이가 난다. 한마디로 세속적 세계관은 '즐기는 것'이지만 기독교 세계관은 성을 '자신을 드리는 헌신의 사건'으로 본다.

[표 15] 성에 대한 세계관의 차이

세속적 세계관	기독교 세계관
성적 욕구를 부추겨서 결혼의 경계선이 없이 탐닉하게 만든다.	성관계는 오직 결혼 속에서 이루어지는 것이다.
성을 종종 물리적 행동으로 축소시키며, 간혹 보살핌의 관계 속에서 본다.	영적인 면은 물론 전인적인 면에서 성을 거룩과 기쁨으로 본다.
성은 간편한 것일 수 있다고 믿으며, 개인적인 희열과 욕구의 충족에 중요한 강조점을 둔다.	바람직한 성관계는 배우자에 대한 사랑과 자기희생, 정직함이라는 헌신이 함께 하는 것이다.
성은 단지 '즐기는 것'이다.	성은 섬김으로 만족을 얻는 것이다.

3. 성에 대한 신학적 관점

성에 대한 우리의 기본 인식은 매우 부정적인 편이다. 특별히 우리나라의 경우, 유교적인 영향으로 '성'은 항상 은밀하고 어두운 부분으로 방치되었다. 그러나 '성'은 하나님이 창조하신 것이다. "하나님께서 깨끗하게 하신 것을 네가 속되다 하지 말라(행 10:15)"는 말씀은 '성'에서만 예외가 되지는 않는다. "원만한 성생활이 좋은 부부 관계의 중심이 된다"는 사실은 오래 전에 입증된 결론이다.

하나님께서 '성'을 주신 목적은 다음과 같이 크게 5가지가 있다. 첫째, 부부의 성생활은 인간을 향한 하나님의 최초 명령인 번성- 생육하고 번성하여 땅에 충만하라 -을 이루기 위한 신성한 과정이자 방법이다(창1:27~28). 그러므로 건강한 부부는 성생활을 통해 하나님이 주시는 자녀를 낳아 아름답게 키워야 한다. 산아제한은 하나님의 말씀에 순종하지 않는 것이다. 따라서 부부는 성생활을 존중해야 하고 귀하게 여겨야 한다. 하나님이 그 지으신 모든 것을 보시니 보시기에 심히 좋았기 때문이다(창 1:31). 그러므로 성을 추하다거나 속되게 생각하는 것은 합당하지 못하다.

둘째, 성은 진정한 교제를 누리도록 부부에게 주신 하나님의 작품이다. 창세기 1장에서 남녀가 구별되어 창조된 목적은 생육과 번성으로 이해된다. 그러나 창세기 2장은 남녀의 창조목적이 또 다른 차원에 있음을 보여준다. 즉, "사람이 혼자 사는 것이 좋지 아니하니"라고 말씀하시면서 홀로 지내는 것이 하나님께서 기뻐하는 것이 아니었다고 말하고 있다. 하나님은 이 외로움을 해소하는 방법으로 대화, 함께 지냄, 손만 잡는 것 등으로만 제한하지 않으시고 가장 만족스럽고 활발한 교제가 되는 방법을 '먼저' 알려 주셨는데 그것은 부부가 성생활을 통하여 친근한 교제를 누리도록 하신 것이다. 그러므로 결혼 내의 성생활은 '하나 됨'을 창조하기 위해 하나님이 만드신 가장 친근한 교제법이다. 또한 성관계에서의 육체적, 정서적 반응을 통한 하나 됨의 경험은 인간의 어떤 결합보다 끈끈하며 강렬하다. 이러한 성의 커뮤니케이션은 다른 어느 것보다 더 강하게 서로를 결속시킨다. 그래서 남녀 관계의 사랑을 성경은 "사랑은 죽음같이 강하고(아 8:6)"라고 표현하였다. 부부의 만족스런 성관계는 아무 말이 없어도 여러 가지 많은 메시지를 전달한다.

셋째, 성생활은 부부끼리 기쁨과 쾌락을 누리도록 주신 하나님의 선물이다. 성경은 혼인관계 이외의 성관계에 대해 철저히 배격하고 정죄한다(음란, 음행, 간음, 동성연애 등). 그러나 부부사이의 즐거운 성관계에 대해서는 정죄나 비난은 커녕 오히려 권장하고 있음을 발견한다. 특히 여성의 클리토리스(Clitoris - 음핵)는 생식 기능과는 아무런 상관이 없다. 그 부분이 없어도 성생활은 가능하고, 임신도 가능하며 출산도 가능하다. 그것은 여성의 몸 부분 중 그 어느 부분보다도 탁월한 성기관일 뿐이다. 클리토리스의 단 하나의 기능은 성적 쾌락이다. 하나님께서 성의 기쁨을 아내에게도 의도적으로 주셨다. 그러므로 부부는 성생활을 통해 기쁨을 누리며(잠 5:15~19) 남편이 아내의 몸을 즐길 수 있는 자유와(아 7:1~9) 아내 역시 자기 남편의 몸을 즐길 수 있는 자유가 있음을 보여준다(아 5:1~16).

넷째, 부부의 성생활은 성범죄에 빠지지 않도록 하기 위한 하나님의 예방장치이다(고전 7:1~9). 바울은 독신생활을 하면서 정욕이 불타게 되어 원치 않는 음행의 죄에 빠지는 것보다 차라리 하나님께서 허락하신 한 남편, 한 아내를 통해 육체의 성적 긴장을 해소하라고 적극적으로 권면한다(1~2, 2~9절). 부부의 성생활 중 남편(아내)에게 만족할 만한 파트너가 되어줄 때, 배우자가 성범죄 혹은 유혹에 빠지는 위험을 최소화시킬 수 있다. 성적 욕구가 있을 때 배우자에게 표현하는 것이 절제하는 것보다 더 경건 생활에 가깝다(4~5절). 결혼 생활에 있어 성관계는 하나의 의무이다. 결혼한 사람은 자기 배우자의 성적 긴장을 해결토록 도와야 할 책임이 있다.

다섯째, 치료를 위한 목적도 있다. 성을 통한 치료의 역할 또한 하나님이 의도하신 것이다. 사무엘하 12장 24절에서[71] 다윗의 아들이 죽었을 때 아내와 동침하는 장면이라든지, 창세기 24장 67절에서[72] 이삭이 모친 상사 뒤에 아내와의 관계를 통해 위로를 얻은 장면들을 살펴보면 배우자가 좋지 않은 일로 절망하고 있을 때, 스트레스나 슬픔이 있을 때, 육체적인 사랑을 나누는 것이 긴장을 풀어주는 역할을 함을 알 수가 있다. 특히 성을 통한 위로는 여자보다 남자가 더 크게 받는다. 부부 간에 성적인 원함이 서로 다른 경우에는 상실감이 더 큰 배우자의 욕구를 먼저 들어주어야 한다.

4. 멋진 성생활을 위하여

1) 전인으로서의 성

인간에게 있어 성(性)은 애정, 공격성과 함께 인간의 생존과 종족 보존을 위한 필수불가결의 행동적 요소일 뿐만 아니라, 인간행동의 여러 영역에 중대한 영향을 미친다. 또한 성(性)은 모든 사람의 자연스러운 자기표현이자 인간생활에 있어 필수적인 활력소이며, 건강한 성은 행복한 부부 관계와 화목한 가정을 만들어준다(홍성묵, 1999). 인간이 성생활을 영위하는 가장 보편적인 맥락은 결혼으로 맺어진 부부 관계이다.

부부의 친밀감과 상호신뢰를 바탕으로 한 조화로운 성생활은 결혼생활을 안정되고 풍요롭게 한다. 결혼관계에서 성생활은 두 사람간의

---

71) 다윗이 그의 아내 밧세바를 위로하고 그에게 들어가 동침하였더니 그가 아들을 낳으매 그의 이름을 솔로몬이라 하니라 여호와께서 그를 사랑하사

72) 이삭이 리브가를 인도하여 그의 어머니 사라의 장막으로 들이고 그를 맞이하여 아내로 삼고 사랑하였으니 이삭이 그의 어머니를 장례한 후에 위로를 얻었더라

감정적, 인격적 표현이며, 서로간의 사랑과 존경, 관심과 인간성 및 즐거움을 표현하는 방법으로 이를 통하여 부부들은 일체감, 상호 감사, 긴장 완화, 사랑의 표현, 합의, 기분 전환 등이 이루어지고, 상호작용하게 되며 계속 성장, 발전되어 가는 특성이 있기 때문이다(이정덕, 문혜숙, 1994).

성의 만남을 인격과 인격의 만남으로 보는 것이 아니라 오직 육체적인 것으로만 본다면 성을 통한 친밀함은 상실되며 공허하고 얄팍한 관계로 전락할 것이다. 친밀함은 성생활과 밀접한 관계가 있으며, 친밀함 없이도 성생활이 존재할 수 있으나 친밀함 없는 성생활은 영적, 심리적으로 만족하기가 어렵다. 친밀함이 만족스런 성생활과 그토록 밀접한 이유는 인간은 전인적인 존재이기 때문이다.

성에는 우리를 남자나 여자 되게 하는 모든 것이 다 포함되어 있다. 물론 성에는 육체적인 면도 포함된다. 그러나 성에는 우리의 지성, 결정 능력, 문제해결 능력도 포함된다. 성적 행동에는 우리의 건전한(혹은 왜곡된) 판단도 반영되게 마련이다. 성은 우리 삶의 모든 부분과 연결되어 있다. 그렇기 때문에 성을 이해하려면 성을 통합적 맥락에서 보아야 한다(Hendrix, 1988, 167).

성의 긍정적인 요소로는 다음과 같은 것들이 있다. 성은 남편과 아내의 결합을 강화해 주며 만족스런 성생활은 부부의 결속에 큰 도움이 될 뿐 아니라 부부간의 친밀도를 증진시킨다. 성은 배우자 간의 갈등을 해소하고 다시 서로를 향할 수 있도록 도와주는 특별한 경험으로 성을 통해 근심과 스트레스와 긴장이 풀어진다. 이런 성관계의 쾌감은 다른 영역에서 별다른 공통점이 없다 하더라도 두 사람이 함께 나눌 수 있는 공통 체험이며 행복과 안정으로 이끄는 평안한 정서를 제공한다. 이렇게 성은 배우자 간의 사랑을 표현하는 멋진 방법이 될 수 있다.

그러나 성이 언제나 긍정적이지는 않다. 성행위를 피하는 것이 배우자를 향해 '처벌'하는 수단이 된다면 이는 상대방을 조종하는 것이며 이때 불만을 느끼는 배우자는 상대방에 대해 적대감을 가질 수도 있다. 바로 그 순간부터 성의 긍정적 기능은 사라지고 부정적 측면이 드러나기 시작하여 부부 관계는 심각한 파괴가 일어날 수 있다.

2) 성적 만족도를 높이기 위한 노력

부부의 성생활 만족도에 영향을 미치는 요인은 성욕 및 성교와 관련된 성행동 요인, 성적 친밀감이나 대화 또는 성에 대한 부부의 견해차와 같은 관계적 요인 등 매우 다양하다. 이 밖에도 부부의 연령차, 결혼기간, 가족생활주기, 자녀 유무 등 사회인구학적 변인들도 부부의 성생활 만족도에 영향을 미치는 요인들이다. 여기에서는 부부의 관계를 중심으로 만족스런 성생활을 유지하기 위해 필요한 요소들이 무엇인지 살펴보자.

애정과 지지로 가득한 전체 관계

부부 간의 만족스런 성생활을 위해서는 서로에 대한 진실한 관심과 애정, 긍정적인 사랑에 기초한 부부 관계가 선행되어야 한다. 서로 존중하고 이해하며 상대의 필요에 부응하는 관계는 성적 반응을 촉진하는 분위기를 낳게 마련이다.

심리적으로 편한 상태

편한 느낌이란 성공적인 대인 관계의 중요한 부분임에도 불구하고 무시될 때가 많다. 배우자에 대해 불편한 마음이 있는 부부의 경우 성적인 관계도 어려워질 수 있다. 관계가 불편해지는 두 가지 기본 원인은 불신과 헌신의 부족이다. 부부는 상호 존중과 관심을 통해 서로를 정서적으로 지지함으로써 서로에 대해 기쁨과 행복을 줄 수 있다. 그래서 점점 더 편안한 심리상태를 가질 수 있다. 또한 심리적 편안함을 가꾸기 위해서는 비난과 조롱 같은 부정적이고 위험한 행동을 최대한 줄여야 한다.

헌신

헌신은 만족스런 성생활을 누리는 행복한 부부들의 주된 특성이다. 세계적으로 저명한 성 연구가 윌리엄 매스터즈와 버지니아 존슨은 자신들의 연구와 임상 경험을 바탕으로, 만족스런 성생활에 기여하는 가장 중요한 요인은 단연 헌신이라고 결론을 내렸다. 배우자가 상대방에게 깊이 헌신하고 있음을 알 때 남자든 여자든 성적 반응이 더 좋아지는 경향이 있다. 헌신은 신뢰와 심리적 편안함을 불러 오며, 그것은 다시 성생활에서 배우자에게 아낌없이 자신을 내어줄 수 있는 안전한 분위기를 창출한다.

여유있게 즐기는 태도

행복하고 만족스런 성생활을 돕는 한 가지 강력한 요인은 부부가 성관계에 대해 여유있고 느긋한 태도로 접근하는 것이다. 따라서 서로 사랑하고 좋아하는 마음, 서로의 성을 즐기며 기뻐하는 단순한 마음으로 성생활에 집중할 때 부부의 행복과 만족은 깊어진다. 성생활 만족도가 높은 부부들은 기술을 크게 강조하지 않는다. 그들은 자기들의 수준이 어느 정도인지, 오르가슴에 도달하는지, 오르가슴의 강도와 횟수는 어떤지 따위를 생각하거나 걱정하지 않는다. 그렇게 하면 긴장과 불안이 생겨 오히려 성관계의 쾌락과 즐거움을 상실하기 쉽다.

5. 성에 대한 교육

부부가 지니는 성 개념 및 성 지식과 같은 인지적 요인은 성생활 만족도에 영향을 미치는 중요한 요소이다. 성에 대한 편견이나 잘못된 지식은 성생활 만족도를 저해한다. 따라서 부부간의 성 만족을 위해서는 보다 과학적인 성 관련 지식과 남녀 간 성 차이, 상대의 신체구조 및 성향 뿐 아니라 성 전반에 대한 지식이 필요하다.

1) 성에 대해 의사소통하기

성생활 만족도가 높은 행복한 부부들은 대체로 원활한 의사소통을 하며 성에 대해서도 자유롭게 말한다. 자신에게 쾌감을 주는 성적 행동과 그렇지 못한 행동을 서로 말할 수 있을 때 부부간에 멋진 성생활을 누릴 가능성이 그만큼 커진다. 부부간에 서로 못 할 이야기가 없다고 느껴질 때 심리적으로 편해지고 서로 가깝게 느낀다. 그렇게 되면 그것은 다시 긍정적인 성생활을 위한 분위기를 창출한다(Hendrix, 1988, 173-176).

개방적이고 친밀한 방법으로 자유롭게 의사소통하며 얻어진 성의 쾌감은 두 사람의 결혼생활을 향상시켜 준다. 성관계는 부부 관계 자체이며 성 관계가 제대로 이루어지지 않은 경우에는 부부 관계에 있어 많은 복합적인 문제가 야기된다. 따라서 성적 문제를 노출하지 않으려는 경향이 강한 경우 부부 갈등으로 이어지기 쉬우므로 부부간 성 문제를 언어화해서 이를 직접 다루는 것이 필요하다. 성 관계에 있어 의사소통이 중요한 이유는, 성관계는 혼자 하는 관계가 아니며 부부가 함께 신체를 매개로 하는 관계이기 때문이다. 성관계를 단순한 신체접촉이라는 협의적 개념을 넘어서, 분위기 조성 - 전희 - 삽입관계 - 후희의 과정으로 이해할 때 성관계는 사랑을 주고받는 언어적·비언어적 의사소통의 한 종류라고 볼 수 있다. 부부는 이런 성적 의사소통을 통해 서로의 감정이 전달되고 정서적 교감으로 말미암아 만족을 느끼게 된다. 오늘날 제기되고 있는 많은 성문제의 근본 원인이 바로 이 성에 관한 의사소통의 부족에 있다.

성 만족의 부조화는 남녀가 서로의 신체적, 심리적 차이를 이해하지 못하는 데에 기인하기도 하는데, 부부가 서로 의사소통할 수 있다면 상대의 정서적, 신체적 차이를 이해함으로 인해 많은 부분, 성으로 인한 갈등을 해소할 수 있을 것이다. 부부간 성 의사소통 훈련에서는 성관계 시 자신의 욕구와 만족감을 말하거나 특정 체위를 요구하는 훈련을 한다. 또한 상대의 손끝을 붙잡고 자신의 민감한 부위와 성감대를 짚음으로써, 애무 받기 원하는 신체 부위를 표현하는 훈련 등이 있다.

효과적인 성 의사소통을 위해 필자는 부부간에 필요한 성 의사소통 방법으로 다음의 네 가지를 제안한다.

첫째, 성적인 용어를 사용하는 것에 자유로워져라. 성교에 연관하여 생각할 수 있는 모든 기술적이고 속어적인 용어들을 포함하는 목록을 만들어 배우자와 함께 어색하고 불편한 느낌이 없을 때까지 반복해서 읽는다. 이러한 노력은 배우자와 성교에 관해 이야기하는 것이 편안하다고 느끼는 데 도움을 줄 것이라고 한다. 둘째, 자유해답식의 개방형 질문을 주고받으라. 배우자에게 성교에 대한 개방적인 질문을 하는 것은 활발한 성 의사소통에 도움을 준다. 셋째, 성과 관련된 행위에 대해 서로 자신의 느낌과 생각을 솔직하게 표현한다. 이런 표현을 통해 배우자의 원함이 무엇이며 감정은 어떠했는지 알 수 있게 되고 부부간 성적 만족도는 높아지고 친밀감도 증대된다(김정옥, 1996, 316-317). 넷째, 성교 시에 기도하는 마음으로 할 뿐 아니라 성교 전후에 함께 기도

하면 더욱 좋을 것이다.

2) 성 단계에 대한 이해

생리적 측면에 대한 성적 반응 사이클의 기본 지식이 있으면 보다 만족스런 성생활을 누릴 수 있다. 노소를 불문하고 남녀 간 성적 반응 사이클의 차이를 몰라서 성생활에 어려움과 좌절을 겪는 부부들이 많이 있다. 그런 차이는 대개 아주 쉽게 해결될 수 있다(Nick Stinnett, Donnie Hilliard, and Nancy Stinnett, 2002, 176).

부부의 성교 과정은 대체로 다음의 네 단계로 설명될 수 있는데 단계마다 남자와 여자의 반응이 동일하지 않음을 알 수 있다.

흥분상태

이 첫 단계는 여러 종류의 성적 자극이나 애정표현이 흥분 상태를 이루는 단계이다. 남자는 시각이나 촉각, 후각 등에 의해서 쉽게 성적 충동이 일어나며, 외부적 자극이 있을 때 흥분과 더불어 정액이 축적되면서 흥분이 생식기에 집중된다. 여자도 신체적 접촉이나 애정의 표현에 의해서 자극이 된다. 그러나 여자의 성적 흥분은 주로 상대방에 따라서 좌우되는 편이며 남자처럼 성적 충동이 한 곳으로 집중되지는 않는다. 여자의 경우 음핵(陰核, clitoris)에 성적 충동이 모인다고는 하나 그것만은 아니고 온몸이 성감대로서 성적감흥이 전신에 퍼지게 되어 있다.

이 단계에서 남녀 간의 중요한 차이는 남자가 여자보다 훨씬 빨리 흥분된다는 것이다. 여자가 아직 흥분을 느끼기도 전에 남자는 흥분 단계를 다 지나 마지막으로 달려갈 수도 있다.

성적 유지 단계

이것은 앞에서 말한 성적 흥분상태에서 점차 고조되어 드디어 오르가슴에 도달하기까지의 지속단계를 의미한다. 이 단계에서 남자는 비교적 짧은 시간 내에 오르가슴 단계에 도달한다. 그러나 여자는 보통 남자보다 고조상태가 오래 지속되다가 오르가슴에 도달한다. 그런데 부부가 동시에 오르가슴에 도달하는 것이 가장 이상적이라고 한다면 남자가 이런 사실을 배려하여 여자의 흥분이 촉진될 수 있도록 전희의 애무행위로써 이 단계를 조절해야 할 것이다.

오르가슴

오르가슴이란 성적 흥분의 최고조 상태를 의미한다. 이때는 맥박이나 혈압도 높아진다고 한다. 남자는 성교에서 거의 언제나 오르가슴에 도달하며 동시에 사정을 한다. 이때 5억 개의 정자를 내보내는 것이다. 남자의 성적 만족은 전적으로 아내에게만 의존하는 것은 아니며 오르가슴은 대체로 3, 4초 동안 지속된다. 성적 행동에 대한 연구에 의하면, 남자들은 대체로 성관계가 시작된 지 2분 내로 오르가슴에 도달한다. 이것은 충분한 전희가 없는 한 대다수 여자들이 오르가슴에 도달하기는 커녕 흥분을 느끼기에도 너무 촉박한 시간이다.

여자는 남자보다 대체로 늦게 오르가슴에 도달하며 남자와 같은 사정은 없고 미끈거리는 분비액이 있을 따름이다. 여자의 오르가슴은 남자보다 비교적 길게 지속되어서 20초~60초까지 지속되기도 한다. 여자의 성적 만족은 전적으로 상대방에게 의존한다. 그러므로 자기만 만족하고 나면 충분하다고 생각하는 남편을 둔 아내는 한 번도 성생활의 만족을 얻지 못하기도 한다.

가장 이상적인 것은 부부가 동시에 오르가슴을 경험하는 것이고, 두 번째는 여자가 먼저 오르가슴에 이르는 것이며, 세 번째는 남자가 먼저, 그 후에 여자가 오르가슴에 도달하는 것이다. 부부 간에 오르가슴을 경험하기 위해서는 어느 한 쪽 편의 노력만으로는 안되며 부부 간에 서로 성을 개발하려는 노력이 필요하다. 아내의 오르가슴이 보통 3할 정도로 만족을 누리면 정상임을 알고 성 행위를 한 것 자체만으로도 만족하는 법을 배워야 한다.

진정되는 단계

오르가슴에서 성적 흥분이 사라지고 정상상태로 돌아가는 단계이다. 남자는 사정과 동시에 곧 흥분이 진정되며 오르가슴 후의 만족감이나 평온의 느낌과 함께 매우 졸음이 온다. 그러나 여자의 흥분은 서서히 가라앉으며 그때에 남편의 애정적 표현의 재확인, 즉 후희(after play)의 필요를 원하는 경우가 있다. 그러나 여자의 이런 입장을 별로 고려하지 않거나 알지 못하는 남편들은 여자의 요구를 무시한 채 자기가 하고 싶은 대로 돌아누워 곧 잠들어 버리는 수가 많다. 여자가 오르가슴에 도달하지 못한 채 끝나는 성교 경험이 누적되거나 성교 후의 애무의 결핍이 계속 반복될 때 여자로서는 쾌락이나 행복감 대신에 신경질적 긴장이나 초조감이 쌓이게 된다.

부부가 바람직한 성생활을 가지려고 한다면 인내와 이해로써 피차만족할 수 있도록 노력해야 한다. 특히, 여자의 오르가슴 경험 여부는 생리적 여건도 있겠지만 남편이 얼마나 이해심을 가지고 돌보아 주느냐에 따라 좌우된다는 사실과, 여성의 성적 만족은 남성과 달리 생물학적 여건만으로 충족되는 것이 아니고 심리적이고 감정적인 애정 표현 여부와 밀접히 관련되어 있다.

3) 성의 남녀 차이 이해

남자는 섹스를 원한다. 그러나 여자는 로맨스를 바란다. 가끔 우리는 남자는 화성에서 오고 여자는 금성에서 온 것처럼 상대방이 낯설게 느껴질 때가 있다. 침실에서 남자와 여자는 분명히 서로 다른데 우리는 그 차이를 깨닫지 못하는 것이다. 우리가 정녕 가까워져 멋진 섹스를 즐기고 싶다면 길은 단 하나, 남자와 여자 사이에는 무엇이 얼마나 다른지부터 이해하고 그 차이를 받아들이는 수밖에 없다(Gray, 2003, 17).

다음은 남녀가 성에 대해 가지고 있는 생각의 차이이다.

① 사랑, 그것은 여자에게 있어 인생 전체가 걸려 있는 문제이다. 그러나 남자에게 있어 사랑은 인생에 있어 일부에 지나지 않을 수도 있다.

② 남자와 여자는 성적 충동을 느끼는 출발이 다르다. 남자의 성적 충동은 육체적인 필요에서 출발하여 후에 감정적인 문제가 동반되지만 여자는 감정적인 필요에서 출발해서 나중에 육체적인 필요가 수반된다. 그래서 남자들은 매력적인 여자가 지나가기만 해도 육체 자체에 매력을 느껴 성적인 자극을 받게 되고 누드모델의 사진을 보아도 자극을 받게 된다. 그러나 여성들은 잘생긴 남자를 보았을 때 성적인 자극이 생기는 것이 아니라, 자기가 진정으로 존경하고 선망하는 특정한 사람에게 성적인 욕구를 느끼게 된다.

③ 남자와 여자는 예민하게 느끼는 자극이 다르다. 남자들은 시각적인 자극에 예민하나 여자들은 오히려 촉각에 예민하게 반응하며 청각, 시각, 후각 등도 영향을 미친다. 남자들은 여자의 벗은 모습 또는 아슬아슬한 옷차림에 성적인 충동을 받으나 여자들은 남자의 벗은 몸에 별로 자극을 받지 않는다.

④ 남자는 성교의 횟수를 생각하나 여자는 방법을 생각한다. 남자는 성교를 많이 해주는 것이 사랑의 강도를 표시하는 것이라 생각하나, 여자는 오히려 횟수보다는 한 번을 하더라도 성행위에 담긴 진실한 내용을 더욱 깊게 생각하는 경향이 있는 것이다.

⑤ 남자는 성행위를 할 때, 절정의 그 순간만을 생각하나 여자들은 성행위가 가져오는 결과에 대해 여러 가지 생각을 한다. 즉 성행위 자체만을 생각하는 남자와는 달리 여자는 '이 남자가 나를 진정으로 사랑하는구나'라는 생각부터 '임신하지 않을까' 등의 생각들, 특히 결과에 대한 것들을 생각한다.

⑥ 성욕을 표현하는 방법도 다르다. 남자들은 준비가 필요치 않을 만큼 빨리 흥분하며 그만큼 빨리 만족하나 여자들은 전혀 다르다. 이런 차이 때문에 남편은 아내의 몸이 절정에 이를 수 있도록 도와주어야 한다. 꼭 육체적인 애무만이 아니라 따뜻한 사랑의 대화 등으로 마음 문을 먼저 열어 줄 때 육체의 문도 열리게 된다. 이런 의미에서 전희의 중요성이 강조되는 것이다.

⑦ 남자들은 여자들보다 더 규칙적으로, 더 많은 횟수를 원한다. 그것은 남자의 생리 구조 때문이다. 즉 남자가 가지는 두개의 정낭에 축적되는 호르몬의 양이 차면, 성을 발산시키고자 하는 욕망이 일어나게 되어 있다. 그러나 여자는 월경 주기와 연관이 있기 때문에 횟수에 있어서 남자보다 주기가 훨씬 더 길며. 여자가 성적 충동을 강하게 느끼는 것은 월경 직전과 직후라고 한다. 그러므로 아내는 되도록이면 규칙적으로 남편과 관계를 가져 남편을 만족시켜 주려는 노력이 필요하다. 규칙적인 성생활이 이루어지지 않으면 성기능 또한 쇠퇴될 가능성이 있다.

⑧ 사랑을 확인하는 방법도 다르다. 남자들은 성적인 욕구를 통해

서 자신의 사랑을 확인한다. 대체적으로 섹스를 하면서 마음이 열리고 동시에 사랑도 갈망하게 되는 게 보통이다. 그러면서 성행위를 하는 동안에 정서적인 만족감을 만끽하게 된다. 그러나 여자는 사랑받고 있다는 느낌이 있어야 성적인 갈망을 갖게 된다.

⑨ 절정기도 다르다. 남자는 14~25세가 성의 절정기이지만 여자는 29~45세가 그 시기이다. 하나님이 왜 남녀의 절정기를 이렇게 다르게 디자인하셨는지 생각해 보면 결국 부부의 사랑이 그 모든 문제를 해결할 수 있는 묘약임을 알 수 있다.

이러한 성의 차이를 알 때 아내가 원하는 남편이 될 수 있고, 남편이 원하는 열정적인 여자가 될 수 있는 것이다. 서로를 이해하는 것, 바로 그것이 더욱 더 친밀한 하나 됨의 지름길이다. 남녀의 성 차이를 요약, 정리하면 다음과 같다.

[표 16] 성에 대한 남녀의 차이

	남 자	여 자
관심	육체적	관계적
추구하는 면	부분적(한 곳에만 관심) 육체적 하나됨 추구 다양성 성은 최상의 우선순위	전체적, 모든 것에 관심 관계적 하나됨 추구 안정성 다른 것을 우위에 둘 수도 있음
자극	시각적 향기 육체중심	접촉, 태도 행동, 말: 부드러움, 섬세함 원함 관계중심
필요	존경, 칭찬 육체적 욕구 성적 긴장감 해소	이해, 사랑 정서적 욕구 충분한 시간 (서두르지 않도록)

성적반응	주기가 없음 순간적 흥분 (보통) 시작하는 자 주변 상황에 동요되지 않음 (들리지도 않는다)	주기적 천천히 흥분 (보통) 응하는 자 쉽게 주의 산만 해짐 (화장실 물흐르는 소리...)
오르가슴	종속번식 짧다. 강렬하다.	하나됨의 전달 길다. 느낌이 오래 간다.

4) 성적 적응을 위한 지침들

부부간에 행복한 성생활을 하기 위해서는 다음과 같이 서로 노력하는 자세가 필요하다.

① 참된 성을 위한 기초는 상호관계이다. "아내는 자기 몸을 주장하지 못하고 오직 그 남편이 하며 남편도 그와 같이 자기 몸을 주장하지 못하고 오직 그 아내가 하나니 서로 분방하지 말라(고전 7:4-5)" 여기서 언급되고 있는 상호관계는 에베소서 5장 21절과 일치한다. 에베소서는 남편들과 아내들에게 피차 복종할 것을 권고하고 있다.

② 말을 통해 성적인 느낌들과 욕구들을 나눌 필요가 있다. 부부가 어떻게 배우자의 성적 필요와 욕구를 가장 잘 충족시켜 줄 수 있을까에 대해 어렵지만 대화를 나누어야 한다. 적절한 대화법과 적절한 시간을 찾기 위한 노력을 해야 한다.

③ 게임이 있으면 안 된다. 성적인 욕구와 느낌을 속이는 경우, 성적 무관심을 교대로 표현하는 경우, 성적으로 상대방을 자극시킨 후 상대방이 접근하면 계속 거부함으로써 상대방을 애타게 하는 것 등이 게임의 예이다.

④ 쾌감적인 요인을 부인하지 말자. 성관계에서 즐거움을 가져다주

는 요소들로는 대화에 있어서의 정직성과 자신과 자신의 신체에 대한 건전한 시각, 파트너와의 편안한 관계 등이다.

⑤ 관찰자가 되어서는 안 된다. 부부가 성관계에서 주도성을 상실할 때 이들은 자신들을 자신들의 성으로부터 분리시키고 있는 것이다. 오직 주고받음을 통해 부부가 주도적으로 참여할 때 부부는 진정으로 한 몸이 될 수 있다.

⑥ 성교를 제외한 감각적 쾌감이 클수록 성적 충동도 커진다. 즉 전희로부터 얻는 쾌감이 클수록 성교에서 오는 쾌감도 크다.

⑦ 결혼 관계 속에서 안정감을 더 많이 느낄수록 성적인 반응은 더 완전해진다. 여성들은 그들의 관계가 안전하다고 느낄 때 성적으로 자신을 가장 잘 개방하여 성 반응이 자유로워지지만 반대로 관계 자체가 불안전하면 성적 반응이 생기기 어렵다.

⑧ 총체적인 부부 관계의 계속적인 성장은 성생활의 개선에 이바지한다. 결혼생활의 여타 국면에서 의사소통과 돌봄, 그리고 부부애를 향상시키는 것이라면 어떤 것이든지 성생활을 보다 행복하게 하는 데 이바지할 것이다.

⑨ 성에 대해 긍정적인 태도를 지닌다. 하나님께서 우리에게 성적인 만족을 누릴 수 있는 능력을 갖추어 주셨다는 것은 그와 동시에 우리가 성생활을 즐겨야 한다는 것을 뜻하는 것이다.

⑩ 사랑을 하기 이전에, 쌓인 상처와 울분과 노여움 등을 남김없이 털어버린다.

⑪ 현재의 결혼생활에서 고유한 낭만을 찾도록 한다. 연구 결과에 의하면, 부부가 총체적인 관계를 잘 이루어 가는 이상 건강하고 원숙한 성적 즐거움은 말년에 이르기까지 거의 무한정 지속될 수 있다고 한다.

⑫ 어린아이처럼 천진난만하게 할 수 있는 새로운 방법들을 만들어 낸다. 성행위의 장소와 체위, 주변 환경 등에 다양하고 기발한 변화를 시도할 수 있고, 해변에서의 오후, 숲 속의 산책, 함께 하는 샤워, 혹은 모텔에서의 하룻밤 등 다양한 방법들을 찾아보는 것이다.

⑬ 각자 가장 성적으로 즐기는 것을 찾아낸다. 또한 즐거움을 극대화 할 수 있는 방법에 관해 서로 코치하고 나름대로 좋아하는 즐거움을 찾아내기 위하여 탐구하고 실험한다. 어떤 향기가, 어떤 말이, 어떤 꽃이, 어떤 그림이, 어떤 농담이, 어떤 애무가, 어떤 음악이 자신과 배우자가 가장 황홀한 육체적 흥분감을 갖는데 도움이 되는지 알아내도록 한다.

⑭ 서두르지 않고 여유 있게, 강요하지 않고 서로 즐거워하는 방법을 터득한다. 다른 어떤 목표나 계획을 염두에 두지 말고 긴장을 풀고 서로 즐거움을 주고받는다.

⑮ 성적인 감응에 때때로 문제가 있다고 스스로 속단해 버리지 말라. 많은 남자들이 흔히 피곤하다거나 너무 많이 술을 마셨다거나 했을 때 일시적인 성교 불능상태를 경험한 에피소드가 있다. 얼마 동안 서로 강요하지 않고 즐겁게 하는 시간을 보내도록 변화를 주면 실패에 대한 두려움과 성공해야 된다고 스스로 걸머지는 강박감을 해소할 수 있고, 대개는 성교 능력을 되찾을 수 있게 된다.

이러한 방법들이 성생활의 향상에 도움이 되지 않을 때에는 성생활 전문 치료자의 도움을 받는다.

6. 성적 부적응 치료

1) 성 치료의 역사

영어로 성을 얘기할 때 생물학적 의미는 'sex', 정신적인 의미로 남성과 여성으로서의 사회적, 문화적, 시대적인 성정체감을 의미할 때는 'gender'라고 표현한다. 'gender'는 정신적이고 심리적인 성정체감으로서의 남녀의 성을 뜻하며 문화적 의미에서의 성을 포함하여 광범위하게 쓰이는 용어이다. 생물학적 성은 해부학적 의미 뿐 아니라 쾌락적 의미를 포함하여 성을 이야기 할 때 sexual'로 표현하며 그것은 성의 쾌감과 쾌락적 의미를 말한다(윤가현, 1998, 15-18). 우리나라에서의 성 개념은 두 가지를 다 포함해서 성이라고 말하고 특별히 sex에 대한 것을 강조하는 측면에서는 그것을 '색'이라고 표현하여 생리적인 성의 과도한 집착을 부정적으로 나타내었다.[73]

우리나라 뿐 아니라 다른 나라에서도 성은 오랫동안 인간에게 금기시 되어왔고, 1929년에 미국 중서부 대학에서 두 교수가 익명으로 학생들을 대상으로 성행위와 태도에 관하여 조사를 하였는데 이것이 문제가 되어 두 교수는 해직될 정도로 성은 오랫동안 억압되어 왔다. 이

---

73) 해방 후의 우리의 문학작품이나 일상 언어에서는 '성'이나 '성교'라는 말이 그리 흔하게 쓰이지 않았다. 오늘의 '성'이란 말 대신에 '정'이라는 단어가, 그리하여 '성교'라는 말 대신에 '정교' 혹은 '정을 통함'이라는 표현 등이 보다 많이 쓰였다. 말하자면 직접적 언급 대신 간접적이고 완곡한 표현이 선호되었던 것이다. 또한 남녀의 성행위를 묘사할 때도 마광수 교수의 [즐거운 사라]에서 보듯 노골적이고 사실적인 묘사보다도, '지붕이 들썩들썩하였다' 또는 '문고리가 덜렁덜렁 흔들리더라'는 식의 상징적인 표현이 주를 이루었다. 이것은 성 및 성에 연관된 사물들에 대해서 조심하고, 감추며, 비밀스럽게 취급하려는 당시의 풍습과 생각을 잘 보여주는 예이다. 성에 대한 언급이 이러했다면, 신체의 노출이나 성과 연관된 사물들에 대한 일반사회의 태도나 규범 또한 당연히 비슷한 변모를 보여 왔음을 짐작할 수 있을 것이다(안석모, 2001, 5).

런 성이 밖으로 드러나게 되는 '성 혁명'이 일어난 것은[74] 1900년대 후반부터 인데 미국에서는 1960년대, 일본에서는 1970년대, 성에 대한 금기가 깨지게 된 것은 동구권에서는 1990년대, 우리나라에서는 1980년대부터 급격하게 일어나기 시작했다(윤가현, 2001, 25).

윌리엄 매스터스(William Masters)와 버지니아 존슨(Virginia Johnson)은 성에 대해 해부학적, 생리학적으로 접근한 성의학자로 남녀가 성관계를 가질 때 어떤 느낌과 반응이 있는지를 연구하기 위해서 남성의 성기를 실물과 비슷하게 만들고 그것에 내시경과 느낌까지도 담을 수 있는 기기를 부착하였다. 그리고 그것으로 여성과 실제로 성교를 해 보도록 하는 실험을 고안하였다. 처음에는 실험자로 건강한 여성이 나타나지 않아서 어쩔 수 없이 매춘여성을 대상으로 조사를 했지만 이런 경우 정확한 결과가 나오지 않으므로 건강한 사람을 실험자로 모아 다시 연구를 하기 시작했다(W. Masters & V. Johnson, 1966, 윤가현, 38-39. 재인용).

또한 남성들에게서도 성관계를 가지면서 느끼는 경험에 대한 실험적인 데이터를 만들어내기 시작했다. 이렇게 남녀 각각 200명 이상을 대상으로 실험을 한 끝에, 현재 많은 사람들이 알고 있는 남녀의 오르가슴 전후 단계와 성에 대한 심리적인 반응들을 최초로 알아내게 된 것이다.

2) 성적 부적응의 원인

성적 부적응에 대한 원인에 대해서는 학자마다 그 의견이 분분하다.

74) 현대사회에 들어와 이뤄진 성인식과 성행동의 급격한 변화는 가히 '혁명적'이다. 예를 들어 혼전성경험 유무를 살펴본다면 미국의 믿을 만한 한 성 보고서는 1910년 이전에 태어난 미국의 여성들은 12% 정도만이 혼전성경험을 가졌었으나, 1940-49년 사이에 태어난 미국의 여성들은 이미 약 51%가 혼전성경험을 한 것으로 보고되고 있다. 그리고 이런 경향이 1988년에 이르면 당시 19세 남성 중 성경험을 한 사람이 100명 중 86명에 이르고, 19세 여성의 경우 100명 중 78명에 이르고 있다. 따라서 혼전까지 성경험을 미루는 사람의 비율은 참으로 극소수이다.

홍성묵은 성 문제 또는 성기능장애를 그 문제의 원인과 본질에 따라 세 가지 차원에서 분류하였다(홍성묵, 1999). 첫째, 성장 과정에서 자라온 가정환경과 사회·문화적 환경, 둘째, 그 환경 속에서 습득한 성에 대한 가치관, 셋째, 약물로 인한 장애와 질병이나 신체적인 원인 등이 그것이다. 그러나 성기능장애의 약 80%는 심리적 요인 때문이라고 한다. 즉 스트레스, 성에 대한 태도 및 가치관, 성행위를 잘 해야 한다는 불안감 등의 요인이 성기능장애를 일으킨다는 것이다. 부부의 성 장애를 일으키는 심리적인 원인으로 개인의 태도와 보수적인 가치관, 스트레스, 부부간 의사소통의 부족, 실패에 대한 두려움, 부부간 권력다툼, 그릇된 성경험, 죄책감이나 불안으로 인한 성생활 회피 등이 복합적으로 작용하고 있다(홍숙선, 2001). 그러나 정신분석적 접근에서는 성문제에 대한 원인을 보다 더 심층적인 것으로 보고 성욕 그 자체에 대한 인간의 욕구를 중요시하고 있다. 정신분석에 뿌리를 둔 대상관계이론에서는 주된 대상과의 관계에서 발생한 심리적인 요인으로 인해 성적인 부적응이 일어난다고 보고 있다.

성적 부적응 뿐 아니라 성치료에 대한 권위자인 카플란은 연구 초기에는 성적 어려움에 영향을 끼치는 초기 원인들이나 성격에 뿌리박고 있는 오래된 역기능적인 정서적 패턴에 대한 심층적인 연구에 중점을 두지 않았다. 그러나 자신의 치료적 노력에 대해 전혀 반응을 보이지 않는 사례를 경험한 후에, 그녀는 차츰 심층적인 관점에서 성적 욕망의 장애를 설명하게 되었다. 매스터스와 존슨은 성적 반응을 자극(arousal), 자극의 고조(plateau), 오르가슴(orgasm), 해소(resolution)의 4단계로 설명했다. 카플란은 여기에다 욕망의 예비적 단계를 덧붙이면서, 가장 일반적인 성적 어려움은 지나치게 왕성한 성적 욕망에 있다고 설명했다(Kaplan, 1987). 그녀는 이 단계에 뿌리를 갖고 있는 성 장애는 치료하기가 가장 어렵고, 장기적인 치료가 필요하며, 배우자 중 한 사람은 정신역동적인 심리치료를 필요로 한다는 사실을 관찰했다. 그럼에도 불구하고 이런 사례들 중에서 어떤 것은 단기 성치료로 충분히 해결될 수 있다고 보았다. 왕성한 성욕과 더불어 성적 욕망의 감소도 가장 많이 나타나는 성 장애 중 하나이다(Jill & David Scharff, 2003, 53).

대상관계이론가인 질 샤르프(Jill Scharff)는 성은 부부에게 에너지와 흥분을 주입시키는 것을 통해서 부부 관계의 사랑하는 측면을 표현할 뿐만 아니라, 부부가 지닌 거절하는 대상 체계로부터 온 어려움을 표현하는 것일 수 있다고 하였다. 따라서 충분히 좋은 성생활은 위안을 주고, 가정생활에서 오는 스트레스를 해소해 주며, 사랑의 유대관계를 재생시켜준다. 반대로 성교의 부재는 부정적인 영향을 미쳐서 피로감과 권태감을 악화시키고, 거절 받는다는 좌절된 느낌을 확산시키며, 유대감을 유지하지 못하도록 방해한다. 이러한 이유로 부부의 성적 어려움은 인간관계 뿐 아니라 여러 다양한 문제에 영향력을 미치게 된다. 주로 부부의 일반적인 관계의 부조화 때문에 성생활에 문제가 있는 경우엔 성적 역기능은 이차적인 문제이지만 성행위 자체에 대한 불안이 있거나, 성기능에 대한 지식이 부족하거나, 신체적인 손상이 있을 경우, 성적 역기능은 일차적인 어려움이 된다(Jill & David Scharff, 2003, 50).

성적 부적응의 원인에 대해서 이외에도 여러 많은 입장들이 있지만 대부분의 경우, 부부 성 문제는 어느 한 가지 입장을 고수하기보다 여러 가지 원인이 한데 섞여 있는 혼합된 원인을 갖고 있다고 보는 견해가 지배적이다. 왜냐하면 성은 그만큼 금기시 되어왔고 복잡하며 이해하기에 힘든 주제이기 때문이다.

부부 관계에서 나타나는 성적 어려움에 대해 주된 요인을 구분하면 다음과 같은 네 가지 요인으로 나눌 수 있다. 여기에 나오는 요소들은 서로 혼합되는 부분도 있지만, 그럼에도 불구하고 가장 중요한 영역을 찾아낼 때 유용하게 구분할 수 있을 것이다.

① 개인의 심리 내적 갈등 - 부부의 성적 어려움이 배우자 한쪽 혹은 양쪽 모두의 심리내적 원인으로부터 오는 경우.

② 투사적 동일시의 상호작용 - 부부의 성적 어려움이 문제 있는 투사적 동일시의 상호작용으로 인한 대인관계적 갈등에서 오는 경우.

③ 발달주기에 따른 스트레스 - 성적 어려움이 발달 주기에 따른 삶의 스트레스, 삶의 상황, 또는 질병에서 비롯되는 경우.

④ 개인의 신체적 한계 - 신체적 측면과 관련된 문제는 정서적 유대 관계에 직접적인 영향을 미치는데 그 결과 증오, 좌절, 상실, 실망 등의 심리적인 갈등을 만들어내는 경우.

위의 4가지 요인 외에도 또 다른 이유가 있을 수 있으므로 성 문제의 원인에 대해서는 열린 시각과 통합적 입장으로 접근하는 것이 바람직하다고 생각한다.

3) 성치료

부부 문제 안에는 두 사람 모두의 대상관계 발달의 어려움, 생애 발달 주기에서 오는 긴장, 그리고 부부간의 직접적인 갈등이 한데 섞여 있다. 성적 어려움은 본질적으로 내적 대상의 문제로부터 유래하지만, 그것은 또한 결혼 생활의 스트레스로 인해 강화된다. 많은 부부들에게 있어서, 각 원인이 얼마만큼의 비중을 차지하고 있는지를 정확하게 측정하기란 매우 어렵다. 따라서 성적인 문제에 대해 치료적 개입을 계획할 때 원인을 가장 잘 설명해주는 것이 무엇인지 파악하여 그것을 주 원인으로 추측해서 치료 방법에 적용할 수밖에 없다. 만일 성치료가 난관에 부딪친다면 다른 방법으로 전환할 수밖에 없는데 그것은 부부치료에서 성치료로, 성치료에서 부부치료로, 그리고 배우자 중 한 사람 또는 두 사람 모두의 개인치료로 전환하는 것을 포함한다. 때로는 전체 가족이 부부에게 어떤 영향을 끼치는지를 밝히기 위해서 부부치료에서 가족치료로 전환하는 것이 필요할 수도 있다(Jill & David Scharff, 2003, 55).

어느 요인을 막론하고 일단 성기능장애가 발생하면 정도의 차이는 있으나 예외 없이 남녀 모두 심리적인 증상을 100% 보여주게 된다. 그리고 이와 같은 심리적인 증상이 성기능장애를 더욱 악화시킨다. 예를 들면 남성의 경우 발기부전의 증상을 몇 차례 경험하게 되면 열등의식을 느끼기 시작하면서 "남자 구실을 못한다."는 고심에 빠지게 된다. 따라서 성관계를 자주 회피하게 되고 결국 만성적인 발기부전 상태로 발전하게 된다. 오르가즘을 못 느끼는 여성의 경우 파트너를 기쁘게 해주지 못했다는 자책감이 들기 시작하고 나중에는 본인 스스로도 성관계에 대한 흥미를 잃어버리고 성 혐오증에까지 이르게 된다. 따라서 일단 성기능 장애가 발생하면 남성 또는 여성, 개인으로서 겪게 되는 심리적인 어려움과 고통에 대한 심리적인 치료가 반드시 필요하고 아울러 성기능 장애 자체를 해결해야 한다.

성 치료가 제대로 되어지려면 무엇보다 성 문제에 대한 철저한 평가가 이루어져야 한다. 여기서는 정신분석적 입장과 행동치료, 그리고 약물치료와 심리치료를 병행하여 치료할 것을 주장하고 있는 카플란의 입장과 대상관계적 기법을 추가한 샤르프의 견해를 종합하여 정리하고자 한다.

첫째, 해당 부부의 문제에서 성적인 어려움이 두드러지게 나타날 때, 일반적인 부부 진단 평가와 함께 성적 문제에 대한 평가가 이루어진다. 이 때 개인 면담 또는 부부면담을 실시한다. 이 때 성 장애 수준이 어느 정도이며 성문제는 어디에 해당하는지에 대한 기준이 필요한데 카플란(1974)이 도입한 성 장애의 분류 기준에 따르면 성적 반응의 3단계 모델에 따라 욕구, 흥분, 절정으로 분류된다. 샤르프는 성장애에 대해 카플란이 분류한 것을 다시 수정하여 다음의 4가지로 정리하였는데 이 분류는 이해하기 쉽게 정리하였다는 것이 장점이다(Jill & David Scharff, 2003, 290).

[표 17] 성 장애의 분류

단계	남자/여자	장애
Ⅰ.욕구	1. 남녀	억제된 성적 욕망(ISD): 낮은 또는 절대로 결핍된 흥미
	2. 남녀	공황장애를 포함한 발기나 성교에 대한 공포증적 회피
	3. 남녀	절정에 도달하지 못하는 성교
	4. 남녀	과도한 성욕: 강박 충동장애와 같은 고조된 불안으로 인한 경우 외에는 드문 현상임
Ⅱ. 흥분	5. 남자	전적인 혹은 부분적인 발기 장애; 절대적 또는 상황적인 발기장애; 평생 동안 혹은 후기에 시작되는 발기장애
	6. 여자	일반적인 성기능 장애; 욕망의 유무와 관계없이 쾌감을 느끼지 못하는 장애
	7. 여자	질경련
Ⅲ. 절정	8. 남	조루
	9. 남	사정의 지연 또는 부재: 절대적 또는 상황적 문제, 예컨대, 단지 성교시에만, 또는 파트너가 있을 때에만

	10. 남녀	전적인 오르가즘 불능(남자보다는 여자에게 훨씬 더 많다)
	11. 여자	파트너와 성교시 상황에 따라 오르가즘에 도달하지 못하는 문제
	12. 남녀	신체적 조건이나 생식기 근육 수축과 관련된 성교동통

둘째, 의학적인 문제나 신체적인 문제가 없는지 살펴보고 의학적, 신체적 문제가 없다고 생각되면, 치료자는 부부에게 다양한 심리치료를 추천할 수 있다. 아래와 같은 신체적인 증상이 느껴지면 만성적인 성기능 장애로 발전하기 전에 지체 없이 성문제 전문가나 의사의 도움을 받아야 한다.

① 성관계 직전, 관계 중 또는 관계한 후에 성기와 골반부위에 통증이 느껴질 때

② 성관계 중 또는 성관계 후에 출혈이 있을 때

③ 충분한 질 액이 분비했음에도 불구하고 통증이 있을 때

④ 성관계 중 또는 관계 후에 방광이나 항문부위에 통증이 있을 때

⑤ 성기 부위에 긴장감을 느끼거나 통증이 있어 남성의 성기를 삽입할 수 없을 때

⑥ 성호르몬의 성분과 분비량에 변화가 있을 때

⑦ 최근까지 정상적인 성적인 욕구를 유지해 왔으나 뚜렷한 사유 없이 갑자기 성적으로 전혀 흥분되지도 않고 성관계를 하고 싶은 욕구가 현저하게 저하되었을 때

⑧ 신체 기능의 이상으로(근육의 약화, 피로감, 갑작스런 체중변화, 소변 또는 대변의 이상) 인해 현저하게 성적인 욕구가 저하되었을 때

⑨ 보통 때는 만족스러운 성관계를 가졌으나 최근 갑자기 오르가슴을 느끼지 못하는 경우

⑩ 질구경련증 또는 성적 욕구 결함으로 인해 성관계는 물론 오르가슴을 전혀 못 느낄 때

⑪ 만성적으로 또는 재발적으로 요도나 질에 염증이 있을 때 등이다.

셋째, 치료자가 성치료를 적극 추천하고, 부부가 성치료를 받아들일 경우, 만일 평가를 담당한 치료자가 훈련받은 성치료가라면, 행동주의적 성치료를 시작할 수 있다. 그렇지 않을 경우, 치료자는 나중에 부부치료가 필요할 수도 있다는 말과 함께 부부를 전문 성치료자에게 의뢰한다(Jill & David Scharff, 2003, 290-291).

성문제에 대한 평가가 되었으면 성문제에 따라 성치료 기법을 시작하는데 이때 부부간에 실습을 하도록 하는 것이 좋다. 그리고 치료과제의 진행상황에 대해 치료자는 상세하게 보고 받고 작업을 위해서 매주 2회씩 만나는 것이 적절하다. 부부는 각 회기 사이에 최소한 2번의 실습을 해야 하기 때문에, 상당한 시간을 투자해야 한다.

부부간 성 생활은 개인의 행복을 측정하는 지표 중의 하나이다. 왜냐하면 개인의 욕구불만이나 우울증, 불안, 불면증, 자살, 학업 성취 등 여러 가지 요인들이 성 생활의 결핍이나 불만족에 의하여 영향을 받기 때문이다(Stack & Gundlach, 1992, 359-367). 기혼자들에게 성 생활의 만족이 결혼생활의 만족과 직결되고 있다는 것은 모든 부부들이 동의하고 있는 점이다(Donnelly, 1993, 171-179). 따라서 부부간 성 만족을 높이기 위한 노력이 필요한데 이를 위해서는 성에 대한 지식과 함께 성적 부적응에 대한 요소가 함께 고려되어야 한다.

그런데 현재 성지식과 성 만족도를 높이기 위한 교육적 지식은 원활

하게 이루어지고 있는 반면에 비해 성치료적 접근은 성치료 전문가 외에는 거의 다루지 못하고 있는 실정이다. 따라서 성적인 문제를 가진 부부들에게 광범위하고도 체계적인 도움을 줄 수 없는 상황이다. 이런 점에서 부부의 성문제에 대해 좀 더 쉬운 해결책이 보편화되고 개방화되어 은밀하게 고통받고 있는 부부들에게 널리 도움이 되기를 바란다.

부부의 성 치료에 있어 주의할 점은, 성은 내적 대상과의 깊은 무의식적 의사소통이 발생하는 문제이기에 잘못하면 내담자에게 더 큰 상처를 줄 수 있다는 점이다. 따라서 성치료에 있어서 신중을 기하는 자세는 강조해도 지나치지 않을 것이다. 그렇다고 부부 관계에 있어 중대한 문제를 그냥 방관할 수만은 없는 노릇이다. 따라서 실제로 성에 대한 치료를 하지 않는다 할지라도 기본적인 성 지식과 성치료 방법을 제시해 주는 것만으로도 도움이 될 수 있을 것이라고 생각한다.

성생활 점검

다음 문항을 읽고 답을 표시한 후 배우자가 표시한 것과 비교해 보자.

1. 성에 대해 건강하게 기술한 여러 책들을 읽고 있는가?

① 잘하고 있다　② 그저 그렇다　③ 그렇지 않다　④ 전혀 그렇지 않다

2. 평상시에 감정적 친밀감을 가져오는 사랑의 표현을 잘하고 있는가?

① 잘하고 있다　② 그저 그렇다　③ 그렇지 않다　④ 전혀 그렇지 않다

3. 성생활도 계획하여 하고 있는가?

① 잘하고 있다　② 그저 그렇다　③ 그렇지 않다　④ 전혀 그렇지 않다

4. 특별한 날은 특별하게 계획하는가?

① 잘하고 있다　② 그저 그렇다　③ 그렇지 않다　④ 전혀 그렇지 않다

5. 침실 데이트의 장소는 완전히 분리되었는가?

① 잘하고 있다　② 그저 그렇다　③ 그렇지 않다　④ 전혀 그렇지 않다

6. 남자와 여자의 성 차이를 이해하고 적용하는가?

① 잘하고 있다　② 그저 그렇다　③ 그렇지 않다　④ 전혀 그렇지 않다

7. 성생활에 대한 느낌을 서로 나누고, 또 배우자에게 자기의 필요를 이야기해 주고 있는가?

① 잘하고 있다　② 그저 그렇다　③ 그렇지 않다　④ 전혀 그렇지 않다

8. 즐거운 성생활을 위해 남편과 아내, 서로가 적극적으로 자세나 테크닉을 개발하는 편인가?

① 잘하고 있다 ② 그저 그렇다 ③ 그렇지 않다 ④ 전혀 그렇지 않다

9. 전희 못지않게 후희도 중요하게 생각하는가?

① 잘하고 있다 ② 그저 그렇다 ③ 그렇지 않다 ④ 전혀 그렇지 않다

10. 서로의 경험을 중시하고 있는가?

① 잘하고 있다 ② 그저 그렇다 ③ 그렇지 않다 ④ 전혀 그렇지 않다

11. 성적 만족을 방해하는 장애물의 정체를 알고 이를 극복했는가?

① 잘하고 있다 ② 그저 그렇다 ③ 그렇지 않다 ④ 전혀 그렇지 않다

12. 자신과 부부 관계 사이에 존재하는 감정의 찌꺼기들 -풀리지 않는 상처, 분노, 짜증, 부당함, 인정받지 못한 느낌- 을 정기적으로 나누는가?

① 잘하고 있다 ② 그저 그렇다 ③ 그렇지 않다 ④ 전혀 그렇지 않다

13. 우리의 내면에 있는 '어린아이 마음'을 표출하여 즐기는가?

① 잘하고 있다 ② 그저 그렇다 ③ 그렇지 않다 ④ 전혀 그렇지 않다

14. 성생활의 향상을 위해 항상 몸을 잘 돌보는가?

① 잘하고 있다 ② 그저 그렇다 ③ 그렇지 않다 ④ 전혀 그렇지 않다

15. 가장 소중한 성감대는 마음이라는 사실을 알고 느끼고 있는가?

① 잘하고 있다 ② 그저 그렇다 ③ 그렇지 않다 ④ 전혀 그렇지 않다

문항	내 경우	배우자의 경우	점수 차이
1			
2			
3			
4			
5			
6			
7			
8			
9			
10			
11			
12			
13			
14			
15			

15장 성숙한 결혼생활

1. 성숙한 결혼이란

상민이란 사람은 사업가로 크게 성공했다. 그는 훌륭한 아내와 예쁜 세 자녀를 두었고 지역 사회에서도 자리를 잘 잡았다. 그런 그에게 걷잡을 수 없는 문제가 발생했다. 허리 부상을 당한 이후로 진통제에 중독된 것이다. 약물에 도취된 상태로 운전하다 세 번째로 체포된 그는 중한 벌금형과 의무 복역형을 선고받았다. 이 과정에서 그의 회사는 부도가 나 넘어졌으며 친구들도 대부분 그에게 등을 돌렸다. 그의 평판도 땅에 떨어졌다. 그야말로 모든 것을 다 잃고 망연자실 하게 되었다. 자살할까 생각도 했지만 실행에 옮기지는 않았다.

하지만 상민은 다시 살아났다. 현재 그는 약물을 끊은 상태이다. 감옥에서 나온 직후 그는 사업을 다시 일구기 시작했다. 그런 회복이 어디서 비롯된 것이냐는 물음에 상민은 이렇게 대답했다. "제일 중요한 것은 신앙을 새롭게 다지고 하나님을 가까이 한 것입니다. 훌륭한 약물 재활 프로그램에 들어간 것도 물론 큰 역할을 했지요." 거기서 그는 잠시 머뭇거리다가 잠기는 목소리로 말을 이었다.

"이 상황을 견디는데 제 아내가 얼마나 구원자 역할을 했는지 말로 다 표현할 수 없습니다. 저는 하나님께서 제 아내를 통해 역사하셨다고 믿습니다. 제가 포기하고 자살하지 않은 것은 결정적으로 아내 덕입니다. 아내는 시종

제 곁을 지켜주었습니다. 감옥에도 최대한 자주 면회를 왔습니다. 아내가 보낸 편지에는 언제나 희망의 말이 담겨 있었습니다. 아내는 끝까지 저를 포기하지 않았습니다. 다른 많은 사람들과 달리 아내는 저를 중독자나 범죄자로 보지 않았습니다. 엄밀히 말해 저는 중독자고 범죄자였어요. 하지만 아내는 저의 다른 점을 보고 저를 인격적으로 신뢰해주고 지지해 주었습니다. 아내는 출소 후 새로운 사업을 시작해 보라며 제게 여러 아이디어를 내놓곤 했습니다. 뿐만 아니라 제가 훌륭하고 창의적인 사업가임을 거듭 일깨워 주었습니다. 제가 사람들을 잘 대해 주어 사람들이 제 밑에서 일하는 것을 정말 좋아했다는 이야기도 자주 했습니다. 아내의 말을 듣고 있노라면 정말 못할 일이 없을 것 같은 자신감이 들었습니다."

상민이 미래를 긍정적인 시각으로 바라볼 수 있었던 것은 그의 아내가 그를 믿어주면서 돕는 배필로서 그에 대한 멋진 미래의 비전을 제시했기 때문이다. 아내는 남편의 실수를 계속 되뇌기보다는, 돕는 배필로서, 남편의 장점과 잠재력을 일깨워 주고 계속 그의 가능성을 사랑으로 표현함으로써 남편의 미래에 대해 비전을 제시할 수 있었다. 이처럼 성숙한 결혼이란 돕는 배필로서 사랑으로 서로를 섬기는 것이다.

2. 수용의 마음

부부가 서로 해결하지 못한 욕구가 있다 하더라도 서로의 문제를 인정하면서 서로의 불평에 대해 수용하려는 마음이 있을 때 성숙을 향해 나아갈 수 있다. 부부간의 불만은 실제로는 어린 시절의 상처를 해결하기 위한 몸부림임을 이해할 때 수용은 더 잘 이루어질 수 있다.

어느 날 필자는 아내와 함께 서로 불만을 나누기 시작했다. 나의 불만은 아내가 내게 너무 비판적이라는 것이고 아내의 불만은 내가 기억력이 나쁘다는 것이었다. 아내는 내가 자기와 함께 외출하기로 약속하고는 자꾸 잊어버리는 것을 이야기했고, 나는 아내가 내 실수를 꼬집고 너무 가혹하게 비평하는 것이 불만이라고 하였다.

우리는 함께 대화하며 이 문제를 풀기 위해 노력하였다. 먼저, 아내는 자신에게 외출과 휴가가 왜 그토록 소중한 것인지 자신의 속마음을 터놓고 이야기하였다. 아내는 나와 함께 외출하고 함께하는 시간을 통해 자신이 소중한 사람이며 사랑받고 있음이 확인된다고 하였다. 일상적인 생활에서는 내가 상담가요, 목회자로서 주변에 있는 사람들을 사랑하고 섬기려 애쓰기 때문에 아내는 평상시에는 자신이 특별한 존재로 느껴지지 않았다고 한다. 그리고 어린 시절에 엄마가 아버지의 건축 일을 돕고, 교회일 때문에 늘 바빠서 제대로 돌봄을 받지 못했기 때문에 남편인 나에게는 자신만을 위해 특별한 시간을 내주어야 한다는 깊은 갈망이 있었음을 깨닫게 된 것이다. 결국 아내의 요구는 어린 시절에 받지 못했던 것을 나에게 받고 싶은 마음의 표현이었음을 알게 되었다.

아내의 불만을 듣고 그의 상처를 위로하기 위해 외출과 휴가를 가기로 하였다. 그리고 이번에는 나의 불만을 이야기하였다. 나는 처음 결정한 일에 대해서 변경할만한 타당한 이유가 있으면 아내의 동의를 구하고 바꾸는데, 아내는 처음의 약속을 바꾸면 무조건 비체계적이라고 비난하거나 혹평하곤 하였다. 나는 이것이 불만이라고 하였다. 그리고 내가 비체계적이고 원칙이 없어보일지 몰라도 만약 내가 정말로 비체계적이라면 어떻게 지금의 그 많은 사역들을 감당하며, 사람들을 훈련할 수 있겠는지 생각해보라고 하였다. 또한 계획을 바꿀 때는 그럴 만한 분명한 이유가 있었고 그 이유에 대해서 충분히 설명하고 실행했는데 왜 그렇게 비판만 하는지 그러한 태도는 적절하지 않은 것은 아니냐고 반문하였다. 그러자 아내는 자신의 속마음을 이야기하기를, 내가 일 핑계로 자꾸 약속을 어기는 것이 너무 괴로워서 비판을 싫어하는 것을 알면서도 무조건 비판한 것이라고 하였다. 아내의 진실을 알게 된 나는 앞으로는 좀 더 약속에 충실하기로 다짐하였다. 그리고 아내에게는 가차 없는 혹평이나 지적보다는 칭찬과 격려의 말을 더 많이 해 줄 것을 요구하였다.

아내는 그것이 너무 어렵다고 했다. 왜냐하면 부모님은 두 분 다 늘 실수를 지적하는 편이었고 특히 장모님은 지적을 해야 실수를 고칠 수 있다고 믿는 분인데 이제는 그것이 습관이 되어 자신도 모르게 어머니처럼 비판하는 모습을 갖게 되었다는 것이다. 그런데 더 기가 막힌 것은 자기 부모처럼 비판적 성향이 있는 나를 만나 결혼하여 예전의 그 방식대로 남편은 지적을 하고 자기는 위축이 되는 구조가 되었고, 어릴 때는 참고 말도 못했지만 이제는 자신도 모르는 사이에 남편인 나를 공격하는 것이었다. 아내는 내가 칭찬을 해주면 한편으로는 좋으면서도 다른 한편으로는 결코 믿지 않았다. 칭찬을 받으면 마음속에서 "너는 존경받을 수 없어, 그것은 허락되지 않아."라는 음성이 들린다고 하였다. 따라서 이러한 음성과 정반대의 소리인 칭찬을 듣게 되면 그렇게도 원했던 것이지만 이것을 부인할 방법을 찾게 되었고 자신도 모르게 다시 나에게 거칠게 반응하고 내 화를 불러일으키는 것이었다. 이런 사실에 대해 서로 나눈 후에 아내는 자기의 비판이 부모님께 물려받은 것임을 자각하게 되었다. 따라서 나에게 하는 비판과 지적이 타당하지 않을 수 있다는 것과 남을 비판하는 경향성이 있다는 사실을 인정하면서 앞으로는 그렇게 하지 않겠다고 약속해 주었다.

3. 진짜 자기 모습 인정하기

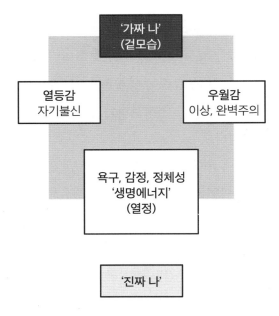

[그림 15] 부정적인 자기애

건강한 사람은 안정된 자존감을 가지고 있다. 그들은 보통 자신의 감정을 알고 있고 또한 자신의 단점도 인정하며 받아들인다. 자기가 무엇을 원하고 필요로 하는지 분명하게 의식하고 있으며, 원하는 것을 실현할 능력도 있다. 어떻게 하면 인정을 받을 수 있는지, 자신의 가치를 유지할 수 있는지도 알고 있다.

그러나 자존감이 손상되어 있는 사람은 자신감이나 업적, 완벽주의, 그리고 그럴듯한 독립성 같은 것으로 자신을 포장해 진짜 감정이나 소망, 욕구 같은 것을 모두 포기해 버린다. 그는 자신의 이상적인 모습을 실현하려고 애쓰는데, 그것에 대해 세세히 규정해 놓고 있다. 즉, 역동적이고, 생기발랄하고, 실수하지 않고, 슬퍼하지 않으며, 일처리는 능숙하게 하고, 날씬하고, 항상 기분이 좋은 상태이고, 약한 모습을 보여서는 안 되며, 휴식이라곤 몰라야 한다. 그렇다. 그는 다른 사람들보다 훨씬 능력 있고 외모가 멋져야 한다. 그야말로 유일무이한 존재여야 하는 것이다.

이러한 이상에 도달하도록 하는 원동력은 엉뚱하게도 심한 자기 불신이나 열등감이다. 만족할 만큼 잘하지 못하고 있다는 느낌은 사람을 지칠 줄 모르고 노력하게 하고, 절대로 실수하면 안 된다는 압박을 가한다. 보기 싫게 보일까 봐 겁나서 쫓기듯이 살을 빼다가 마침내는 거식증이나 폭식증 같은, 육체를 파괴하는 상태에까지 이르게 된다. 자기가 지금 기대에 부응하지 못하고 있다는 두려움은, 다른 사람들의 기대에 자신을 뜯어 맞추게 한다. 결국 언제나 목적은 단 하나, 어떤 경우라도 열등감을 숨긴 채로 자신의 으리으리한 면, 그 완벽한 겉모습을 유지하고자 하는 것이다.

한편 이 과정에서 감추어지는 것은 열등감만이 아니다. 그와 함께 자신의 생기발랄한 어떤 부분, 이른바 '생명 에너지'가 완전히 가려져 버린다. 그렇게 실제와 다른 자신을 만들어내 보임으로써, 자신의 감정이나 소망, 욕구들을 더 이상 직접 만날 수 없게 된다. '이게 바로 나다'라는 자아 정체성은 물론, 이 세상에서 나도 내 자리를 갖고 있으며 세상 역시 나를 환영하고 있다는 기본 감정조차 체험할 수 없는 상태가 되는 것이다.

또한 우월함은 자신을 열등함으로부터 보호하기 위한 것이다. 이것 역시 '진짜 나'로 살아갈 수 없게 만들며 이 두 가지가 '진짜 나'의 자리를 차지하게 된다. 이 사람은 시간이 가면서 자신을 점점 더 '가짜 나'와 동일시하고, 그것을 자기 자신이라고 여긴다. 자기가 무엇을 원하고 느끼는지('진짜 나')가 중요한 것이 아니라, 자기가 그려내 보여야 하는 것(으리으리한 이상)과 어떤 경우에도 숨겨야 하는 것(열등함)이 중요해지는 것이다. 따라서 자존감이 낮은 사람들은 늘 나쁘다거나 늘 기막히게 멋지다는 식의 평가를 떠나 있는 그대로의 자신을 바라보는 것이 무척 어렵다(Barbel Wardetzki, 2002, 43-46).

4. 아가페 사랑 방법

필자가 부부치료를 통하여 발견한 사실은 남편과 아내들이 서로 같은 욕구를 가지고 있으면서도 서로 상대방이 먼저 해주기를 바랄 뿐, 자신이 먼저 주도적이고 적극적인 노력을 하지 않는다는 것이다. 왜냐하면 무의식(옛 사고)에서 사랑받고 싶은 마음이 가득하여 자신이 먼저 사랑을 주는 것을 억울하게 생각하고 있기 때문이다. 내가 결혼한 것은 사랑받기 위해 결혼한 것이지 사랑을 주기 위해 결혼한 것이 아니라는 것, 사랑을 주다 보면 내 인생은 거덜나고 착취당하다가 결국은 아무것도 얻지 못하여 내 존재가 사라지고 말 것이라는 본능적인 두려움이 가득하기 때문이다.

나의 경우에도 나와 함께 시간을 보내고 싶은 아내의 요구를 들어주는 것이 왜 그렇게 힘이 들었을까 생각해 보았다. 아내의 원함을 맞춰주고 싶은 마음이 있으면서도 왜 아내의 요구를 채워주지 못하는 것일까, 내 자신을 돌아보게 되었다. 그러자 나는 의미 있는 일이 아니면 잘 움직이지 않는 경향이 있기 때문에 설교나 강연 또는 세미나를 부탁받으면 국내외를 불문하고 기쁘게 다니면서도 나 자신과 가족의 여가와 휴식을 위해서는 한 시간도 시간을 내는 것이 아까워하는 것을 알게 되었다. 또한 노는 것은 '안돼!' 라는 옅은 죄의식이 내 마음속에 자리 잡고 있음을 자각하게 되었다. 어려서부터 노는 것은 죄악이라는 가르침을 받았고, 부모님은 오락은 물론이고 주일날 공놀이와 바둑, 장기 등 놀이문화 자체를 허락하지 않으셨다.

내가 여가를 누릴 수 없었던 또 다른 이유는 육은 아무런 가치가 없고 육이 추구하는 욕구는 죄악이며 가치 없는 것이라는 이원론적 경향이 내 안에 잠재하고 있었기 때문이다. 그러므로 영적인 추구나 의미 있는 일을 위해서는 생애를 다 바칠 만한 열정이 일어나지만 육을 위한 일에는 삶의 열정과 에너지가 전혀 일어나지 않는 것이었다. 이런 두 가지 이유 때문에 나는 나에게 참사랑을 주신 예수님을 위해 사는 것과 사람을 사랑하는 일 등의 영적이고 의미 있는 일에만 집중하며 살게 되었던 것이다. 나는 이런 나를 깊이 만나주고 위로해 주면서 이제는 쉬고, 천천히 너의 인생을 즐기면서 걸어가라고 따뜻이 권면했다.

뿐만 아니라 어려서부터 사랑을 받기 위해 몸부림쳐왔고 사랑받지 못한 인생은 살 가치가 없다고 생각했기에, 아내가 적극적으로 챙겨주고 감당해야 그것이 사랑받는 것이며, 아내가 나를 사랑하는 것이라고 믿어왔다. 그래서 함께 휴가를 가기로 했어도 휴가 계획이나 순서, 진행은 아내가 다 해 주어야 사랑이라고 믿는 어린아이 같은 마음이 있었다.

이제 나는 아내의 말을 기쁘게 수용하며 그 제안을 받아들임으로써 우리 부부가 서로 행복할 수 있는 길이 있음을 알고, 아내를 행복하게 해 주기 위해 노력하고 있다. 아내를 행복하게 해 주는 것이 곧 나를 행복하게 해 주며 세우는 것임을 온 몸과 마음으로 느끼고 있기에 내 삶은 더욱 풍성해지고 있다.

결국 자신을 사랑하는 것은 상대방을 사랑함으로 성취된다. 그 과정은 다음과 같다.

첫째, 사랑을 베풀 때는 순수하게 베푼다. 어떠한 경우에도 사랑의 관계에서는 거래가 있어서는 안 된다. 즉, 받기 위해서 준다면 그 사랑은 사랑이 될 수 없는 것이다. 참된 사랑은 일치된 정체성이나 동반 의존을 요구하는 것이 아니다. 하나님이 주시는 사랑을 깊이 누리며, 나 자신을 용납하고 사랑하기를 배우는 것이요, 하나님이 주신 경이로운 사랑과 용납하심을 받아들이고 그 사랑을 기꺼이 나의 배우자에게 주는 것을 의미한다(Beverly & Tom Rogers, 2004, 34).

둘째, 자신이 감당할 수 있는 만큼만 베푼다. 만약 상대의 요구가 이해되지 않고 나는 능력이 없는데 상대방이 너무 원한다고 느낄 때에는 "나는 이해되지 않고 수용되지 않아서 해 줄 수는 없지만, 당신이 너무 원하니 내 마음이 감당할 수 있는 만큼만 양보하겠습니다"라고 말하며 반걸음만 양보한다.

셋째, 하나님의 사랑을 지속적으로 체험하면서 일관되게 다른 이에게 사랑을 베풀다보면 사랑의 순환작용으로 보람과 기쁨과 행복을 체험하게 된다. 이것은 합리적 사고와 신앙적 사고에서 일어나는 의식적인 행복과 기쁨이다. 이때 무의식에 잠재되어 있던 내면의 어린아이가 치료되며 행복을 체험하게 된다. 이것이 자기치료이다.

넷째, 사랑은 상호적이다. 우리가 영혼을 치료하는 사랑을 배우자에게 줄 때, 이 연합의 에너지는 상호적인 효과를 나타낸다. 우리가 무조건적인 사랑을 받으면, 단순한 섬김의 사랑을 넘어서서 배우자에 대하여 좀 더 초월적인 사랑으로 향하고 싶은 욕구가 저절로 일어나게 될 것이다. 이렇게 되면 주고받음의 순환이 지속적으로 일어난다. 이기심 대신 자발적이고 상호적인 섬김이 생긴다. 아무리 잘 해 주어도 배우자가 내게 해 주는 것에는 못 미치는 것 같은 생각이 든다(Beverly & Tom Rogers, 2004, 38). 즉 사랑을 받은 사람이 감동을 받아 나에게 사랑의 반응을 보임으로 사랑의 상승작용이 일어난다. 그 결과 관계 속에서 행복과 치료의 경험을 하게 된다.

다섯째, 내가 사랑을 해야 할 사람이 부정적인 사람일 경우 처음에는 어렵고 힘들지만 내가 주도성을 가지고 일관되게 사랑해 나가면 마침내 그 사람도 치료가 일어나며 변화가 일어난다.

결국 삶을 치료하는 것은 순수한 아가페 사랑이다. 이러한 아가페 사랑으로 결혼생활을 고치려고 하는 의식적인 노력과 실제적인 결단이 매일의 삶 속에서 일어날 때 부부 관계는 새로워지고 가정은 행복으로 가득 차게 될 것이다. 그러나 그것은 당신이 생각하는 대로 자동적이고 쉽게 일어나거나, 고민도 하지 않은 상태에서 일어나는 것은 아니다. 당신은 외부 세상이 당신을 돌볼 것이라는 생각을 버리고 당신 자신의 치료에 대해 주도적이어야 한다. 그렇게 하면 자신의 치료가 먼저 일어나게 되고 이어서 배우자를 치료하는 데에 당신의 에너지를 모을 수가 있다. 당신이 에너지를 배우자에게로 돌릴 때 높은 수준의 심리적, 영적 치료가 시작되는 것이다. 아가페는 관심을 자신에게로부터 돌려 배우자에게로 향하게 하는 초월적인 사랑이다.

5. 행복한 결혼

1) 행복한 결혼의 3요소

나이가 들어서도 행복을 누리는 부부의 비밀은 무엇인가? 그들은 때로 꺼질 듯한 열정의 불꽃을 어떻게 다시 불붙게 하는가? 행복한 결혼생활을 위해서는 열정과 헌신, 그리고 친밀감이라는 세 가지 요소의 조화가 필요하다.

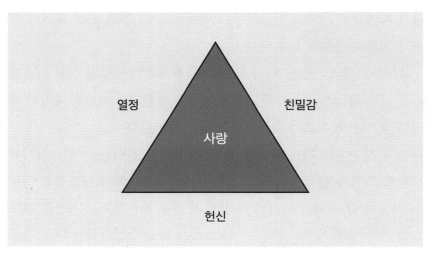

[그림 16] 행복한 결혼의 3요소

열정

열정이 잘 유지되면 부부간에 로맨스가 유지되어 행복한 결혼을 할 수 있다. 열정을 유지하기 위해서 다음과 같은 것들을 제안하고자 한다.

첫째, 의미 있는 신체적 접촉을 실천하라. 의미 있는 신체적 접촉은 열정의 언어이다.

둘째, 서로 즐거운 경험을 계획하라. 성공적인 부부는 배우자에게 긍정적인 경험을 연상시키기 위해 부지런히 연구한다. 낭만적인 저녁 식사, 연극 구경, 여행은 그들에게 중요한 역할을 한다. 열정은 결혼한 후에도 계속 '데이트'를 할 때 유지될 뿐 아니라 그 강도를 더해 간다.

셋째, 당신의 배우자를 매일 칭찬해 주라. 남편과 아내 모두에게 있어 가장 중요한 낭만적 열정의 요소는 자신이 특별하다고 느끼는 것이다. 그들은 배우자에게 성적 매력이 있는 대상이길 원할 뿐만 아니라 고마움과 찬사의 대상이 되고 싶어 한다.

친밀감

친밀감이 있는 부부는 서로를 정서적으로 좋아한다. 결혼에서 친밀감을 증대시키기 위해서는 특별한 배려를 해야 한다. 이를 위해서 다음의 몇 가지를 제안한다.

첫째, 시간을 함께 보내라. 우리는 사랑이 저절로 유지되는 것이라고 착각을 한다. 그러나 사랑은 저절로 이루어지지 않는다. 사랑은 무엇보다 시간을 필요로 한다.

둘째, 제 3의 귀로 들으라. 배우자가 어떤 이야기를 하더라도 자신이 본 시각으로 말하는 것이므로 평안하게 듣는 것이 중요하다. 치료는 상대방의 이야기를 들을 때 객관적인 시각으로 들어야만 상대방의 말을 더 잘 받아들일 수 있는 관계이다.

셋째, 무조건적으로 용납하라. 깊이 있는 나눔은 거절에 대한 두려움이 없을 때만 가능하다. 당신이 불완전한데도 불구하고 무조건적으로 용납되고 있다는 것을 느낄 때 친밀감은 더 증진되는 것이다.

넷째, 공통점에 초점을 맞추어라. 친밀감은 감정과 경험과 믿음을 공유할 때 자라난다. 부부가 그들이 공유하고 있는 공통점에 초점을 맞추는 정도에 따라 친밀감은 더욱 깊어진다.

다섯째, 영적인 영역을 함께 개발하라. 두 사람이 영적인 갈증이나 영적 인식을 함께 공유할 때 그들은 영혼의 친구가 된다. 영적인 뿌리가 없으면 부부는 순수한 친밀감을 가로막는 공허감과 피상적 관계만을 가질 뿐이다.

여섯째, 서로 자신의 마음을 개방하라. 때로 누구에게도 이야기할 수 없는 자신만의 비밀을 배우자와 나눌 때에 관계는 더욱 친밀해진다.

헌신

헌신의 능력은 먼저 희생의 마음이 있어야 하며, 이것을 유지할 수 있는 일관된 자세가 필요하다. 헌신을 증대하기 위해서는 다음 사항을 염두에 두기 바란다.

첫째, 헌신의 중요성을 인식하라. 일생동안 사랑을 유지하는 데 있어 헌신의 중요성은 아무리 강조해도 부족할 것이다. 부부 관계는 끝나지 않고 지속되어야 한다는 각오가 있을 때 이혼이 가능해 보이는 상황도 적응하고 수용할 수 있게 된다.

둘째, 배우자의 욕구를 충족시켜라. 사람들에게 안정감을 주는 가장 좋은 방법은 할 수 있는 한 그들의 일상적인 욕구를 많이 충족시켜 주는 것이다.

셋째, 배우자와의 약속을 지켜라. 사람들은 자신의 희생만을 생각하다가 배우자와의 약속을 간과하기 쉽다. 배우자와의 약속을 귀히 여기는 것은 헌신을 증가시키는 좋은 방법이다.

넷째, 헌신을 당신의 존재 일부로 만들어라. 당신은 배우자에게 한 헌신을 당신 존재의 일부이며, 최고가 되게 함으로써 배우자에게 처음 했던 약속을 지키도록 해야 한다.

2) 성숙한 사랑

열정, 친밀감, 헌신 이 세 가지가 정삼각형처럼 일치되고 균형을 이룰 때에 성숙한 사랑이 이루어진다. 정삼각형이 아니고 한 쪽으로 치우치게 되면 사랑의 성숙이 일어나기가 어렵다. 열정에 지나치게 치우치면 욕망주의자가 되기 쉽고, 관계가 지나치게 친밀감으로 치우치면 감상주의자가 되기 쉽고, 헌신에 지나치게 치우치게 되면 의무에 빠져 메마르고 냉정하게 되어 내가 해야 할 몫만 감당하려 한다. 조화를 이루지 못한 사랑을 낭만적 사랑, 바보같은 사랑, 동료애적 사랑으로 구분할 수 있다.

낭만적 사랑

이것은 친밀감과 열정의 조화로 이루어진 사랑이다. 이 사랑은 서로를 깊이 살피는 마음과 육체적 매력이 혼합된 경우이다. 이런 사랑은 기분이나 감정에 충실하기 때문에 좋을 때는 사랑이 열정적으로 피어오르다가도 자기 기분에 맞지 않으면 헌신적인 사랑을 못한다. 따라서 감정 교류는 잘 이루어지고 있지만 실제로는 자기중심적이며 감정 기복이 심하여 서로에 대한 헌신은 부족한 부부가 바로 여기에 해당된다.

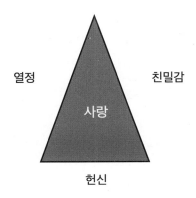

[그림 17] 낭만적 사랑

바보같은 사랑

이것은 열정과 헌신이 어우러진 사랑이다. 그러나 이 사랑은 친밀감이 결여되어 있다. 헌신이 친밀감이라는 안정적인 요소가 없이 열정에만 근거할 때, 이는 바보같은 어리석은 사랑이다. 이런 부부는 죽도록 일하고 봉사하는 부부이다. 가정과 자녀를 위해서 열심히 살지만 부부

간에 깊은 대화나 일치감이 없이 그저 그렇게 살아가곤 한다.

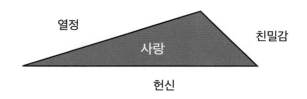

[그림 18] 바보같은 사랑

동료애적 사랑

이것은 열정은 뒤로 하고 친밀감과 헌신이 조화된 사랑이다. 이는 본질적으로 장기적이고 헌신된 우정이다. 이 사랑은 결혼생활에서 서로가 서로를 아는 안정감보다 육체적 매력이 덜 중요할 때 일어난다. 이런 부부는 오래 함께 살아왔기 때문에 서로 익숙해 있다. 미운 정과 고운 정으로 함께 살아가는 부부로, 친구처럼 지내긴 하지만 감정적인 교류나 열정은 거의 일어나지 않는다.

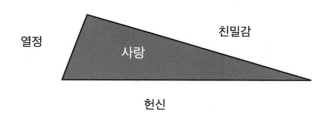

[그림 19] 동료애적 사랑

낭만적 사랑, 바보같은 사랑, 동료애적 사랑 중 어느 한 스타일에만 기반을 두는 경우에 때때로 불행한 결혼이 생겨난다. 그러나 성공적인 결혼은 앞에서 언급한 세 가지 형태의 사랑 스타일이 순간적으로 두드러질 때에도 그 이상을 요구한다.

성숙한 사랑

성숙한 사랑은 사랑의 세 가지 구성요소, 열정과 친밀감과 헌신이 온전히 어우러진 데서 나온다. 성숙한 사랑은 모든 결혼이 추구하는 목표이며, 대부분의 결혼이 적어도 한동안은 성취하는 사랑이다. 그러나 성숙한 사랑을 유지하지 못하는 데서 많은 결혼이 삐걱거리고 넘어지는 것이다. 성숙한 사랑을 성취하는 것은 몸무게 감량 계획에서 목표를 충족시키는 것과 흡사하다. 목표를 달성하는 것은 그 달성한 목표를 유지하는 것보다 더 쉽다. 성숙한 사랑을 성취했다고 해서 그 사랑이 영원히 계속되지는 않는다(Les & Leslie Parrott, 2004, 56-58).

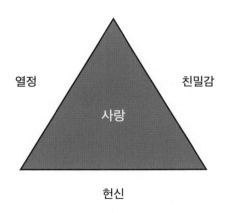

[그림 20] 성숙한 사랑

심리학자 에리히 프롬(Erich Fromm)은 대부분의 사람들이 사랑을 '사랑한다'는 관점보다 '사랑받는다'는 관점으로 본다는 것을 발견했다. 그래서 그는 악기 연주법을 배우는 것과 같은 방법으로 사랑하는 법을 배워야 한다고 하였다. 사랑은 실행되는 예술이다. 그러므로 사랑에는 훈련과 집중과 인내와 최고의 관심이 필요하다. 예수님은 사랑의 세 가지 요소가 조화를 이룬 사랑의 사람이셨다. 그분은 친밀감이 있고 열정이 있고 우리를 책임지는 마음을 갖고 계셨다. 사랑은 열정을 가지고 사랑하는 것이며 서로의 내면 깊숙이 만나는 것이며 한번 서약한 것은 죽을 때까지 지키는 것이다.

모든 결혼은 열정과 친밀감과 헌신에 근거한다. 이 세 요소가 균형을 잘 이루도록 성령의 도우심을 구하면 평생 동안 사랑을 지속시켜나 갈 수 있을 것이다.

| 활동 |

1. 행복한 가정을 위한 설문지

각각의 설문에 자신 있게 '네'라고 대답할 수 있을 때는 ○표 하고, 그렇지 않은 경우에는 ×표, 그럴 때도 있고 그렇지 않을 때도 있다면 △표를 한다. '내가 보는 나'는 내가 표시하는 것이고 '배우자가 보는 나'는 배우자가 표시하는 것이다. 둘의 차이가 있다면 어떤 항목이며 왜 그런지 이유를 나누어 본다.

내가 보는 나	문항	배우자가 보는 나
	자신이 희생을 하면서까지 남편(아내)의 필요와 소원을 채워주고 싶어하는가?	
	자신이 원치 않는 것이라도 남편(아내)이 요구하면 기쁘게 행하는가?	
	남편(아내)의 성격을 좋아하는가?	
	남편(아내)의 친구들을 좋아하는가?	
	남편(아내)과의 공동목표를 가지고 있으며 공동이익을 나누고 있는가?	
	자기의 소신을 남편(아내)에게 자유롭게 표현하는가?	
	남편(아내)의 약점을 인식하면서도 남편(아내)을 존경(사랑)하는가?	
	남편(아내)에게 성적 매력을 느끼는가?	
	부부생활에서 만족을 누리는가?	
	남편(아내)을 닮은 자녀를 갖기 원하는가?	

	남편(아내)의 영적 생활에 영향을 줄 생동적인 믿음이 있는가?	
	다른 남자(여자)에게 느끼지 못하는 영구적인 신뢰감을 남편(아내)에게 느끼고 있는가?	
	남편(아내)과 함께 있고 싶은 마음이 점점 커지는가?	
	남편(아내)의 성공에 대해 순수한 긍지를 느끼는가?	
	사고방식과 생활 양식에 있어서 남편(아내)과 공통점이 있는가?	
	자녀들이 아버지(어머니)에 대한 존경심을 갖도록 도와주는가?	
	친정(시댁) 식구들이 남편(아내)을 존경하도록 도와주는가?	
	다른 사람 앞에서 남편(아내)이 자기보다 더 낫게 보이기를 원하는가?	
	남편(아내)의 말과 의견을 전적으로 신뢰하며 서로 숨기는 것이 없는가?	
	남편(아내)을 위해 기도하고 있는가?	

※ 채점방법 ○=5점 △=2.5점으로 계산하여 총점을 매기십시오.

2. 부부간의 친밀도

물론 부부라면 서로 친밀한 관계라고 봐야 할 것이다. 하지만 다양한 영역에서 어느 정도로 친밀한가는 부부마다 다르다. 하워드와 샬롯 클라인벨은 부부 간에 누리게 되는 친밀감의 종류를 다음과 같이 분류했다.

① 성적인 친밀감 - 단순한 성 행위에서 얻는 감각적, 정서적 상호만족 그 이상의 일체감 ② 정서적인 친밀감 - 부부간에 마음 속 깊은 곳에서 서로 통하는 희로애락의 일체감 ③ 지성적인 친밀감 - 마음의 생

각과 미래의 설계를 함께 나누는 데서 서로에 대해 느끼는 일체감 ④ 심미적인 친밀감 - 아름다운 것을 보고 생각하며 함께 느끼는 일체감 ⑤ 창조적인 친밀감 - 자녀의 임신과 출산과 양육을 통해서 생명의 신비를 함께 나누며 서로를 도와 함께 성장해 가는 데서 느끼는 일체감 ⑥ 임무적인 친밀감 - 집 안에서, 밖에서 서로에 대한 임무를 함께 수행해 나가는 데서 느끼는 일체감 ⑦ 위기적인 친밀감 - 나이가 들어가면서 안팎으로 경험하게 되는 크고 작은 위기들을 함께 대처해 나아가는 데서 느끼는 일체감 ⑧ 헌신적인 친밀감 - 가정보다 더 큰 어떤 일을 위해 함께 헌신하는 데서 느끼는 일체감 ⑨ 영적인 친밀감 - 하나님과 관계된 영적인 일들을 함께 추구해 나아가는 데서 느끼는 일체감.

당신과 배우자 사이의 친밀도는 어떠한지 한번 비교해 보자. 괄호 안의 숫자는 클수록 높은 점수를 의미한다. 먼저 각 항의 해당 점수에 동그라미를 하고 총점을 적은 후 항목별로 왜 그러한 평가를 했는지 배우자와 의견을 나누어 보자.

항목						의견
성적인 친밀도	1	2	3	4	5	
정서적인 친밀도	1	2	3	4	5	
지성적인 친밀도	1	2	3	4	5	
심미적인 친밀도	1	2	3	4	5	
창조적인 친밀도	1	2	3	4	5	
임무적인 친밀도	1	2	3	4	5	
위기적인 친밀도	1	2	3	4	5	
헌신적인 친밀도	1	2	3	4	5	
영적인 친밀도	1	2	3	4	5	

결 론

    대인관계만큼이나 인간 성품에 심오한 영향을 끼치는 것도 없다. 인간은 필연적으로 관계 속에서 태어나 관계 속에서 살아가기 때문이다. 따라서 싫든 좋든 모든 인간은 남들과 끊을래야 끊을 수 없는 상호의존 관계에 있는 것이다. 이를 두고 철학자 존 던(John Donn)은 "인간은 결코 섬이 아니다."라고 한 마디로 요약했다. 우리는 모두 동료애, 애정, 사랑 등을 절대적으로 필요로 한다. 이것들은 단지 우리 삶에서 있으면 좋고 없어도 그만인 선택 항목 또는 정서 안정을 위한 도구가 아니라 생존과 바로 직결된 문제인 것이다(Les & Leslie Parrott, 2004, 13-14).

    우리 인간은 끊임없이 충족되어야 하는 영적, 육체적, 정서적, 지적, 정신적 욕구를 지닌 그야말로 믿을 수 없을 만큼 복잡한 존재이다. 그런데 이 욕구 중 어느 하나만 어그러져도 우리는 존재 전체에 고통을 느끼곤 한다. 특히 그 중에서도 사랑에 대한 욕구는 영적인 욕구이면서 정서적인 욕구이어서 가장 본질적이고 중요하다. 따라서 만일 이것이 충족되지 못하면 불만이나 깊은 좌절감을 갖게 된다. 사실 다른 욕구들을 모두 합친다고 해도 이 근원적 욕구에는 미치지 못한다. 사랑이 없다면 사람은 결코 진정한 만족을 느낄 수 없다. 그래서 사람들은 사랑의 욕구 때문에 결혼을 하는 것이다. 그러나 사랑에 빠져 있을 때는 상대방을 올바로 보지 못하고 지나치게 비현실적으로 이상화시켜 지각하며 이런 낭만적인 사랑도 오래 가지도 못하고 고작 6개월에서 길어봐야 3년을 넘기지 못한다. 결국 사랑의 감정 때문에 결혼을 하지만 결혼은 사랑만으로는 충분하지 않은 것이다.

오늘날 이혼이 급증하는 이유에는 여러 요소가 있지만, 그 중에서도 비현실적 환상을 가지고 결혼을 꿈꾸는 로맨틱한 사랑이 가장 큰 요인 중의 하나이다. 로맨틱한 사랑은 일시적, 정서적 충동이지 결코 진정한 사랑은 아니다. 사랑해서 결혼은 하지만 거기서 그냥 머물면 그동안 보지 못했던 내면적인 욕망과 상처들이 고개를 들고 나타나기 시작하면서 자신 뿐 아니라 끝없는 탐욕으로 배우자를 파멸로 이끌고 만다. 따라서 이러한 욕망과 상처들이 치료의 영역인 것이다. 이러한 자신을 돌아보며 내면의 아픔과 눈물을 치료하지 못하면 행복한 결혼생활은 하나의 그림자에 지나지 않게 된다.

필자도 결혼생활이 그리 행복하거나 순탄하지만은 않았다. 한 때 결혼 초기에 나는 나외에 대다수의 사람이 행복한 줄 알았다. 그리고 내가 행복하지 못한 것은 배우자 때문이라고 믿었다. 그래서 왜 하나님께서 나에게 아기자기하고 사랑스럽고 행복한 결혼생활을 허락해 주시지 않으셨을까 고민하였다. 그러나 실패의 경험을 통해 인간구원에 대한 하나님의 섭리를 발견하게 되었고 고통을 통하여 자기를 치료하는 법과 삶의 자유를 누리는 법을 배웠다. 진정한 의미에서 삶의 행복을 경험한 것이다. 그리고 부부의 행복과 관계의 성숙을 얻는 축복까지 누리게 되었다. 이제 나의 오랜 경험과 연구 결과, 그리고 고민의 과정을 통하여 얻게 된 너무나 귀한 깨달음을 책으로 내게 되어 얼마나 기쁜지 모른다. 이런 과정을 겪게 하신 하나님과 오랫동안 참아 주고 함께 해 준 아내에게 고마울 뿐이다.

하지만 감히 말하건대 이런 축복은 아무에게나 주어지지 않는다. 행복한 결혼에는 반드시 성장과 변화를 위한 결단과 훈련과 용기가 필요하다. 행복한 결혼은 힘들고 고된 작업이다. 변화를 위한 의지와 노력이 없이는 행복한 결혼을 이루어 나가기가 어렵다는 사실을 받아들이는 것이 가장 중요하다. 그런데 자기의 문제를 치료하지 않고서는 배우자를 있는 그대로 사랑하거나 받아들일 수 없다. 자기의 시각이 잘못되어 있으면 자기의 잘못된 눈으로 배우자를 보면서도 자신의 문제인지 모르고 배우자의 잘못만 지적하려 들기 때문이다. 따라서 부부가 서로를 진정으로 돕는 배필로 만나기 위해서는 무엇보다 자신의 문제를 먼저 치료해야 한다. 이 작업은 결코 쉬운 일이 아니다. 이 땅에 행복하고도 성숙한 부부가 거의 극소수에 지나지 않는 이유가 바로 이것 때문이다.

우리는 가장 가깝고 친밀한 관계로 한 몸 된 부부의 길을 가야 한다. 이것은 '우리를 위하여 자신을 버리신' 예수님의 본을 받아 사랑 가운데서 행하는 것이다. 그분은 낭만적 사랑이 아니라 에로스(삶의 에너지)를 가지고 우리를 사랑하셨다. 우리를 위한 그리스도의 사랑은 우리에게 생명력을 주며, 이러한 에너지는 우리에게 분명한 존재 목적을 준다. 그렇지만 우리는 죄성 때문에 목표를 달성하지 못하며 그분을 실망시킨다. 그럼에도 예수 그리스도는 우리를 물러나게 하거나 강요하지 않고 아가페의 손을 우리에게 뻗치신다. 우리를 향한 그분의 무조건적인 사랑은 예수님과 자녀 사이에 우정, 즉 필리아의 결속을 세우신다. 주님의 친구로 여김을 받고 대우를 받음으로써 우리의 영혼은 치료되어 다시 하나님을 바라보며 모든 이를 사랑으로 대하려 애쓰게 된다.

이것이 바로 하나님이 결혼한 부부에게 의도하신 바이다. 우리는 무의식적인 짝짓기 과정이나 본능에 의해 배우자에게 끌린다. 즉 에로스에 대한 욕구 때문에 불 붙게 된다. 이때에는 배우자에게 무언가를 주고 싶은 마음이 생기게 된다. 그러나 결혼 생활이 힘들어지면(그렇게 되기 마련이다), 에로스는 상처와 고통 속에서 반복해서 씻겨 나가 결국 사라지고 만다. 이때가 아가페가 필요한 시점이다. 부부들에게 서로 무조건적으로 사랑할 힘을 주는 분은 아가페의 창시자이신 예수님이다. 이런 사랑으로부터 우정, 곧 필리아의 결속이 생기며 부부는 친구가 되고 서로의 영혼을 치료하는 데 헌신하게 된다. 이 우정에서 나온 에너지는 영혼이 사랑으로 하나 되도록 제자리를 찾아가게 자극한다. 부부로서 우리는 에로스(삶의 에너지)에서 아가페(무조건적인 사랑)로, 아가페에서 필리아(우정)로 옮겨갔다가 다시 원래의 에로스로 돌아온다. 우리의 결혼 여정은 주님께서 본을 보여 주시며 여행하신 길을 따라가는 것이다(Beverly & Tom Rogers, 2004, 261-262). 하나님께서는 우리를 무조건적으로 사랑하셨듯이 부부간에도 진정한 사랑과 자유함을 가지고 서로를 위하여 자신을 주라고 요구하신다. 우리는 배우자에게 나를 주어 그를 섬기고 사랑하도록 부름 받았다. 이런 사실을 알고 결혼하는 사람이 얼마나 되겠으며 이런 것이 결혼이라면 과연 얼마나 많은 사람들이 자신을 희생하고 주기 위해 결혼하려 할까? 자못 궁금해진다.

성숙한 사랑은 무엇보다 상대방을 배려하는 마음이 있어야 한다. 배우자로부터 끊임없이 받고 싶은 어린 아이와 같은 본능적인 욕구를 의지적으로 바꾸어, 주는 마음으로 살려고 노력하는 사람이야말로 정말로 성숙한 인격을 갖춘 자이다. 이것은 사랑을 받기 위해 사랑하는 것이 아니라 사랑을 주기 위해 끊임없이 노력하며 자기를 성찰하겠다는 말과 같다. 그러나 이러한 거룩한 결심 외에도 결혼의 창시자인 하나님의 원리에 따라 살기가 쉽지 않다는 것이다. 하나님의 은혜 없이는 불가능하다. 우리가 다른 모든 삶뿐 아니라 결혼에 있어서도 자기의 연약함을 인정하고 사랑의 원천 되시는 하나님을 바라보며 날마다 드려야 하는 이유가 바로 이것 때문이다.

이런 부부 관계를 어찌 대가 없이 얻을 수 있겠는가? 절대 불가능한 일이다. 그렇다고 포기할 수는 없다. 다른 사람은 몰라도 나 혼자만이라도 이 길을 가야 한다. 그것이 하나님이 우리에게 명령하신 것이기에 믿음으로 순종해야 하는 것이다. 그러나 가만히 생각해 보면 얼마나 멋있고 흥분되는 일인지 모른다. 내가 이런 수준으로 배우자와 관계하고 살고 있다면 나는 이 세상 모든 관계에서 진정한 자유를 누리는 것이며 뿐만 아니라 가장 행복한 삶을 사는 자일 것이기 때문이다. 이런 이유 때문에 나는 이 책의 제목을 원래 '자기 치료의 완성으로서의 결혼'이라고 하고 싶었다. 하지만 너무 부담을 주는 것 같고 소망과 기대보다는 절망을 느낄 것 같아 내려놓았다. 다만 모든 사람들이 자기 치료를 위해 한 걸음씩 나아가기를 소망할 뿐이다. 그러나 그 길을 가고 싶어 하며 이미 한 발자국이라도 그 길에 들어서 있다면 비록 힘들고 어떤 경우에는 죽을 때까지 완성의 수준에 이르지 못했다 할지라도 노력하는 것만으로도 의미가 있는 것이다.

나는 우리 기독교인들 가운데 이런 거룩한 노력을 하는 사람들이 많아지기를 바란다. 말씀의 원리 아래서 자기를 치료하며 자기를 회복하면서도, 배우자를 사랑하기 위해 노력하는 믿음의 부부가 많을 때 하나님의 복음이 자연스럽게 전해지는 것이며 복음의 나팔수로 살게 되는 것이다. 믿음의 가정은 하나님의 말씀과 결혼에 대한 성경적인 절대지침 앞에 순종하며 사는 가정이다. 그렇다고 행복해야 할 부부 관계를 기쁨도 없이 의무만을 가지고 살아간다면 그것 또한 비극인 것이다.

그럼에도 불구하고 우리 기독교인들은 이 세상이 장밋빛 세상이 될 거라고 믿는 자는 아니다. 우리의 진정한 소망은 이 땅에서 잘 사는 것이 아니라 하늘나라를 바라보며 살아가는 것이기 때문이다. 결국 남는 것은 우리의 결혼제도가 아니다. 아무리 아름다운 부부 관계라 할지라도 결국 그 나라가 임하면 예수님이 우리의 신랑이시고 우리 모두는 신부로서의 관계가 새롭게 이루어지기 때문이다. 그러므로 우리의 궁극적인 소망은 그 나라이다. 뜻이 하늘에서 이루어진 것처럼 하나님의 나라가 이 땅에 실현된다는 의미로 관계를 아름답게 만들어 가기 위해 노력하는 것은 그 수고와 사랑을 베풀려는 싸움이 그 나라를 지향한다는 분명한 믿음의 고백이요 증언일 것이다.

하나님을 알지 못할 때 우리의 영혼은 이기심에 삼켜지고, 이기심으로 가득한 자아는 이 공허한 세상에 외롭게 남을 수밖에 없다. 하지만 내면의 공허를 하나님으로 채우는 가운데 사랑으로 부부 관계에 임한다면, 우리의 풍성한 영혼을 통해 온전하고, 거룩하고, 아름다움이 펼쳐질 것이다.

하나님이 우리 모두에게 은혜 베푸시길 바라며….

IMAGO

부록

1. 어린 시절 초기 가정 회상

마음에 떠오르는 초기 가정의 집 구조를 그려보고 그것을 설명해 본다. 눈을 감고 마음을 편하게 한다. 편안한 마음으로 편안한 음악을 상상하며 나를 방해하는 모든 것으로부터 멀어지면서 나를 쉬게 한다. 이런 마음과 분위기로 당신 자신과 만나라. 가능한 한 최초의 어릴 적 집을 생각해 보자.

* 심상치료를 통한 초기 가정집 구조 해석원리

1. 집을 그릴 때 집안을 그리는지, 집 구조를 그리는지 살펴보라.

2. 마음을 붙이고 좋아했던 공간이 어디인가?

3. 구조와 환경을 어떻게 느끼는지, 왜 그런지 물어보라.

4. 그 당시의 집안 분위기는 어떠했나?

5. 이 때 정서적으로 가장 가까운 사람은 누구였나?

6. 기억할 수 있는 것 중에 가장 생생하게 떠오른 것은 무엇인가? 그때의 기분은?

7. 이 기억 속에 흐르는 주된 테마는 무엇이며, 이 테마를 통해 드러나는 당신의 관심은 무엇인가?

8. 가족의 관계(부모님관계, 부모님과 자녀와의 관계)를 설명한다면?

2. 첫 만남의 기억

배우자를 처음 봤을 때 느껴지는 긍정이나 부정의 느낌을 저항하거나 두려워하지 않고 편안하게 느껴보고 기록한다. 이때 아주 사소해 보이는 것도 신경을 써서 기록한다.

1) 당신 부부는 어디서, 어떻게 만났는가? 필자의 사례를 참고하여 당신 부부의 첫 만남을 묵상해보라.

2) 처음의 대면에서 당신의 마음에 어떤 메시지가 있었는가(감정 두뇌: 주로 긍정적 생각들)?

내용	
의미	
통찰	

3) 당신의 머리에서는 어떤 메시지가 있었는가(사고 두뇌: 주로 부정적 생각들)?

내용	
의미	
통찰	

3. 부모 모습에서 영향받은 이마고 찾기

1) 부모님의 긍정과 부정적인 특성(부모님이 아닌 경우 어릴 적 양육자)

① 부모님(양육자)의 부정적 특성

여성(부정적 특성)	남성(부정적 특성)

② 부모님(양육자)의 긍정적 특성

여성(긍정적 특성)	남성(긍정적 특성)

③ 크게 영향 받은 것 : 부모님의 긍정과 부정적 특성 중에서 내가 영향받은 것(나에게 있는 성격 특성)

여성(부정과 긍정적 특성)	남성(부정과 긍정적 특성)

2) 부모 모습을 통한 부부 관계 이마고 정리

	나의 경우
부모님의 부정적 특성	이런 사람을 주변에서 쉽게 찾고 그와 함께 있으면 익숙하고 편안하며 매력을 느낀다. 그러나 심리적 일치감 이후에 싫어하고 배척하는 이유가 된다.
	* 어머니: * 아버지:
부모님의 긍정적 특성	부모님의 긍정적 모습을 가진 사람과 함께 있을 때 든든함을 느끼며 신뢰를 가진다. 결혼 후 배우자에게 이런 모습을 요구한다.
	* 어머니: * 아버지:
적용	부모님의 부정과 긍정의 모습이 부부의 삶에 영향을 미치고 있음을 인정한다. 이제 부모님의 부정은 수용하고, 긍정은 감사의 마음을 갖는다. 배우자의 부정도 수용하고 긍정은 감사하며 칭찬하기 위해 노력한다.
	* 부정을 수용한다. 부모님의 부정적인 모습 (_____ _____)을 수용하기 위해 노력한다. * 부모님의 긍정적인 모습(_____ _____)에 대해 감사한다. * 배우자에게도 적용하기 위해 노력한다.
깨달음	부모 모습에서 영향받은 이마고 찾기 실습을 하면서 깨달아지는 것은?

4. 어린 시절 성공 경험을 통한 나의 이마고 찾기

1) 어린 시절에 가장 필요했던 것

A : 가장 필요했던 것(갈망이나 원함)

　[분석] 이것은 내가 가장 필요로 했던 것이다. 나는 어릴 때에는 부모에게 이것을 기대했고, 성장하면서 모든 사람에게 이것을 원했으며, 이제 마지막으로 나의 배우자에게 이것을 바란다.

2) 어린 시절의 성공 경험(긍정적인 기억)

B : 성공경험 및 긍정적 기억 (자원 및 장점)	C : 감정 (삶의 원동력이 되는 힘)

3) 긍정적인 기억을 통한 이마고 찾기 정리

나의 이마고를 정리하면 다음과 같이 그림으로 나타낼 수 있다.

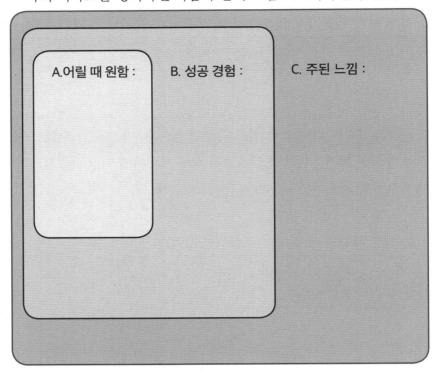

5. 어린 시절의 좌절 사건을 통한 이마고 찾기

당신의 기억에 떠오르는 어린 시절에 경험한 좌절과 그런 좌절에 대한 당신의 느낌과 반응을 기록해보라.

	D : 사건(상처)	E : 느낌	F : 반응
1			
2			
3			
4			
5			
6			
7			

6. 상처 받은 잃어버린 자아 찾기 실습

상황			
1.(배우자나 부모에게) 듣기싫은 소리나 행동 찾아보기	① 듣기 싫은 말이나 행동과 상황은?		
	② 그때 나의 감정은?		
	③ 그때 나의 생각은?		
2 나의 역동 발견하기	그 모습을 보며 나에게 일어나는 부정적 역동은?		
3. 상처받은 잃어버린 자아 찾기	떠오르는 고통이나 상처는? 내가 진정으로 원하는 것은?	떠오르는 고통(상처)	그때 나의 원함 (잃어버린 자아찾기)
4. 통찰	분석을 통해 깨달아지는 것은?		

7. 가계도

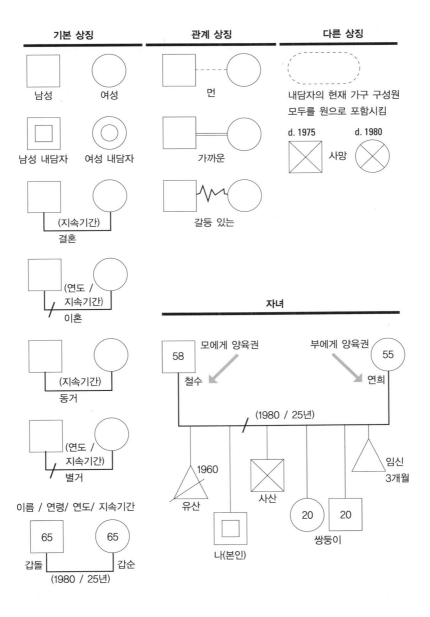

기본 상징

남성	여성

남성 내담자 · 여성 내담자

(지속기간)
결혼

(연도 / 지속기간)
이혼

(지속기간)
동거

(연도 / 지속기간)
별거

이름 / 연령/ 연도/ 지속기간

65	65
갑돌	갑순

(1980 / 25년)

관계 상징

먼

가까운

갈등 있는

다른 상징

내담자의 현재 가구 구성원 모두를 원으로 포함시킴

d. 1975   d. 1980
사망

자녀

58 모에게 양육권
철수

부에게 양육권 55
연희

(1980 / 25년)

1960
유산

나(본인)

사산

20 20
쌍둥이

임신
3개월

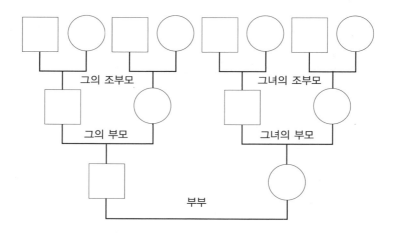

그의 조부모

그녀의 조부모

그의 부모

그녀의 부모

부부

참고문헌

참고문헌

▼ 국내서적 ▼

고영복. 『한국인의 성격-그 변혁을 위한 과제』. 서울: 사회문화연구소 출판
      부. 2001.
국제한국학회. 『한국문화와 한국인』. 서울: 사계절 출판사. 2003.
권정혜·채규만. "부부적응 프로그램의 개발과 그 효과에 관한 연구." 「한국
      심리학회지 임상」. 제19권. 제2호. 2000.
권희안. "부부관계의 인식에 관한 연구." 여성한국사회연구회편. 『한국가족
      의 부부관계』. 서울: 사회문화연구소. 1992.
김정옥. 『결혼과 가족』. 서울: 학지사. 1996.
김희진. "한국부부의 결혼만족에 영향을 미치는 요인에 관한 연구." 「상담학
      연구」. 제5권. 제3호. 2004.
문성호·심혜숙. "대학생의 대상관계에 따른 자아방어기제와 자아분화수준."
      「상담학연구」. 제3권. 제1호. 2005.
서은성. 『여보, 당신이 최고야』. 서울: 도서출판 프뉴마. 2001.
송성자. 『가족관계와 가족치료』. 서울: 홍익제. 1989.
심수명. 『기독교상담적 관점에서 본 정신역동상담(개정증보판)』. 서울: 다세
      움. 2018a.
심수명. 『가족치료관점에서 본 성경의 가족이야기』. 서울 : 다세움. 2018b.
심수명. 『아버지학교』. 서울: 다세움. 2012.
심수명. 『인생을 축제처럼』. 서울: 다세움. 2005a.
심수명. "이혼율 감소를 위한 미래적 대안에 관한 연구." 「한국복음주의 기독
      교상담학회-복음과 상담」. 4. 2005b.
심수명. 사랑의 관계회복을 위하여(지도자용). 서울: NCD. 2003.
안석모. "성·상담·목회(성에 대한 담론의 변화: 그 상담적 의미를 찾아서)." 「
      제7차 한국목회상담협회 학술강연집」. 2001.
옥선화·정민자·고선주. 『결혼과 가족』. 서울: 하우. 2000.
윤가현. 『성문화와 심리』. 서울: 학지사. 1998.
윤이흠 외. 『한국인의 종교관- 한국정신의 맥락과 내용』. 서울: 서울대학교
      출판부. 2001.
윤태림. 『한국인』. 서울: 현암사. 1970.
이광규. 『한국의 가족 제도』. 서울 : 한국방송사업단. 1984.
이정덕·문혜숙. "부부적응과 성적적응에 따른 부부관계 유형연구". 한국여
      성교약학회지 창간호, 1994, 12.

임태섭 편.『정, 체면, 연줄 그리고 한국인의 인간관계』. 서울: 한나래. 1995.
정성훈. "애착연구와 정신치료."「한국정신치료학회지」. 제16권. 제1호. 2002.
정진경. "미래가 요구하는 인성: 여성성에 대한 새로운 강조."「사회과학연구」. 9. 수원: 회갑기념논문집간행위원회. 1992.
정태기.『나는 치료하는 목회자인가?』. 서울: 크리스챤 치료 목회 연구원. 2000.
최범식.『심상치료와 상담의 모든 것』. 서울: 학지사. 2004.
최상진.『한국인의 심리학』. 서울: 중앙대학교 출판부. 2003.
최재석.『한국인의 사회적 성격』. 서울: 현음사. 1994.
최준식.『한국인에게 문화는 있는가』. 서울: 사계절. 1998a.
최준식.『한국의 종교, 문화로 읽는다』. 서울: 사계절. 1998b.
한국가족학연구회 편.『가족학』. 서울: 하우출판사. 1993.
한국기독교문화연구소 편.『기독교와 문화』. 서울: 풍만. 1987.
한국심리학회 편. "한국인의 심리특성."『현대심리학의 이해』. 서울: 학문사. 1997.
홍성묵.『아름다운 사랑과 성』. 서울: 학지사. 1999.
홍숙선. "기혼여성의 결혼만족 : 관계 및 자율지향성과 성만족을 중심으로." 가톨릭대학교 심리상담대학원 석사학위논문. 2001.

▼ 번역서적 ▼

Aaron T. Beck. 제석봉 역.『사랑만으로는 살 수 없다』. 서울: 학지사. 2001.
Barbel Wardetzki. 장현숙 역.『따귀 맞은 영혼』. 서울: 궁리. 2002.
Beverly & Tom Rodgers. 윤귀남 역.『영혼을 치유하는 사랑』. 서울: 예영커뮤니케이션. 2004.
Charles Sell. 양은순·송헌복 공역.『가정사역』. 서울: 생명의 말씀사. 1996.
Charles Sell. 정동섭·최민희 공역.『아직도 아물지 않은 마음의 상처』. 서울: 도서출판 두란노. 2000.
Dennis Rainey & Barbara Rainey. 전의우 역.『부부건축』. 서울: 생명의 말씀사. 1999.
Diana Garland etc. 교회훈련부 역.『성숙한 그리스도인 가정을 위한 부부의 삶』. 서울: 요단출판사. 1993.
Edith Sheffer. 양은순 역.『가정이란 무엇인가?』. 서울: 생명의 말씀사. 2000.
E. L. Washington.『부부상담』. 서울: 한국장로교출판사. 2001.

Howard Hendricks. 편집부 역. 『부부의 대화와 갈등』. 서울: 파이디온선교
회. 1997.

Jack O. Balswick & Judith K. Balswick. 황성철 역. 『크리스천 가정』. 서울:
도서출판 두란노. 1995.

Jerry Bigner. 『부모-자녀관계: 부모교육의 이해』. 박성연 외 공역. 서울: 학
지사. 1996.

Jill Scharff & David Scharff. 『대상관계부부치료』. 서울: 한국심리치료연
구소. 2003.

John Gray. 김경숙 역. 『화성남자 금성여자의 침실 가꾸기』. 서울: 친구미디
어. 2003.

John Gray. 김경숙 역. 『화성에서 온 남자, 금성에서 온 여자』. 서울: 친구미
디어. 2002.

John Gray. 서현정 역. 『여자는 차마 말 못하고 남자는 전혀 모르는 것들』. 서
울: 프리미엄북스. 1997.

Laural Mellin. 이정명 역. 『점점 차오르는 삶』. 서울: 한언. 2004.

Lawrence Crabb. 윤종석 역. 『결혼 건축가』. 서울: 두란노서원. 1990.

Les & Leslie Parrott. 서원희 역. 『5가지 친밀한 관계』. 서울: 이레서원.
2004.

Mark E. Young & Lynn L. Long. 이정연 역. 『부부상담과 치료』. 서울: 시
그마프레스. 2003.

Mary Stewart van Leeuwen. 윤귀남 역. 『신앙의 눈으로 본 남성과 여성』.
서울: IVP. 1999.

Melville Capper & H. Williams. 홍성철 역. 『결혼을 앞두고』. 서울: 생명
의 말씀사. 1984.

Nick Stinnett & Donnie Hilliard & Nancy Stinnett. 윤종석 역. 『9만 년의
행복한 결혼 이야기』. 성남: 도서출판 NCD. 2002.

Randolph Lowry & Richard W. Meyers. 전해룡 역. 『갈등해소와 상담』. 서
울: 두란노. 1995.

Wade Luquet. 송정아 역. 『이마고 부부치료』. 서울: 학지사. 2004.

▼ 해외서적 ▼

Atkins, Anne. Split Image: Male and Female after God? Likeness.
Grand Rapids: Edermans. 1987.

Becvar, D., & Becvar, R. Family Therapy. (2nd Ed.). Boston: Allyn and
Bacon, Inc. 1993.

Becvar, D., & Becvar, R. Systems Theory and Family Therapy. Lanham:

University Press of America, Inc. 1982.

Bertalanffy, Ludwing Von. General System Theory. New York: George Braziller. 1969.

Bilezikian, Gilbert. Beyond Sex Roles: A Guide for the Study of Female Roles in the Bible. Grand Rapids: Baker. 1985.

Bowlby, J. Secure Base- Clinical Applications of Attachment Theory. London: Routledge. 1988.

Brothers, Joyce. What Every Woman Should Know about Men. NewYork: Ballantine. 1981.

Chartier, M. "Parenting: A Theological Model." Journal of Psychology and Theology. 6. 1978.

Collins, N. L., & Read, S. J. "Adult Attachment, Working Models, and Relationship Quality in Dating Couples." Journal of Personality and Social Psychology. 58(4). 1990.

Corsini, Reymond. J. Handbook of Innovative Psychotherapy (Ed). New York: Wiley. 1981.

Czycholl, D. R. Die phantastischen Gesichtserscheiungen. Frankfurt am Main, Bern, New York: Verlag Peter Lang GMBH. 1976.

Donnelly, D. "Sexually Inactive Marriages." Journal of Sex Research. 1993.

Dicks, Henry V. "Object Relations Theory and Marital Studies." Br. J. Medical Psychology. 36. 1963.

Fairbairn, Ronald W. An Object Relations Theory of the Personality. New York: Basic Book. 1954.

Gottman, John & Nan Silver. The Seven Principles for Making Marriage Work. New York: Three Rivers Press. 1999a.

Gottman, John & Nan Silver. The Marriage Clinic-A Scientifically Based Marital-Therapy. New York/London: W.W. Norton & Company. 1999b.

Haley, J. Leaving Home: The Therapy of Disturbed Young People. New York: Mcgraw-Hill. 1980.

Hendrix, Harville, & Hunt, Helen LaKelly. Receiving love: Transform your relationship by letting yourself be loved. New York: Atria Books. 2004.

Hendrix, Harville. Getting the Love You Want. New York: An Owl Book. 1988.

Kaplan, H. S. The New Sex Therapy - Active Treatment of Sexual Dysfunctions. New York: Brunner/Mazel. 1974.

Kernberg, Otto. Object Relation Theory and Clinical Psycho-analysis. New York: Jason Aronson. 1976.

Klein, Melanie. A Contribution to the Theory of Anxiety and Guilty. London: Hogarth Press. 1946.

Laney, Marti & Michael. The Introvert and Extrovert in Love: Making It Work When Opposites Attract. New Harbinger Publications. 2007.

Mahler, Margaret. On Child Psychosis and Schizophrenia. Psychoanalytic Study of the Child. 7. 1952.

Main, M. "Recent Studies in Attachment: Overview, with Selected Implications for Clinical Work." In S. Goldberg, R. Muir, & J. Kerr (Eds.), Attachment Theory: Social, Developmental, and Clinical Perspectives. Hillsdale/NJ/US: Analytic Press, Inc. 1995.

Maltz, D., & Borker, R. "A Cultural Approach to Male-Female Miscommunication." In J. J. Gumperz (Ed.), Language and Social Identity. New York: Cambridge University Press. 1982.

Masters, W. H. & Johnson, V. E. Human Sexual Response. Toronto; New York: Bantam Books. 1966.

Minuchin, S. Family Therapy. Cambridge, Massachusetts: Harvard University Press. 1974.

Nichols, M. & Schwartz, R. Family Therapy: Concepts and Methods. (4th. Ed). Boston: Allyn and Bacon. 1998.

Stack, S. & J. Gundlach. "Divorce and Sex." American Sexual Behavior. 1992.

Stinnett, N. & Walters, J. & Stinnett, N. Relationships in Marriage and the Family. New York: Macmillan. 1991.

Trible, Phyllis. God and the Rhetoric of Sexuality. Philadelphia: Fortress Press. 1978.

Watzlawick, P. & Bavelas, J. & Jackson, D. Pragmatics of Human Communication. New York: W. W. Norton and Company. 1967.

▼ 기타자료 ▼

국민일보 2006. 1. 25 기사
http://news.kmib.co.kr/article/viewDetail.asp?newsCluster-No=01100201.20060125100001132

심수명 교수 도서소개

● **교육상담훈련**

- 인생을 축제처럼(도서출판 다세움)

- 인격치료(학지사)

- 그래도 삶은 소중합니다(도서출판 다세움)

- 감수성훈련 워크북(도서출판 다세움)

- 정신역동상담(도서출판 다세움)

- 상담의 과정과 기술(도서출판 다세움)

● **목회**

- 인격목회(도서출판 다세움)

- 상담목회(도서출판 다세움)

- 비전과 리더십(도서출판 다세움)

- 상담적 설교의 이론과 실제(도서출판 다세움)

- 감사하면 행복해집니다(도서출판 다세움)

- 사랑하면 행복해집니다(도서출판 다세움)

● **소그룹 훈련 시리즈(상담목회를 적용한 소그룹 훈련시리즈)**

- 의사소통 훈련(도서출판 다세움)

- 인간관계 훈련(도서출판 다세움)

- 거절감치료(도서출판 다세움)

- 분노치료(도서출판 다세움)

- 비전의 사람들(도서출판 다세움)

- 행복 바이러스(도서출판 다세움)

- 성령의 능력으로 사는 그리스도인(도서출판 다세움)

- 리더십과 팔로워십(도서출판 다세움)

● **결혼·가정 사역**

  • 한국적 이마고 부부치료(도서출판 다세움)

  • 부부심리 이해(도서출판 다세움)

  • 행복결혼학교(도서출판 다세움)

  • 아버지 학교(도서출판 다세움)

  • 어머니 학교(도서출판 다세움)

  • 위대한 부모 위대한 자녀(도서출판 다세움)

  • 가족치료관점에서 본 성경의 가족 이야기(도서출판 다세움)

● **제자훈련 시리즈 전 4권**(상담목회를 적용한 제자훈련시리즈)

  • 1권. 제자로의 발돋움(도서출판 다세움)

  • 2권. 믿음의 기초(도서출판 다세움)

  • 3권. 그리스도와의 동행(도서출판 다세움)

  • 4권. 인격적인 제자로의 성장(도서출판 다세움)

  • 전인성숙을 위한 제자훈련 시리즈 인도자지침서(도서출판 다세움)

● **새신자용 교재**

  • 새로운 시작(도서출판 다세움)

저자소개

심수명 박사(Ph.D., D.Min.)

한밀교회를 개척하여 상담목회를 적용하고 있는 저자는 상담 전문가이며 신학과 심리학, 상담과 목회현장을 아우르는 학자이며 목회자입니다. 저자는 치유와 훈련, 목회를 마음에 품고 한 영혼의 전인적인 돌봄, 부부관계 회복, 비전있는 자녀교육, 건강한 교회 세움, 상담전문가 양성 등에 헌신해 왔습니다. 또한 제자훈련 시리즈, 목회를 위한 교재, 상담 훈련용 교재들을 저술하였습니다.

"기독교 상담적 관점에서 본 정신역동상담"이 문화체육관광부 우수학술도서로 선정되고, [목회와 신학]에서 한국교회 명강사(상담분야)로 선정되는 등 한국교회와 사회에 영향력을 끼쳐 왔습니다.

학력은 안양대와 총신대(신학), 고려대(석사, 상담심리), 미국 풀러신대(목회상담학 박사), 국제신대에서 상담학박사를 취득하였습니다.

상담자격은 한국 목회상담협회 감독, 한국 복음주의 기독교상담학회 감독상담사, 한국 기독교 상담 및 심리치료학회 감독, (사)한국인격심리치료협회 감독, 한국 가족상담협회 감독으로 활동 중입니다.

여성부 정책자문위원으로 활동했으며, 오랫동안 국제신대 상담학 교수로 사역했습니다. 현재 칼빈대 상담학 교수, 한기총 다세움상담대학원 이사장, (사)한국인격심리치료협회 협회장으로 일하고 있습니다.

● 대표저서

상담목회(도서출판 다세움), 인격치료(학지사), 한국적 이마고 부부치료(도서출판 다세움), 그래도 삶은 소중합니다(도서출판 다세움), 정신역동상담(도서출판 다세움)외 다수.

● 이메일

soomyung2@naver.com / soomyung3@daum.net

개정증보판

한국적 이마고 부부치료

발행 : 유근준
저자 : 심수명
표지디자인 : 디자인집
본문디자인 : 최정민(hispencil)
초판 1쇄 : 2006. 3. 6
초판 2쇄 : 2008. 8. 20
초판 3쇄 : 2013. 3. 22
개정판 : 2019. 3. 18
발행처 : 도서출판 다세움
서울시 강서구 수명로2길 88
T. 02. 2601. 7423-4
F. 02. 2601. 7419

총판 : 비전북
경기도 고양시 일산구 장항동 568-17
T. 031. 907. 3927
F. 031. 3905. 3927

정가 : 23,000원
ISBN 978-89-92750-42-4